国家社科基金
GUOJIA SHEKE JIJIN HOUQI ZIZHU XIANGMU
后期资助项目

产学研联盟主体知识转移博弈和创新绩效研究

Research on Knowledge Transfer Game and Innovation
Performance of Industry-University-Research Alliance

吴 洁 等 著

ZHEJIANG UNIVERSITY PRESS
浙江大学出版社
·杭州·

图书在版编目(CIP)数据

产学研联盟主体知识转移博弈和创新绩效研究 / 吴洁等著. —杭州:浙江大学出版社,2023.11
ISBN 978-7-308-24350-6

Ⅰ.①产… Ⅱ.①吴… Ⅲ.①产学研一体化－知识管理－研究－中国 Ⅳ.①G644

中国国家版本馆 CIP 数据核字(2023)第 207219 号

产学研联盟主体知识转移博弈和创新绩效研究

CHAN-XUE-YAN LIANMENG ZHUTI ZHISHI ZHUANYI BOYI HE CHUANGXIN JIXIAO YANJIU

吴　洁　等著

策划编辑	吴伟伟
责任编辑	陈逸行
责任校对	马一萍
封面设计	周　灵
出版发行	浙江大学出版社
	(杭州市天目山路 148 号　邮政编码 310007)
	(网址:http://www.zjupress.com)
排　　版	浙江大千时代文化传媒有限公司
印　　刷	浙江新华数码印务有限公司
开　　本	710mm×1000mm　1/16
印　　张	19
字　　数	335 千
版 印 次	2023 年 11 月第 1 版　2023 年 11 月第 1 次印刷
书　　号	ISBN 978-7-308-24350-6
定　　价	88.00 元

国家社科基金后期资助项目
出版说明

后期资助项目是国家社科基金设立的一类重要项目,旨在鼓励广大社科研究者潜心治学,支持基础研究多出优秀成果。它是经过严格评审,从接近完成的科研成果中遴选立项的。为扩大后期资助项目的影响,更好地推动学术发展,促进成果转化,全国哲学社会科学工作办公室按照"统一设计、统一标识、统一版式、形成系列"的总体要求,组织出版国家社科基金后期资助项目成果。

全国哲学社会科学工作办公室

目　　录

第一章　绪　论

第一节　研究背景与意义

21世纪以来,各类产业的技术创新能力不断增强,各行各业的新兴技术不断面世。新技术的到来促使众多产业的技术发展模式发生改变,并与不断出现的新业态相互联结,刺激着产业技术的更迭和技术创新领域的变革。为了更好地满足消费者的需求,国内外高科技企业纷纷与高校、科研院所展开合作,这些合作引发了产业变革,推动着行业快速发展。比如:苹果公司借助产学研合作,实现了产品的更新换代,让产业界发生了巨大的变革;为了完美实现互联网与其制造业的产学研合作,小米公司充分应用互联网思维,推出了一种新颖的手机商业模式。但是,也有部分企业不善于融合市场与技术进行产学研合作,错失发展机遇,如最早发明数码相机技术的柯达公司,最终在数码芯片取代传统胶片的产业变革中走向衰败;移动通信领域的知名企业诺基亚,曾经实现了数次成功转型,却在智能手机市场不断革新技术和应用平台的背景下败下阵来。产业中接连出现的奇迹,都源于产学研合作所带来的协同效应。

产学研合作创新通常会改变市场格局,促进产业转型与升级,催生新的经济增长方式,这一切会让产业发生颠覆性的创新。这种合作创新采用新技术研发的新应用,用新产品、新服务淘汰已有的产品及服务,协助企业谋求先发效应,获取后发优势,激发产业领域内的革命性变革,促进企业跨越式发展。产学研合作创新以跨界知识协同为主要方法,分析市场、科技等需求,集合相关产业、资源及人才,形成有利的协同效应,进而促进自身的发展。

创新驱动作为推动全球经济发展的新动力,在全球经济发展中形成了燎原之势,促进了很多国家和地区的发展。作为连接创新与市场的桥梁,知识对于企业的发展至关重要。越来越多的国家认为,创新驱动发展的关键在于知识的运用,将知识运用于生产制造等活动中,实现创新的实用价值,为创新支撑产业发展开辟新的路径。知识资源作为企业获取核心竞争力的关键,俨然已经成为企业发展的重要战略资源。当前,一些企业意识到了创新能力的重要性,并投入了大量物力、人力等资源来提升自身的创新能力。从大数据来看,国内企业的创新能力整体上有了进步,但较之发达国家,仍存在着较大的差距。为了获得竞争优势,一些企业和产业会片面地扩大规模以降低成本,从而获得更多客户。企业不以市场需求为导向,也没有与研究所、高校等进行协同创新,这必然导致其难以实现产学研合作知识的协同与融合,最终只能在产业变革面前陷入"扩张—落后"的困境。盲目追求由规模扩张带来的低成本,企业非但不能提升自身竞争力,甚至可能失去已建立的优势地位,最终被市场淘汰。企业必须有效进行产学研合作知识协同,以实现知识交互和技术转移,最终达到提升自身技术能力和创新能力的目的,获取更好的协同效应,这也是当前企业发展的关键。

组织处于竞争激烈的市场环境中,需要提高对知识的"敏感性",积极主动地向外界学习先进的知识和技术来提高市场竞争力。而最便捷的帮助组织获取知识资源的途径是知识转移,高质量的知识转移活动能培育组织新的竞争力,实现组织在技术上质的飞跃。而且,在知识经济时代,高校拥有大量的研究院和科研人员,能够率先了解到国内外先进的理论知识,这些机构和人员是新技术创造的活跃群体,必然能推动国家创新能力的发展。要想全面利用高校的学科优势,将学科实力用于企业的创新发展,政府要发挥牵头作用。政府通过实施"2011 计划"引导高校和企业进行产学研合作。通过与高校进行合作创新,企业能够合理有效地整合创新资源和要素,实现产学研合作知识协同。在这一过程中,高校通常是知识的发送方,企业是知识的接受方,高校拥有着创新知识,希望通过知识的传播实现科研学术成果的推广和应用;企业通过高校获取产业发展所需的具有战略性的前瞻性知识,作为其创新产品和服务的基础,从而增强企业的市场竞争力,实现高校知识的价值增值。

然而,现实中存在大量"有知识转移行为,无知识转移效果"的现象,高校和企业虽积极寻求知识转移,但往往成功率和满意度都较低。究其原因,就知识转移的结构而言,影响知识转移效果的重要因素是知识特性、知识转移主体、知识转移媒介和知识转移情境。高校和企业开展的知识转移活动,从形式上看可以认为是知识转移主体的一种伙伴选择行为,即知识发送方通过选择合理的路径、方式根据现实的情境将先进的知识传输给知识接受方,二者根据主观意愿开展知识转移合作匹配行动。在这一过程中,知识特性、知识转移媒介以及知识转移情境,例如知识的显隐性特点、知识转移信息的沟通、组织文化与外部环境,都会作用于知识转移主体,对其选择行为产生影响。同时,知识转移主体自身的认知结构差异、知识储备量的多寡和心理状态变化等因素也会影响知识转移选择行为。作为知识转移主体的高校和企业如何根据自身的合作意愿,正确处理知识转移过程中不同因素对主体选择行为的影响,提高产学研知识转移的成功率和满意度,增强组织竞争力,实现高校和企业的互利共赢,是一个值得研究的议题。因此,在企业和高校通力合作下产生的知识协同,能给协同主体双方带来益处:既提升了企业的核心竞争力,又加强了高校的学科能力建设。产学研合作知识协同效应的提升可以促进协同主体的发展和创新能力的提高。

第二节　国内外研究现状

一、知识转移研究现状

(一)知识转移内涵

美国学者 Teece(1977)第一次提出了知识转移的概念,他认为企业通过知识技术的国际化转移能够为自身积累大量有应用价值的跨国界的知识并能促进知识技术的扩散,不断缩小地区之间的技术差距。此后,知识转移逐渐成为学术界研究的热点,学者们不断完善知识转移的理论架构,研究的内容主要涉及知识转移的概念、过程、影响因素和绩效等方面。Zhuge(2002)将知识转移定义为不同主体之间的知识传递或者是知识处理的一种机制。有学者认为,知识转移的目的在于对知识进行扩散和共享,是一个组织将自身独立创造出来的知识和经验与其他组织进行分享与交流的过程。Bond Ⅲ 等(2008)认为,知识转移是知识资源在知识发送方和知识接受方之间的一种互动的动态过程。王建刚等(2011)认为,知识转移过程是动态的,知识在组织之间经历积累、转移、共享、应用、创新等阶段。王嘉杰等(2021)从技术人员流动的角度出发,研究了技术人员流动与新组织的知识转移效果的关系,结果发现在新组织中实现技术多元化会提高知识转移的效果。王玉峰等(2021)认为,在知识主体间以提升创新绩效为目的进行的获取、整合、解读知识的活动为知识转移。

(二)知识转移影响因素

吴洁等(2014)通过问卷调查收集的数据,实证检验了影响知识转移价值增值的因素,结果发现知识特性、转移主体、知识转移情境、转移主体规模等四个因素对知识转移价值增值有直接和间接的双重影响。王欣等(2016)以动态能力理论为基础,分析影响产学研协同创新的有关因素,发现知识协同意愿、知识势差、合作模式等会对知识转移产生巨大影响。张向先等(2016)从知识生态的视角分析认为,知识主体的转移意愿和能力、信任、文化氛围等会对员工隐性知识转移产生影响。向纯洁和王萍萍(2021)研究发现,对于主体的知识转移意愿,拉力因素(感知信息质量、信任)和推力因素(信息—任务匹配、信息过载)具有显著的正向影响,而惯性具有显著的负向影响。曹伟等(2020)认为,社会资本与校企合作均会对知识转移产生影响,且二者的作用机制不同。

(三)知识转移绩效

李柏洲等(2014)研究了在知识网络下,团队知识转移风险对知识转移绩效产生作用的路径,其结果发现,团队知识转移风险对知识转移绩效有负向作用。张红兵(2015)以战略柔性为中介,研究知识转移对企业创新绩效的作用机理等。田真真等(2020)研究发现,开放度能够正向影响知识转移绩效;在开放度的基础上,包容度与知识转移绩效之间呈倒 U 形关系。邓程等(2020)研究发现,契约控制能正向影响知识转移绩效;契约协调对知识转移效果与效率均有正向影响且对知识转移效果的影响强度更大。

(四)产学研合作知识转移

产学研合作作为组织协同发展的一种新型战略模式,以共同开发、利益共享、风险分担等为原则。相关学者对产学研合作知识转移开展了大量研究,主要集中于分析产学研合作知识转移的作用、影响因素与转移效果。

Carayannopoulos(2010)认为,在技术创新产学研合作中,产学研合作组织获得外部知识的主要途径是知识转移。Lee 等(2010)的研究表明,要想检测知识转移有效性,关键要看知识转移过程给接受方带来的创新结果。曹兴和宋娟(2011)通过实地访谈和问卷调查,运用结构方程模型对国内251 家企业的问卷数据进行分析,探讨技术联盟企业间知识转移的行为,深入分析知识的隐性、接收方学习动机、联盟伙伴间的知识差距、关系距离等因素给技术联盟知识转移带来的影响。张睿和于渤(2011)从组织行为的视角,分析组织行为对技术产学研合作知识转移效果的影响。Haeussler 等

(2012)认为,组织通过产学研合作来进行知识资源的获取,可以最大限度地降低风险、获得利益。孙卫等(2012)研究了影响产学研合作知识转移绩效的因素,包括学研方的知识输出能力、产方的组织学习能力、成员互动性、产学研合作自组织性等。张红兵和张素平(2013)根据国内 201 家企业的数据,研究了影响联盟企业间知识转移效果的因素。刁丽琳和朱桂龙(2015)从产学研合作治理机制的角度研究了产学研合作中契约和信任对知识转移的影响,探究大学和科研机构的知识如何成功地向企业转移。龙勇和游博(2016)研究了目标企业学习意图对产学研合作知识转移的影响机制,探寻知识理解、知识保护等在产学研合作知识转移中所发挥的关键作用。赵炎等(2016)以中国生物制药行业的战略产学研合作为例,分析网络邻近性、地理邻近性等因素对知识转移绩效的影响关系等。董睿和张海涛(2018)研究发现,产学研协同创新模式下提高知识转移效果的决定因素分别是知识转移绩效的可度量程度、合作主体间的关系强度、投资规模经济。当合作朝着更高层次推进时,以原决定因素为基础的机制设计方式将逐渐失效甚至成为制约发展的瓶颈。每种模式对应机制设计方式的有效性能够被知识转移过程改进,这是产学研合作模式追求的一致性目标。吴蓉等(2021)研究发现,创新人才政策的实施可以驱动系统知识转移,但创新服务政策实施对系统知识转移催生的知识存量"涌现"现象效果更明显。同时,政策工具的实施对系统知识转移产生了较强的共振效果。

(五)联盟知识转移

吴洁等(2014)对技术创新联盟中影响高校知识转移价值增值的因素进行了总结,发现知识特性、转移主体、技术创新联盟规模、知识转移情境这些因素不仅会直接影响知识转移价值增值,而且可以借助其他因素间接影响知识转移价值增值。并且各影响因素不仅对知识转移价值增值产生直接的影响,也会通过其他因素的中介作用对知识转移价值增值产生间接影响。周杰(2014)认为,关系质量对战略联盟企业间知识转移有非常重要的影响,企业的联盟能力则会影响到联盟企业间关系的质量。杨玉国等(2019)认为,影响企业隐性知识共享的主要因素是隐性知识流动成本以及共享方获得的奖励。对于科技型企业而言,想要避免"知识孤岛"等现象发生,可以联合内外部企业,建立知识联盟,以此加强企业对隐性知识的整合开发,促进企业进行知识管理。

二、主体关系研究现状

(一)联盟网络关系

Yang 和 Chen(2017)研究了组织冗余对企业协同创新的影响,研究结果表明,合作伙伴关系正向影响企业创新效益,但也受组织冗余的调节。Khan 等(2018)提出,探索式创新所带来的颠覆性知识变革可以帮助企业不断发展,进而在行业内立足;能促使企业敏锐捕捉市场空缺,快速抢占市场份额;还能促进企业初期创业创新转变,完成稳定优势的过渡。芮正云和罗瑾琏(2019)认为,联盟黏性可以促进关系绩效提升,在初期能够促进任务绩效提升,在中后期对任务绩效提升的促进效果会减弱;表达型关系契约对联盟黏性与关系绩效的关系起到了中介作用,而工具型关系契约对联盟黏性与任务绩效之间的关系起到了完全中介作用;在联盟黏性与表达型、工具型关系契约间的作用关系上,互惠规范能产生正向调节作用。刘和东和徐亚萍(2020)研究得出,联盟网络提升企业突破性创新能力的关键路径是“成员关系强度→隐性知识获取→突破性创新能力”;隐性知识学习可以提升突破性创新能力;联盟网络之内的结构特征能促进隐性知识整合,但在获取隐性知识时,成员相似性所带来的影响效果并不显著;对隐性知识学习有正向影响的三个因素是联盟网络内部关系特征、内部认知特征以及外部环境特征。

(二)生态关系

自 Moore(1993)提出生态系统概念以来,创新生态系统理论研究主要探讨了其构成主体、结构层次和协同演进等,并没有对创新生态系统的运行机制和原理开展深入的研究。龙跃等(2016)从博弈论、知识管理、生态学等视角出发,分析了影响产业技术联盟之间知识存量增长的因素,发现通过政府向联盟注入知识存量增长的动力,可以实现知识转移,有望促进知识交互向高效率均衡演化。闫瑞华和杨梅英(2019)研究认为,面向市场创新模式形成与运行的保障机制是:创新价值设计、生存能力设计、生态关系设计和竞合优势设计等“四个设计”,且通过二次创新、整合创新及产品/服务创新的技术创新等基本路径,创新生态系统颠覆式创新能够实现演化升级。李金生等(2020)基于知识生态系统理论,分析了在自主创新中消费者及高新技术企业的价值共创机理,探讨了消费者和高技术企业之间的知识生态关系对自主创新产生的价值共创绩效的影响,并认为高新技术企业想要提高自主创新能力,应该权变地利用企业与消费者之间的知识生态关系。

(三)共生行为

在自然生态系统中,生物种群间存在着共生行为,这种生物种群间的共生行为与创新主体间的共生行为极其相似。在创新领域中,创新主体与其他组织一起进行创新活动,活动期间发生的所有互利互惠、价值共创与共享的行为就叫作共生行为。

冯南平等(2014)采用演化博弈方法,研究了产业生态系统中影响产业的策略选择的因素。陈兰(2016)将技术外部效应纳入演化博弈模型,发现企业群体在共生策略下获益的多少会在较大程度上影响企业群体的共生决策。林少疆等(2016)以共生理论为基础,发现共生行为是连接企业创新网络结构嵌入性与协同创新能力的中介,共生行为可以有效提升企业的协调创新能力。李晓娣和张小燕(2019)对区域创新生态系统的共生形成机制进行了概述,并建立共生进化动量模型度量了区域创新生态系统的共生进化模式与状况。王庆金等(2018)基于共生理论,探讨了协同创新网络关系强度与人才创新能力之间的关系及共生行为作为中介发挥的作用。王庆金和李如玮(2019)从共生理论和网络嵌入理论出发,采用问卷形式收集了181家创业企业的数据,分析了众创空间网络嵌入与创业企业商业模式创新的关系和共生行为的中介作用。

(四)共生模式及演化

根据共生演化理论,一个物种仅仅凭借自己的力量和资源,是不可能在生物群体中占据有利竞争地位的,所以它必须与其他物种建立联系,并通过多个物种间的共生合作,推动各个物种一起进化,共同发展,最终实现各物种由独立发展向互惠共生转变。

Fukuda 和 Watanabe(2008)指出,日本和美国的创新生态系统的演变路径大致包括共生进化、竞争学习、异质协同。胡浩等(2011)建立多创新极共生演化动力模型进行研究,结果发现区域内部创新极间的共生关系会影响区域创新系统的演化结果。Kapoor(2013)以智能手机的三个平台系统为研究对象,得出了使得创新生态系统成功演进的重要因素,如具有技术标准体系和第三方供应商等。Chen 等(2014)利用网络分析法展示了中国风力涡轮机制造生态系统的发展轨迹,探究了涡轮机制造过程中不同时期的技术积累和协同创新网络。胡京波等(2014)以 SF 民机转包生产商为研究对象,分析了复杂产品创新生态系统包含的三个阶段及对应的挑战,为航空企业创新能力的提升提供了指导性建议。Suh 和 Kim(2015)聚焦韩国的手机生态系统,探究了移动生态中制造业和服务业网络的动态变化情况。吕一博等(2015)以移动通信产业的三大智能终端操作系统为研究对象,探索了开放式创新生态系统运行的驱动因素。王庆金和李如玮(2019)总结了区域创新系统共生演化过程中单利、差异互利、均衡互利等三种不同类型共生阶段的特点和形成原理,探究了区域创新系统共生演化的路径。张贵和刘雪芹(2016)借助生态场理论分析了创新生态系统内部的演变,发现创新生态场会对创新生态系统内部各要素产生影响。王宏起等(2016)以比亚迪新能源汽车为例,探讨了新能源汽车创新生态系统遵循的"渐进性小生境→开放式产品平台→全面拓展"演进路径,为战略性新兴产业创新环境的构建和发展提供了建议。丁玲和吴金希(2017)研究了宇通、北汽这两家汽车企业,探讨了核心企业与商业生态系统之间互利共生战略、捕食共生战略的特征和作用机理。欧忠辉等(2017)的研究对象是核心企业和配套组织,他们主要分析了创新生态系统的各创新主体在不同共生环境下的演化路径和共生模式选择策略。李洪波和史欢(2019)基于 Logistic 模型,发现当共生系数变化时,创业生态系统共生演化的均衡结果也会各不相同。李晓娣和张小燕(2019)利用我国 30 个省(区、市)的创新生态实际数据,将创新主体间的共生度、融合进化速度、进化趋势等影响因素加入传统的共生动量模型中,对不同省份和区域的共生模式以及共生演化特征进行了研究。刘平峰和张旺(2020)采用 Logistic 增长模型,构建包含多种群的共生演化动力模型,分析了不同的共生模式下种群的共生演化规律。

三、联盟主体伙伴选择研究现状

产学研合作知识转移是产学研合作内的知识主体即高校和企业所开展的一次知识对接合作,从结果来看是一次伙伴选择的过程。有关产学研合作伙伴的选择研究,学者主要从产学研合作的角度分析伙伴选择的标准、影响因素、方法模型以及从高校或企业的视角分别研究主体的伙伴选择策略。

(一)产学研合作整体的角度

Keith 等(1998)提出能力互补性、目标兼容性等产学研合作盟友选择准则。郭军灵(2008)提出产学研合作成员的互补性、产学研合作成员内部适当的力量平衡和文化相类似等产学研合作伙伴选择的标准。林向义等(2008)采用一种名为 VIKOR 的多属性群决策方法分析合作伙伴的选择。Wu 和 Barnes(2010)以 D-S 证据理论为基础,基于合伙伙伴选择标准构造三阶段模型,研究灵活供应链的伙伴选择。薛伟贤和张娟(2010)基于杂合遗传算法建立产学研合作伙伴选择的模型,并从中选择合适的伙伴以便促进产学研合作的互惠共生。徐小三和赵顺龙(2010)从知识基础的互补性角度出发研究选择产学研合作伙伴的问题。Buchmann 和 Pyka(2013)研究发现,组织更倾向于跟合作经验丰富、地理距离近、拥有相似技术和知识基础的对象合作。喻金田和胡春华(2015)通过对产学研合作协同创新的研究发现,知识共享、相互兼容性、主体的能力、承诺等是合作伙伴选择的关键要素。殷群和李丹(2014)提出,从政策引导、产学研合作协调和主体和谐等三个方面来促进产学研合作主体合作伙伴选择行为的顺利开展。陈伟等(2020)运用了一种以时间度和正交投影为基础的动态直觉模糊多属性决策方法和场理论构建合作伙伴选择的协同创新能力场模型,构造了一种用来选择合作伙伴以促进产学研协同创新的动态过程,以便于对备选伙伴进行筛选。研究证实,这种办法不仅考虑到了产学研联盟内部协同创新的资源问题,还考虑到了用以选择的合作伙伴的资源互补性,说明了产学研合作协同创新成员的筛选是合理的,体现了这种办法是可行的和有效的。

(二)知识转移主体的角度

Child 和 Faulkner(1998)认为,企业伙伴选择存在硬性因素和软性因素,包括协同优势、信任和关系等多方面。杨斌和万田力(2010)针对当前中国高校的发展需求,创造了一套选择产学研合作伙伴的标准体系,为高校选择合作伙伴提供参考。袁文榜(2012)针对伙伴选择存在着契约执行不力等问题,基于高校提出产学研合作伙伴选择评估机制等对策。王进富等(2013)认为,核心能力、技术兼容性和管理者才能是企业寻求研发伙伴的重要影响因素。Wassmer 和 Dussauge(2012)表明,具有市场导向的企业在寻找合作伙伴时将资源和信息作为两个主要的考虑维度。武艳君(2015)分析了高校协同创新合作伙伴选择的几大特征,为高校选择协同创新伙伴提供指导。邓渝(2016)提出,市场导向和关系导向伙伴选择对焦点企业的基础创新水平会有不一样的影响。王发明和刘丹(2016)利用沙普利值(Shapley value)法对合作收益进行分配,以便企业能够构造合理的选择机制来选择合作共生的伙伴。郑景丽和龙勇(2016)从企业知识保护能力的角度,以资源基础理论、交易成本理论和组织学习理论为基础,采用逻辑斯谛(Logistic)回归分析模型来分析选择伙伴时不同产学研合作动机产生的影响等。赵红梅(2021)研究发现,高校控股上市公司、高校参股上市公司、"学科带头人＋公司创始人"和校企合作联合研究等四类合作模式是当前联盟选择伙伴的主要模式。

四、双边匹配研究现状

Gale 和 Shapley(1962)探索了学生的入学匹配和男女的婚姻匹配问题,该项研究被认为是双边匹配的研究起源。与沙普利(Shapley)教授共同分享 2012 年诺贝尔经济学奖的另一位学者——美国哈佛大学经济学教授罗斯(Roth),则基于盖尔(Gale)和沙普利对婚姻匹配问题的深入分析和总结,最早明确并公开提出了双边匹配这一概念(Roth,1985)。随后,双边匹配决策问题引起了学术界的广泛关注,在盖尔和沙普利等所做研究的基础上,针对现实生活中存在的不同的匹配情境以及不同的参与主体,学者们对不同领域的匹配问题开展了深入的探讨分析,研究的视角呈现出多样化的趋势,集中体现在人力资源管理领域、金融经济领域和电子商务领域等。

(一)人力资源管理领域的双边匹配决策问题

在组织内部,人力资源管理人员根据组织发展的特点和需要,把合适的人安排在合适的岗位上,构成了人和岗位的双边匹配。Goodman 和 Svyantek(2009)从组织绩效和员工任务的角度分析了人岗匹配,侧重考虑了组织的文化在其中起到的重要的调节作用。邵祖峰等(2009)基于因果关系图建立了能力与岗位匹配的模拟模型,分析了动态环境下的匹配问题。Yashiv(2012)考虑了工资议价、资源配置有效性等因素,构建了将员工和组织优化相匹配的经济学模型。Korkmaz 等(2008)基于层次分析法构建了军队人员与军队职位的双边匹配算法,考虑了主体不同指标下的偏好行为。邹树梁和武良鹏(2016)引用了区间 Vague 集来表示人岗匹配问题中的信息模糊性,构建了人岗匹配的指标评价体系。张淑惠等(2021)基于双边匹配理论探讨了审计市场中企业和会计师事务所之间的匹配情况对审计质量和审计风险的影响。研究结果表明,会计师事务所的综合实力越强,其越喜欢匹配综合实力较强的企业。随着双边匹配程度的提高,企业可操纵性应计利润就会减少,审计的质量就会提高。

(二)经济管理领域的双边匹配决策问题

在经济管理领域,风险投资商与风险投资项目(或投资企业等)的匹配一直是学者关注的重点模块。曹国华和胡义(2009)利用盖尔和沙普利建立的学院录取模型,研究风险投资商与创业者之间的双向选择关系。Sorensen(2009)定量地分析二者的匹配结构模型及其效应,通过实例分析,解释了双边匹配对风险投资商所投资的项目的价值增强的影响作用。陈希和樊治平(2010)构建了双方互评的评价指标体系,给出了基于公理设计的匹配方法并进行了验证分析。樊治平和乐琦(2014)针对风险投资商和投资企业之间的双边匹配问题,设计了主体给出完全偏好序信息下的严格匹配方法。万树平和李登峰(2014)设计了五种不同形式的信息形式表述主体的评价信息,利用前景理论并使用 TODIM 方法(交互式多准则决策方法)得到了关于风险投资商与投资企业的总体感知价值求解匹配方案。吴凤平等(2016)针对互联网金融情境下的风险投资匹配这一问题,基于前景理论构建匹配模型,并通过实例进行了验证分析。熊化峰等(2019)以共享经济为背景,构造抽象的模型来研究双边匹配这一类问题,修改并完善计算属性匹配度的模型,得到关于双方的偏好序,以机器学习作为基础来对蚁群算法进行改善并求解问题。结果显示,蚁群算法改善之后与经典蚁群算法相比,评价值大概提高了 20%,与经典蚁群算法和以 RNA 计算为基础改善之后的蚁群算法相比,求解具有更优越的稳定性。

(三)电子商务领域的双边匹配决策问题

电子商务环境下基于电子中介的买卖双方的交易匹配问题,是学者们关注的双边匹配问题之一。张振华和汪定伟(2008)以满意度为目标,构建了电子中介下买卖双方商品交易的满意度模型并采用优先贪婪算法求解匹配问题。Janssen 和 Verbraeck(2011)基于互联网的供需实时匹配问题,构造了以中介支持为基础的用来进行供需匹配的系统。蒋忠中等(2011)在关于 B2C 类电子中介中供需双方的商品买卖的情境下,深入探索了在需求不可分和信息不确定这种情境下具有多个属性的商品的买卖的匹配优化问题;盛莹等(2011)以电子中介中买卖双方单数量同类商品买卖作为现实应用情境,探索了具有信息不确定的具有多种属性的商品买卖匹配优化方法。梁海明和姜艳萍(2013)探索了考虑不一样的中介买卖态度的交易双边匹配决策问题。Sarne 和 Kraus(2008)构造了向多代理开放的分布式的双边匹配方法,解决买卖双方的匹配需求。刘章发(2016)构建了产学研合作电商与大数据相匹配的信用评价模型,旨在降低贸易的风险。朱镇和李霞(2016)研究了中国传统企业在"互联网+"战略下的两阶段匹配问题,旨在促进企业的转型升级。

五、知识协同研究现状

(一)知识协同的概念

Karlenzig 和 Patrick(2002)第一次让知识协同这一概念登上历史舞台,

并将知识协同纳入了企业的战略方法这一体系当中,这便于让企业动态地结合内外部系统、技术、人际关系和商业过程,来最大化企业的绩效。Anklam(2002)表明,知识管理的未来发展方向是协同,组织在进行知识创新时,可以使用协同的方式,填补知识漏洞,避免出现"知识孤岛",达到"1+1>2"这类增值的协同效应。Nielsen(2005)表明,想要提高技术创新水平和企业产学研合作中各个主体的绩效和业务水平,知识协同是一种有效的方式。樊治平等(2007)表明,知识创新被认为是知识协同的目标,协同是一种对自己所拥有的知识资源进行协调整合的过程,被认为是一种管理企业的新模式。吴绍波和顾新(2008)发现,各企业之间的相互协作和配合是在知识链组织之中知识协同的一种表现,对合作伙伴之间的知识资源进行不断协调和整合,从而使无序的知识要素向有序进行转变的一种动态过程。Faraj 等(2017)把知识协同定义成知识的传递、积累、共享和转化,在这一过程中,协同主体不仅要向他人传递知识,还需要转化和整合自己接收到的知识。陈建斌等(2014)将知识协同定义成协同主体转化知识来达到知识创造这一目的的一种过程。徐少同(2015)表明,知识协同是在知识管理与协同理论的基础上,各个协同主体对它们之间的资源进行整合和优化,一起加入协同创新中,以提高企业绩效的一种管理新模式。De Noni 等(2017)表明,要想实现创新,研究和使用高度专业化的知识是必不可少的,这时就需要知识协同来减少获得和使用互补知识的成本。何郁冰和张迎春(2017)从网络视角深入探索了网络嵌入性和协同绩效在以知识搜索与主体行为为中介变量下的关系,结果表明,协同绩效会受到关系嵌入和结构嵌入的正向影响。余维新等(2017)认为,对不同性质的知识进行简单的静态叠加并不是知识协同,对不同性质的知识互动耦合、协同主体对其之间的资源进行协作整合的行为才是知识协同。唐洪婷等(2021)认为,为了促使主体间的技术有效聚集和碰撞,知识主体对最具知识潜能与合作潜能的协同主体进行识别,进而形成知识协同。

总而言之,知识协同这一概念已经引起了国内外学者的大范围关注,学者对知识协同这一概念的定义是依据自身对知识协同的认识和理解给出的。譬如有些学者基于自身的认识习惯于把知识协同和业务绩效放到一起来研究,还有些学者则侧重于创新和知识管理。综合来说,现在对知识协同的含义没有形成统一的阐述,缺乏对其含义的系统性的深入研究以及在产学研合作创新情境下对知识协同的深入研究,也并没有去研究隐性的知识协同。

（二）知识协同的关键要素及模型

沈丽宁（2007）在知识协同重要因素方面的研究显示，知识协同包含了人力要素、流程要素、资源要素和技术要素，它们共同助力知识协同平稳运行从而顺利开展，直到最终战略目标实现。常玉等（2011）对有关知识协同要素方面进行研究，通过建立知识协同重要影响因素模型发现，有重要影响的因素包含六个方面的内容，分别是：战略因素，具体包括全体战略和实施细节；外部环境因素，具体包括社会整体环境和要素个体之间的联系紧密程度；个人因素，具体包括个人的稳定性较低的意向、相信程度和个体能力等因素；资源分配因素，具体包括智力资源和与知识无关的资源；组织架构因素，具体包括文化氛围和运作机理；技术运作平台因素，具体包括信息操作和设备。魏想明和舒曼（2012）对知识协同要素进行研究，结果显示，影响知识协同的因素包含主体因素，具体包括主体知识储备量、主体自身的意向、主体资源汲取能力和创造能力；客体方面因素，具体包括知识的内隐性及适配性；氛围因素，具体表现为文化差异程度、地理远近和知识差距。Gao 等（2016）对知识协同要素的研究结果显示，知识协同在提高知识管理水平方面具有显著作用，不仅应该注重知识协同的效率，还要着重关注智力资本和社会资本的增值可能性。基于以上分析所得的结论显示，测评结果时，协同有效性和运行效率两种指标缺一不可，对知识协同的运行与发展具有显著影响的要素还有团队属性和个体属性以及线上交互团队的网络特别性质。罗琳等（2017）构建结构方程模型，对可能对知识协同产生影响的要素运用实证分析方法进行研究，其发现，参与协同的主体的主观意愿及学习能力和知识异质性，以及运行的内外部环境都显著影响知识协同效果，并且明确了外部环境与知识协同之间存在负相关关系，而其他要素与知识协同具有正相关关系。倪渊和张健（2015）的研究结果表明，协同知识管理实践是影响跨组织知识协同的关键要素，即如果希望知识协同效应结果是显著有效的，协同知识管理实践必须跟上。顾美玲和毕新华（2017）在知识生态视角下，对开放式创新之下知识协同产生影响的要素用决策实验室分析（DEMATEL）方法进行评估，得出智力资本的数量与质量，主体的付出意愿、经验水平和效用水平，以及主体间相互信赖的程度和创新文化的活力都会影响知识协同的结论。Qiu 等（2017）的研究指出，地理距离这一要素对知识协同能否很好地发展具有重要影响，如果协同主体距离相近，知识传播效果与地方龙头的需求相符，则相对来说知识协同更加容易，传播的知识被内化的便捷性更高。De Silva和 Rossi（2018）关注企业从高校获取的智力资本的多少与其企业公关力量强弱的关系,研究结果显示,校企内部流程和战略规划相似度对知识协同有影响,而企业的交互能力还额外对其资源获取有直接影响,并且企业交互能力能产生更大的辐射作用。Wei 等(2018)的研究结果显示,知识协同在心理因素方面会受到虚拟社区中合作者的影响,这一点不可避免。为了探寻这些心理因素对其知识协同的影响是怎样的,其构建博弈模型进行研究。王便芳等(2021)研究发现,知识溢出对企业创新、组织协同研发均具有正向作用,且垂直知识溢出(供应商和顾客)对园区内的协同研发行为存在显著影响,水平知识溢出(竞争者和研发机构)对园区外的协同研发行为存在显著影响。

(三)知识协同过程模型的研究

Rubart 等(2002)通过改进 ABC 模型中的 B、C 级知识协同管理,建立了一个协同超媒体模型,并指出了该模型的适用范围。John 和 Melster(2004)在对等网络构建、协同知识空间映射的理论基础上,重新定义知识管理,例如从形式上到实际目标导向或团队导向来实施知识管理等。Samaddar 和 Kadiyala(2006)的研究结果显示,知识创新活动是一个高投入过程,而协同创新有助于降低成本,并且更有助于实现高质量知识创新。具体来说,其运用了数量建模的方法对具备主从关系的协同知识进行研究比对分析。Nagurney 和 Qiang(2010)的观点显示,在始祖知识协同模型的假设中,协同主体协作过程行进范围局限于某一个领域或某一个学科中,然而实际上,协同主体通常不局限于单一的行业或学科。Nagurney 和 Qiang(2010)为了打破这一假设的局限性,以始祖知识协同模型为基底,构造了协同主体在产学研合作方面的网络模型,并对要素进行研究。Clauß 和 Kesting(2016)的观点是,知识协同主体作为知识和信息的提供者或接受者,协同各方将这些知识和信息应用和内化,并且输出反馈的过程叫知识协同。贺新杰等(2021)开创性地运用系统动力学模型来分析知识协同在有战略同盟关系的企业中的创新绩效。分析结果表明,在知识协同视角下,当运用新构建的系统动力学模型来反映战略同盟企业创新绩效的现实情况时,所得的结果信度和效度较高,即知识协同在联盟企业创新绩效的提升方面具有积极的正向作用。这一结论可从范围经济等多角度得到合理解释。

在知识管理框架体系流程中,知识协同阶段较为复杂和高端,包含了诸多关键要素和模型,学术研究者的目光渐渐开始投向这一领域。现有相关研究成果主要是对构建知识协同的定义、流程或算法模型过程中的重要影响因素进行分析,对要素间动态交互的研究不多,所以规范制度化、系统化模型的研究尚为学术盲点。这也为我们提供了新的研究方向,例如构建产学研合作知识协同创新体系,运用知识协同对显隐性知识进行管理,充分发挥知识管理的协同效应来助力各领域研究。

(四)知识协同的应用

McKelvey 等(2003)通过协同设计,研究在瑞典生物制药行业中的知识协同定位难题。Ohira 等(2005)对跨项目团队的知识协同的社会网知识协同应用于物流的相关理念进行了阐述,对在物流管理方面知识协同的应用概率进行分析,从语义网视角构建物流协同模式,并使协同效应也在物流供应链运转流程中产生正向效用,实现价值增值。梁孟华(2009)聚焦电子政务在创新型国家系统中的应用,分析其知识协同服务,提出适合电子政务的系统框架,确认实施系统框架搭建的关键技术帮助该应用尽快开发落地。邓卫华等(2012)的研究是说明知识协同在虚拟社区方面的应用与 Tag(标签)的联系,基于这些联系在虚拟社区中搭建以 Tag 为基础的知识协同机制模型,对选取的实例也就是知识协同在豆瓣网站中的发展情况进行分析,进一步探讨了知识协同过程中的细节。Liew 等(2012)的研究发现,在知识协同创新的过程中,要想最终实现协同创新战略的成功实施,校企需实时同步优化自己的创新目标。张少杰等(2013)从产学研合作知识协同在网络大环境下存在的问题出发,对产学研视角下知识协同的特定含义进行了分析,构建并验证了网络视角下的知识协同工作平台框架。魏奇锋和顾新(2013)在知识迁移流动视角下,从知识产生、知识共享与知识优势等方面对产学研知识协同创新过程进行了分析与研究。陆克斌和王永凯(2015)在知识协同的视角下,对教师旨在帮助学生提升应用性能力,通过传授学科知识或专业技能来实现的教学模式创新的意向和做法进行了充分的分析与研究,希望能为解决培养适岗性强的本科生过程中遇到的重难点问题提供一定的启示。陈威莉等(2016)的研究结果显示,产学研合作在京津冀图书馆上的应用从本质上来说就是知识协同的一种实际应用,继而围绕理论基础,运用知识协同运作框架对京津冀图书馆产学研合作现状进行了分析,为图书馆产学研合作的建设和发展提供了政策建议。王兴鹏和吕淑然(2016)对发生在不同区域的突发事件的运作方法、运作平台以及保障机制运用知识协同理论进行了阐述和分析,找出了其中产生可能性较大或影响较大的难点,进而建立了跨区域突发事件应急协作体系。Li 等(2018)对英国医疗问题的研究发现,只有工业领域、学术领域以及医保领域的专家加强协同,才能使知识在不同领域发挥协同作用。Celis 和 Kim(2018)提出了一条设想,即在国外久负盛名的大学受过培训的教师更有能力带来国际领先的知识架构,更有可能为将来的合作搭建桥梁。在此假设基础上,通过对知识协同与教师雇佣两种复杂网络之间的关系的研究,证明了知识协同与博士教育之间具有某种积极关系。在黄彬(2021)的观点里,开发新型课程是在现代产业学院进行知识协同生产的核心目标,除此之外,其还希望能利用知识协同实现企业需求的有效对接、技术知识与经验的导入、"增值"的持续改进。

目前关于知识协同应用的研究已粗具规模,并且初见成效。在虚拟社区管理、供应链管理、医保领域专家区块链技术在企业智能系统中发挥作用的研究结果,都可以证实知识协同的实用性和价值性。已有的相关分析也分布于多领域多学科,这源于知识协同影响要素的分散性。受研究思维和视角的限制,产学研合作跨领域方面的知识协同创新应用比较少,权威的理论支持体系尚未形成。

六、知识转移博弈研究现状

(一)演化博弈

支撑社会关系和管理活动的是人类行为,人类行为中蕴含了大量的博弈关系。同理,生物种群内部和生物种群之间的相互行为关系本质上也是一种博弈关系。因此,对博弈关系进行分析可以有效揭示人类、生物种群内部和生物种群之间的行为规律。现阶段,演化博弈理论在多个领域得到广泛应用。

在环境治理方面,郭本海等(2012)对地方政府和高耗能企业是否退出市场的决策行为进行演化博弈研究,研究结果显示,国家意志和政府决心可以通过区域高耗能产业退出机制解决能源问题。高明等(2016)的观点是各地政府可以协作治理大气污染,因此他在演化博弈理论的基础上构建了治理大气污染时各地政府的演化机制,该研究对各地政府治理大气污染的演化路径和策略选择进行了探究,并找出了对各地政府策略选择有重要影响的关键因素。Alexeev等(2016)、陈真玲和王文举(2017)通过对环境治理问题的研究,探究了在征收环境税背景下政府与污染企业之间的关系,进而构建出演化博弈模型,通过仿真分析的方法分析各主体的策略选择,最终找到一个比较合理的征收环境税的机制。Cohen等(2016)、Wu等(2017)和刘枚莲等(2017)基于演化博弈的理论对不同主体和情景下有关环境污染的问题进行了探索。Mahmoudi和Rasti-Barzoki(2018)的研究内容是在不同情境下政府与生产者目标之间的差异对比,采用的方法是两群体演化博弈方法,最终研究发现,政府政策对成员的活动有明显影响,其中影响最大的政府政策是征收关税,其对减少环境影响的效果十分明显。姜玉梅等(2021)的研究内容是治理中小供应商污染时环保非政府组织(ENGO)和核心企业的合作模式,由此构建了包含这三个主体的斯塔克尔伯格(Stackelberg)博弈模型,该模型从协作性和对抗性两方面研究了ENGO和核心企业之间的合作策略,最终研究表明,ENGO给核心企业供给环保知识不仅显著提升了核心企业和中小供应商的努力水平,而且两者之间并没有显著的替代效用。

在公共问题和网络舆情方面,张国兴等(2015)聚焦食品安全问题,研究了政府监管部门是否受到第三方监督的影响,基于演化博弈理论构建了食品企业和政府监管部门之间的博弈模型,该模型旨在分析第三方监督的力度改变时政府的食品安全监管是否受到影响。李燕凌和丁莹(2017)研究的内容是在网络舆情的背景下公共危机的信息对社会造成的恐慌和信任损失,该研究在演化博弈理论的基础上结合动物疫情危机的例子构建了以政府、公众和网络媒体为主体的博弈模型,该模型旨在探究在治理危机中行为的选择和演化的路径如何修复信任。申亮和王玉燕(2017)研究的问题是政府选用何种外包服务方式才能提供最优的公共服务,在演化博弈理论和系统动力学的基础上构建了演化博弈模型,并对模型中政府、公众和外包商三个主体的行为选择进行了仿真。Li 等(2018)的观点是,电子商务中所提供的产品和服务是把双刃剑,在给顾客提供新奇体验的同时也会产生相当程度的关于信息安全的问题,由此基于演化博弈理论和博弈参与者的有限性原理构建了电子商务背景下企业和消费者隐私保护的博弈模型。Babu 和Mohan(2018)整合了供应链中的环境、社会和经济层面的可持续性,在演化博弈理论的基础上探究了供应链中上述维度下成员的行为,并对公共健康保险供应链中的社会和经济层面的可持续性进行了解释和预测。和征等(2020)研究的内容是云制造企业和客户之间的知识转移,据此构建了演化博弈模型,该研究结果显示:知识拥有量、转移意愿、传授能力、吸收能力、可转移度、相互信任程度与知识转移的可能性呈正相关关系;知识转移成本、投机收益与知识转移的可能性呈负相关关系。

在经济管理方面,商淑秀和张再生(2015)研究的内容是虚拟企业之间的知识共享,首先构建支付矩阵,再用演化博弈理论进行求解,从而获得其具体演化路径以及显著影响企业行为选择的因素。刘旭旺和汪定伟(2015)研究的内容是在采购过程中政府和大型企业的逆向拍卖,在支付矩阵指标选取时同时考虑了技术专家和商务专家,进而在演化博弈理论的基础上分析政府和大型企业在拍卖评标中的行为选择,从而解决了技术专家和商务专家在评标时产生的不合作现象和对立情绪。龚志文和陈金龙(2017)研究了企业集团内部资本转移激励行为的演化博弈,分析发现资本分配比例针对不同的集团各分部实力应采取不同的资金分配措施,以此建立有效的资本转移激励机制。Xiao(2018)的研究对象是单一买方和议价能力各不相同的多个卖方,在演化博弈理论的基础上构建了具有完全信息的讨价还价模型,该研究探究了时间范围是否会对结果产生影响。

现阶段演化博弈理论已经在经济管理、生物信息、工程设计、交通运输、环境设计、网络舆情、环境治理等多个领域取得广泛应用,但是大部分研究只是对动态模型进行套用来研究演化机制。与此同时,大量研究局限于单群体的对称演化博弈,采用的仅仅是稳定策略的分析,而忽略了不同演化机制下的双群体非对称演化博弈的研究以及多主体的演化博弈研究。

(二)联盟知识转移博弈

Kale 等(2002)的观点是,在残酷的市场竞争背景下,企业选择参加联盟的可能性越来越大,加入联盟不仅有助于提高自身竞争力,而且能够在组织间实现知识创新和共享。孙丹(2011)在演化博弈理论的基础上构建了博弈模型,分析结果表明,产学研联盟中对方的知识存量、知识的贴现率、对方参与转移的比例、自身吸收能力、自身创造能力和知识能否顺利转移呈显著的正相关关系;转移知识的风险和知识能否顺利转移呈显著的负相关关系。王鹏等(2011)认为,产学研联盟的资源共享,特别是隐性知识共享是提高核心竞争力的关键。其应用博弈论分析联盟主体之间的隐性知识转移,阐明了联盟企业隐性知识转移的决策依据和保障机制。董广茂等(2014)的观点是,在联盟中企业间进行知识转移是一把双刃剑,既可能带来共赢,也可能带来风险,甚至会改变相关企业竞争的分布。龙跃和顾新(2017)在演化博弈理论的基础上构建了知识转移演化博弈均衡,研究表明,知识转移系数对成员收益的增量和博弈均衡两方面的影响都比较大,对知识转移系数进行适当调整构建博弈关系可以推动知识的有效转移,增加成员的知识存量,减少成员及联盟的投入,增加成员及联盟的收益增量。吴小桔等(2017)通过博弈论较好地解释了知识转移过程中的主体行为,研究结果显示,知识转移方可以控制知识的转移水平来取得主导地位;知识接收方可以改变创新投入来取得主导地位;双方均可在其主导的博弈情形下取得最大收益。吴洁等(2018)的研究对象是联盟中企业之间的知识转移,研究结果显示:基于同等心理压力,在没有中介机构参与的知识转移博弈中,知识转出方占优;在有中介机构参与的情形中,要想获得更大收益,中介机构必须与知识接收方合作,在主导角色博弈的情形下想获得更大的收益,需要主导知识接收博弈。李锋等(2019)发现,产学研联盟内部成员之间的知识转移效率和整个联盟的知识创新绩效有显著的相关关系,因此联盟在知识转移前需要选择合适的合作伙伴。张华等(2022)认为,缔结创新联盟能够产生双赢效应,即同时提高联盟内部成员与非联盟成员的知识创造及创新收益;知识链在集中决策时的整体创新收益与知识创造均好于分散决策;在分散决策下由知识链组建创新联盟的最佳策略是将知识源和信息服务机构相结合。

七、联盟特性对知识转移的影响

(一)系统特性

邹波等(2009)认为,推动校企知识转移的策略为:把握系统整体,协调各子系统关系;始终保持动态思考的方式,严格遵循系统运行的规律;抓住关键变量,将系统运行决策调整至最佳。夏恩君等(2013)整合了开放式创新社区网络的系统动力学模型,认为提高网络经济增长能力的关键,是整合系统内部人力、物力以及财力之间的互动关系,使创新收入的增长方式更加广泛,营造开放式创新文化的氛围,从而使开放式创新社区网络能够持续健康运行。王学东和赵文军(2008)就网络中对知识转移的影响因素从知识特征、知识主体特征和网络特征三个方面进行了分析,并以此分析为基础,在组织的层面上提出,可以从组织结构、制度文化和人力资本等方面有效提升网络知识创新能力。徐国东等(2011)认为,必须通过知识转移主体的能力来反映产学研联盟信任网络的影响机理。研究知识转移的学者们,往往对接收知识一方的学习意愿与知识源转移意愿进行同步且深入的研究。要想达到激发学习意愿的目的,可以在知识接收方的个体层面上进行激励。李梓涵昕(2016)通过对数据(数据来自对211家参与了产学研合作的企业的调查)进行统计分析发现,产学研合作主体的目标存在较大差异,其差异主要来源于合作主体对于学习意愿以及吸收能力与知识转移之间的关系存在着负向调节效应。合作主体之间的目标是存在差异的,其差异程度越大,企业的学习意愿和吸收能力对知识转移的促进作用影响越小。进一步研究发现,合作主体之间的知识技术差异对吸收能力与知识转移的关系具有显著的影响,影响曲线呈倒 U 形。不仅仅只有程度较高的知识技术差异会显著地减弱吸收能力对知识转移的作用,当知识技术的差异程度过低时,负向调节吸收能力也会对知识转移产生影响。王斌和郭清琳(2020)基于焦点企业知识存量、分裂断层、知识转移效率、情景嵌入性之间的关系理论模型框架，认为焦点企业知识存量能够影响联盟组合分裂断层，进而对联盟知识转移效率产生影响。

（二）知识双元特性

原长弘等（2012）认为，市场需求不确定性对高校知识创造转移有显著的负向影响。高校的知识创造与其转移效率的双重二元机制是可以改善的。在改善上述双重二元机制的过程中，不仅需要市场的支持，也需要中央政府与地方政府的支持。因此，建议政府在引入政策工具推动和促进高校知识创造与知识转移时同时考量和平衡二元效率机制。詹雯婷（2016）通过研究发现，互补型产学研企业要想有效提升自身技术能力的广度，可以和相同类型的企业进行合作。同理，辅助型产学研企业要想有效提升自身的技术能力深度，也可以采取合作的方式。与此同时，随着企业自发地提高自身的创新能力，其相关产学研合作的层次也在逐渐转换，即从专有技术转化为应用共性技术，最终转化为基础技术。由于企业对于产学研合作的依赖性不断减弱，因此在整个产学研的互动过程中，外部资源的引进类型也不断呈现出动态的变化规律，即从辅助型转化为互补和辅助型，最终转化为互补型。蔡灵莎（2020）认为，对知识的整合能力可以成为跨国公司实现双元学习互补效应的必要性保障。同时，她还认为，探索式学习的协同效应并没有得到可靠的支持。由此看来，企业，尤其是跨国公司，应紧密关注组织双元学习的互补效应，从而克服外来者劣势，实现均衡发展；同时还要看重员工的知识管理，并在组织内部建立动态管理机制，从而提高公司的知识整合能力。

（三）网络关系特性

谢洪明、赵华锋和张霞蓉（2012）认为，网络关系嵌入对知识流入和管理创新绩效均存在显著的正向影响；知识流入在网络关系嵌入与管理创新绩效之间发挥着完全中介作用；加入控制变量企业规模和研发投入比后，网络关系嵌入并不能在规模不大的企业中促进知识流入；相反，在规模较大的企业中，增加研发的投入比例并不能显著提升管理创新绩效。余维新等（2020）通过研究发现，关系资本化可以有效促进网络成员之间的知识流动，这便是关系治理的主要结构；通过关系人情化来促进网络成员间的知识流动，是关系治理的主要机制；通过关系社会化来促进网络成员间的知识流动，是关系治理的主要方式。

八、知识活动与创新关系

(一)知识活动内涵

郑彤彤(2017)提出,产学研协同创新是产、学、研三方共同开展技术创新的活动。在此活动中,企业、高校以及科研机构实现了资源共享,达成了优势互补,从而实现了成果共享,也能共担风险。产学研协同创新,以自组织理论为理论基础,同时以开放式创新理论和组织学习理论以及创新问题解决理论作为补充。加强产学研协同创新,不仅能为提高科技成果转化能力和提升产业核心技术创新能力提供新的思路,也可以有效促进我国产业的优化升级,还可以辅助完善国家的创新系统。刘春艳和陈媛媛(2018)提出,知识转移对于产学研协同创新活动来说,不仅能反映其本质,还是其必不可少的活动过程。产学研协同创新团队的知识转移是具有明确目标的,具体来说,应在创新上实现协调并且实现在个体知识上的更新优化以及团队内部的知识优化与增值。在产学研协同创新团队中,知识转移活动的要素可以具体细分为四个方面,即主体、客体、渠道以及情境。以实现协同创新为目标导向,各种各样的知识活动进行组合,从而构成了知识转移。产学研协同创新团队在进行知识转移的关键环节中,也十分关注知识分享程度和知识吸收能力。

(二)知识活动与知识转移关系

马淑文(2006)通过一系列研究发现,连续不断地进行知识转移创造应用活动,是需要互相促进的发展机制作为支撑的。当接受知识的一方基于企业研发外部化知识活动不断发展,便会出现源源不断的动力,这种动力有助于产生更进一步的知识需求和知识创造。与此同时,这种动力还会不断刺激输出知识的一方专心致志地开展知识创造活动,还会使自身转移已有知识的想法越发强烈。无论是动力还是机制,都可以为企业研发外部化知识活动营造更好的氛围,从而促进其顺利开展。李敏等(2019)研究发现:学科成长性对会员网络、组织网络以及心理规范与知识活动绩效具有正向调节作用;科学学会的组织资本与其知识活动之间是动态协同并且共同演化的,两者在学会发展的过程中存在着强联结机理并且是双向互促且呈倒U形关系的。王涛等(2019)研究认为,通过运用跨界团队可以设置"缓冲地带"和实现"取长补短"以融合两种知识活动,从而降低组织创新活动的风险和成本。作为组织知识活动的新载体和执行单元,跨界团队存在于组织交互嵌入的情境中,通过建立叠加的整体性联结来形成独特的运作机制,使得合作双方实现多维度的衔接与融合,从而提高组织间知识交互活动的质量。

(三)知识活动对创新绩效影响

党建兵等(2013)认为,对产品系统自身绩效可以产生显著影响的有两个因素,即知识共享转移与知识应用集成。由此看来,存在于创新网络中且有效的知识共享转移以及知识集成,对产品系统的质量满意度可以起到提升的作用,同时还可以为企业带来满意的销售额以及利润;此外,还有其他因素能对学习绩效有着显著影响,即知识获取建构、知识共享转移以及知识应用集成。梁祺等(2019)通过一系列研究发现,孵化网络知识治理包含两种知识治理,即正式知识治理与非正式知识治理,二者均可以对孵化创新绩效产生积极的影响。若想调节获得式学习中介效应的影响,可以引入创业警觉概念,同时还可以正向调节获得式学习和创新孵化绩效的关系。

九、知识依赖与创新关系

党兴华等(2010)认为,企业间合作时,知识资源的作用尤为重要,将企业技术合作连接在一起的关键即为合作伙伴自有或共有的知识。石乘齐和党兴华(2012)认为,组织间依赖存在众多表现形式,其一即为知识依赖,同时知识依赖也是形成组织间依赖的主要前因变量。组织间依赖的重要来源又是什么呢?正是知识的重要性与其不可替代性。张悦等(2016)运用Meta方法分析已有文献得出,能有效促进创新绩效的因素包括网络关系嵌入中的关系强度和关系质量,而高新技术企业的网络关系及结构嵌入性明显作用更强。卫武等(2016)研究认为,中小企业若在创新网络中互动频繁,那么随着其网络嵌入性升高,通过共享机制进行外部知识学习的成效越明显,进而提升创新绩效。周朋程(2019)认为,要想有效提高企业的创新能力,获取与创新相关的知识是尤为重要的,推动企业对外合作的重要因素就是知识依赖。且研究发现,知识依赖和关系嵌入是影响中小企业创新绩效的显著变量;在知识依赖与创新绩效两者之间,关系嵌入具有中介作用,正是这种中介作用促使知识依赖对中小企业的创新绩效产生了正向推动效果。

第三节　基本概念

一、知识转移行为

知识转移行为是指知识从一个载体向另外一个载体转移的过程。无论是通过口头传授这种非正式方式,还是通过组织来建立正式的机制,均能完成知识转移行为的实施。其主要包括两个过程:传输(将知识发送或展示给潜在的接受者)和吸收(个人或团体对知识的吸收和利用)。同时,从参与角度看,知识转移行为涉及知识源和知识接受方这两个主体,知识由知识源发出,向知识接受方单向流动;从转移过程角度看,知识转移行为包括知识传递、消化、吸收、整合和利用等环节,而不仅仅是接触新的知识;从知识转移行为层次角度看,知识转移是组织中个体与团队的新知识的再次利用过程。

二、知识依赖

组织间的依赖程度大小是由组织资源的重要性和唯一性所决定的。由于知识在创新网络中的重要性,对异质知识的需求致使组织之间产生了相互依赖,由此构成了组织间的知识依赖。

知识依赖是组织间依赖的一种表现形式,也是组织依赖形成的重要变量。知识是提升企业技术优势与竞争能力的基础,有效地对企业内外部市场知识和技术知识进行整合,是创新过程的一部分,因此创新能力的本质即为对知识的获取和应用。将知识明确划分为显性知识与隐性知识是由于知识的表达方式相异。其中隐性知识带有黏滞性,会阻碍企业业务流程、企业组织架构和企业文化相对发展,且不易被发现,更无法运用自我学习的方式获得。因此,通过企业之间的知识依赖行为对知识进行吸收和利用,企业即能获取信息技术等软资源。

三、产学研创新模式

(一)基地模式

基地模式是指为加强区域性产学研合作,高校、科研机构在异地设立研发分支机构,并建立合作基地。如扬中市受限于本市内缺乏高教资源,无法建立本地高校基地,需从外地寻找共建合作基地的高校。

(二)组建研发实体模式

组建研发实体模式是指产学研三方以资金投入或技术入股的方式组建研发实体,用来进行技术开发或技术经营。目前主要存在两种形式:①创建产业与科研的联合体,即企业、科研机构和高校三方共同完成研发和生产工作,实现研、产、销一条龙的高科技研发实体。其具有以下特点:一是具备科研机构与高校的研发优势;二是具备企业生产经营能力;三是产学研合作以有限责任制运作。②科研机构和高校将研发的技术科技成果折算成股份向企业投资入股,三方共同分担利益与风险,此形式被称为技术入股,合作生产。

(三)科技创新中心模式

科技创新中心是指某些城市或地区在价值网格中不仅发挥了显著的增值作用,而且占据领导和支配地位,同时引导、组织和控制着创新资源的流动。而该城市或地区需要具备以下四大特性:密集的科创资源、集中的科创活动、雄厚的科创实力以及辐射范围广大的科创成果。

四、产学研联盟知识转移

产学研联盟知识转移就是使学校、科研院所与企业三方形成一个依据彼此需求进行合作的团体,在此联盟中知识动态传播,其具体的传播方向是先从学研方进入企业,再从企业流回至学研方。

产学研三方合作中的知识转移大体分为以下几种:一是企业即产方内部人员通过合作与能力提升促使企业自身内部发生了知识转移现象。二是在高校内部沟通新思想、研发新技术的过程中会发生知识转移。三是产方和学研方双方针对生产、研发等相关的新知识和新技术的转移等进行沟通。产学研联盟所转移的知识可分为以下两种:一是包含两方面的内容,即生产和研发,这两者直接关系到双方合作的根本利益。在这两方面必须充分提升知识转移的效果。这部分内容完成的进度越快,知识转移呈现出的效果就会越好,相应地就越有利于产学研的联盟合作。二是对产学研三方的利益产生的影响。这部分内容指的是包括人员培训、人员调配等在内的人力资源管理,以及企业对学研方所开发的新技术和新项目在资金上的支持。要使知识转移能够顺利进行,人力资源和资金支持缺一不可。

五、产学研联盟主体生态关系

产学研联盟主体主要包括政府、高校、科研院所、企业和中介服务机构等。产学研协同创新能充分调动各创新主体的参与积极性,能充分对各创新主体的独特优势或创新资源进行整合利用,能在彼此间形成完善的创新机制,也能营造出和谐的创新氛围,进而产生强大的创新效应并推动经济发展。图 1-1 列出了产学研联盟主体之间的生态关系,以及该联盟在产学研协同创新活动中的作用。

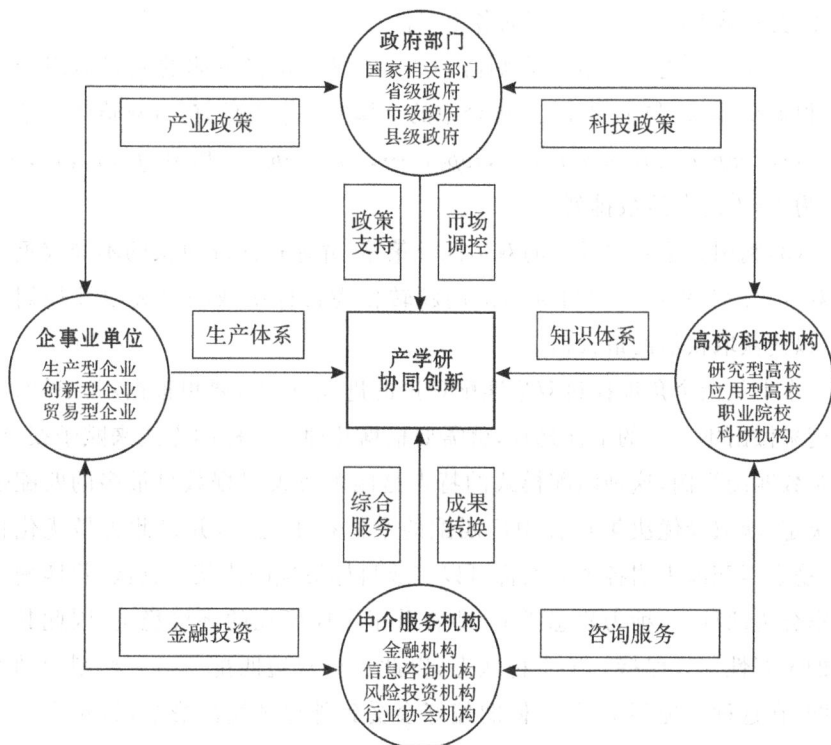

图 1-1 产学研联盟主体生态关系

第四节 基本理论

一、双边匹配理论

双边匹配决策的定义是指,在尽可能考虑并满足每一个匹配主体要求的情况下,在整个决策过程中基于双方满意度偏好选择集合和外界撮合机制的共同作用,尽可能让稳固的相互匹配在双方的主体之间形成,这样才能满足系统中相关主体运行的要求和条件。只有率先通过相关系统之间的最优决策来构造与双方满意度相关的矩阵集合,而后利用相关的计算方法来获取一个相对最优的稳定状态,双边匹配才能形成所需的最优决策。只有在整个决策过程中满足双边主体的满意度偏好,才能实现稳定的匹配结果。双边匹配决策过程如下所示。

(1)建立一个包含相关的双方主体各个要素的集合,令一方主体为 $M=\{m_1, m_2, m_3, \cdots, m_n\}$,另一方主体为 $W=\{w_1, w_2, w_3, \cdots, w_k\}$,这里的 m_i 和 w_j 代表的是来源于双方内部的各个个体。

(2)需要构建满意度组合矩阵,这一步骤需要将主体的偏好运用于研究,根据个体 m_i 与个体 w_j 对集合中的个体的满意度偏好,寻求恰当的结果 $U=\{(m_1, wp_1), (m_2, wp_2), (m_3, wp_3), \cdots, (m_n, wp_k)\}$,其中 $\{p_1, p_2, p_3, \cdots, p_k\}$ 为 $1-k$ 的自然数排列。

(3)利用算法获取最佳的双边匹配策略,并通过匹配对象的不同权重代替双方的满意程度。将目标匹配问题转化为目标函数的最大线性规划问题,以此获取权值的最大值。

本书从两个角度探讨双边匹配理论的进程:首先,要想根据不一样的满意度来做出不一样的最佳选择,就需要根据几种不一样的方式来赋予权重。以基数匹配为例,这种匹配模式的特点是匹配决策根据数目最多的匹配数来决定,获取最优决策过程中已匹配的个体权重之和,并以此为最优化目标,稳定匹配即表明各个方面都可以完成目标最优的决策。其次,将匹配的形态分为两种:一种为静态匹配,即着重于主体所在的环境稳定,因此其决策的偏好性一直保持一个平稳状态,以此进行双边匹配。另一种则为动态匹配,在这种匹配环境下,主体的偏好会受到外界环境的影响,这也会影响匹配的决策过程及结果。在动态匹配下,双边匹配过程不再是完全确定和可预测的,更是一个动态的过程(见图1-2)。

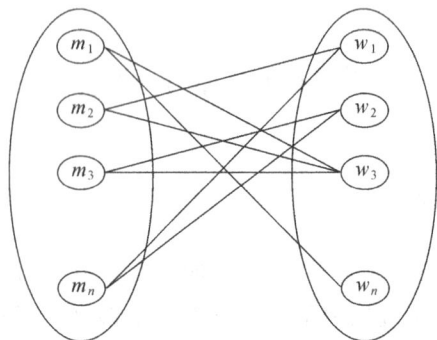

图 1-2 双边匹配问题

二、耦合协调理论

(一)耦合理论

耦合理论中的耦合在最初表示的是电路上的相关元件之间存在的关联和作用。在最开始的研究中,物理学和地质学最多涉及耦合理论,但随着与耦合理论相关研究的不断深入,耦合理论的发展变得更加成熟。在此背景下,耦合理论不再局限于之前的研究领域,开始涉及金融与经济领域中某些特定状态下的关联关系。耦合系统被认为是一种更高层次的复合系统,它由两个或两个以上系统关联、组合而成,组合之后的系统相对单独系统而言,并不局限于被组合系统原本拥有的功能,也可以产生新的功能。学者们提出关于耦合的新定义,即指两个及以上系统相互作用,在相互联结之间形成某种稳定的机制,且被耦合后的系统的共同目的指引并驱策,以此获得一个有利于双方达成共同目的的合作状态与关系。系统与系统之间的耦合具有自组织性、协同性和可度量性。其中,自组织性代表的是系统自身具有一定的自我调节功能,在外部环境不稳定的情况下,系统中的每一个参与主体会针对外部环境做出相应调整,以使系统不会偏离它自身稳定的正常状态。协同性代表的是系统的耦合会更好地推进系统与系统之间的有序发展,这一结果源于作用于系统内部的每一个参与要素之间的衍生出的协同作用,会放大单个系统的功能与作用。可度量性代表定量数据可以通过恰当的手段来很好地表达并概括每一个参与系统之间关联性的强弱程度。而耦合度这一定义也有自身的局限性,它更多是着重于量化耦合系统中的各个参与系统之间相关性的强弱,但系统之间相关性的强弱对参与主体以及耦合中的系统整体是否会产生正向影响并不能够得到验证,需要有某一变量来定义耦合系统的各个子系统的互动性的有效性,因此选用耦合协调度来量化这种互动性的正向作用力的强弱。当耦合系统中的子系统之间产生关联,并能对整体产生一定促进作用时,这种系统的耦合被称为良性耦合,并定义在这种状态下,耦合系统整体的发展会因为每一个子系统的优化而带动相关联的其他子系统以及整个耦合系统的优化。

(二)协调理论

协同学理论中关于协同理论的基本定义是:系统耦合中的子系统以及系统整体都会受到每一个相关联子系统之间的协同沟通作用的影响,并由此产生协同效应。该理论指出,在系统的有序化发展的众多影响因子中,相关联的子系统之间联结产生的非线性作用是其主要的影响因素,这种影响的特征体现于它的相干性、不均匀性以及不对称性。从更详尽的角度出发,相关系统的变化大多由以下三个方面引起:首先,在子系统活动形式的决策方面,序参量对其决策有着核心影响;其次,在不同的外部环境中,系统的有序化发展也会因为环境的变化而发生相应变化,外部环境可以利用组织行为对其产生促进作用,外部环境作为影响因素被认为是整个系统耦合过程中的控制变量;最后,为了系统自身的完整和开放以及更好地达到系统运行的共同目标,这个系统一定需要反馈沟通并调节的过程,这也是满足系统有序性的必要条件。役使原理与自组织原理是协同学中的两个基本原理。其中,役使原理指的是一种变量服从的关系,在系统运行的过程中,慢变量能够役使快变量,这是因为当系统发展到关键点或临界处时,快变量的存在时间过短,尚未产生具体影响并作用于系统,而此时个别的慢变量会作为序参量来影响系统的运行,并能够决定系统的框架和其运行走势。自组织原理则是将外部环境视为控制变量,该原理指出,当外部环境稳定且不易变化时,系统可以通过自身的组织性来保持系统的稳定运行,使其处于有序状态。

耦合度可以被视为一个能够被量化的耦合系统的子系统之间的相关程度与影响程度的指标。耦合系统中各个子系统之间的联系越紧密,会导致它们之间的变化方向越趋于一致,以及耦合度会随之增大。耦合度的可度量性具有一定的局限性,它是针对耦合系统中的各个子系统之间的相关互动来获得相应的数据,这使耦合度只能针对性地概括子系统之间彼此相互影响程度的强弱,但无法辨别该影响对系统的运行是正面影响还是负面影响。耦合协调度则将定义规范于系统耦合的子系统之间因相互关联而带来的良性耦合,由耦合协调度的上升或下降可以推测出系统有序化的前进方向和趋势。利用定性分析对系统耦合中的相关系统进行耦合协调度的计算,可以得出子系统的整体运行情况,更能够概括系统耦合后的整个系统的协调能力和运行方向。产学研的创新系统的耦合协调度可以反映系统耦合中的每一个子系统在耦合中,其相关的创新元素之间彼此影响的程度,即子系统自身运行的调节程度。

三、演化博弈理论

应用传统的博弈理论必须符合它的两个必要条件:完全信息和完全理性。完全信息是指在博弈模型中,参与者之间各自的决定、收入或其他精准的信息都能够进行良好的传达和沟通。完全理性是指博弈模型的参与者在获取足够并精准的信息的情况下,一直保持着对其他全部博弈模型中的参与者的收入和决定的精确预测的状态,也在此基础上一直选择最优决策。但是,现代社会快速发展,信息更新速度快,人们几乎不可能获得绝对全面的信息,这会导致人们对于其他事物或事态发展的认知也是有限的,"完全理性"变成无法实现的必要条件。在这种情况下,演化博弈理论应运而生。

这一理论的开创思路最先来源于自然界"物竞天择,适者生存"的自然规律,这种思路改变了博弈理论对于"完全理性"这一必要条件的要求。改进后的博弈理论不再要求博弈者"完全理性",而是追求在有限的认知中做出相对最优的决策,并在之后应对外部环境等因素时可以及时调整和优化自身决策,最终形成一个逐渐稳定的决策。这就是在传统博弈理论中加入了一些动态演化的过程,二者糅合形成了所谓的演化博弈理论。演化博弈理论相对于传统的博弈理论,更注重一个动态的分析过程,追求的是一种动态的相对稳定,而不是完全稳定的状态。演化博弈理论中亦有两个重要理论。

(一)复制动态方程

复制动态的过程,即在博弈过程中,各个博弈主体都会根据外部环境或者其他博弈者的决策来动态规划自己的行为方向。在这种环境下,它们的博弈决策一直处于动态状态,是不断变化的。而在演化博弈的过程中,某个具体的决策在整个博弈进程中被运用到的次数就由复制动态方程来反映,由式(1-1)表示:

$$\frac{\mathrm{d}x_i}{\mathrm{d}t} = x_i \big[(u_{s_i}, x) - u(x, x) \big] \tag{1-1}$$

其中,x_i 为一种概率,代表着一方主体 i 选择纯策略 s_i 的可能性,(u_{s_i}, x) 代表的是当主体选择该纯策略 s_i 时它本身的"适应程度",$u(x, x)$ 即代表主体之间的平均适应程度。在这里,当系统外部环境稳定时,$\mathrm{d}x_i/\mathrm{d}t = 0$。

(二)演化稳定策略

前文提到,演化博弈最终会使博弈者的决策逐渐趋于稳定,那么当决策的时间(t)被无限延长,即时间趋近于无限大时,博弈模型中的各个博弈对象会怎样来进行自己每一步的决策?稳定决策(简称 ESS)是指某种可以被复制的,在整个博弈过程中面对小干扰时依然趋于稳定的决策。通常情况下,一个点如果被认为是一个稳定点,需实现以下两个条件:①这个点被运用在某个确定并稳定的平衡状态;②即使在外部环境不够稳定的情况下,复制动态可以让偏离了原始点的系统逐渐恢复。即当干扰程度小于某固定值 x^* 时，dx/dt 一定大于 0；当干扰程度大于 x^* 时，dx/dt 一定小于 0。演化稳定性策略被认为是静态概念，除此之外它也能够很好地捕捉并概括某个系统的局部的动态过程与动态特征。

第二章　产学研联盟主体关系研究

当前科技的创新在全球范围内不断交叉、不断融合，突破了空间与时间的壁垒，并且由单元竞争逐步走向体系竞争。创新活动越来越难以由单个主体实现，产学研联盟作为主体合作创新模式，已成为提升主体创新能力、提高企业科技研发效率的关键方式，并且其在国家创新体系中的地位愈显得重要。产学研联盟主体间是复杂的网络结构关系，联盟主体只有保持网络结构动态性，才能够为主体创造可持续的竞争优势。产学研联盟更是一个开放共生的创新生态系统，这就需要联盟主体的创新范式从独立创新逐步走向共生创新，加强创新主体之间频繁的互动和融合，促使创新行为趋向于一种"共创、共享、共赢"的共生行为。

第一节　产学研联盟网络动态关系分析

网络动态强调主体与其他组织间关系动态的持续性，产学研联盟中企业与企业、企业与高校、高校与高校之间均为一种动态的合作且竞争的关系，主体间动态关系的持续稳定有利于促进联盟的协调发展。因此，本节基于内生性视角，探索并检验网络密度、联系强度、网络规模、网络中心性和网络互惠性对网络动态的影响，以促进产学研联盟网络的动态稳定。

一、理论背景与假设

(一)网络内生性

网络内生性强调了根植于过去的网络结构的可预测的、路径依赖的演化，反映了由网络内的节点、连接关系及其结构等的变化而引致的网络结构的动态变化。现有的研究从网络的不同方面展开了对网络动态及其演化的研究，如 Rosenkopf 和 Padula(2008)提出了两个驱动联盟形成的重要的网络内生性机制：网络内聚(cohesiveness)和网络显著性(prominence)。他们认为,现有联盟网络中具有直接或间接联系的企业间更可能在未来形成新的联盟,而在联盟网络中具有显著性位置的企业更可能与其他具有显著性位置的企业形成新的联盟。此外,现有的研究也表明,网络中的企业更偏好于与其处于同一群落的组织建立连接关系,即使它们之间尚未开展合作。Buskens 和 Van de Rijt(2008)从结构洞的角度,发现网络中的组织都具有获取结构洞的优势的动机,收益将被平均地分配,使得网络中没有组织能够获得长期的结构化优势,这也隐含了网络中结构洞的存在将促进网络的稳定的结论。Venkatraman 和 Lee(2004)的研究表明,在重叠密度较高的平台网络中,企业更不可能与其他的企业建立合作关系;在高嵌入性的平台网络中,企业也不可能寻求与平台中的其他企业开展合作。可见,现有内生性视角下对网络动态演化的研究更多地聚焦于网络内生性机制与网络动态间的线性关系。然而,网络内节点、连接关系及其结构等的变化对网络的动态变化的影响应该是一种非线性的关系,即当网络内节点、连接关系及其结构等的变化程度超过一定水平时,其对网络的动态变化将产生相反的影响。

(二)网络密度

网络密度是网络成员间直接相互连接的程度,也即网络密度越高,企业间联系越广泛,或者当网络内所有成员彼此间建立联系时,网络密度最大化。随着网络密度的提高,成员间建立了广泛的联系,进而其他网络成员的合作伙伴可能就成为企业可建立联系的潜在来源,企业信息交换的意愿加强,从而拓展现有网络的范围。此外,密集的网络可以增加网络成员间的互动与共同学习,建立彼此间基于知识的信任,促进网络成员共享其专有资源,并抑制机会主义行为,进而建立成员间的互惠关系,这也降低了信息的不对称性,进而降低网络的不确定性。Phelps(2010)指出,网络企业通过密集网络产生的信任与互惠关系缓解了网络多样性所引致的成本与风险的上升以及网络企业吸收能力的不足。

随着网络密度的提高,网络成员间的联系趋于相似,并逐渐演变为同质化的网络,形成所谓的密度重叠,约束了网络内成员企业间的互动,使网络缺乏动态的适应关系,无法缓冲来自网络内外的压力,最终使网络趋于僵化。同时,网络内成员间连接程度的提高也会产生大量冗余的资源,导致企业更不可能从现有的趋于同质化的网络联系中获取有价值的资源,可能导致原有网络联系的崩溃,从而使整个网络解体。密集的网络也可能导致核心企业与其他网络成员展开对资源(如财务资源)的竞争,也可能使企业过度依赖网络内现有的资源,降低获取外部资源的动机,从而使网络缺乏活力。吴结兵和徐梦周(2008)发现,网络密度对集群效益水平的影响具有两面性,即密集的网络一方面通过广泛的企业间联系而提高集群的效率,另一方面这种广泛的联系又会由于制度趋同和过度竞争而降低集群的效益。

假设1:网络密度与网络动态间呈倒U形关系。

(三)联系强度

联系强度是指组织间互动的频繁度与关系的紧密程度。Hansen(1999)也发现,组织内部的业务单元的强联系促进了复杂知识的传递与共享。这种强联系能够通过双方建立的信任关系促进网络互惠关系的形成,因而能够建立更广泛的网络联系,以获取多元化的资源。如 Newbert 和Tornikoski(2013)发现,初生企业通过建立与其支持者的关系型嵌入联系能够激发其支持者给予自身更多的信任与理解,进而能够以较低的成本获取资源。因此,网络成员往往致力于强联系的建立以获取更有价值的资源,并减少合作者的机会主义行为。

联系强度的增加可能会限制企业获取网络成员多元化的资源。Gulati等(2000)指出,网络联系也会产生负面效应:与顾客太过紧密的联系会带来绩效劣势。同时,企业过多的强联系会限制企业与外部的潜在的弱连接关系,限制外部新成员的进入,进而限制企业的创新产出。如杨震宁等(2013)发现,过度的社会网络关系嵌入更容易使新创企业产生创业认知偏差,限制其获取创业资源和知识。Vanhaverbeke 等(2012)也发现,直接联系与核心和非核心技术的开发之间具有倒U形关系,过多的直接联系会阻碍企业对核心技术的开发。另外,Capaldo(2007)也指出,当企业的强联系占据网络成员关系的主导地位时,其创新绩效下降。而 Luo 等(2007)也发现,企业与竞争对手形成的竞争者联盟的强度的增加会产生负向影响。这些负向影响可能使企业减少对联盟的投入与承诺,甚至可能退出联盟。

可见,网络联系强度通过建立与网络成员之间的信任而形成网络互惠关系,但会使企业投入大量的资源,这又会导致企业无法扩展自身的网络范围和建立与其他成员的连接关系。随着联系强度的增加,网络趋于良性的动态稳定,但若其超过一定水平,联系强度就会限制新的网络联系的形成,出现所谓的过度嵌入,限制了企业把过去的机会转换为有价值的当前网络结构的能力,并使网络趋于僵化。

假设2:联系强度与网络动态间呈倒U形关系。

(四)网络规模

网络规模是网络核心成员与其他成员间直接联系的数量。网络规模隐含了网络能够有效传递资源的能力,缓解了网络企业间的信息不对称,进而增加建立网络联系的可能性。一般认为,更大规模的网络能够通过建立直接的多样化的网络联系而从中获取更多的多元化资源,并能够使企业减轻对特定的网络联系的依赖。随着网络内直接联系的增加,由于网络成员间资源与能力的差异,有些企业能够充分利用网络内丰富的联系而逐步获取更有利的位置。Reagans 和 McEvily(2003)指出,较大的网络范围使企业跨越制度、组织或社会边界,从而建立与外部广泛的联系。尽管如此,随着网络规模的扩大,网络冗余也在增加,从而使企业获取多样化网络资源的效应减弱,因而增加更多的网络联系可能带来更多的冗余;再加上企业受到内部资源配置的约束,网络规模的扩大会产生负向效应,如契约与信任在企业退出承诺关系时所产生的悖论。

假设3:网络规模与网络动态间呈倒 U 形关系。

(五)网络中心性

网络中心性是指通过直接与间接联系获取资源的能力,是反映网络位置的重要属性。Zaheer 和 Bell(2005)指出,卓越的网络位置促进企业的创新,但超过一定水平的更高的中心性则限制创造力。Yang 等(2010)指出,网络地位高的企业更能够识别外部企业间协作的机会。同时,处于中心位置的企业也更可能感知到资源扩张的风险,能够通过建立与其他成员间的合作关系降低网络的不确定性与风险。从资源依赖的视角来看,网络中的企业的生存依赖于网络中的其他成员企业的关键资源。占据网络中心位置的企业在与其他网络成员的权力依赖结构中处于优势地位,因而具有更大的权力,更容易建立与其他成员间的网络联系,进而获取其他成员的资源。换言之,其他网络成员对处于网络中心位置的企业的资源依赖增加,而这也表示网络中心位置的企业对其他网络成员的资源依赖度在降低。这也反映了网络的动态变化。Newbert 和 Tornikoski(2013)发现,随着企业对网络中核心企业的资源的依赖程度的提高,获取核心企业的资源的成本增加。

尽管如此,随着企业网络中心性的提高,占据网络中心位置的企业的权力越来越大,甚至可能造成与网络中其他成员间的地位悬殊,从而造成网络的不公平关系,这隐含了处于网络中心位置的企业可能独占由整个网络所创造的价值。Reinholt 等(2011)也指出,过于中心的位置会阻碍企业与其他成员间信任与互惠关系的建立。一方面,过于中心的位置可能导致其他成员退出网络,消除与中心位置企业的网络联系,从而使网络处于不稳定状态。正如 Emerson(1962)指出的,组织间权力的差异给权力地位处于劣势的一方带来了不稳定的情形。另一方面,处于过于中心的位置的企业与其他网络成员间的权力依赖结构关系不利于其他网络成员,其他网络成员无法从中心位置企业那里获取有价值的资源,因而破坏了网络成员间的交换关系。Gulati 和 Gargiulo(1999)也指出,两家都处于中心位置的企业更可能形成战略联盟。而 Rowley 等(2005)则发现,正是企业在圈子内获取结构洞的不平等性(inequality)导致其退出圈子(clique)。

假设4:网络中心性与网络动态间呈倒 U 形关系。

(六)网络互惠性

网络互惠性强调企业与网络成员间相互协作、共同发展的程度。因而,关系的互惠性促进成员间信任的建立,从而保持网络关系的稳定性。Whittington 等(2009)指出,产业区与区域集群依赖同地协作的组织间的互惠联系所形成的网络。网络关系的动态稳定性主要通过网络成员关系的变化来反映,网络互惠关系体现了企业投入大量的时间以开发与网络成员间高质量的关系,因而建立相互的信任与承诺,进而激励网络成员主动帮助企业获取自身的资源。Gulati 和 Gargiulo(1999)指出,特定的联盟合作伙伴间的相互依存关系促进新联盟的形成。谢洪明等(2014)也表明,网络成员间的互惠关系确保彼此间的管理承诺、资源分享与开放式学习。此外,网络成员的互惠关系也促进企业主动将自身的知识传递给网络内有需求的成员企业,从而也有助于保持网络的动态稳定。

假设5:网络互惠性正向影响网络动态。

二、研究设计

(一)数据来源

本研究数据主要通过发放调查问卷的方式获取,发放地域主要集中在江苏地区。另外,在陕西、山东、北京、广东、重庆、湖北等地区进行了少量发放,共发放问卷200份,回收176份,其中有效问卷164份。具体的样本结构如表2-1所示。

表 2-1 样本结构

分类		样本量	占比/%
企业性质	高新技术企业	75	45.73
	非高新技术企业	89	54.27
企业员工数量	300 人及以下	87	53.05
	301—2000 人	49	29.88
	2001 人及以上	28	17.07
企业资产总额	4000 万元以下	57	34.76
	4000 万—40000 万元	58	35.37
	40000 万元以上	49	29.87
工作年限	5 年及以下	135	82.32
	6—10 年	13	7.93
	11 年及以上	16	10.75
职务	领导者	36	22.95
	非领导者	128	78.05

(二)变量测量

1.因变量与自变量

为研究不同的网络结构特征间的关系,在大量阅读国内外关于网络结构的文献的基础上,重点参考 Hansen(1999)、谢洪明等(2012,2014)、Tsai(2001)、窦红宾和王正斌(2011)的实证研究以及 Powell(1990)的理论研究,并在此基础上对题项进行了调整与修改。

网络动态是一种动态的稳定性,更强调网络关系的演化性质,强调企业与其他组织间的关系的动态的持续性。对网络动态指标的测量如下:①企业与其他组织间的网络联系较为稳固;②企业对建立联系的组织较为信任;③企业与其他组织间有长期的合作与交流关系。

联系强度反映了合作伙伴间的关系紧密性以及互动与交流的频率,Levin 和 Cross(2004)指出,双方联系强度的增加确保了知识接受方能够理解并将新获取的知识应用于组织实践,但这需要知识源组织花费更大的努力,如:①企业与其他组织联系的次数较为频繁;②企业与其他组织间较为信任,具有共同的利益;③企业与其他组织间的交流和合作项目较多;④企业与其他组织间的联系表现为紧密联系多于一般联系;⑤企业与其他组织建立了战略联盟,具有深度的合作关系。

网络中心性表明网络中心位置能够定位网络中相关的信息与知识,并获取或共享多元化的知识。对网络中心性指标的测量如下:①企业在网络中的知名度较高;②企业容易与其他组织建立经验或技术交流联系;③其他公司经常通过企业进行技术或经验交流;④企业能够从目标组织中获得知识或信息。

网络规模代表了网络中联系的数量。Afuah(2013)指出,网络中的成员越能够与其他成员建立联系,网络对成员的价值越高。这隐含了网络成员所在的网络规模越大,网络成员越能够获益这一结论。对网络规模指标的测量如下:①企业通过正式契约联系的组织更多;②相比于以前,现在与企业联系(正式或非正式联系)的组织更多;③同行业以外的其他组织越多,越不利于企业获得新知识、新技术;④企业比业务类似的其他企业拥有更多的技术交流伙伴。

网络互惠性反映了网络成员与其他成员之间相互协作、共同发展的程度,进而影响企业的技术创新与管理创新绩效。对网络互惠性指标的测量如下:①企业与建立联系的组织具有技术上的互补性;②企业与建立联系的组织具有风险共担的性质;③企业与建立联系的组织具有较高的共享知识的意愿;④企业与所建立联系的组织能实现利益上的双赢。

网络密度代表了网络内联系建立的程度。对网络密度指标的测量如下:①企业与同行业企业建立了联系;②企业与其他行业的企业建立了联系;③企业与政府机构建立了联系;④企业与高校、咨询机构等科研和中介机构建立了联系。

2.控制变量

控制变量为影响产学研联盟中网络结构特征的三个变量:行业性质、企业规模、嵌入情境。本节设置虚拟变量控制行业性质对因变量的影响,即用1表示高新技术行业,而0代表非高新技术行业。企业规模作为一个重要的组织特征,如 Lin 等(2007)表明,大企业倾向于形成双元式的探索式与利用式联盟,而小企业则更关注于形成探索式或利用式联盟。本书用企业资产规模来表示企业规模。根据社会嵌入理论,企业嵌入在一定的网络内,而网络又嵌入更大的产学研联盟。网络结构的演变必然受到网络所嵌入的社会情境的影响:网络嵌入情境。①企业建立网络联系受到本地社会文化的影响程度;②企业建立网络联系受到本地经济的影响程度;③企业建立网络联系受到本地历史的影响程度;④企业建立网络联系受到本地政治、制度的影响程度。

3. 信度与效度检验

由表 2-2 可知,除了网络密度和嵌入情境的 Cronbach's α 系数值稍小于 0.7,其他变量的 Cronbach's α 系数值均大于 0.7,整体问卷的信度也达到 0.945。说明问卷具备较好的信度。对各变量进行验证性因素分析,模型适配度检验应呈现 CFI、TLI 和 RMSEA 的值。如表 2-2 所示,各变量的数据拟合情况良好,满足研究的需要。

表 2-2 变量的信度与效度检验

变量	Cronbach's α	χ^2/df	RMSEA	RMR	GFI	CFI	TLI
网络动态	0.848	$0.800(p=0.371)$	0.000	0.050	0.997	1.000	1.003
联系强度	0.857	$1.421(p=0.224)$	0.051	0.036	0.986	0.995	0.988
网络中心性	0.770	$0.087(p=0.768)$	0.000	0.006	0.997	1.000	1.030
网络规模	0.818	$1.943(p=0.143)$	0.076	0.050	0.989	0.992	0.977
互惠关系	0.727	$3.352(p=0.035)$	0.120	0.048	0.981	0.965	0.895
网络密度	0.677	$0.132(p=0.716)$	0.000	0.007	1.000	1.000	1.040
嵌入情境	0.670	$0.924(p=0.336)$	0.000	0.025	0.997	1.000	1.004

一阶验证性因素分析的结果表明,模型拟合基本满足要求:CFI=0.944;TLI=0.915;RMSEA=0.067;卡方自由度比值为 1.724。各因素的因素负荷量基本在 0.5 以上,组合信度达到了 0.7 的水平,网络密度、网络互惠性和网络中心性的平均方差抽取量(AVE)基本在 0.4 以上,网络规模、连接强度和网络动态的平均方差抽取量都在 0.5 以上(见表 2-3),说明各变量的建构信度与收敛效度可以满足研究要求。

表 2-3 一阶验证性因素分析

变量	因素负荷	衡量误差	AVE	CR
网络密度	0.804	0.354	0.4462	0.7591
	0.707	0.501		
	0.594	0.647		
	0.535	0.713		

变量	因素负荷	衡量误差	AVE	CR
网络规模	0.811	0.342	0.5572	0.8326
	0.620	0.615		
	0.821	0.326		
	0.716	0.488		
网络互惠性	0.753	0.433	0.4119	0.7324
	0.480	0.770		
	0.661	0.564		
	0.643	0.587		
网络中心性	0.510	0.740	0.4608	0.7687
	0.830	0.312		
	0.654	0.573		
	0.683	0.533		
连接强度	0.754	0.431	0.5485	0.8571
	0.778	0.395		
	0.750	0.438		
	0.819	0.329		
	0.579	0.665		
嵌入情景	0.504	0.746	0.3694	0.6965
	0.723	0.478		
	0.536	0.712		
	0.643	0.587		
网络动态	0.840	0.294	0.6601	0.8529
	0.728	0.469		
	0.863	0.255		

三、结论分析

（一）研究结果

采用多元回归分析，得到了产学研联盟中网络不同的特征间的关系。表 2-4 给出了网络结构特征对网络动态的回归结果。在表 2-5 中，模型 1 包含了所有的控制变量,模型 2 分别加入了网络密度及其平方项、联系强度及其平方项、网络规模及其平方项、网络中心性及其平方项、网络互惠性。在模型 2 中,网络密度对网络动态的影响系数为 0.628($p<0.001$),但网络密度平方的影响系数为 0.019($p>0.1$),因而假设 1 未得到验证。模型 3 的结果表明,联系强度与网络动态呈倒 U 形关系,表明随着联系强度的增强,其首先显著地正向影响网络稳定性(影响系数为 0.511,$p<0.001$),联系强度的平方项对网络动态的影响系数为 -0.100($p<0.010$),这说明随着联系强度的增加,网络动态性提高,但超过一定程度后,联系强度开始对网络动态产生负向效应,假设 2 得到验证,如图 2-1 所示。模型 4 中网络规模对网络动态的影响系数为 0.294($p<0.001$),网络规模平方的系数为 -0.222($p<0.001$)。以上结果表明,随着网络规模的扩大,网络规模显著正向影响网络动态,但超过一定水平后,网络规模显著负向影响网络动态,假设 3 被证实,如图 2-2 所示。模型 5 中网络中心性对网络动态的影响系数为 0.468($p<0.001$),网络中心性平方的系数为 -0.142($p<0.010$),表明网络中心性对网络动态的影响是一种倒 U 形的关系,假设 4 被证实,如图 2-3 所示。模型 6 中网络互惠性显著正向影响网络动态(0.370,$p<0.001$),假设 5 通过验证。

表 2-4　变量间的描述统计与相关系数

变量	均值	标准差	1	2	3	4	5	6	7	8	9
1.行业性质	0.476	0.501	1								
2.企业规模	1.902	0.816	-0.456^{**}	1							
3.嵌入情境	4.706	0.836	-0.001	-0.119	1						
4.网络密度	4.810	0.861	-0.010	0.089	0.637^{**}	1					
5.联系强度	4.595	1.066	-0.122	0.126	0.614^{**}	0.747^{**}	1				
6.网络规模	4.439	1.107	-0.163^{*}	0.274^{**}	0.426^{**}	0.628^{**}	0.770^{**}	1			
7.网络动态	4.781	1.209	-0.171^{*}	0.223^{**}	0.498^{**}	0.625^{**}	0.707^{**}	0.584^{**}	1		
8.网络互惠性	4.517	0.857	-0.096	0.039	0.482^{**}	0.479^{**}	0.598^{**}	0.618^{**}	0.628^{**}	1	
9.网络中心性	4.390	0.933	-0.186^{*}	0.201^{**}	0.546^{**}	0.512^{**}	0.719^{**}	0.650^{**}	0.653^{**}	0.784^{**}	1

注:** 表示在 0.01 水平(双侧)上显著相关,* 表示在 0.05 水平(双侧)上显著相关。

表 2-5　网络结构特征对网络动态的回归结果

变量	模型 1	模型 2	模型 3	模型 4	模型 5	模型 6
Constant	-0.684^{*} (0.268)	-0.153 (0.264)	-0.275 (0.228)	-0.003 (0.241)	-0.296 (0.240)	-0.700^{**} (0.250)
行业性质	-0.122 (0.176)	-0.339^{*} (0.164)	-0.028 (0.146)	-0.194 (0.149)	-0.044 (0.153)	-0.106 (0.164)

续表

变量	模型 1	模型 2	模型 3	模型 4	模型 5	模型 6
企业规模	0.390***	0.174	0.211*	0.192*	0.231*	0.410***
	(0.109)	(0.106)	(0.092)	(0.097)	(0.098)	(0.102)
嵌入情境	0.766***	0.276*	0.325**	0.471***	0.426***	0.600***
	(0.094)	(0.121)	(0.108)	(0.091)	(0.103)	(0.094)
网络密度		0.628***				
		(0.125)				
网络密度平方		0.019				
		(0.033)				
联系强度			0.511***			
			(0.099)			
联系强度平方			−0.100**			
			(0.038)			
网络规模				0.294***		
				(0.075)		
网络规模平方				−0.222***		
				(0.041)		
网络中心性					0.468***	
					(0.107)	
网络中心性平方					−0.142**	
					(0.050)	
网络互惠性						0.370***
						(0.075)
R^2	0.331	0.455	0.553	0.529	0.502	0.419
调整 R^2	0.318	0.438	0.539	0.514	0.486	0.405
ΔR^2		0.125	0.222	0.198	0.171	0.088
ΔF	26.357***	18.059***	39.291***	33.156***	27.077***	24.228***
F		26.410***	39.100***	35.433***	31.800***	28.694***

注:* 表示 $p < 0.050$,** 表示 $p < 0.010$,*** 表示 $p < 0.001$;回归结果报告的是非标准化系数,括号内为标准误差。

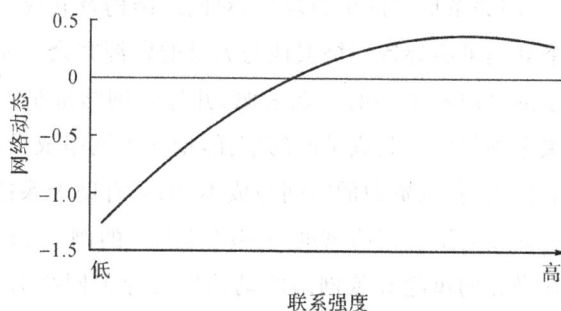

图 2-1 联系强度与网络动态的关系

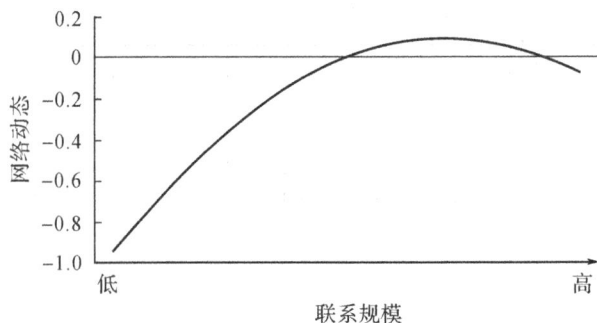

图 2-2　网络规模与网络动态的关系

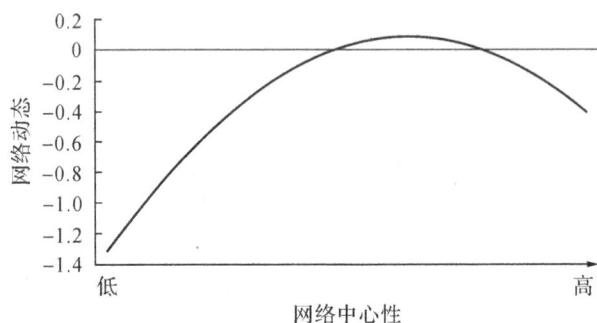

图 2-3　网络中心性与网络动态的关系

(二)结果讨论

对网络结构特征与网络动态的关系的研究表明,网络结构特征与网络动态之间存在复杂的影响关系。网络规模、网络中心性与网络稳定性间是一种倒 U 形的关系,这说明企业既可以从网络规模与网络中心性中获益,但也面临着门槛效应,主要是由于随着联系强度的增加,联系强度增加了网络内成员间互动的频率,但超过一定程度后,网络成员可能陷入过度嵌入的困境,如新的组织间关系形成的机会减少,对网络结构及其成员造成不利影响。过大的网络规模可能导致网络惯性与大量的资源冗余。而企业绝对的网络中心位置是网络内不平等的潜在来源,并导致网络成员的退出。网络成员间的互惠关系不仅建立起成员间的信任,增强了网络成员间的互动,也减少了网络企业搜索、获取资源的时间与成本,因而有助于保持网络的动态稳定。虽然研究并没有证实网络密度与网络动态间的倒 U 形关系,但是网络企业还是存在潜在的风险导致网络的动荡以及导致网络的退化,如过度密集的网络产生了大量冗余,增加了企业网络搜索的成本,使其他的网络成员因无法从网络中获益而退出。

(三)启示

1.理论启示

研究丰富了内生性视角下对产学研联盟中网络动态的理解。先前研究更多地关注网络结构对企业绩效的影响,而对网络结构特征对网络动态的影响研究则相对不足。同时,先前网络内生性的研究更强调先前网络结构的路径依赖对网络动态的影响,但缺乏其他网络结构特征对网络动态影响的更深入的理解。本节以网络结构为对象,研究了产学研联盟中反映网络中节点的连接程度与数量、连接性质、连接强度以及网络成员在网络联系中的位置等不同的网络结构特征对网络的动态演化的作用。研究发现,网络规模、网络中心性与网络动态间是一种倒 U 形的关系,说明网络规模与网络中心性有助于保持网络动态性,进而创造更多的网络机会,但当网络规模与网络中心性达到一定水平以后,会不利于网络的动态稳定,体现了网络结构的约束性作用。同时,网络互惠关系也促进了企业与先前没有联系的成员建立联系,或将网络成员间间接与潜在的联系转化为直接联系,从而为企业提供获取多样化资源的网络机会。另外,本节的研究结果也隐含了一个结论:网络结构特征的非线性与线性效应会改进结构化持续或网络惯性,从而增加对网络内生性在网络动态演化过程中的作用的认识。

2.管理启示

本研究给产学研联盟中企业管理实践提供了一些有意义的启示。第一,研究结果表明,联系强度、网络中心性、网络规模与网络动态呈倒 U 形关系,折射出产学研联盟中企业与其他网络成员间的联系强度、网络中心位置和网络规模保持在合理的水平,强联系与潜在的弱连接关系保持合适的比例,会产生协同效应。第二,企业也应利用在联盟中的位置主动向有需求的联盟成员传递知识。第三,企业也应警惕联盟网络的过度密集以降低结构化约束与过度嵌入的风险。第四,联盟管理者应注意将网络规模也保持在合理水平,以避免产生网络惯性与冗余。

第二节　产学研联盟知识主体生态关系分析

当今世界,新一轮科技革命和产业变革孕育兴起,全球科技创新呈现发展新态势,创新活动不断突破地域、组织、技术的界限,从单元竞争向体系竞争演变。创新已很难由单个组织实现,而是需要在生态中实现,研究产学研联盟中知识主体间良好的生态关系可以有效促进联盟的持续创新和健康发展。所以,本节基于共生理论,以主从视角作为出发点,构建产学研联盟中高校和核心企业、卫星企业之间的知识转移生态关系这一模型,并使用关于新能源汽车的专利授权数据进行实证研究,最后通过数值模拟深入分析三个主体在不同生态关系下知识转移的演化趋势,探讨推动产学研联盟主体间知识转移生态关系的演化规律和作用机制。

一、构建知识转移生态关系模型

(一)Lotka-Volterra 模型

美国学者洛特卡(Lotka)和意大利学者沃尔泰拉(Volterra)建立的 Lotka-Volterra 模型是 Logistic 模型的延伸,最初是用来描述生物种群间的竞合关系,之后奥德姆(Odum)将这种模型推广应用并用来研究种群当中的共生合作关系。以自然界中两个生物种群为例,Lotka-Volterra 模型的一般形式可以表示为:

$$\begin{cases} \dfrac{dx_1}{dt} = r_1 x_1 \left(1 - \dfrac{x_1}{N_1} + \mu_{12}\dfrac{x_2}{N_2}\right) \\ \dfrac{dx_2}{dt} = r_2 x_2 \left(1 - \dfrac{x_2}{N_2} + \mu_{21}\dfrac{x_1}{N_1}\right) \end{cases} \tag{2-1}$$

其中,x_1 和 x_2 代表两个生物种群,r_1 和 r_2 代表两个物种的种群增长率,N_1 和 N_2 表示由资源密度制约造成的两个种群的最大环境容纳量,μ_{12} 和 μ_{21} 表示两个种群相互作用的因素,称为共生作用系数。Lotka-Volterra 模型中共生作用系数的生物学含义为:

当 $\mu_{12}=0$, $\mu_{21}=0$ 时,种群 x_1 和 x_2 是独立共存的关系,即创新生态系统中两个生物种群相互独立,互不影响。

当 $\mu_{12}<0$, $\mu_{21}<0$ 时,种群 x_1 和 x_2 是竞争共存的关系,即创新生态系统中两个生物种群相互抑制,相互阻碍彼此的发展。

当 $\mu_{12}>0$, $\mu_{21}>0$ 时,种群 x_1 和 x_2 是互惠共生的关系,即创新生态系统中两个生物种群可以通过密切合作达到互利共赢的目的。

当 $\mu_{12}=0$, $\mu_{21}>0$ 或 $\mu_{12}>0$, $\mu_{21}=0$ 时,种群 x_1 和 x_2 是偏利共生的关系,即创新生态系统中资源薄弱和资源丰富的两个生物种群相互合作,资源丰富的种群有着强烈的利他倾向,而资源薄弱的种群对另一方不产生任何影响。

当 $\mu_{12}<0$, $\mu_{21}>0$ 或 $\mu_{12}>0$, $\mu_{21}<0$ 时,种群 x_1 与 x_2 之间便表现为寄生

共生的关系,即创新生态系统中知识资源薄弱的种群依托知识资源富余的种群相互合作。实力雄厚的种群为"宿主",资源储备薄弱的种群为"寄主"。寄主通过宿主的资源供给不断扩展自身的发展空间,宿主则可能因寄生体的消耗而发展受阻。

(二)知识转移生态关系模型构建

在共生理论中,Lotka-Volterra 模型描述了种群间交互的竞争、偏利等生态关系下的扩散现象,该模型对扩散规律进行了良好的解析,此后逐渐被用于研究主体间知识、技术转移及扩散过程。产学研联盟中多主体知识转移过程中的生态关系与生物种群间扩散现象下的关系相类似,适合借鉴 Lotka-Volterra 模型来研究产学研联盟中多主体的知识转移生态关系及演化过程。

首先考虑产学研联盟中存在一家核心企业和一家卫星企业。核心企业是指在某个地域空间里发展规模大、资源丰富的主导企业。卫星企业是指核心企业可能由于某些原因把公司的某些部门拆分出去独立成为新的企业。卫星企业对核心企业有高度的依附性,如果没有核心企业的支撑,知识在卫星企业当中的增长速度会降低并最终接近于零。因此,卫星企业 t 时刻的知识变化量为 $\dfrac{\mathrm{d}x_2}{\mathrm{d}t}=-r_2x_2$。则从主从视角出发,核心企业和卫星企业的知识转移生态关系 Lotka-Volterra 模型为:

$$\begin{cases} \dfrac{\mathrm{d}x_1}{\mathrm{d}t}=r_1x_1(1-\dfrac{x_1}{N_1}+\mu_{12}\dfrac{x_2}{N_2}) \\ \dfrac{\mathrm{d}x_2}{\mathrm{d}t}=r_2x_2(-1-\dfrac{x_2}{N_2}+\mu_{21}\dfrac{x_1}{N_1}) \end{cases} \quad (2\text{-}2)$$

同企业相比,高校拥有得天独厚的创新资源优势,对产学研联盟的持续发展起着关键性作用。此外,高校作为知识创造的主体,其在长期发展过程中形成了多样化的知识转移机制,可以有效促进产学研联盟内部的知识流动。因此,我们在模型中引入高校,探讨产学研联盟中多主体间知识转移的演化规律。由于高校跟踪国际知识前沿不断进行知识创造,故假定高校在知识水平方面不存在资源密度的制约。考虑到不同主体间进行知识转移不会缩减自己原有的知识量,各主体通过知识转移扩展自身的知识水平。因此,从主从视角出发,产学研联盟中核心企业、卫星企业、高校在知识转移过程中的生态关系 Lotka-Volterra 模型为:

$$\begin{cases} \dfrac{\mathrm{d}x_1}{\mathrm{d}t} = r_1 x_1 (1 - \dfrac{x_1}{N_1} + \mu_{12}\dfrac{x_2}{N_2} + \mu_{13} x_3) \\[2mm] \dfrac{\mathrm{d}x_2}{\mathrm{d}t} = r_2 x_2 (-1 - \dfrac{x_2}{N_2} + \mu_{21}\dfrac{x_1}{N_1} + \mu_{23} x_3) \\[2mm] \dfrac{\mathrm{d}x_3}{\mathrm{d}t} = r_3 x_3 (1 + \mu_{31}\dfrac{x_1}{N_1} + \mu_{32}\dfrac{x_2}{N_2}) \end{cases} \quad (2\text{-}3)$$

其中，x_1, x_2, x_3 分别表示核心企业、卫星企业、高校；$\mu_{ij}(i \neq j, i=1,2,3, j=1,2,3)$代表这三个主体的共生作用系数，表示主体 j 对主体 i 在知识转移方面的贡献程度；$N_i(i=1,2)$表示主体 $x_i(i=1,2)$ 在资源制约下认知形成的最大知识水平；$r_i > 0(i=1,2,3)$表示三个主体知识水平的净增长率。

二、知识转移生态关系的稳定性分析

(一)两主体知识转移生态关系的均衡点及其稳定性分析

结合前文构建的多主体知识转移生态关系模型，由于净增长率 $r_i > 0$ $(i=1,2)$，因此核心企业与卫星企业的知识转移演化的稳定条件方程如下：

$$\begin{cases} f(x_1, x_2) = (1 - \dfrac{x_1}{N_1} + \mu_{12}\dfrac{x_2}{N_2}) \\[2mm] h(x_1, x_2) = (-1 - \dfrac{x_2}{N_2} + \mu_{21}\dfrac{x_1}{N_1}) \end{cases} \quad (2\text{-}4)$$

当演化直线 $f(x_1, x_2) = 0, h(x_1, x_2) = 0$ 时，可得均衡点 $M(N_1, 0)$，$N\left(\dfrac{N_1(1-\mu_{12})}{1-\mu_{12}\mu_{21}}, \dfrac{N_2(\mu_{21}-1)}{1-\mu_{12}\mu_{21}}\right)$。两条演化直线在平面上的位置如图 2-4 所示。

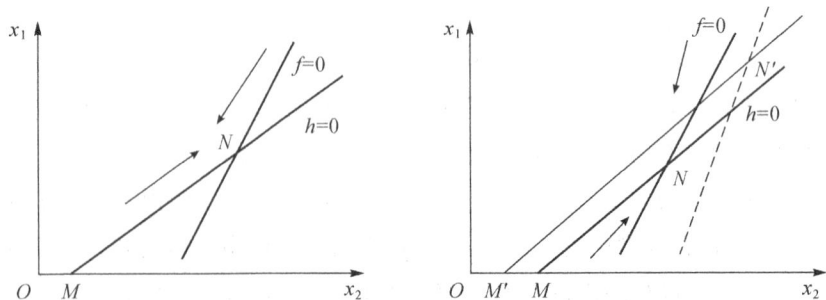

(a) 两企业知识转移关系及演化趋势　　(b) 引入高校后两企业知识转移关系及演化趋势

图 2-4　两主体知识转移关系及演化趋势

若两者的知识水平都大于 0，则满足企业共生的现象。对于 M 点，卫星企业的知识水平为 0，不满足共生的现象。N 点表示创新生态系统中核心企业和卫星企业通过知识转移最终获得的知识水平。可得出稳定解的条件为($\mu_{12}<1,\mu_{21}>1,\mu_{12}\mu_{21}<1$)，($\mu_{12}>1,\mu_{21}<1,\mu_{12}\mu_{21}>1$)。在创新生态系统生态环境中，若不出现卫星企业，核心企业依然可以依靠自己的技术资源等条件独立生存；若不存在核心企业，卫星企业的发展速度会慢慢减慢甚至趋于0。卫星企业在创新生态系统中，表现出对主导企业的高度依附性。因此，在创新生态系统中，主从视角下稳定解的条件是：$\mu_{12}<1,\mu_{21}>1,\mu_{12}\mu_{21}<1$。在稳定解的条件下，直线 $f(x_1,x_2)=0$ 上的点与 $h(x_1,x_2)=0$ 上的点在彼此影响下进行演化，在 N 点汇合，并在该点形成稳定态。该演化趋势体现了核心企业与卫星企业在知识转移过程中形成的相互依存的生态关系。

共生作用系数、最大知识水平决定了两家企业知识增长过程中的稳态值。由于 $N_i(i=1,2)>0$，所以共生作用系数决定主体间的知识转移生态关系，如表 2-6 所示。

表 2-6　主体间的知识转移生态关系

稳定解条件	知识转移生态关系	特征
$0<\mu_{12}<1,\mu_{21}>1,\mu_{12}\mu_{21}<1$	互惠共生	核心企业与卫星企业相互促进彼此知识水平的提高，并大幅提高了知识转移演化均衡的实现速度
$\mu_{12}=0,\mu_{21}>1,\mu_{12}\mu_{21}=0$	偏利共生	核心企业有效促进卫星企业的知识转移，卫星企业力度不够，对核心企业的知识增长没有影响
$\mu_{12}<0,\mu_{21}>1,\mu_{12}\mu_{21}<1$	寄生共生	卫星企业依托核心企业生存，但也对其产生了大量消耗，不利于核心企业的发展

(二)多主体知识转移生态关系演化扩展分析

基于国家实施创新驱动发展战略这一大环境，在创新生态系统中，高校的作用不断多样化，功能不断扩展，地位不断提升，高校对创新生态系统的持续和健康发展有着不可比拟的作用。同企业相比，高校作为知识创新的源头，在创新资源上有着天然的优势。因此，引进高校后三主体的知识转移演化的稳定条件方程如下：

$$\begin{cases} f(x_1,x_2,x_3)=(1-\dfrac{x_1}{N_1}+\mu_{12}\dfrac{x_2}{N_2}+\mu_{13}x_3) \\[2mm] h(x_1,x_2,x_3)=(-1-\dfrac{x_2}{N_2}+\mu_{21}\dfrac{x_1}{N_1}+\mu_{23}x_3) \\[2mm] s(x_1,x_2,x_3)=(1+\mu_{31}\dfrac{x_1}{N_1}+\mu_{32}\dfrac{x_2}{N_2}) \end{cases} \quad (2\text{-}5)$$

在高校影响下,核心企业与卫星企业之间的知识转移演化趋势如图2-4(b)所示:令均衡点为 $N'(x_1,x_2)$,在高校的影响下,核心企业知识转移的外部影响因素由 $\alpha_1=\mu_{12}\dfrac{x_2}{N_2}$ 变为 $\alpha_1{}'=\mu_{12}\dfrac{x_2}{N_2}+\mu_{13}x_3$,卫星企业知识转移的外部影响因素由 $\alpha_2=\mu_{21}\dfrac{x_1}{N_1}$ 变为 $\alpha_2{}'=\mu_{21}\dfrac{x_1}{N_1}+\mu_{23}x_3$。由于 μ_{13} 和 μ_{23} 均大于等于0,所以始终有 $\alpha_i\geqslant\alpha_i{}'(i=1,2)$,则在高校的促进作用下,两家企业均衡点的知识水平高于两家企业与高校独立共存时均衡点的知识水平,即 $N'>N$,如图2-4(b)所示的均衡点从 N 转移到 N'。通过高校可以向创新生态系统输入源源不断的知识资源与创新成果,为两家企业提供知识增长的动力,推动企业知识创新,加速创新生态系统内部的知识转移和吸收。由此可见,构建由两家企业与高校形成的"偏利共生、互惠共生"的知识转移生态关系,形成新的知识生态位结构,推动知识在整个创新生态系统内部流动,有利于维持创新生态系统的稳定,提高创新生态系统知识资源的配置效率。

三、产学研联盟的实证研究

(一)多主体知识水平样本选取

采用新能源汽车领域专利授权量表示各主体的知识水平,以合理评估主体间的知识转移效果。重庆长安新能源汽车有限公司由重庆长安汽车股份公司与重庆市科技风险投资公司于2008年6月共同出资成立,所以重庆长安汽车股份公司与重庆长安新能源汽车有限公司是核心企业与卫星企业的关系。随着人们对环境污染问题越来越重视,清华大学等高校也对新能源汽车领域投入了大量研发资源。因此,本节选取重庆长安汽车股份有限公司作为核心企业,重庆长安新能源汽车有限公司作为卫星企业,清华大学作为高校(以下简称长安、长安新能源、清华)研究主体间的知识转移生态关系,可以清晰地了解新能源汽车领域知识转移的发展态势,更好地促进新能源汽车领域的良性发展,推动构建绿色、优美、健康的生态环境。[①] 本节对长安、长安新能源、清华在新能源汽车领域的专利进行检索,发现在这三个主体当中,燃料电池、二次电池、太阳能等为它们的主要技术范围。由于专利申请—公开的滞后期,本节统计了2009—2016年专利授权量的数据,如表2-7所示,其演化趋势如图2-5所示。

---

① 相应的数据来源于智慧芽(Patsnap)全球专利数据库。

表 2-7　长安、长安新能源、清华主要技术领域专利授权量

公开年份	长安	长安新能源	清华
2009	$x_{1(1)}=84$	$x_{2(1)}=1$	$x_{3(1)}=74$
2010	$x_{1(2)}=108$	$x_{2(2)}=0$	$x_{3(2)}=79$
2011	$x_{1(3)}=135$	$x_{2(3)}=14$	$x_{3(3)}=105$
2012	$x_{1(4)}=178$	$x_{2(4)}=26$	$x_{3(4)}=123$
2013	$x_{1(5)}=171$	$x_{2(5)}=25$	$x_{3(5)}=171$
2014	$x_{1(6)}=177$	$x_{2(6)}=22$	$x_{3(6)}=209$
2015	$x_{1(7)}=194$	$x_{2(7)}=30$	$x_{3(7)}=255$
2016	$x_{1(8)}=271$	$x_{2(8)}=45$	$x_{3(8)}=291$

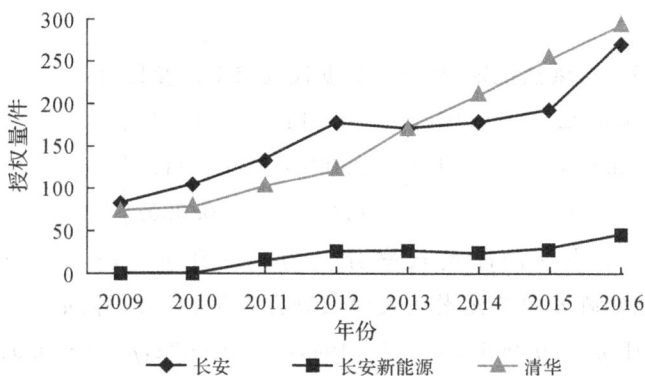

图 2-5　2009—2016 年长安、长安新能源、清华专利授权量趋势

(二)多主体共生作用系数测算

采用 Lotka-Volterra 模型探究产学研联盟中知识转移生态关系及其演化过程,对共生作用系数采用灰色估计法,式(2-3)的一般形式可以表示如下:

$$\begin{cases} \dfrac{dx_1}{dt}=u_{10}x_1+u_{11}x_1^2+u_{12}x_1x_2+u_{13}x_1x_3 \\[2mm] \dfrac{dx_2}{dt}=u_{20}x_2+u_{22}x_2^2+u_{21}x_1x_2+u_{23}x_2x_3 \\[2mm] \dfrac{dx_3}{dt}=u_{30}x_3+u_{31}x_1x_3+u_{32}x_2x_3 \end{cases} \qquad (2\text{-}6)$$

灰导数 $\dfrac{dx_1}{dt}$、$\dfrac{dx_2}{dt}$、$\dfrac{dx_3}{dt}$ 分别与偶对数 $(x_{1(t+1)},x_{1(t)})$、$(x_{2(t+1)},x_{2(t)})$、

$(x_{3(t+1)}, x_{3(t)})$ 构成映射关系，我们将其离散化，在 t 时刻将其背景值取为

$\dfrac{x_{1(t+1)} + x_{1(t)}}{2}$、$\dfrac{x_{2(t)} + x_{2(t+1)}}{2}$、$\dfrac{x_{3(t)} + x_{3(t+1)}}{2}$。因此式（2-6）可以表示为

$$
\begin{cases}
x_{1(t+1)} - x_{1(t)} = u_{10} \dfrac{x_{1(t+1)} + x_{1(t)}}{2} + u_{11} \dfrac{[x_{1(t+1)} + x_{1(t)}]^2}{4} + u_{12} \dfrac{[x_{1(t+1)} + x_{1(t)}][x_{2(t)} + x_{2(t+1)}]}{4} \\
\qquad + u_{13} \dfrac{[x_{1(t+1)} + x_{1(t)}][x_{3(t)} + x_{3(t+1)}]}{4} \\[4pt]
x_{2(t+1)} - x_{2(t)} = u_{10} \dfrac{x_{2(t)} + x_{2(t+1)}}{2} + u_{11} \dfrac{[x_{2(t)} + x_{2(t+1)}]^2}{4} + u_{12} \dfrac{[x_{1(t+1)} + x_{1(t)}][x_{2(t)} + x_{2(t+1)}]}{4} \\
\qquad + u_{13} \dfrac{[x_{2(t)} + x_{2(t+1)}][x_{3(t)} + x_{3(t+1)}]}{4} \\[4pt]
x_{3(t+1)} - x_{3(t)} = u_{10} \dfrac{x_{3(t)} + x_{3(t+1)}}{2} + u_{12} \dfrac{[x_{1(t+1)} + x_{1(t)}][x_{3(t)} + x_{3(t+1)}]}{4} \\
\qquad + u_{13} \dfrac{[x_{2(t)} + x_{2(t+1)}][x_{3(t)} + x_{3(t+1)}]}{4}
\end{cases}
$$

$$(2\text{-}7)$$

利用最小二乘法准则，将原始数据代入求得各参数为：

$$
u = \begin{bmatrix}
0.6082 & -0.0029 & -0.0143 & 0.0041 \\
-3.6515 & -0.1141 & 0.0376 & 0.0117 \\
0.1008 & 0 & 0.0005 & -0.0002
\end{bmatrix}
$$

得出三个主体的净增长率分别为 $r_1 = 0.6082$，$r_2 = 3.6515$，$r_3 = 0.1008$。将矩阵 u 中的元素代入原微分方程组（2-3），得：$\mu_{12} = -0.7510$，$\mu_{21} = 2.1401$，$\mu_{13} = 0.0067$，$\mu_{31} = 1.1194$，$\mu_{23} = 0.0032$，$\mu_{32} = -0.0483$。计算得：$\mu_{12} = -0.7510 < 0$，$\mu_{21} = 2.1401 > 0$，$\mu_{12} \times \mu_{21} = -1.6072 < 1$，长安与长安新能源是寄生共生的知识转移生态关系；$\mu_{13} = 0.0067 > 0$，$\mu_{31} = 1.1194 > 0$，$\mu_{13} \times \mu_{31} = 0.0074 < 1$，长安与清华是互惠共生的知识转移生态关系；$\mu_{23} = 0.0032 > 0$，$\mu_{32} = -0.0483 < 0$，$\mu_{23} \times \mu_{32} = -0.0002 < 1$，长安新能源与清华也是寄生共生的知识转移生态关系。因此，长安、长安新能源、清华的知识转移生态关系如图 2-6 所示。

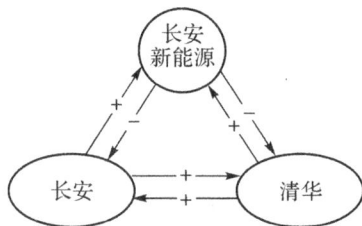

图 2-6　长安、长安新能源、清华的知识转移生态关系

(三)多主体实际产学研联盟的拟合情况

通过灰色估计法计算出共生作用系数和净增长率,将各参数输入 Matlab 软件进行数值分析,如图 2-7 所示。

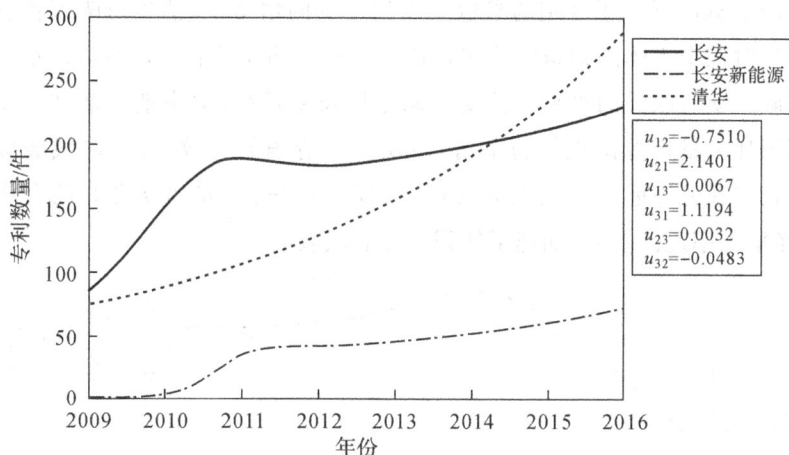

图 2-7　模型拟合的长安、长安新能源、清华专利授权量演化趋势

可以看出图 2-7 中的现实专利授权量与图 2-5 中的演化趋势基本一致,长安与长安新能源均呈前期迅速增长,后缓慢下降,再持续上升的演化趋势;清华呈持续增长的演化趋势。可见模型的拟合效果较好,借鉴 Lotka-Volterra 模型来研究产学研联盟中多主体知识转移过程中的生态关系是合理可行的。

四、不同生态关系下的知识转移演化分析

将以上分析新能源汽车这一领域长安、长安新能源、清华的知识水平(以专利授权量衡量)的基础上,为探讨不同生态关系对知识转移演化趋势的影响,本章通过仿真实验,进一步揭示各主体知识转移行为的演化规律。由于 Matlab 软件中无法打出 μ,下文用 u 表示主体间的共生作用系数。

(一)高校与其他主体的知识转移生态关系变化

1. 两家企业和高校之间独立共存

图 2-8(a)展示了在别的参数不发生改变且清华与两家企业是独立共存的情境下,这三个主体间的知识转移的演化趋势。两家企业和高校之间不发生相互作用,独立发展,三个主体的知识水平均低于实际产学研联盟的水平。清华的净增长率较低,知识增长呈线性趋势。长安新能源在受益于长

安提供的知识资源的同时也产生了大量消耗,并且缺乏高校的推动作用,导致长安的知识增长呈倒 U 形的趋势。

2.两家企业和高校之间互惠共生

图 2-8(b)展示了在别的参数不发生改变的情境下,清华与两家企业互惠共生时三个主体的知识转移演化趋势。2016 年,三个主体的知识水平高于实际产学研联盟的水平。长安初期净增长率较高,但中期逐渐被长安新能源消耗大量资源出现短暂下滑,后期受到清华的有效促进,曲线缓慢上升。长安新能源前期曲线上升缓慢,后期与清华、长安建立良好的合作关系,净增长率逐渐上升,加速了知识转移和吸收。

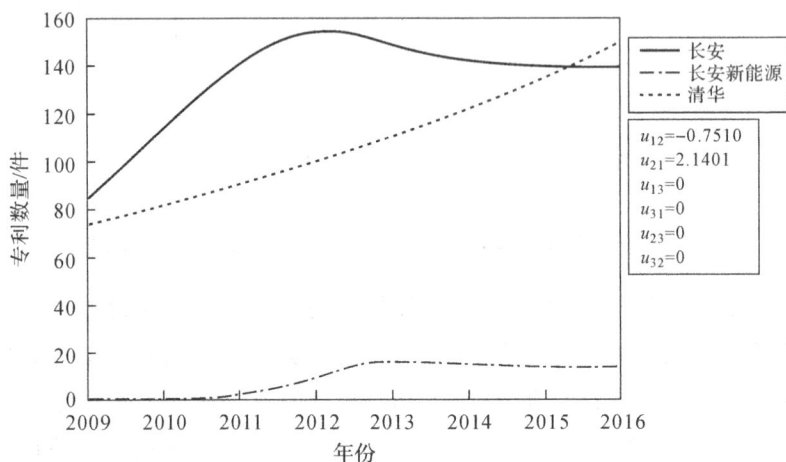

(a) 高校与两家企业独立共存的知识转移演化趋势

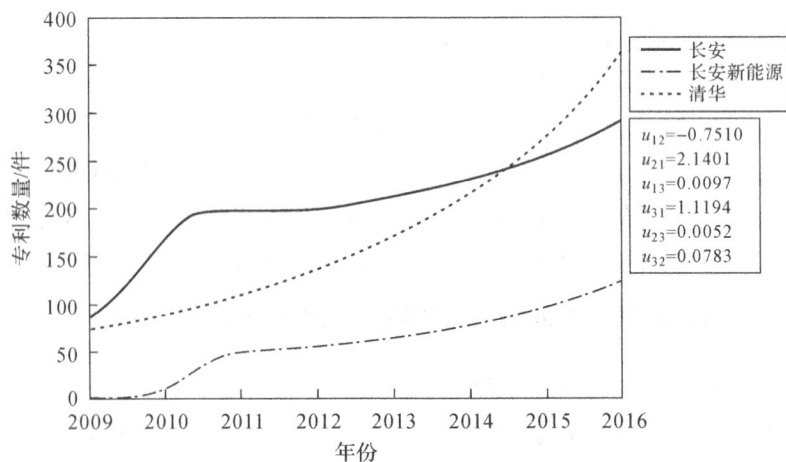

(b) 高校与两家企业互惠共生的知识转移演化趋势

图 2-8　其他主体和高校之间的知识转移演化趋势

(二)卫星企业与其他主体的知识转移生态关系变化

1. 卫星企业与核心企业偏利共生

图 2-9(a)是保持其他参数不变,长安新能源与长安偏利共生时,三个主体的知识转移演化趋势。2016 年,三个主体的知识水平远高于实际产学研联盟的水平,后期三者的知识增长速度均迅速上升。长安新能源的增速比较显著,这是因为作为新兴企业的长安新能源在长安与清华的促进作用下迅速发展起来,逐渐形成了后发优势。

2. 卫星企业与高校偏利共生

图 2-9(b)是保持其他参数不变,长安新能源与清华偏利共生时,三个主体的知识转移演化趋势。2016 年,三个主体的知识水平与实际产学研联盟的差别不大,但远低于图 2-9(a)中的水平。长安新能源后期增长速度也低于图 2-9(a)中的水平,这是因为清华和长安为长安新能源带来了新的技术和知识,提升了长安新能源吸收外部知识的能力。

3. 卫星企业与核心企业寄生共生

图 2-9(c)是保持其他参数不变,长安新能源与长安寄生共生时,三个主体的知识转移演化趋势。此模式是实际产学研联盟中的情况,长安新能源受到长安与清华的促进作用扩展自身的发展空间,长安因长安新能源的大量消耗前期呈倒 U 形的增长趋势。长安对清华的消耗作用较小使得清华的知识增长仍呈线性趋势。

4. 卫星企业与高校互惠共生

图 2-9(d)是保持其他参数不变,长安新能源与清华互惠共生时,三个主体的知识转移演化趋势。2016 年,三个主体的知识水平远高于实际产学研联盟的水平,三条曲线均呈上升趋势,后期三个主体的知识增长速度显著上升。

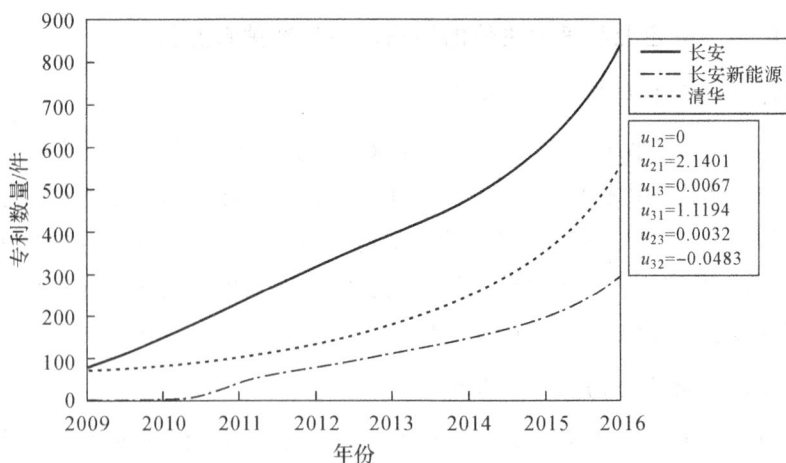

(a) 卫星企业与核心企业偏利共生的知识转移演化趋势

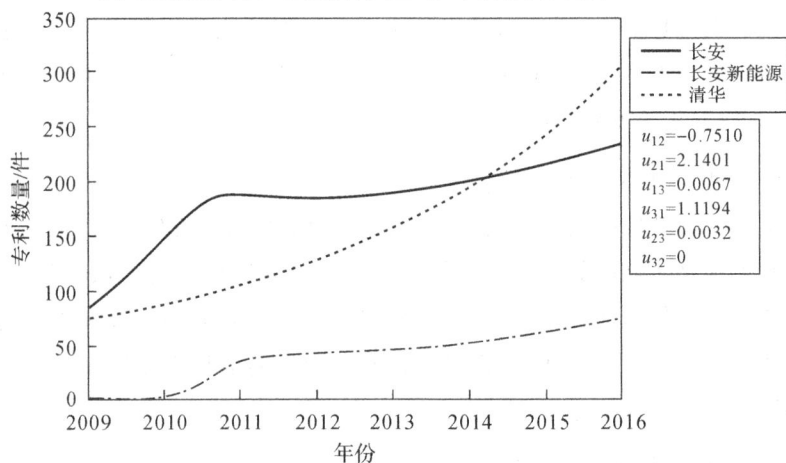

(b) 卫星企业与高校偏利共生的知识转移演化趋势

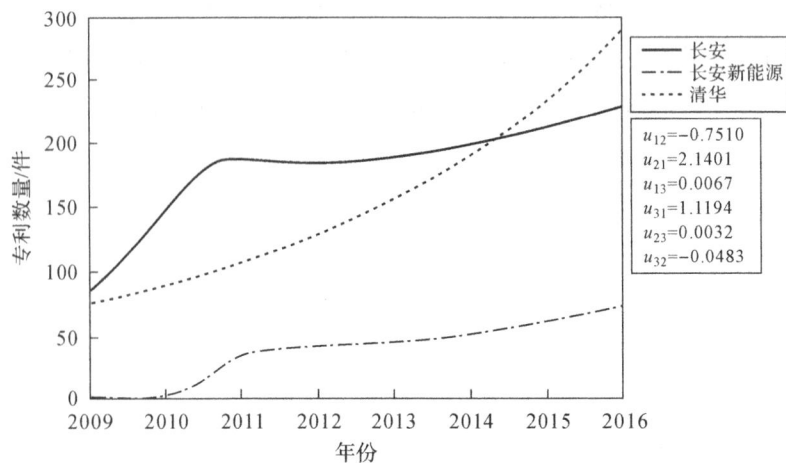

(c) 卫星企业与其他主体寄生共生的知识转移演化趋势

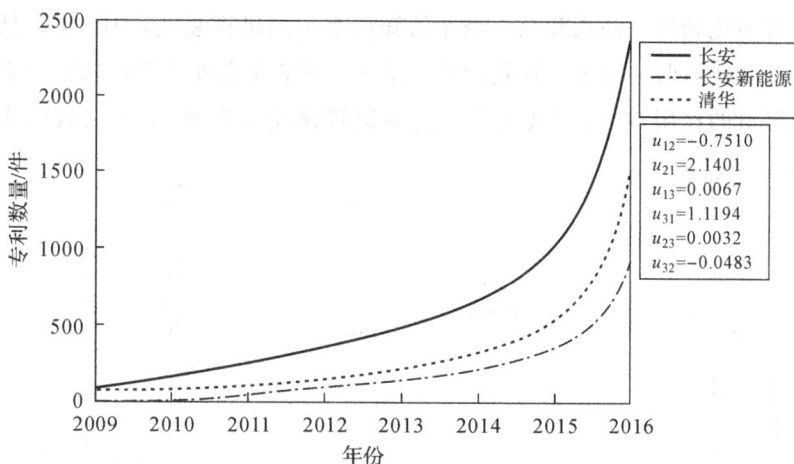

$u_{12}=-0.7510$
$u_{21}=2.1401$
$u_{13}=0.0067$
$u_{31}=1.1194$
$u_{23}=0.0032$
$u_{32}=-0.0483$

(d) 卫星企业与其他主体互惠共生的知识转移演化趋势

图 2-9　卫星企业与其他主体的知识转移演化趋势

(三)核心企业与其他主体的知识转移生态关系变化

1.核心企业和卫星企业之间竞争共存

图 2-10 是保持其他参数不变,长安与长安新能源竞争共存时,三个主体的知识转移演化趋势。长安新能源知识水平迅速降为零,仅靠清华的支持与促进作用解决不了生存危机,这是因为长安不再为长安新能源提供创新技术和知识资源,造成知识链传输中断。

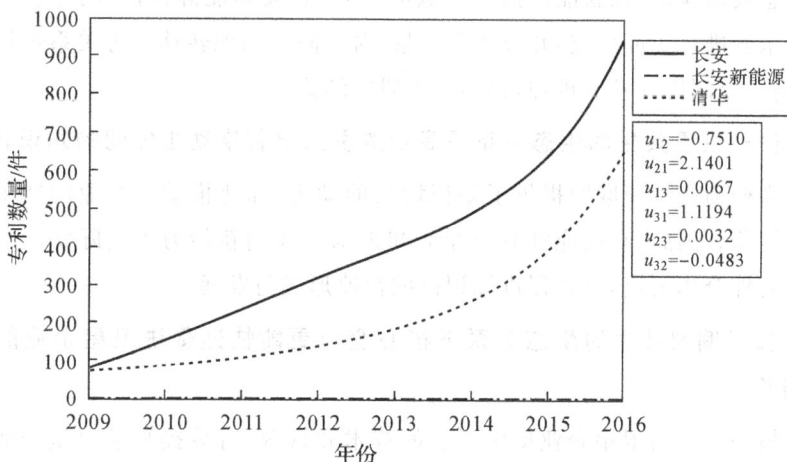

$u_{12}=-0.7510$
$u_{21}=2.1401$
$u_{13}=0.0067$
$u_{31}=1.1194$
$u_{23}=0.0032$
$u_{32}=-0.0483$

图 2-10　核心企业与卫星企业竞争共存的知识转移演化趋势

2.核心企业与高校竞争共存

图 2-11 是保持其他参数不变,长安与清华竞争共存时,三个主体的知

识转移演化趋势。高校和核心企业的知识水平均迅速衰减,2016 年远低于实际产学研联盟的水平。这是因为长安作为核心企业在产学研联盟中有着举足轻重的作用,高校与其竞争会使知识转移发生扭曲,造成两败俱伤的局面。

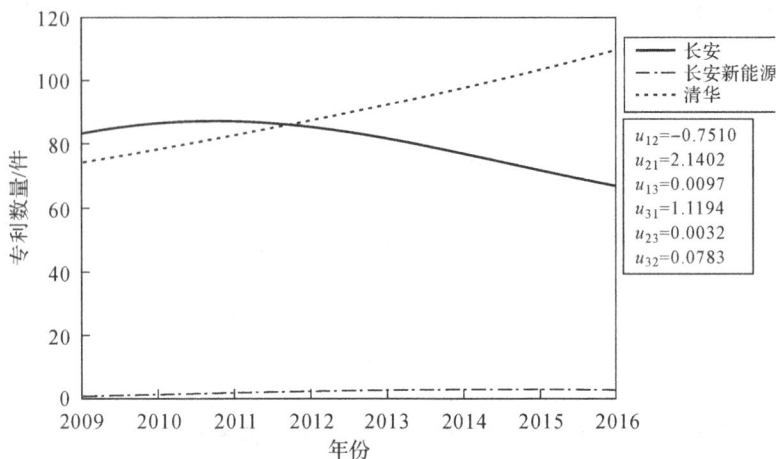

图 2-11 核心企业与高校竞争共存的知识转移演化趋势

五、结论与启示

本节从主从视角出发,融合生态学等理论构建多主体知识转移过程中的生态关系模型,以新能源汽车领域的长安、长安新能源、清华的专利数据作为示例进行实证研究,并以此为背景,对不同的知识转移生态关系进行仿真实验,以剖析其发展机理,得到以下研究结论。

(一)互惠共生的生态关系下高校的引入显著推动主体间的知识转移

高校为产学研联盟提供了知识增长的动力,加速推动了企业的知识流动与转移。因此,高校应针对企业的知识水平和创新能力等实际状况积极开拓对外合作渠道,有效促进知识链的快速形成与发展。

(二)偏利共生的生态关系下核心企业更能快速促进卫星企业的知识增长

核心企业给卫星企业提供了新的技术和资源,有效提高了卫星企业对生态环境的适应度。因此,核心企业应整合创新资源,扩大技术和服务供给,提高与卫星企业的关联程度,与其建立上下承接、互联互通的合作创新体系。政府应加大对核心企业的支持力度,以此更好地带动卫星企业的发展。

（三）寄生共生的生态关系下卫星企业阻碍其他主体的良性发展

此模式是实际产学研联盟中的情况，卫星企业依附核心企业和高校获得新的知识资源，但也对其产生了大量消耗，不能形成完整的知识链。因此，卫星企业应以市场需求为导向参与合作创新，在合作创新的同时加强企业内部创新，努力实现与其他主体的知识交流、共享与转移。政府可以通过塑造开放、共享、绿色的生态环境体系，推动构建富有活力、合作、包容的产学研联盟。

（四）竞争共存的生态关系下核心企业抑制高校和卫星企业的知识获取

核心企业与高校竞争会造成两败俱伤的局面。核心企业与卫星企业竞争会出现两极分化严重的"马太效应"。例如在市场化的竞争机制下，成立于 2016 年 1 月 16 日的恒屹（上海）新能源汽车技术有限公司于 2018 年 4 月 19 日宣布破产。因此，核心企业应避免与其他主体产生盲目的竞争。政府可以通过采取共生激励、资金投入等相关措施，促进产学研联盟中竞争共存等生态关系向互惠共生模式演化，使适宜的种子在适宜的环境中开花结果。

第三章　产学研联盟主体伙伴选择

产学研联盟的目的是联盟企业与高校开展联合研发活动,接受高校转移来的先进知识,促进创新成果转化为市场竞争力,实现互利共赢的合作局面。联盟内高校和企业开展的知识转移活动,从形式上看可以认为是知识转移主体的一种伙伴选择行为,即知识发送方通过选择合理的路径、方式,根据现实的情境将先进的知识传输给知识接受方,二者根据主观意愿开展知识转移合作匹配行动。在这一过程中,知识特性、知识转移媒介以及知识转移情境,都会作用于知识转移主体,对其选择行为产生影响。同时,知识转移主体本身的知识结构差异、知识水平高低和情绪心理变化等因素也会影响知识转移选择行为,进而影响联盟内知识转移的成功率和满意度。

第一节　联盟知识转移主体伙伴选择问题

一、主体伙伴选择匹配方式

高校与企业以产学研联盟的形式进行知识转移获得技术方面的支持,从而在联盟内部实现互利共赢、知识共享和优势互补的合作目标。通常,高校凭借着其雄厚的科技创新实力,寻求技术转化以获得科研回报,在合作中为知识转移的供给方;企业拥有技术市场快速布局和产业化的营销能力,面向高校搜寻具有高附加价值的技术知识,在合作中为知识转移的需求方。通过联盟所提供的交流平台,高校和企业开展知识转移活动,寻找最符合需求的合作伙伴。根据匹配方式进行划分,可将高校和企业的伙伴选择匹配分为单向选择匹配和双向选择匹配。

(一)单向选择匹配

单向选择匹配是指从单向的角度去考虑伙伴选择问题,一方主体在伙伴选择的过程中处于主导地位。根据设定的主体,在联盟知识转移伙伴选择时,会是以下两种情况之一:一是高校处于主导地位。高校根据自身的需求,在联盟内对参与知识转移的企业进行综合评价,考察企业在知识转移、转化过程中所能带来的经济效益和社会效益,择优选择企业开展知识转移活动,此时仅考虑高校的需求。二是企业处于主导地位。企业根据战略要求,对联盟内能提供相应技术需求的高校进行选择,以技术附加值高、交易成本低为基本原则选择高校签署相应的转让合同开展知识转移活动,此时仅考虑企业的需求。

(二)双向选择匹配

相比单向选择匹配,双向选择匹配要求将联盟内高校和企业放在一个系统环境内加以考虑彼此的合作需求,既要满足高校知识转移输出所期望的经济回报和社会价值,又要考虑企业知识转移输入所要求的经济利益和市场价值。因此,在联盟知识转移伙伴选择过程中,高校和企业处于相对平等的地位,是一种双向选择的过程。多数学者(陈兰,2016;林少疆等,2016;李晓娣和张小燕,2019;王庆金等,2018;王庆金和李如玮,2019;Fukuda and Watanabe,2008)主要从单向选择的角度分析联盟知识转移主体伙伴选择,定性化分析伙伴选择原则和策略较多。事实上,在实际的知识转移过程中,需要从高校和企业的双边视角出发,综合分析高校和企业的匹配需求,建立主体伙伴选择过程模型,并根据这一概念模型,运用定量化分析方法量化这一过程中的相关参数,建立主体伙伴选择匹配模型求解匹配方案,以提高主体伙伴选择的成功率和满意度。

二、主体伙伴选择过程模型构建

本书采取双向选择匹配的方式研究联盟知识转移伙伴选择问题,建立主体伙伴选择过程模型,如图 3-1 所示。高校和企业作为两方主体,通过联盟平台的方式参与知识转移活动,其中高校作为知识转移的供给方,提供所在领域先进的知识和技术;企业作为知识转移的需求方,向高校展示其技术产业化程度和企业市场地位等综合实力作为技术引进的吸引因素。首先,由联盟组织专家,在广泛征求高校和企业意见的基础上,建立主体评价指标体系,分别对参与知识转移伙伴选择的高校和企业进行综合评价,经过初步的筛选,剔除一部分不符合基本要求的主体,进入最终匹配阶段。其次,为公平、客观起见,由联盟专家分别提供对高校和企业两方主体的评价信息,并且为最大限度地保证匹配心理期望,分别由高校给出对企业的期望信息,由企业给出对高校的期望信息,建立决策矩阵。再次,设计指标权重和确定匹配目标,建立主体伙伴选择匹配模型,量化分析主体伙伴选择相关参数。最后,求解主体伙伴选择匹配模型,获得最佳匹配方案,并通过相关案例进行对比分析,得到主体伙伴选择相关管理启示。

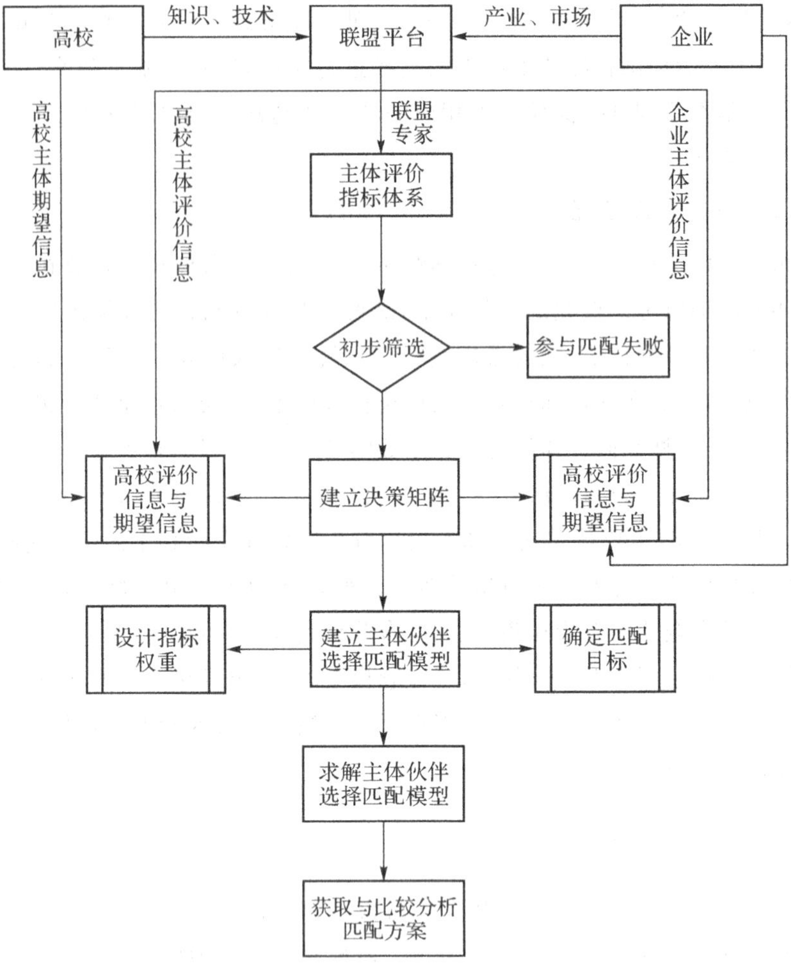

图 3-1 主体伙伴选择过程模型

三、主体评价信息与期望信息的表述

根据所建立的主体评价指标体系,由联盟组织专家对高校和企业给出评价信息,而由高校和企业分别给出对企业和高校在各指标下的期望信息。设高校主体集合为 $A=\{A_1,A_2,\cdots,A_m\}$,其中 A_i 表示第 i 个高校主体,$i=1,2,\cdots,m$。$C=\{C_1,C_2,\cdots,C_p\}$ 为高校主体的评价指标集合,其中 C_k 表示第 k 个评价指标,$k=1,2,\cdots,p$。设企业主体集合为 $B=\{B_1,B_2,\cdots,B_n\}$,

其中 B_j 表示第 j 个企业主体，$j=1,2,\cdots,n$。$\boldsymbol{D}=\{D_1,D_2,\cdots,D_q\}$ 为企业主体的评价指标集合，其中 D_t 表示第 t 个评价指标，$t=1,2,\cdots,q$。

高校主体 A_i 在其评价指标 C_k 的评价信息为 f_{ik}，企业主体 B_j 在其评价指标 D_t 的评价信息为 g_{jt}，其中 f_{ik} 和 g_{jt} 可由主体根据自身实际情况给出，也可由联盟组织专家根据主体情况相对客观、公正地给出。为了更好地体现参与匹配主体的选择需求，由高校主体 A_i 给出企业主体评价指标 D_t 下的期望信息 h_{it}，由企业主体 B_j 给出高校主体评价指标 C_k 下的期望信息 l_{jk}，评价信息 f_{ik} 与期望信息 l_{jk} 相对应，评价信息 g_{jt} 与期望信息 h_{it} 相对应。

根据指标 C_k 和 D_t 的数据表述特征，可将其分为定量指标和定性指标，评价信息 f_{ik} 和 g_{jt}、期望信息 h_{it} 和 l_{jk} 可能采取不同的数据形式。例如可能使用三角模糊数或者区间数或者实数来表明定量指标的相关信息；通常使用直觉模糊数或者语言短语来表明定性指标的相关信息。指标评价信息与期望信息数值的大小，取决于主体的综合情况，也与指标的属性有关，即根据指标属性，可将指标划分为效益型指标与成本型指标，其中效益型指标的数值越大表示主体在该指标下的状况越好，而成本型指标的数值越大则表示主体在该指标下的状况越差。

并且，根据主体伙伴选择环境的变化，在信息充分、确定的情况下，评价信息与期望信息可采用诸如实数、语言短语等定值信息。然而，由于存在信息不对称、主体决策者自身知识水平等客观限制，评价信息与期望信息更多地采用一些不确定的信息形式，例如模糊数和灰数等。本书将结合指标的定性、定量特征以及指标的效益型与成本型属性，采取多种数据形式较为全面地反映联盟知识转移过程中主体评价和期望可能存在的表述方式，力求匹配模型尽可能接近现实情境。

四、主体评价指标权重的设计

高校主体的评价指标 C_k 与企业主体的评价指标 D_t 都具有一定的权重，以反映该指标在评价体系中所处的地位和重要性程度。在本研究中，指标权重数值的给定，一方面可由高校或企业主体根据自身对知识转移合作伙伴的要求，给出每一个指标的权重大小，此时每一个参与合作匹配的高校和企业均可自由给出心理期望值，能提高主体参与匹配的积极性和满意度；另一方面可由联盟组织专家通过集体决策的方式，利用专家群体的知识储备和智慧相对客观、公正地给出每一个指标的权重大小，统一各个指标的权重大小，避免出现异常值，以提高主体参与匹配的成功率。

对于指标权重的数值形式,若专家或主体能准确地给出每一个指标的具体数值,则可采用实数的形式表述指标的权重;若专家或主体由于自身水平的限制、专家意见的不统一、客观环境的复杂性等多种条件的限制无法对指标的权重赋予准确的定值,则可采用区间数的形式来表述指标的权重。具体的定义如下所示。

(一)实数的形式

在信息充分的情况下,由专家给出高校和企业评价指标体系中的每一个指标权重,或者分别由每一个高校主体给出企业评价指标体系中的每一个指标权重,由每一个企业主体给出高校评价指标体系中的每一个指标权重,此时权重大小为实数形式。

设 $u = \{u_1, u_2, \cdots, u_p\}$ 为高校主体评价指标的权重集合,其中 u_k 表示指标 C_k 的权重信息,满足归一性要求:$0 \leqslant u_k \leqslant 1, \sum_{k=1}^{p} u_k = 1, u_k \in \mathbf{R}$;设 $v = \{v_1, v_2, \cdots, v_q\}$ 为企业主体评价指标的权重集合,其中 v_t 表示指标 D_t 的权重信息,满足归一性要求:$0 \leqslant v_t \leqslant 1, \sum_{t=1}^{q} v_t = 1, v_t \in \mathbf{R}$。

(二)区间数的形式

在信息不确定的情况下,由专家或高校、企业根据自身的经验、知识水平等以区间数的形式表示每一个指标的权重大小,区间左侧表示指标权重的最小值,区间右侧表示指标权重的最大值。同理,所有指标的权重之和满足归一化要求,而具体的指标权重大小值需要结合匹配模型作进一步计算。

设 $W = (w_1, w_2, \cdots, w_p)$ 表示高校主体评价指标的权重信息的集合,评价指标 C_k 的权重 w_k 不能完全确定,但是可知 $w_k = [w_k^l, w_k^R]$,其中 $k = 1, 2, \cdots, p$, $\sum_{k=1}^{p} w_k^l \leqslant 1$, $\sum_{k=1}^{p} w_k^R \geqslant 1$, $\sum_{k=1}^{p} w_k = 1, 0 \leqslant w_k^l \leqslant w_k^R \leqslant 1$。$Y = \{y_1, y_2, \cdots, y_q\}$ 表示企业主体评价指标的权重信息的集合,评价指标 D_t 的权重 y_t 不能完全确定,但是可知 $y_t = [y_t^L, y_t^R]$,其中 $l = 1, 2, \cdots, q$, $\sum_{l=1}^{q} y_t^L \leqslant 1$, $\sum_{l=1}^{q} y_t^R \geqslant 1$, $\sum_{l=1}^{q} y_t = 1, 0 \leqslant y_t^L \leqslant y_t^R \leqslant 1$。

五、主体伙伴选择匹配目标的确定

通过构建联盟知识转移伙伴选择匹配模型,一方面从双向选择的视角考虑伙伴选择问题,既相对客观地评价了主体的匹配信息,又立足于主体匹配需求在模型参数中考虑高校和企业主体对合作伙伴的心理期望,通过联盟平台双向选择的方式提高知识转移的参与率和成功率,并提高双方主体匹配的满意度;另一方面通过双边匹配模型可以整体性地尽可能地提高参与知识转移的高校和企业的满意度,以整体最优、合作匹配对数多的方式代替传统单向选择匹配的个体最优、合作匹配对数少的方式,提高高校知识成果转化率,实现联盟内互利共赢的合作模式。即在联盟知识转移过程中,主体伙伴是否选择匹配,一方面在于双方主体的整体匹配满意度是否尽可能最大化;另一方面在于通过联盟平台进行知识转移合作对接是否使得更多的高校和企业参与其中,使合作匹配的对数达到最多。

因此,在本书中,在联盟知识转移过程中主体伙伴选择时所确立的匹配目标主要有两个:一是整体性地最大化参与知识转移匹配的高校和企业的匹配满意度;二是在联盟内尽可能使得更多的高校和企业开展知识转移活动,促进科技成果的转化,增加成功匹配的对数。其匹配目标结构如图 3-2 所示。

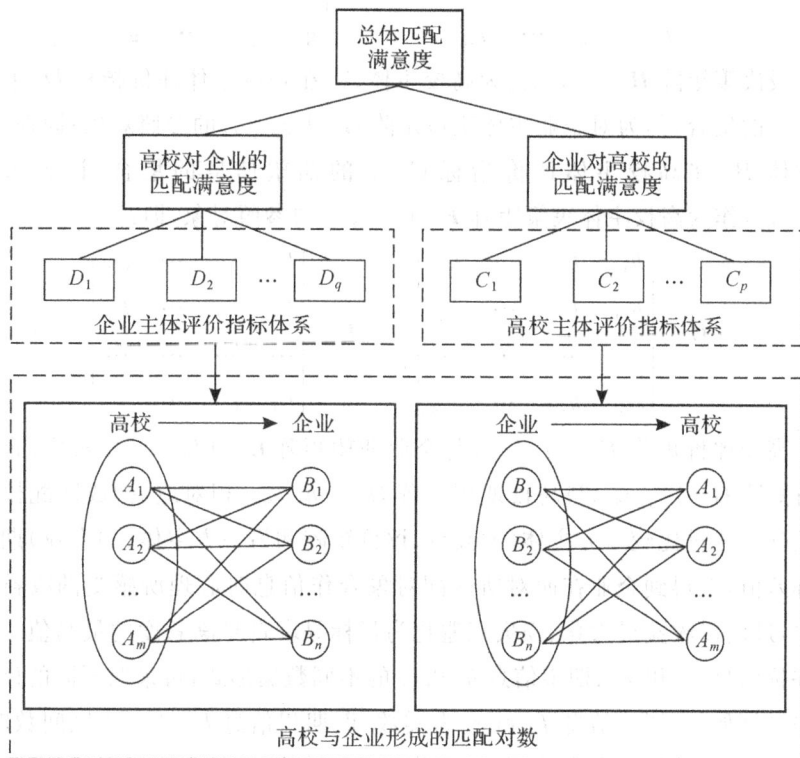

图 3-2　主体伙伴选择匹配目标结构

第二节 联盟知识转移主体伙伴选择匹配模型构建

一、主体决策矩阵的构建

根据所建立的主体评价信息与期望信息以及所确定的指标权重,可相应地建立起高校和企业在联盟知识转移伙伴选择过程中的决策矩阵,并基于主体决策矩阵逐步确定高校和企业的匹配满意度和匹配方案。

高校主体 A_i 在其评价指标 C_k 下的评价信息为 f_{ik},构成决策矩阵 $\boldsymbol{F} = [f_{ik}]_{m \times p}$;企业主体 B_j 在其评价指标 D_t 的评价信息为 g_{jt},构成决策矩阵 $\boldsymbol{G} = [g_{jt}]_{n \times q}$,即:

$$\boldsymbol{F} = \begin{bmatrix} f_{11} & f_{12} & \cdots & f_{1p} \\ f_{21} & f_{22} & \cdots & f_{2p} \\ \cdots & \cdots & \cdots & \cdots \\ f_{m1} & f_{m2} & \cdots & f_{mp} \end{bmatrix} \qquad \boldsymbol{G} = \begin{bmatrix} g_{11} & g_{12} & \cdots & g_{1q} \\ g_{21} & g_{22} & \cdots & g_{2q} \\ \cdots & \cdots & \cdots & \cdots \\ g_{n1} & g_{n2} & \cdots & g_{nq} \end{bmatrix} \qquad (3\text{-}1)$$

设决策矩阵 $\boldsymbol{H} = [h_{it}]_{m \times q}$ 为高校主体 A_i 在企业主体评价指标 D_t 下期望信息的集合,作为对企业主体决策矩阵 $\boldsymbol{G} = [g_{jt}]_{n \times q}$ 的参照对象;同理,企业主体 B_j 在高校主体评价指标 C_k 下的期望信息的集合,记为 $\boldsymbol{L} = [l_{jk}]_{n \times p}$,作为高校主体决策矩阵 $\boldsymbol{F} = [f_{ik}]_{m \times p}$ 的参照对象,即:

$$\boldsymbol{H} = \begin{bmatrix} h_{11} & h_{12} & \cdots & h_{1q} \\ h_{21} & h_{22} & \cdots & h_{2q} \\ \cdots & \cdots & \cdots & \cdots \\ h_{m1} & h_{m2} & \cdots & h_{mq} \end{bmatrix} \qquad \boldsymbol{L} = \begin{bmatrix} l_{11} & l_{12} & \cdots & l_{1p} \\ l_{21} & l_{22} & \cdots & l_{2p} \\ \cdots & \cdots & \cdots & \cdots \\ l_{n1} & l_{n2} & \cdots & l_{np} \end{bmatrix} \qquad (3\text{-}2)$$

高校评价矩阵 $\boldsymbol{F} = [f_{ik}]_{m \times p}$ 与企业期望矩阵 $\boldsymbol{L} = [l_{jk}]_{n \times p}$ 相对应,企业评价矩阵 $\boldsymbol{G} = [g_{jt}]_{n \times q}$ 与高校期望矩阵 $\boldsymbol{H} = [h_{it}]_{m \times q}$ 相对应,构成匹配模型的基础。通过比较一方主体(如高校)评价矩阵和另一方主体(如企业)期望矩阵差值,能得到企业在面对所匹配对象合作信息时心理所感受的收益或损失,进而以收益最大化、损失规避化为目标寻求自身满意度的最高值。对于评价信息 f_{ik} 和 g_{jt}、期望信息 h_{it} 和 l_{jk} 的不同数据形式,可采取不同的比较方法。例如,当评价信息 f_{ik} 和 g_{jt} 为实数,而期望信息 h_{it} 和 l_{jk} 为区间数时,可采取 0—1 特征信息来处理,当评价值落在期望值所在的区间范围内时,赋值"1",否则,赋值"0";当评价信息 f_{ik} 和 g_{jt}、期望信息 h_{it} 和 l_{jk} 均为模糊数时,可通过相应的距离公式进行计算,两者之间各指标的差值总和越小,表示一方主体满足另一方主体心理期望的程度越高,可采取灰色系统方法等加以处理。

二、基于匹配目标建立主体匹配模型

通过对决策矩阵的进一步处理,对指标权重进行加权,得到信息集结后的不同参与匹配主体的满意度。本书设定匹配目标,即要求在联盟内知识转移过程中使得主体伙伴选择的满意度都尽可能地最大化,不仅包括高校对企业的满意度,也包括企业对高校的满意度,同时在联盟内通过平台合作的方式尽可能地使更多的主体参与在内,促进高校科技成果的转化,实现互利共赢。

设高校主体 $A = \{A_1, A_2, \cdots, A_m\}$ 中的 A_i 对匹配主体 $B = \{B_1, B_2, \cdots, B_n\}$ 中的 B_j 匹配满意度的综合评价结果为 α_{ij},企业主体 $B = \{B_1, B_2, \cdots, B_n\}$ 中的 B_j 对匹配主体 $A = \{A_1, A_2, \cdots, A_m\}$ 中的 A_i 匹配满意度的综合评价结果为 β_{ij}。x_{ij} 为 0—1 变量,当 x_{ij} 取值为 1 时,表示高校 A_i 与企业 B_j 匹配;当 x_{ij} 取值为 0 时,表示高校 A_i 与企业 B_j 未匹配。根据本研究设定的匹配目标,首先保证参与匹配主体的满意度尽可能最大化,其中,高校主体 A 对企业主体 B 的整体满意度和企业主体 B 对高校主体 A 的整体满意度分别为:

$$\max \sum_{i=1}^{m} \sum_{j=1}^{n} \alpha_{ij} x_{ij}, \ \max \sum_{i=1}^{m} \sum_{j=1}^{n} \beta_{ij} x_{ij} \tag{3-3}$$

接着,为使得联盟内参与知识转移合作对接的高校和企业的匹配对数最多,设定目标函数 x_{ij} 取值为 1 的个数尽可能多,即函数表达式为:

$$\max \sum_{i=1}^{m} \sum_{j=1}^{n} x_{ij} \tag{3-4}$$

因此,基于匹配目标建立的主体匹配模型如下:

$$\max \sum_{i=1}^{m} \sum_{j=1}^{n} \alpha_{ij} x_{ij}$$

$$\max \sum_{i=1}^{m} \sum_{j=1}^{n} \beta_{ij} x_{ij}$$

$$\max \sum_{i=1}^{m} \sum_{j=1}^{n} x_{ij} \tag{3-5}$$

$$\text{s. t.} \quad \sum_{j=1}^{n} x_{ij} = 1$$

$$\sum_{i=1}^{m} x_{ij} \leqslant 1$$

$$x_{ij} \in \{0,1\}; i = 1, 2, \cdots, m; j = 1, 2, \cdots, n$$

其中,在本书中设定合作匹配的个数:$\sum_{j=1}^{n} x_{ij} = 1$,表示一个高校主体只能选择与另一个企业主体开展合作对接;$\sum_{i=1}^{m} x_{ij} \leqslant 1$,表示一个企业主体至多选择一个高校主体进行知识转移合作。具体可根据联盟知识转移过程中伙伴选择的现实情境加以设定。

三、模型的求解与主体伙伴选择分析

为了求解模型(3-5),考虑到高校和企业在联盟知识转移过程中所处的地位权重,以及目标函数中 α_{ij} 和 β_{ij} 的实际大小和参数含义都统一,采用线性加权法对式(3-3)进行简化。设 w_A 和 w_B 分别表示目标函数两个表达式的权重,即分别表示联盟知识转移伙伴选择时参与高校和企业的地位权重,满足 $0 < w_A, w_B < 1, w_A + w_B = 1$。一般认为 $w_A = w_B = 0.5$,即高校和企业所处的地位相等,若认为二者不等,则此时 $w_A \neq w_B$,可由联盟专家根据实际的匹配情形做出客观的评判。为简化运算,令 $\gamma_{ij} = w_A \alpha_{ij} + w_B \beta_{ij}$,$\gamma_{ij}$ 称为系数矩阵,则此时模型(3-5)可转化为如下多目标优化模型:

$$\begin{aligned} &\max \sum_{i=1}^{m} \sum_{j=1}^{n} \gamma_{ij} x_{ij} \\ &\max \sum_{i=1}^{m} \sum_{j=1}^{n} x_{ij} \\ &\text{s. t.} \quad \sum_{j=1}^{n} x_{ij} = 1 \\ &\sum_{i=1}^{m} x_{ij} \leqslant 1 \\ &x_{ij} \in \{0,1\}; i = 1, 2, \cdots, m; j = 1, 2, \cdots, n \end{aligned} \tag{3-6}$$

命题:模型(3-6)的解存在,(3-6)这一模型的最优解同时也是(3-5)这一模型的有效解。

证明:显然,模型(3-6)可转化为标准的指派问题模型,这样就可以使用匈牙利法求解。由于模型(3-6)是一个标准化的指派问题,那么其存在多项式求解算法。因此,当模型(3-6)中的变量和约束条件个数较多时,可采用Lingo11.0、WinQSB2.0等软件求解,即可设计专门的多项式求解算法编程求解。

此外,由于模型(3-6)是含有 mn 个变量的 $0-1$ 整数规划,则它最多产

生 2^{mn} 个可行解。又因为约束条件 $\sum_{j=1}^{n} x_{ij} = 1$、$\sum_{i=1}^{m} x_{ij} \leqslant 1$ 和 $x_{ij} \in \{0,1\}$ 的解存在,模型(3-6)的可行域非空。因此,模型(3-6)存在最优解。根据多目标规划理论可知,模型(3-6)的最优解是模型(3-5)的有效解。

计算后可得到关于高校和企业合作匹配的方案,由于实行一对一的匹配方案,并且通常参与的高校和企业的数量不等,因此,总会存在个别高校和企业匹配失败的情况。通过计算所得到的匹配方案基于高校和企业的评价信息与期望信息,往往匹配的满意度较高,可将不考虑主体心理期望的匹配方案与其进行对比,分析考虑主体心理期望所带来的匹配满意度的变化和匹配方案的稳定性。与此同时,还可以比较不同数据类型下的匹配方案是否存在差异,考虑到现实情境中匹配信息是复杂多样的,主体决策者的选择行为往往也是有限理性的。此外,当高校和企业在联盟内所处的匹配地位不等,即 $w_A \neq w_B$ 时,与二者地位相等($w_A = w_B = 0.5$)所得到的匹配方案是否有差异,都值得在获得匹配方案后进行对比分析。

第三节 产学研联盟知识主体合作伙伴选择过程分析

当下经济与科技全球化加快交融,技术创新显得越来越重要,产学研联盟中企业和高校的互相帮助有助于实现技术升级,减少创新支出,加强风险控制,加强企业的核心竞争力,已成为提升产业创新能力和国家科技竞争力的重要手段,同时也是综合产业技术创新资源,引领创新要素流向企业汇聚的迫切要求。产学研合作是一种综合创新成本、创新因素,引领知识主体创新的有效途径。在产学研联盟中,企业和高校的资金投入、竞争优势等不尽相同,知识主体间选择最合适的合作方具有关键且现实的作用。

尽管知识主体伙伴会选择跟合作方双赢的方案,但因为它烦琐复杂,运作时会产生一半以上的失败率。因此,选择适合的合作方有利于增强知识转移过程的稳定性,提升知识转移的成功率,加强协同效应。企业与高校相互交流有很好的发展前景,但在实际交流中有一半以上的失败率。企业加强创新旨在得到更先进的技术,应当选最恰当的合作方共同工作。最合适的合作方有利于加强各知识方的发展,进而提高产学研联盟价值创造的效率。

一、基于犹豫模糊语言的知识主体合作伙伴选择

(一) 犹豫模糊语言基本理论

犹豫模糊语言是模糊数和犹豫模糊集概念的拓展。其计算如下：

定义 1 $S = \{s_0, s_1, \cdots, s_l\}$ 是一个由 $l+1$ 个语言及术语组成的语言评价集，s_i 表示一个语言变量的可能值。

应满足以下性质：

1. 有序性：如果 $s_i > s_j$，则 $i > j$（即 s_i 优于 s_j）；
2. 最小值：如果 $s_i \leqslant s_j$（即 s_i 不优于 s_j），则 $\min(s_i, s_j) = s_i$；
3. 最大值：如果 $s_i \geqslant s_j$（即 s_i 不劣于 s_j），则 $\max(s_i, s_j) = s_i$；
4. 逆运算：$neg(s_i) = s_j$，且 $i + j = l$。

令 $s_\alpha, s_\beta \in S$，则计算规则如下：

1. $s_\alpha \oplus s_\beta = s_{\alpha+\beta}$；
2. $s_\alpha \otimes s_\beta = s_{\alpha \times \beta}$；
3. $\lambda s_\alpha = s_{\lambda\alpha}, \lambda > 0$；
4. $(s_\alpha)^\lambda = s_{\alpha^\lambda}, \lambda > 0$。

定义 2 设 X 为论域，$S = \{s_0, s_1, \cdots, s_l\}$ 为语言评价集，则 $A = \{\langle x, s_{\theta(x)}, h_{A(x)} \rangle \mid x \in X\}$ 表示为论域 X 上的犹豫模糊语言集（HFLSs），其中 $a(x) = \langle s_{\theta(x)}, h_{A(x)} \rangle$ 称为犹豫模糊语言变量（HFLV），$h_{A(x)}$ 表示集合中 X 的元素 x 隶属于语言评价值 $s_{\theta(x)} \in S$ 的可能隶属度的集合，且这些可能隶属度都是 $[0,1]$ 的子集。

定义 3 设 $a = \langle s_{\theta(a)} \rangle, h \rangle$；$a_1 = \langle s_{\theta(a_1)} \rangle, h_1 \rangle$；$a_2 = \langle s_{\theta(a_2)} \rangle, h_2 \rangle$ 为三个犹豫模糊语言变量，则它们之间有以下计算法则：

1. $a_1 \oplus a_2 = \langle s_{\theta(a_1)+\theta(a_2)}, \bigcup_{\gamma_1 \in h_1, \gamma_2 \in h_2} \{\gamma_1 + \gamma_2 - \gamma_1\gamma_2\} \rangle$；
2. $a_1 \otimes a_2 = \langle s_{\theta(a_1) \times \theta(a_2)}, \bigcup_{\gamma_1 \in h_1, \gamma_2 \in h_2} \{\gamma_1\gamma_2\} \rangle$；
3. $a^\lambda = \langle s_{\theta(a)^\lambda}, \bigcup_{\gamma \in h} \{\gamma^\lambda\} \rangle, \lambda > 0$；
4. $\lambda a = \langle s_{\lambda\theta(a)}, \bigcup_{\gamma \in h} \{1-(1-\gamma)^\lambda\} \rangle, \lambda > 0$。

定义 4 设犹豫模糊语言变量 $a = \langle s_{\theta(a)}, h \rangle$，$E(a) = \dfrac{\theta_i}{\sharp h} \sum_{\gamma_i \in h} \gamma_i$ 为 a 的期望函数，其中 $\sharp h$ 代表 h 中隶属度的数量。针对两个犹豫模糊语言变量 a_1 及 a_2，若 $s(a_1) > s(a_2)$，则 $a_1 > a_2$；若 $s(a_1) = s(a_2)$，则 $a_1 = a_2$。

两个犹豫模糊语言的距离定义如下：

$$d(a_{ij}, a_{kj}) = \frac{1}{2}\Big[\frac{|\theta_i - \theta_k|}{7} + \frac{1}{|h(a_{ij})|}$$
$$\times\Big(\sum_{\gamma^1_{i\sigma(j)} \in h(a_{ij}), \gamma^2_{k\sigma(j)} \in h(a_{kj})}|\gamma^1_{i\sigma(j)} - \gamma^2_{i\sigma(j)}|\Big)\Big] \tag{3-7}$$

当 $\gamma^1_{i\sigma(j)} \neq \gamma^2_{k\sigma(j)}$ 时，为进行有效的运算，通过让元素个数少的犹豫模糊语言增加可能隶属度的平均值来使两个犹豫模糊语言中的可能隶属度的元素个数相同。比如：对于犹豫模糊语言变量 $a_{11} = \langle s_3, \{0.5, 0.7\}\rangle$ 和 $a_{21} = \langle s_4, \{0.6, 0.7, 0.8\}\rangle$，为了能够有效计算 a_{11} 与 a_{21} 之间的距离，本章采取中性态度对 a_{11} 添加可能隶属度，使得 $a_{11} = \langle s_3, \{0.5, 0.7, 0.7\}\rangle$。

（二）知识主体评价指标权重确定

针对多属性这一决策问题，评价指标确定十分重要。灰色关联将定性和定量分析相组合，是灰色系统理论的一个重要组成部分，灰色关联可以解决主客观权重不足的问题，目前在各个领域已经被大量应用，可以更高效地评判众多数据序列之间的关联，以此决定标准的权重。

以灰色关联分析来确定权重的方法如下：

对于决策矩阵 $\boldsymbol{H}$，将 $C_1 = (A_{11}, A_{21}, \cdots, A_{m1}), \cdots, C_n = (A_{1n}, A_{2n}, \cdots, A_{mn})$ 看作比较矩阵。依据最大熵原理，属性权重是相同的，前提假设是在没有任何先验信息的情况下。因此，参考序列是 $C_0 = (A_{10}, A_{20}, \cdots, A_{m0})$，且 $A_{m0} = \frac{1}{n}(A_{11} \oplus A_{12} \oplus \cdots \oplus A_{1n})$。

然后计算关联系数：

$$r_{ij} = \frac{\min\limits_{m}\min\limits_{n}|A_{0j} - A_{ij}| + \rho\max\limits_{m}\max\limits_{n}|A_{0j} - A_{ij}|}{|A_{0j} - A_{ij}| + \rho\max\limits_{m}\max\limits_{n}|A_{0j} - A_{ij}|} \tag{3-8}$$

令 $\rho = 0.5$。

通过公式(3-7)获得灰色关联度判断矩阵：

$$\boldsymbol{F} = \begin{bmatrix} r_{11} & r_{12} & \cdots & r_{1n} \\ r_{21} & r_{22} & \cdots & r_{2n} \\ \vdots & \vdots & \vdots & \vdots \\ r_{m1} & r_{m2} & \cdots & r_{mn} \end{bmatrix} \tag{3-9}$$

$(r_{1j}, r_{2j}, \cdots, r_{mj})$ 是 m 个方案对第 j 个指标的灰色关联度，即这 m 个方案中第 j 个因素值分别与依据序列中第 j 个因素值的相似性，$\bar{\omega}_j = \frac{1}{m}\sum\limits_{i=1}^{m}r_{ij}(j = 1, 2, \cdots, n)$ 体现了第 j 个指标在整个指标中所占的百分比。将

$\bar{\omega}_j$ 通过 $W_j = \dfrac{\bar{\omega}_j}{\sum\limits_1^n \bar{\omega}_j}$ 进行归一化处理,$\boldsymbol{W} = (\omega_1, \omega_2, \cdots, \omega_n)$ 即为指标的权重,

且满足 $\omega_j \geqslant 0, \sum\limits_{j=1}^n \omega_j = 1$。

二、案例分析

(一)案例介绍

2010 年国务院发布了《关于加快培育和发展战略性新兴产业的决定》,将新能源汽车产业与节能环保等其他产业共同列为中国七大战略性新兴产业。这既有利于缓解能源和环境压力,推动汽车工业转型升级,也是培育新经济增长点、抢占新一轮科技创新制高点的战略举措。2009 年 1 月以来,中国实施"十城千辆"的新能源汽车政策,新能源汽车行业作为战略性新兴产业之一,发展迅速。由于汽车升级带来的机遇及其巨大回报,汽车制造商们正在争夺日益增长的新能源汽车市场。中国是全球最大的新能源汽车市场,中国汽车技术研究中心 2016 年 7 月的数据显示,中国已经注册了 200多家新能源汽车企业,全球市场份额已超过 50%。

比亚迪股份有限公司是从电池研发生产业务发展起来的企业,从进军汽车领域起就着手布局新能源产品,现已掌握了领先对手的核心"三电"(电池、电控、电驱动)技术,还攻克了新能源汽车核心技术的"命脉"——IGBT,打破了国际巨头的垄断。其综合技术和产品设计方面优势带来的直接效益就是生产成本下降与生产质量提升,形成了行业内无可替代的竞争壁垒。作为新能源汽车的引领者,比亚迪依靠自身的资源整合能力,已经实现了从原材料、电池生产、整车制造到销售终端最长的全产业链布局。得益于技术创新的红利,比亚迪已连续四年蝉联全球新能源汽车销量第一,在 2018 年52 万辆的总销量中,新能源汽车的销量约为 24.7 万辆,超过了国际新能源巨头特斯拉。

尽管具有较大发展优势,但比亚迪面临的挑战还有很多。第一,2018年比亚迪销量同比增长 22%,利润下降 33%,成本压力巨大。第二,新能源汽车问题频发,尤其是续航能力问题。第三,虽然国家在补贴、税收、牌照及限行等方面给新能源汽车提供了极大的优惠,是新能源汽车发展的有力辅助,但从 2017 年开始,政策性补贴已经开始退坡,2018 年的财政补贴整体下降超过 30%,新能源汽车与传统燃油汽车的竞争正逐步从"政策导向"过渡到完全的"市场导向"。第四,比亚迪并非新能源汽车领域的唯一企业,许

多传统车企也加入了这一领域。近年来，北汽、吉利、长城以及长安等车企都陆续推出新能源汽车。这意味着，新能源汽车市场日趋成熟，未来新能源汽车的发展要大力发展技术，在激烈的竞争中靠技术取胜。比亚迪目前需要做的就是寻求高校的合作，突破技术上的局限以继续保持已有竞争优势。

（二）合作伙伴分析

本部分从共同协作的可能性、未来发展趋势及当前能源汽车行业高校中的技术和专利发展三个方面进行分析，利用 5 所高校（重庆大学、吉林大学、同济大学、清华大学、武汉理工大学）的专利数据来分析所含价值。专家根据其中的犹豫模糊语言（HFLSs）评估方案 A_i。设语言集 $S = \{s_0, s_1, \cdots, s_l\} = $ ｛非常差，差，稍差，一般，稍好，好非常好｝。

从智慧芽数据库中搜索出了以上高校 1999—2018 年关于新能源汽车行业专利的数据，图 3-3 是 5 所高校在新能源汽车行业内的发明专利授权数量。图 3-3 表明，清华大学的发明专利授权数量最多，同济大学数量最少，武汉理工大学与重庆大学增长趋势几乎一致。

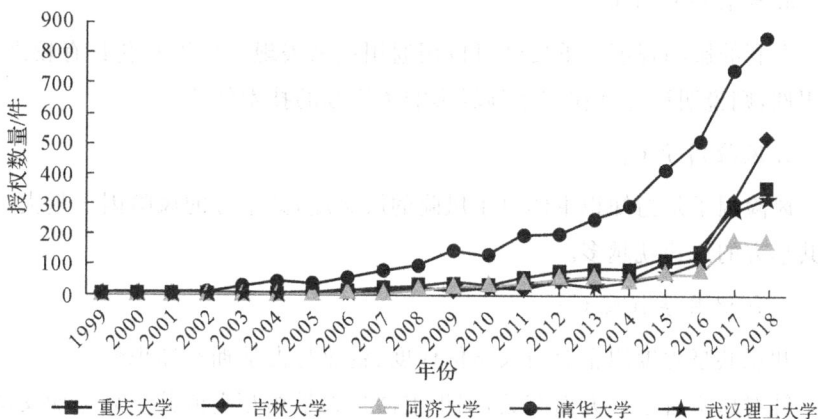

图 3-3　5 所高校在新能源汽车行业内的发明专利授权数量

（三）评价指标构建

高校的专利价值也是企业选择合作伙伴的重要考量依据，企业价值由专利授权数量体现，但是，专利价值不只有专利数量一个评价指标，还有对企业专利价值具有更为核心作用的专业质量。但是专利的价值很难用精确的数字来衡量，相对于市场上有形资产的确定价格，由于缺乏公开交易的价格，专利质量缺乏更客观的评估；也可以选择专利族规模、专利被引次数及专利通用性作为专利价值的评价指标。此外，新能源汽车企业在选择相关高校进行合作时，主要考虑到高校的知识共享程度、风险因子等变量不能轻易由数据测得。因为思维的不确定性,在知识主体价值的评价过程中,知识主体的主观性,例如经验、已有的知识,会影响决策的制定,犹豫模糊语言可以更精确地体现知识主体评判知识主体价值的语言指标。通过犹豫模糊语言研究产学研联盟中企业的合作方选择问题,给企业合作方的选择提出了新的一种思路。

1. 专利族规模 C_1

企业申请专利范围的广度由专利族规模这一指标体现,可以深入企业的潜在布局市场。但是专利的申请维护费用不菲,例如翻译、考试、申请代理等产生的费用,也反映了该专利的潜在价值。

2. 专利被引次数 C_2

专利的被引反映了专利内部的关系,被引次数揭示了专利的关键性及对除自身外的专利新鲜程度的制约。专利的被引次数是评价专利价值和专利技术程度的一个重要指标。

3. 专利通用性 C_3

专利的影响程度和重要性可以用通用性来表现。如果专利具有较高的通用性,则说明该专利在许多领域影响了后续的技术创新。

4. 风险因子 C_4

风险因子是指知识主体对于风险的厌恶度,共享方的风险因子越大,对不共享方的惩罚就越多。

5. 知识共享程度 C_5

知识共享程度跟企业与大学信任度、企业与大学拥有知识储备,企业与大学针对风险看法等方面有关,知识主体与大学相互交流共享后进而交融,这反映出协同效应,主体共享知识的范围越大,得到的新知识的估值越大。

三、主体评价分析

记 $\boldsymbol{\omega}_j = (\omega_1, \omega_2, \omega_3, \omega_4, \omega_5)$ 是属性 C_j 的权重向量,满足 $\boldsymbol{\omega}_j \in [0,1]$,$\sum_{j=1}^{5} \boldsymbol{\omega}_j = 1$;$\boldsymbol{H} = (a_{ij})_{i \times j}$ 是犹豫模糊语言的决策矩阵(见表 3-1)。

表 3-1 决策矩阵

方案 A_i	指标 C_j				
	C_1	C_2	C_3	C_4	C_5
A_1	$\langle s_4,\{0.3,0.6\}\rangle$	$\langle s_2,\{0.5,0.7\}\rangle$	$\langle s_0,\{0.6,0.8\}\rangle$	$\langle s_4,\{0.4,0.6\}\rangle$	$\langle s_5,\{0.3,0.5\}\rangle$
A_2	$\langle s_3,\{0.3,0.4\}\rangle$	$\langle s_1,\{0.3,0.5\}\rangle$	$\langle s_2,\{0.2,0.4\}\rangle$	$\langle s_4,\{0.3,0.4\}\rangle$	$\langle s_1,\{0.4,0.6\}\rangle$
A_3	$\langle s_5,\{0.2,0.5\}\rangle$	$\langle s_6,\{0.6,0.7\}\rangle$	$\langle s_5,\{0.6,0.7,0.8\}\rangle$	$\langle s_6,\{0.5,0.6\}\rangle$	$\langle s_3,\{0.2,0.4\}\rangle$
A_4	$\langle s_1,\{0.5,0.6\}\rangle$	$\langle s_4,\{0.4,0.6,0.7\}\rangle$	$\langle s_3,\{0.7,0.8\}\rangle$	$\langle s_3,\{0.6,0.9\}\rangle$	$\langle s_4,\{0.2,0.4\}\rangle$
A_5	$\langle s_6,\{0.5,0.8\}\rangle$	$\langle s_4,\{0.5,0.9\}\rangle$	$\langle s_5,\{0.2,0.4\}\rangle$	$\langle s_5,\{0.4,0.7\}\rangle$	$\langle s_0,\{0.5,0.6\}\rangle$

步骤 1 计算得到比较序列：

$C_0 = (S_3, \{0.433, 0.488, 0.493, 0.542, 0.506, 0.554, 0.558, 0.601,$

$\qquad 0.477, 0.528, 0.532, 0.578, 0.545, 0.589, 0.593, 0.632,$

$\qquad 0.470, 0.521, 0.526, 0.572, 0.538, 0.583, 0.587, 0.627,$

$\qquad 0.511, 0.558, 0.563, 0.605, 0.574, 0.616, 0.619, 0.656\};$

$\quad S_{2.2}, \{0.303, 0.348, 0.324, 0.368, 0.342, 0.385, 0.362, 0.403,$

$\qquad 0.324, 0.368, 0.346, 0.387, 0.362, 0.403, 0.381, 0.421,$

$\qquad 0.357, 0.399, 0.377, 0.417, 0.393, 0.433, 0.412, 0.450,$

$\qquad 0.377, 0.417, 0.396, 0.435, 0.412, 0.450, 0.429, 0.467\};$

$\quad S_5, \{0.448, 0.479, 0.498, 0.526, 0.479, 0.508, 0.526, 0.552,$

$\qquad 0.520, 0.546, 0.563, 0.587, 0.472, 0.502, 0.520, 0.546,$

$\qquad 0.502, 0.530, 0.546, 0.572, 0.541, 0.566, 0.582, 0.605,$

$\qquad 0.479, 0.508, 0.525, 0.552, 0.508, 0.536, 0.552, 0.577,$

$\qquad 0.546, 0.572, 0.587, 0.610, 0.502, 0.530, 0.546, 0.572,$

$\qquad 0.530, 0.556, 0.572, 0.596, 0.566, 0.590, 0.605, 0.672\};$

$\quad S_3, \{0.508, 0.546, 0.572, 0.530, 0.566, 0.590, 0.546, 0.582,$

$\qquad 0.605, 0.566, 0.600, 0.622, 0.627, 0.656, 0.675, 0.643,$

$\qquad 0.671, 0.690, 0.656, 0.683, 0.701, 0.671, 0.697, 0.714,$

$\qquad 0.536, 0.572, 0.596, 0.556, 0.590, 0.613, 0.572, 0.605,$

$\qquad 0.627, 0.590, 0.622, 0.643, 0.648, 0.675, 0.694, 0.663,$

$\qquad 0.690, 0.707, 0.675, 0.707, 0.717, 0.690, 0.714, 0.730\};$

$\quad S_4, \{0.430, 0.587, 0.526, 0.656, 0.462, 0.610, 0.552, 0.675,$

$\qquad 0.504, 0.641, 0.587, 0.701, 0.532, 0.661, 0.610, 0.717,$

$\qquad 0.455, 0.605, 0.546, 0.671, 0.486, 0.627, 0.572, 0.690,$

$\qquad 0.526, 0.656, 0.605, 0.714, 0.552, 0.675, 0.627, 0.730\})$

步骤 2　由式(3-7)得到距离矩阵如下：

$$\mathbf{D} = \begin{pmatrix} 0.124 & 0.097 & 0.262 & 0.091 & 0.221 \\ 0.079 & 0.100 & 0.044 & 0.143 & 0.141 \\ 0.145 & 0.152 & 0.054 & 0.087 & 0.325 \\ 0.206 & 0.171 & 0.059 & 0.059 & 0.321 \\ 0.178 & 0.051 & 0.171 & 0.096 & 0.324 \end{pmatrix}$$

步骤 3　由式(3-9)得到判断矩阵如下：

$$\mathbf{F} = \begin{pmatrix} 0.720 & 0.796 & 0.486 & 0.813 & 0.539 \\ 0.856 & 0.786 & 1.000 & 0.676 & 0.680 \\ 0.672 & 0.657 & 0.956 & 0.829 & 0.424 \\ 0.561 & 0.620 & 0.933 & 0.933 & 0.427 \\ 0.607 & 0.967 & 0.619 & 0.800 & 0.424 \end{pmatrix}$$

步骤 4　计算得到 $\bar{\omega}_1 = 0.683, \bar{\omega}_2 = 0.765, \bar{\omega}_3 = 0.799, \bar{\omega}_4 = 0.810,$
$\bar{\omega}_5 = 0.499$；$\mathbf{W} = (0.192, 0.215, 0.225, 0.228, 0.140)$ 表示权重向量。

步骤 5　令 $p = q = 1$，以 a_1 为例，综合犹豫模糊语言的计算过程如下：

$$a_1 = <a_{\theta(a_1)}, h_1> = \text{HFLWGBM}^{1,1}(a_{11}, a_{12}, a_{13}, a_{14}, a_{15})$$

$$= <s_{\frac{1}{2}\left\{\prod_{j,k=1,j\neq k}^{5}\left[(\theta(a_{1j}))^{\omega_j} + (\theta(a_{1k}))^{\omega_k}\right]^{\frac{1}{20}}\right\}},$$

$$\left\{1 - \left(1 - \prod_{j,k=1,j\neq k}^{5}\left[1 - (1-\gamma_j^{\omega_j})(1-\gamma_k^{\omega_k})\right]^{\frac{1}{20}}\right)^{\frac{1}{2}}\right\} >$$

$$= <s_{0.96}, \{0.888, 0.897, 0.899, 0.908, 0.897, 0.906, 0.908,$$
$$0.917, 0.897, 0.907, 0.909, 0.918, 0.907, 0.916, 0.918, 0.927,$$
$$0.904, 0.913, 0.915, 0.923, 0.913, 0.922, 0.924, 0.932, 0.913,$$
$$0.922, 0.924, 0.932, 0.923, 0.932, 0.933, 0.941\} >$$

同样地，

$$a_2 = <s_{1.15}, \{0.853, 0.845, 0.861, 0.852, 0.869, 0.861, 0.877, 0.868,$$
$$0.867, 0.858, 0.874, 0.866, 0.882, 0.874, 0.889, 0.881, 0.860,$$
$$0.852, 0.867, 0.859, 0.876, 0.868, 0.883, 0.875, 0.873, 0.865,$$
$$0.881, 0.872, 0.889, 0.881, 0.896, 0.888\} >$$

$$a_3 = <s_{1.39}, \{0.885, 0.896, 0.890, 0.902, 0.890, 0.901, 0.895, 0.907,$$
$$0.894, 0.906, 0.900, 0.911, 0.889, 0.901, 0.895, 0.907, 0.894,$$
$$0.906, 0.900, 0.912, 0.899, 0.911, 0.905, 0.916, 0.904, 0.915,$$
$$0.909, 0.920, 0.908, 0.919, 0.914, 0.924, 0.913, 0.924, 0.918,$$

$0.929,0.908,0.919,0.914,0.924,0.913,0.924,0.918,0.929,$

$0.918,0.928,0.923,0.933\}>$

$a_4 = <s_{1.22},\{0.903,0.914,0.917,0.928,0.908,0.919,0.922,0.932,$

$0.914,0.924,0.928,0.938,0.918,0.929,0.932,0.942,0.918,$

$0.929,0.932,0.942,0.923,0.933,0.937,0.946,0.908,0.919,$

$0.922,0.932,0.912,0.923,0.926,0.937,0.918,0.929,0.932,$

$0.942,0.923,0.933,0.937,0.946,0.923,0.933,0.937,0.946,$

$0.927,0.937,0.941,0.950\}>$

$a_5 = <s_{1.07},\{0.882,0.886,0.899,0.903,0.897,0.901,0.913,0.917,$

$0.902,0.905,0.919,0.923,0.916,0.919,0.931,0.935,0.896,$

$0.900,0.913,0.917,0.910,0.914,0.926,0.930,0.915,0.919,$

$0.932,0.937,0.929,0.933,0.944,0.947\}>$

各方案的期望值可以通过 $E(a_i) = \dfrac{\theta_i}{\# h}\sum_{\gamma_i \in h}\gamma_i$ 计算得到，如表 3-2 所示。

表 3-2　各方案的期望值

方案	期望值
A_1	$E(a_1) = 0.882$
A_2	$E(a_2) = 1.003$
A_3	$E(a_3) = 1.261$
A_4	$E(a_4) = 1.135$
A_5	$E(a_5) = 0.978$

通过计算得到方案的排序：$A_3 > A_4 > A_2 > A_5 > A_1$。即同济大学是比亚迪的最优合作伙伴。根据评估结果，可以知道同济大学在专利族规模和通用性方面都很好；很明显，由于同济大学在新能源汽车领域的专利布局，其在未来有着广阔的发展前景。而清华大学虽然发明专利授权数量众多，但其在专利族规模和权利要求方面较为薄弱。因此，综合多方面因素，比亚迪应该选择具有更高专利价值和广阔发展前景的合作伙伴。

四、结果讨论

从犹豫模糊语言对几所从事新能源汽车行业研究的高校（重庆大学、吉林大学、武汉理工大学、清华大学、同济大学）进行评估，并且在各高校中展开排名，为比亚迪选择最理想的合作伙伴。评价结果表明，同济大学是比亚迪的最优合作伙伴。

同济大学建有国内第一个"汽车风洞",除了国家燃料电池及动力系统技术研究中心,还建有新能源汽车及动力系统的国家工程实验室。针对新能源汽车的研究开发工作,同济大学创立了动力平台集成、电驱动、电子信息、燃料电池系统和新能源／新材料五个专业部门,创立了包括纯电动汽车、混合动力汽车、燃料电池汽车在内的新能源汽车动力系统技术平台,并且在燃料电池用氢能源及其他车用先进替代清洁能源技术领域获得了重要突破。同济大学在新能源汽车研发方面取得标志性科研成果,目前在技术上主要攻克的方向是高功率、高能量密度的电池;也在智能化领域研究整车平台化、分布式驱动电动汽车;还在研发智能辅助驾驶等新技术,为国内新能源汽车重大战略需求提供了强有力的科技支撑。比亚迪与同济大学进行协同创新,在商业模式和服务方面找到适合电动化和智能化发展的有利技术。双方的合作能够优势互补,进一步促进新能源汽车领域的技术创新,特别是比亚迪能够充分利用同济大学在整合平台、技术等方面的优势,对未来的产品布局更有利。

根据研究结论,本书提出企业选择合作伙伴的建议:首先,在企业与高校的合作中,双方对于合作收益的分配以及风险态度、知识共享程度、信任度等因素都会影响合作的达成,而与具有更高价值的知识主体合作能够为企业创造更大的价值,能更容易地突破核心技术。企业在选择合作高校时不仅要充分综合高校的知识共享程度、风险态度、合作收益分配系数等决定因素,还要从高校本身在知识方面的价值进行分析,通过专利族规模、专利被引次数等相关指标判断高校的专利价值,以有效评估高校的科研创新能力。其次,技术作为企业重要的核心能力和战略资源,其能力一定要先进,其成果转化一定要符合市场需求。企业要寻找满足企业前沿科技需求的高校,在专利创新生态系统中建立起良好的校企合作关系,实现研发资源及相关技术的共享、优势互补,为企业赢得知识优势,以促进企业的技术创新。

第四节　产学研联盟知识主体匹配过程分析

主体间的匹配关系是进行技术转移与科技创新的先决性条件,产学研联盟中知识主体间有效的匹配选择直接影响着主体间合作对接的顺利开展。因此,本节根据知识主体的偏好需求,以一种分布式的匹配方式给出高校和企业的偏好关系,并通过证据推理算法融合产学研联盟中高校和企业的偏好关系,最后以匹配满意度为目标求解高校和企业的匹配方案。

一、问题描述

产学研联盟中,在匹配主体所掌握的信息较为充分的情况下,通常能做出有效的判断。然而,当匹配主体处于环境复杂、信息不对称的情况下时,对匹配对象难以给出准确、有效的排序。例如,在产学研技术合作对接时,在时间的有限性、信息的不对称性以及决策主体自身的局限性等多因素干扰下,在现实的知识转移主体匹配中,高校作为知识的转移方,对企业、丙方等多个知识接受方在科研投入、人才队伍、新产品收入、合作信誉等方面的综合表现进行评价时,往往只能对知识接受方的偏好关系做出一个相对客观的评价。此时,知识转移主体之间的偏好关系是变化的,根据匹配的具体情境,可以以一种概率分布的方式表示双方的偏好关系。基于此,根据知识转移主体的偏好需求,以高校和企业的产学研合作对接为案例,以一种分布式的匹配方式给出高校和企业的偏好关系,通过证据融合算法以匹配满意度为目标求解匹配方案。

二、建立匹配主体偏好关系

产学研联盟合作中,通常高校为技术的供给方,企业为技术的需求方,高校与企业之间高效的匹配选择是促进双方开展合作对接、技术转移与知识共享的关键。高校主体 $A_i(i=1,2,\cdots,m)$ 和企业主体 $B_j(j=1,2,\cdots,n)$ 相对于企业其他主体的偏好关系为:

$$(B_j^i,B_1^i),(B_j^i,B_2^i),\cdots,(B_j^i,B_{j-1}^i),(B_j^i,B_{j+1}^i),\cdots,(B_j^i,B_n^i)$$

其中,偏好关系 $(B_j^i,B_k^i),k=1,2,\cdots,n;k\neq j$ 的评价信息表示为 $\{(<,P_{k,1}),(>,P_{k,2}),(=,P_{k,3})\}$,简记为 $P_{k,r},r=1,2,3$。$P_{k,1}$ 表示企业主体 B_j^i 大于 B_k^i 的置信度,$P_{k,2}$ 表示企业主体 B_j^i 小于 B_k^i 的置信度,$P_{k,3}$ 表示企业主体 B_j^i 等于 B_k^i 的置信度,它们的不确定的置信度为 $1-(P_{k,1}+P_{k,2}+P_{k,3})$。

同理,对于企业 $B_j\{j=1,2,\cdots,n\}$ 得到高校 $A_i(i=1,2,\cdots,m)$ 相对高校其他主体的偏好关系为 $(A_i^j,A_1^j),(A_i^j,A_2^j),\cdots,(A_i^j,A_{i-1}^j),(A_i^j,A_{i+1}^j),\cdots,(A_i^j,A_m^j)$,偏好关系 $(A_i^j,A_l^j),l=1,2,\cdots,n;l\neq i$ 的评价信息表示为 $\{(<,P'_{l,1}),(>,P'_{l,2}),(<,P'_{l,3})\}$。

假设现有 3 所高校 (A_1,A_2,A_3) 提供产业相关的各种核心技术产品,4 家企业 (B_1,B_2,B_3,B_4) 对此有初步的合作意向。3 所高校的专家代表根据企业的信誉、新产品销售收入、合作经历等指标对企业进行考察,并给出评价偏好序,具体信息见表3-3至表3-5。同理,4家企业的代表根据高校的产品质量、研发水平和售后服务等指标对高校进行考察,并给出评价偏好序,具体信息见表3-6至表3-9。

表3-3　高校 A_1 对企业的序关系评价信息

企业	B_1	B_2	B_3	B_4
B_1	0	$(>,0.3);(<,0.5);$ $(=,0.2)$	$(>,0.5);$ $(<,0.4)$	$(>,0.1);(<,0.3);$ $(=,0.6)$
B_2	$(>,0.4);(<,0.4)$	0	$(>,0.3);(<,0.3);$ $(=,0.4)$	$(>,0.5);(<,0.3)$
B_3	$(>,0.3);(<,0.7)$	$(>,0.2);(<,0.4)$	0	$(>,0.2);(<,0.6);$ $(=,0.2)$
B_4	$(>,0.2);(<,0.2);$ $(=,0.6)$	$(>,0.4);(<,0.5)$	$(>,0.2);(<,0.5);$ $(=,0.3)$	0

表3-4　高校 A_2 对企业的序关系评价信息

企业	B_1	B_2	B_3	B_4
B_1	0	$(=,1.0)$	$(>,0.3);(<,0.4);$ $(=,0.3)$	$(>,0.4);(<,0.6)$
B_2	$(>,0.2);(<,0.5);$ $(=,0.3)$	0	$(>,0.6);(<,0.3)$	$(>,0.7);(<,0.1);$ $(=,0.2)$
B_3	$(>,0.2);(<,0.5)$	$(>,0.6);(<,0.2);$ $(=,0.1)$	0	$(>,0.5);(<,0.4)$
B_4	$(=,1)$	$(>,0.1);(<,0.5);$ $(=,0.4)$	$(>,0.5);(<,0.2);$ $(=,0.3)$	0

表3-5　高校 A_3 对企业的序关系评价信息

企业	B_1	B_2	B_3	B_4
B_1	0	$(>,0.3);(<,0.5)$	$(>,0.2);(<,0.5);$ $(=,0.3)$	$(=,1.0)$
B_2	$(>,0.4);(<,0.5);$ $(=,0.1)$	0	$(>,0.5);(<,0.3)$	$(>,0.2);(<,0.3);$ $(=,0.5)$
B_3	$(>,0.4);(<,0.2);$ $(=,0.4)$	$(>,0.8);(<,0.1)$	0	$(>,0.3);(<,0.7)$
B_4	$(>,0.6);(<,0.1)$	$(>,0.2);(<,0.6);$ $(=,0.2)$	$(=,1)$	0

表 3-6　企业 B_1 对高校的序关系评价信息

高校	A_1	A_2	A_3
A_1	0	$(>,0.6)$；$(<,0.2)$；$(=,0.2)$	$(>,0.4)$；$(<,0.5)$
A_2	$(>,0.4)$；$(<,0.6)$	0	$(>,0.1)$；$(<,0.5)$；$(=,0.2)$
A_3	$(>,0.4)$；$(<,0.5)$；$(=,0.1)$	$(>,0.2)$；$(<,0.6)$	0

表 3-7　企业 B_2 对高校的序关系评价信息

高校	A_1	A_2	A_3
A_1	0	$(>,0.2)$；$(<,0.7)$	$(>,0.2)$；$(<,0.3)$；$(=,0.5)$
A_2	$(>,0.8)$；$(<,0.1)$；$(=,0.1)$	0	$(=,1.0)$
A_3	$(>,0.2)$；$(<,0.5)$；$(=,0.3)$	$(>,0.4)$；$(<,0.2)$；$(=,0.4)$	0

表 3-8　企业 B_3 对高校的序关系评价信息

高校	A_1	A_2	A_3
A_1	0	$(>,0.2)$；$(<,0.4)$；$(=,0.4)$	$(>,0.4)$；$(<,0.3)$；$(=,0.3)$
A_2	$(>,0.2)$；$(<,0.5)$；$(=,0.3)$	0	$(>,0.3)$；$(<,0.5)$
A_3	$(>,0.4)$；$(<,0.5)$	$(>,0.4)$；$(<,0.5)$；$(=,0.1)$	0

表 3-9　企业 B_4 对高校的序关系评价信息

高校	A_1	A_2	A_3
A_1	0	$(>,0.4)$；$(<,0.5)$；$(=,0.1)$	$(>,0.5)$；$(<,0.3)$
A_2	$(>,0.5)$；$(<,0.1)$	0	$(>,0.6)$；$(<,0.1)$
A_3	$(>,0.7)$；$(<,0.2)$；$(=,0.1)$	$(>,0.5)$；$(<,0.4)$；$(=,0.1)$	0

三、匹配模型的建立与求解

(一)建立匹配证据置信度

对高校 A_i 而言,企业 B_j 相对于企业其他主体的偏好关系可以作为高校 A_i 对企业 B_j 评价的证据,共 $n-1$ 个证据。同理,对企业 B_j 而言,高校 A_i 相对于高校其他主体的偏好关系可以作为企业 B_j 对高校 A_i 评价的证据,共 $m-1$ 个证据。高校 A_i 和企业 B_j 的匹配满意度是基于它们相互的评价信息,即 $n+m-2$ 个证据。

令证据识别框架为 $H=\{H1,H2,H3,Q\}=\{<,>,=,Q\}$,对高校 A_i 和企业 B_j 评价置信度统一采用 $\beta_{r,1},\beta_{r,2},\cdots,\beta_{r,L}$,其中 $L=n+m-2$。Q 表示为不确定。

(二)确定双边匹配满意度

采用证据融合算法,获得高校 A_i 和企业 B_j 的双边匹配满意度的综合证据。

$$\begin{cases} m_l(H_r)=w_l\beta_{r,l},l=1,2,\cdots,L;r=1,2,3 \\ \widetilde{m}_l(H)=w_l\left(1-\sum_{r=1}^{3}\beta_{r,l}\right),l=1,2,\cdots,L \\ \overline{m}_l(H)=1-w_l,l=1,2,\cdots,L \\ m_l(H)=\overline{m}_l(H)+\widetilde{m}_l(H),l=1,2,\cdots,L \end{cases} \quad (3\text{-}10)$$

式(3-10)表示加权修正置信度获得证据的 BPA 值。其中,w_l 表示第 l 个证据的权重,$\beta_{r,l}$ 表示第 l 个证据命题 H_r 的置信度,$m_l(H_r)$ 表示 $\beta_{r,l}$ 加权 w_l 修正后的 BPA 值,$\widetilde{m}_l(H)$ 表示第 l 个证据引起的未知部分,$\overline{m}_l(H)$ 表示第 l 个证据权重引起的未知部分,$m_l(H)$ 表示第 l 个证据总的未知部分。

$$\begin{cases} m_1\oplus m_2\cdots\oplus m_L(H_r)= \\ \qquad\dfrac{\sum\limits_{A_1\cap A_1\cap\cdots A_L=H_r,A_1,A_2,\cdots,A_L\subseteq H} m_1(A_1)m_2(A_2)\cdots m_L(A_L)}{\sum\limits_{A_1\cap A_1\cap\cdots A_L\neq\varphi,A_1,A_2,\cdots,A_L\subseteq H} m_1(A_1)m_2(A_2)\cdots m_L(A_L)},r=1,2,3 \\ \overline{m}_1\oplus\overline{m}_2\cdots\oplus\overline{m}_L(H_r)= \\ \qquad\dfrac{\overline{m}_1(H)\overline{m}_2(H)\cdots\overline{m}_L(H)}{\sum\limits_{A_1\cap A_1\cap\cdots A_L\neq\varphi,A_1,A_2,\cdots,A_L\subseteq H} m_1(A_1)m_2(A_2)\cdots m_L(A_L)} \end{cases}$$

$$(3\text{-}11)$$

式(3-11)是使用证据融合得到的综合证据的 BPA 值。

$$\begin{cases} \beta_r = \dfrac{m_1 \oplus m_2 \cdots \oplus m_L(H_r)}{1 - (\overline{m}_1 \oplus \overline{m}_2 \cdots \oplus \overline{m}_L(H_r))}, H_r \subset H \\ \beta_H = \dfrac{\widetilde{m}_1 \oplus \widetilde{m}_2 \cdots \oplus \widetilde{m}_L(H_r)}{1 - (\overline{m}_1 \oplus \overline{m}_2 \cdots \oplus \overline{m}_L(H_r))} \end{cases} \tag{3-12}$$

式(3-12)是使用综合证据的 BPA 值得出的融合之后证据的置信度,目的是归还由权重引发的未知给证据的每个命题。

因为证据是以置信度的形式表现出来的,所以置信度的效用值需要被引入。证据命题 H_r 的效用值用 $U(H_r)$ 来表示,因为 β_H 这一不确定置信度存在,所以证明它们的匹配满意度的最大值是存在的,也存在最小值。

$$f_{\max} = \sum_{r=1}^{3} [\beta_r \times U(H_r)] + \beta_H \times U(H_1)$$
$$f_{\min} = \sum_{r=1}^{3} [\beta_r \times U(H_r)] + \beta_H \times U(H_3) \tag{3-13}$$

$f_{\max}$:命题效用值乘命题置信度并求和,将当中的未知部分纳入命题 H_1 中。

$f_{\min}$:用命题 H_3 来收纳未知的部分。

为了不失一般性,令凸组合 $f_{ij} = \partial f_{\max} + (1-\partial) f_{\min}, 0 \leqslant \partial \leqslant 1$

设 $U(H_1) = 100, U(H_2) = 0, U(H_3) = 50, U(Q) = -100$,由式(3-7)至式(3-11),获得双方的匹配满意度,如表 3-10 所示。

表 3-10　高校与企业的匹配满意度

高校	B_1	B_2	B_3	B_4
A_1	[40.6,52.3]	[32.8,56.2]	[60.2,78.3]	[36.8,47.4]
A_2	[35.6,55.7]	[51.8,65.4]	[42.5,77.3]	[65.2,70.7]
A_3	[36.9,45.2]	[58.4,60.8]	[30.6,41.7]	[25.9,40.3]

(三)求解双边匹配方案

不妨先令 $\partial = 0.5$,构建基于满意度的双边匹配模型如下:

$$\max Z = \sum_{i=1}^{m} \sum_{j=1}^{n} f_{ij} x_{ij} \qquad (5a)$$

$$\text{s. t.} \sum_{i=1}^{m} x_{ij} = 1, i = 1, 2, \cdots, m \qquad (5b)$$

$$\sum_{j=1}^{n} x_{ij} \leqslant 1, j = 1, 2, \cdots, n \qquad (5c)$$

$$x_{ij} = 0, 1, i = 1, 2, \cdots, m; j = 1, 2, \cdots, n \qquad (5d)$$

$(3\text{-}14)$

其中，$\sum_{i=1}^{m} \sum_{j=1}^{n} f_{ij} x_{ij}$ 表示高校主体与企业主体的匹配满意度之和，$\sum_{i=1}^{m} x_{ij} = 1$ 表示高校主体必须且只能和一个企业主体匹配，$\sum_{j=1}^{n} x_{ij} \leqslant 1$ 表示企业主体最多与一个高校主体匹配，x_{ij} 只能取值 0 或 1，0 表示高校主体与企业主体未匹配，1 表示高校主体与企业主体相匹配。由式(3-14)，以满意度作为基础得到的双边匹配方案是：$\{(A_1, B_3), (A_2, B_4), (A_3, B_2)\}$。

四、结论与启示

本节针对产学研联盟中匹配主体偏好信息的动态性，采用分布式的数据形式表达主体的偏好信息，利用证据推理在数据集成方面的优势合成匹配主体的满意度，并以匹配主体的满意度最大化为目标求解匹配方案。该方法可以灵活多样地表示主体的偏好信息，数据类型较为统一，并且通过证据推理方法加以融合，有效地避免了数据类型多元化量纲处理所带来的复杂、失真等问题，也是对考虑主体偏好信息匹配决策理论的有益补充。该方法适用于经济管理等应用领域中无法给出准确偏好关系的双边匹配问题，具有一定的应用价值与研究意义。

第四章 产学研联盟知识转移博弈分析

通过产学研联盟主体间网络动态关系、联盟创新生态系统主体竞合关系及联盟主体伙伴关系与双边匹配研究,本书发现,联盟主体之间的匹配是产学研双方进行知识转移与协同创新的先决性条件,知识主体在高校和企业良好的合作关系下可以创造比之前多很多的价值。然而对于产学研联盟主体而言,经济利益是产学研各方追求的主要目标,产学研知识转移与协同创新的过程也是各主体利益博弈的过程。产学研联盟主体将考虑组织激励、知识泄露、合作模式等外部因素,通过利益博弈来寻求知识转移与协同创新最优策略。

第一节 考虑企业激励的博弈分析

产学研联盟中企业需求的创新动力不足,高校缺乏产学研知识转移、创新合作的积极性,使得企业与高校之间存在一定的壁垒。企业激励是激发高校研发热情、推动企业创新发展的关键因素,也是优化产学研知识转移效率、打破产学研合作壁垒的重要手段。因此,本章将企业激励因素引入产学研联盟知识转移模型中,构建了企业激励因素存在与否的两种产学研联盟知识转移博弈模型,求得两种模型下的稳定均衡解,通过数值分析比较两种模型情况下的产学研联盟知识转移效率,并着重分析企业激励系数的阈值及最优值。

一、问题描述及模型假设

产学研联盟知识转移是转移主体双方博弈的过程,获得战略收益和经济收益是转移双方的主要目标。动态的合作且竞争这一关系存在于联盟各个成员间,主体之间的不同会让双方的知识转移收益和成本不同,知识转移的主体不仅会努力得到基于知识转移的回报,而且会害怕自己的竞争优势会受知识转移的影响而被削弱。因此,本章研究企业激励对产学研联盟知识转移的优化问题,综合考虑影响产学研联盟知识转移的因素,做出如下假设。

(一)博弈主体

本章研究的产学研联盟知识转移共有两类博弈主体,分别是高校和企业。企业借助高校的知识可以快速实现技术创新与产品研发等;高校通过产学研联盟知识转移能够获得企业的资金支持。

(二)行为选择

当知识转移这一博弈发生在产学研联盟当中时,高校根据自身的需求和企业的实际情况可以选择向企业转移知识,也可以选择不向企业转移知识,其策略选择是{转移,不转移};企业按照自身的需要选择接受知识或不接受知识,其策略选择是{接受,不接受}。

(三)转移收益

Π_1 表示企业不接受高校的知识时的收益,Π_2 表示高校不向企业转移知识时的收益。当企业与高校分别选择接受与转移时,达成知识转移后会产生收益 Π,各主体对知识转移收益的分配比例为 $\theta_i (i=1,2;\theta_1+\theta_2=1;\theta_1>\theta_2>0)$,企业可以获得 $\theta_1\Pi$ 的知识转移收益,高校可以获得 $\theta_2\Pi$ 的知识转移收益。因此,企业的收益为 $(\Pi_1+\theta_1\Pi)$,高校的收益为 $(\Pi_2+\theta_2\Pi)$。

(四)转移成本

企业与高校进行知识转移时,需要付出一定的成本,包括人力、物力、财力及相关费用等,各主体产生的知识转移成本为 $C_i(i=1,2)$,企业与高校的知识转移成本分别为 C_1、$C_2(C_1>C_2)$。

(五)惩罚

为避免双方出现{接受,不转移}和{转移,不接受}的情况,当企业选择接受知识而高校选择不转移知识时,企业会对高校进行一定程度的惩罚 S_2;当高校选择转移知识而企业选择不接受知识时,高校会对企业进行一定程度的惩罚 S_1。

(六)转移与接受意愿

在这个博弈模型之中,高校与企业选择策略时会以自己的转移意愿作为基础,企业的接受意愿为 x,不接受意愿为 $1-x$;高校的转移意愿为 y,不转移意愿为 $1-y$;且 $x,y \in [0,1]$。

二、演化博弈模型的建立和求解

（一）企业与高校知识转移博弈模型

根据模型假设，产学研联盟中企业与高校知识转移博弈的支付矩阵如表 4-1 所示。

表 4-1 高校与企业之间的知识转移博弈支付矩阵

		高校	
		转移（y）	不转移（$1-y$）
企业	接受（x）	$\Pi_1+\theta_1\Pi-C_1$ $\Pi_2+\theta_2\Pi-C_2$	$\Pi_1-C_1+S_2$ Π_2-S_2
	不接受（$1-x$）	Π_1-S_1 $\Pi_2-C_2+S_1$	Π_1 Π_2

根据支付矩阵，求解企业与高校的演化稳定策略。

企业选择接受时的期望收益为：

$$E_{11}=y(\Pi_1+\theta_1\Pi-C_1)+(1-y)(\Pi_1-C_1+S_2)$$
$$=y\theta_1\Pi+\Pi_1-C_1+(1-y)S_2$$

企业选择不接受时的期望收益为：

$$E_{12}=y(\Pi_1-S_1)+(1-y)\Pi_1$$
$$=\Pi_1-yS_1$$

企业的平均收益为：

$$\overline{E_1}=xE_{11}+(1-x)E_{12}$$
$$=x[y\theta_1\Pi-C_1+yS_1+(1-y)S_2]+\Pi_1-yS_1$$

构造企业产学研联盟知识转移的复制动态方程：

$$F(x)=\frac{\mathrm{d}x}{\mathrm{d}t}=x(E_{11}-\overline{E_1})$$
$$=x(1-x)[y\theta_1\Pi-C_1+yS_1+(1-y)S_2]$$

同理，构造高校产学研联盟知识转移的复制动态方程：

$$F(y)=\frac{\mathrm{d}y}{\mathrm{d}t}=y(E_{21}-\overline{E_2})$$
$$=y(1-y)[x\theta_2\Pi-C_2+(1-x)S_1+xS_2]$$

于是，企业与高校知识转移的演化可以用两个微分方程组成的系统来描述。由 $F(x)=0$ 和 $F(y)=0$ 可以得到 5 个局部平衡点，分别为：$E_1(0,0)$，

$$E_2(1,0),E_3(0,1),E_4(1,1),E_5\left(\frac{C_2-S_1}{\theta_2\Pi-S_1+S_2},\frac{C_1-S_2}{\theta_1\Pi+S_1-S_2}\right)。$$

对微分方程组 $F(x)$ 和 $F(y)$ 依次求关于 x 和 y 的偏导数,得到:

$$J=\begin{pmatrix}(1-2x)[y\theta_1\Pi-C_1+yS_1+(1-y)S_2] & x(1-x)(\theta_1\Pi+S_1-S_2)\\ y(1-y)(\theta_2\Pi-S_1+S_2) & (1-2y)[x\theta_2\Pi-C_2+(1-x)S_1+xS_2]\end{pmatrix}$$

当某平衡点使得雅可比矩阵的行列式 $\det(J)>0$ 且雅可比矩阵的迹 $tr(J)<0$ 时,则可以判断该平衡点处于局部渐进稳定状态,那么它就是演化稳定策略。结果如表 4-2 所示。

表 4-2　知识转移局部稳定性分析结果

均衡点	J 的行列式 (符号)	J 的迹 (符号)	结果
$E_1(0,0)$	$(S_2-C_1)(S_1-C_2)$ (+)	$S_2-C_1+S_1-C_2$ (-)	ESS
$E_2(1,0)$	$(C_1-S_2)(\theta_2\Pi-C_2+S_2)$ (+)	$\theta_2\Pi+C_1-C_2$ (+)	不稳定
$E_3(0,1)$	$(\theta_1\Pi-C_1+S_1)(C_2-S_1)$ (+)	$\theta_1\Pi-C_1+C_2$ (+)	不稳定
$E_4(1,1)$	$(\theta_1\Pi-C_1+S_1)(\theta_2\Pi-C_2+S_2)$ (+)	$\theta_1\Pi-C_1+S_1+\theta_2\Pi_1-C_2+S_2$ (-)	ESS
$E_5\left(\frac{C_2-S_1}{\theta_2\Pi-S_1+S_2},\frac{C_1-S_2}{\theta_1\Pi+S_1-S_2}\right)$			鞍点

表 4-2 中均衡点的判断条件是 $S_i<C_i$ 且 $\theta_i\Pi>C_i$。由表 4-2 可知,知识转移的 5 个局部平衡点仅有 $E_1(0,0)$ 和 $E_4(1,1)$ 是局部渐进稳定点(ESS),它们对应企业与高校分别采取{接受,转移}策略和分别采取{不接受,不转移}策略。此外,知识转移博弈系统还有两个不稳定平衡点和一个鞍点。

(二)企业激励下企业与高校知识转移博弈模型

产学研联盟知识转移中,高校的收益较少,其转移意愿往往较低,因此企业与高校达成转移的时间较长。为了鼓励高校参与产学研进行知识转移,企业将自己的部分转移收益拿出来激励高校,激励比例为 $\delta(\delta\in[0,1])$。企业激励下企业与高校知识转移的支付矩阵如表 4-3 所示。

表 4-3　企业激励下企业与高校知识转移博弈支付矩阵

		高校	
		转移(y)	不转移($1-y$)
企业	接受(x)	$(1-\delta)(\Pi_1+\theta_1\Pi-C_1)$ $(\Pi_2+\theta_2\Pi-C_2)+\delta(\Pi_1+\theta_1\Pi-C_1)$	$\Pi_1-C_1+S_2$ Π_2-S_2
	不接受($1-x$)	Π_1-S_1 $\Pi_2-C_2+S_1$	Π_1 Π_2

根据表 4-3,求解企业激励下企业与高校的演化稳定策略。

企业选择接受时的期望收益为:

$$E'_{11}=y\big[(1-\delta)(\Pi_1+\theta_1\Pi-C_1)\big]+(1-y)(\Pi_1-C_1+S_2)$$
$$=(1-\delta)y\theta_1\Pi+(1-y\delta)(\Pi_1-C_1)+(1-y)S_2$$

企业选择不接受时的期望收益为:

$$E'_{12}=y(\Pi_1-S_1)+(1-y)\Pi_1$$
$$=\Pi_1-yS_1$$

企业的平均收益为:

$$\overline{E'_1}=xE'_{11}+(1-x)E'_{12}$$
$$=(1-\delta)xy\theta_1\Pi-xy\delta\Pi_1+xy\delta C_1-xC_1+x(1-y)S_2$$
$$-(1-x)yS_1+\Pi_1$$

构造企业产学研联盟知识转移的复制动态方程:

$$F'_{(x)}=\frac{\mathrm{d}x}{\mathrm{d}t}=x(E'_{11}-\overline{E'_1})$$
$$=x(1-x)\big[(1-\delta)y\theta_1\Pi-y\delta\Pi_1+y\delta C_1-C_1+(1-y)S_2$$
$$+yS_1\big]$$

高校选择转移时的期望收益为:

$$E'_{21}=x\big[\Pi_2+\theta_2\Pi-C_2+\delta(\Pi_1+\theta_1\Pi-C_1)\big]+(1-x)(\Pi_2-C_2+S_1)$$
$$=x\theta_2\Pi+x\delta\theta_1\Pi+x\delta\Pi_1+\Pi_2-x\delta C_1-C_2+(1-x)S_1$$

高校选择不转移时的期望收益为:

$$E'_{22}=x(\Pi_2-S_2)+(1-x)\Pi_2$$
$$=\Pi_2-xS_2$$

高校的平均收益为:

$$\overline{E'_2}=yE'_{21}+(1-y)E'_{22}$$
$$=xy\theta_2\Pi+xy\delta\theta_1\Pi+xy\delta\Pi_1+\Pi_2-xy\delta C_1-yC_2+(1-x)yS_1$$
$$-x(1-y)S_2$$

构造高校产学研联盟知识转移的复制动态方程：

$$F'_{(y)} = \frac{dy}{dt} = y(E'_{21} - \overline{E'_2})$$

$$= y(1-y)[x\theta_2\Pi + x\delta\theta_1\Pi + x\delta\Pi_1 - x\delta C_1 - C_2 + (1-x)S_1 + xS_2]$$

由 $F'(x) = 0$ 和 $F'(y) = 0$ 可以得到 5 个局部平衡点，分别为：$E'_1(0,0)$，$E'_2(1,0)$，$E'_3(0,1)$，$E'_4(1,1)$，$E'_5\left(\dfrac{C_2 - S_1}{\theta_2\Pi + \delta\theta_1\Pi + \delta\Pi_1 - \delta C_1 - S_1 + S_2}, \dfrac{C_1 - S_2}{(1-\delta)\theta_1\Pi - \delta\Pi_1 + \delta C_1 + S_1 - S_2}\right)$。

对微分方程组 $F'(x)$ 和 $F'(y)$ 依次求关于 x 和 y 的偏导数得到：

$$J' = \begin{bmatrix} (1-2x)[(1-\delta)y\theta_1\Pi - y\delta\Pi_1 \\ +y\delta C_1 - C_1 + yS_1 + (1-y)S_2] & x(1-x)[(1-\delta)\theta_1\Pi - \delta\Pi_1 + \delta C_1 + S_1 - S_2] \\ y(1-y)(\theta_2\Pi + \delta\theta_1\Pi + \delta\Pi_1 - \delta C_1 - S_1 + S_2) & (1-2y)[x\theta_2\Pi + x\delta\theta_1\Pi + x\delta\Pi_1 \\ -x\delta C_1 - C_2 + (1-x)S_1 + xS_2] \end{bmatrix}$$

对雅可比矩阵的行列式 $\det(J)$ 和雅可比矩阵的迹 $tr(J)$ 进行判断，可以得到演化稳定策略，如表 4-4 所示。

表 4-4 企业激励下知识转移局部稳定性分析结果

均衡点	J' 的行列式 （符号）	J' 的迹 （符号）	结果
$E'_1(0,0)$	$(S_2 - C_1)(S_1 - C_2)$ （+）	$S_2 - C_1 + S_1 - C_2$ （−）	ESS
$E'_2(1,0)$	$(C_1 - S_2)(\theta_2\Pi + \delta\theta_1\Pi + \delta\Pi_1 - \delta C_1 - C_2 + S_2)$ （+）	$\theta_2\Pi + \delta\theta_1\Pi + \delta\Pi_1 - \delta C_1 + C_1 - C_2$ （+）	不稳定
$E'_3(0,1)$	$[(1-\delta)\theta_1\Pi - \delta\Pi_1 + \delta C_1 - C_1 + S_1](C_2 - S_1)$ （+）	$(1-\delta)\theta_1\Pi - \delta\Pi_1 + \delta C_1 - C_1 + C_2$ （+）	不稳定
$E'_4(1,1)$	$[(1-\delta)\theta_1\Pi - \delta\Pi_1 + \delta C_1 - C_1 + S_1]$ $(\theta_2\Pi + \delta\theta_1\Pi + \delta\Pi_1 - \delta C_1 - C_2 + S_2)$ （+）	$-(\theta_1\Pi + \theta_2\Pi - C_1 - C_2 + S_1 + S_2)$ （−）	ESS
$E'_5\left(\dfrac{C_2 - S_1}{\theta_2\Pi + \delta\theta_1\Pi + \delta\Pi_1 - \delta C_1 - S_1 + S_2}, \dfrac{C_1 - S_2}{\theta_1\Pi - \delta\theta_1\Pi - \delta\Pi_1 + \delta C_1 + S_1 - S_2}\right)$			鞍点

表 4-4 中均衡点的判断条件是 $S_i < C_i$ 且 $\theta_i\Pi > C_i$。由表 4-4 可知，在企业激励下的局部平衡点 $E'_1(0,0)$ 和 $E'_4(1,1)$ 是局部渐进稳定点（ESS），它们对应企业与高校分别采取{接受，转移}策略和分别采取{不接受，不转移}策略。

（三）演化相图

两种知识转移博弈模型下都存在两个局部渐进稳定点（ESS），即{转移，接受}和{不转移，不接受}，但是两个系统的鞍点不同。由图 4-1 可知，

均衡点 E_5 和折线 $E_3E_5E_2$ 分别是合作演化博弈不同状态的临界点和临界线,均衡点 E_5' 和折线 $E_3'E_5'E_2'$ 分别是企业激励下合作演化博弈不同状态的临界点和临界线。临界点的大小决定着临界线的移动方向,临界点 E_5、E_5' 的值越大,临界线 $E_3E_5E_2$、$E_3'E_5'E_2'$ 越偏右上方移动,区域 $E_3E_5E_2E_4$、$E_3'E_5'E_2'E_4'$ 的面积越大,表示企业与高校均选择{转移,接受}策略的概率越小。

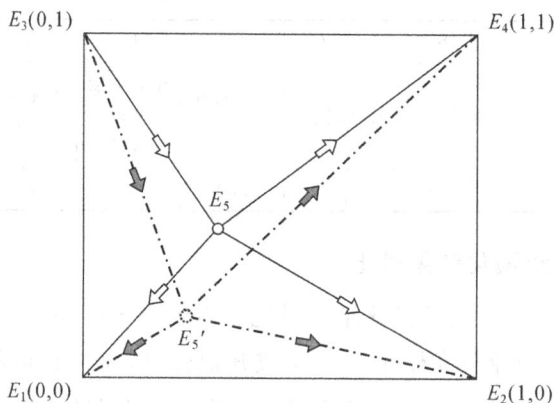

图 4-1 企业与高校知识转移演化相图

三、数值分析及结果讨论

(一)案例介绍

选择中船动力有限公司与江苏科技大学的产学研联盟知识转移案例进行数值分析。中船动力有限公司(以下简称中船动力)隶属于中国船舶工业集团公司,经过 40 余年的发展,中船动力已形成以船用中、低速柴油机,中速柴油发电机组为主业,动力系统集成、电气系统集成、机械成套及海工设备"三位一体"的综合性船舶动力装置及设备研制型企业;江苏科技大学(以下简称江科大)是江苏省唯一一所以船舶为特色学科的省属重点大学,船舶方面的学科建设和科学研究成绩显著。近几年,随着竞争的日趋激烈,船舶行业盈利水平大幅下降,船舶企业面临的形势极为严峻。企业要在激烈的竞争环境中取得发展,就必须通过技术创新实现企业的转型升级,而产学研联盟知识转移对企业的技术创新、项目研发、产品开发等方面有着不可替代的作用。因此,中船动力与江科大签订战略知识转移框架协议,在多种基础性和前瞻性技术方面开展知识转移与知识共享,从而形成良好的产学研联盟协调发展体系,以促进企业转型。根据知识转移协议,双方将在协同创新、资本运作等方面加大知识转移力度,进一步加大中船动力与江科大之间各层次的科研合作和技术交流力度,所属企业、研究所与学校联合进行科研项目和成果申报。

不讨论惩罚的作用,假设企业对高校不转移知识的惩罚和高校对企业不接受知识的惩罚相等($S_1 = S_2$)。根据中船动力和江科大的知识转移情况得到各参数数值分析赋值,如表 4-5 所示。

表 4-5　参数数值分析赋值

参数	θ_1	θ_2	S_1	S_2	C_1	C_2	Π	Π_1	δ	x	y
含义	知识转移收益分配系数		惩罚		转移成本		知识转移收益	企业不接受知识的收益	企业激励系数	初始企业接受与高校转移意愿	
数值	0.8	0.2	60	60	120	70	300	80	0.2	0.5	0.3

(二)两系统演化结果对比

图 4-2 是两个系统的演化结果对比。由图 4-2 可知,在没有企业激励作用的系统中,企业与高校在点 A 达成知识转移;而在有企业激励的系统中,企业与高校在点 A' 达成知识转移,系统达到知识转移的时间更短。这是因为,虽然激励高校会使企业损失一部分收益,一开始企业的接受意愿会略有减弱,但是企业适当的激励措施会促进高校转移意愿的增强,高校转移意愿的增强速度快于企业接受意愿的减弱速度。因此,在有企业激励的系统中,企业与高校达成产学研知识转移的时间更短。从产学研联盟长远的发展来看,产学研知识转移中更快地达成知识转移能够产生更多的收益,中船动力为了自身更长远的发展,应该对江科大给予一定的激励措施,以促进产业方与学研方的知识交流、知识转移与知识共享。

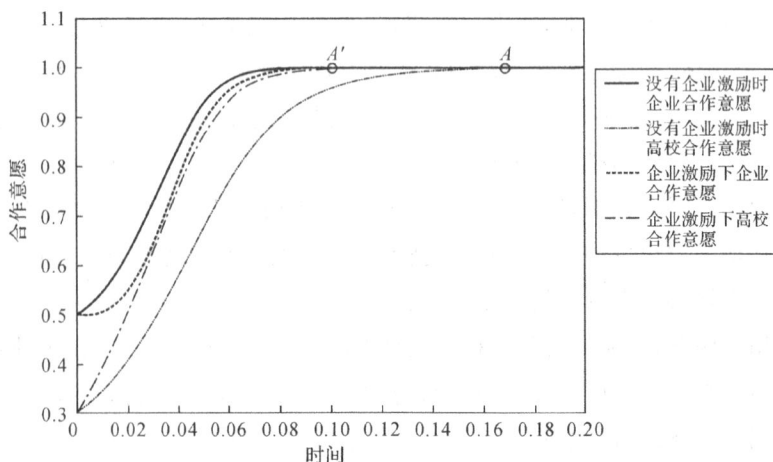

图 4-2　演化结果对比

(三)企业激励系数 δ 变化对演化结果的影响

图 4-3(a)和图 4-3(b)是企业激励系数 δ 变化对企业与高校知识转移结果的影响。由图 4-3(a)可知,当企业的激励系数 δ 为 0.1 时,企业与高校在点 B 达成知识转移;当 δ 为 0.2 时,企业与高校在点 B' 达成合作;当 δ 为 0.3 时,企业与高校在点 B'' 达成合作。即当 δ 为 0.2 时,企业与高校达成知识转移的时间最短;当 δ 小于 0.2 时,企业的接受意愿较强,但高校受到的激励较小,其转移意愿也较小;而当 δ 大于 0.2 时,尽管高校受到较大的激励,转移意愿增强,但由于企业付出的激励较多,其接受意愿也随之降低,系统最终达到知识转移的时间变长。由图 4-3(b)可知,当企业的激励系数 δ 为 0.5 时,企业与高校在点 C 达成知识转移;当企业的激励系数 δ 为 0.55 时,企业与高校在点 C' 达成知识转移;而当企业的激励系数 δ 为 0.6 和 0.65 时,企业与高校分别在点 C'' 和点 C''' 不能达成知识转移。即企业激励系数 δ 的阈值在 0.55—0.6,当 δ 比阈值大的时候,高校与企业会逐渐接近于 0,最终均衡点趋向于(0,0);当 δ 小于阈值时,企业与高校收敛于 1,最终均衡点趋向于(1,1),此时 δ 的减少使得系统趋于知识转移的速度加快。

这些说明企业的激励系数对知识转移效果的影响呈倒 U 形,当企业的激励系数为 0.2 时,知识转移效果最佳;企业的激励系数存在阈值,当企业的激励系数大于阈值时,系统会趋于不接受。在产学研联盟知识转移中,中船动力需要以合理的激励比例激励江科大以促进产学研知识转移速度的加快。

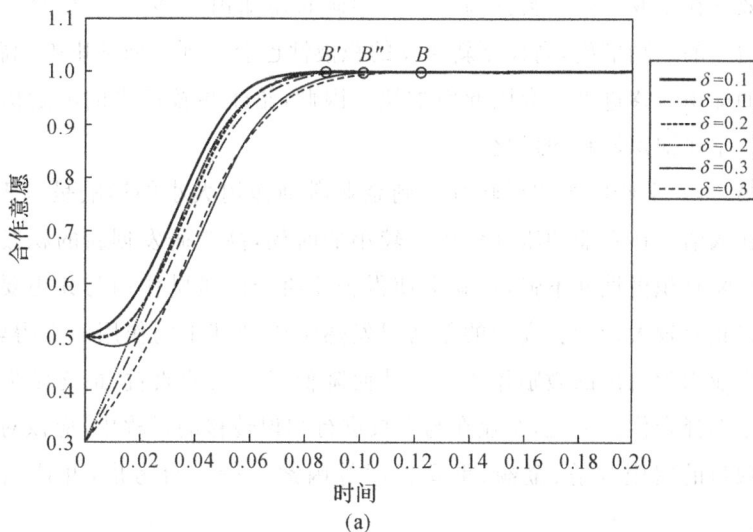

(a)

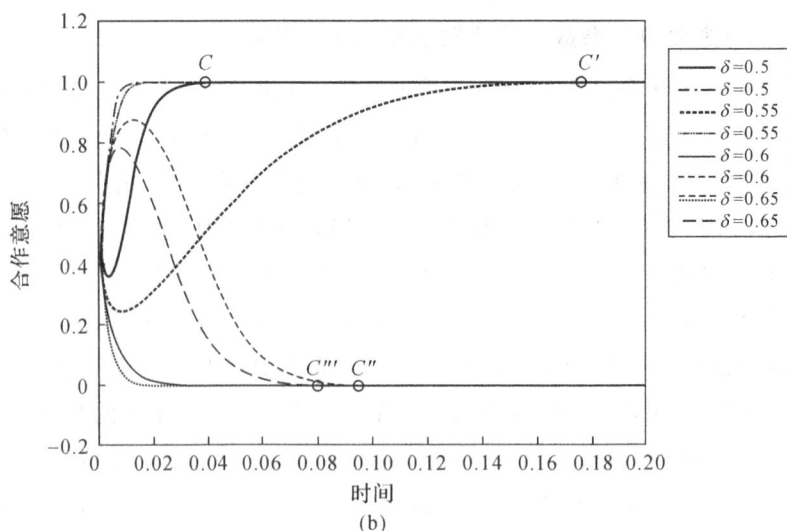

图 4-3 企业激励系数 δ 的影响

(四)结论与启示

本节研究了企业激励因素对产学研联盟知识转移的影响,构建了基于企业激励因素存在与否的两种产学研联盟知识转移博弈模型,求得各自模型的稳定均衡解。通过对两种博弈模型的对比,分析比较两种模型下企业与高校的知识转移效率及企业的最优激励系数,并通过研究中船动力有限公司与江苏科技大学产学研合作知识转移实例,分析得出以下结论与启示。

第一,产学研联盟知识转移会受到企业激励的正向作用,产学研的知识转移效率在企业激励下会提高。在产学研联盟知识转移中,高校会被企业给予适当的激励措施,高校创新研发的积极性也会受到正向的影响,高校和企业的知识转移进度也会因此而加快。因此,给予高校适当的激励措施会促进产学研知识转移的优化。

第二,产学研联盟知识转移受到企业激励作用大小的影响呈倒 U 形,且存在阈值。在企业的激励作用比较小的时候,高校研发创新的积极性会受到影响且积极性并不强,这就会使得企业给予的激励作用与其想要达到的效果相差较大;否则,高校的创新研发热情受到其正向作用而变得较高,然而企业因为付出的激励作用较大从而降低了自己的收益,最终结果就是企业不选择合作。因此,企业在与高校进行知识转移的过程中,应该对合作创新项目的期望收益、金额、重要程度等因素进行综合考虑,并适当激励高校。

第二节 考虑知识泄露的博弈分析

具有不同知识技能的企业和高校可以通过产学研联盟进行知识转移来提升自身的创新能力和竞争优势。但知识转移可能涉及主体核心的知识技术资源,极易产生结盟伙伴泄露关键知识的风险,从而损害联盟主体的利益,不利于产学研联盟的长远发展。所以,本章基于演化博弈理论,将知识泄露风险引入产学研联盟知识转移过程中,构造产学研联盟中企业与高校的知识转移演化博弈模型,并据此进行演化博弈稳定策略分析,分析在产学研联盟中影响各主体知识转移的要素。

一、知识转移演化博弈模型构建

(一)知识转移收益函数分布

对于企业主体和高校主体,建立知识转移收益函数:

$$\pi_i = \pi_i[K_i, \alpha_i k_j, \beta_i K_i k_j, (1-\theta_i)\gamma_i k_i^m k_j^n, c_i k_i, \varphi_i]$$

其中,π_i 为企业 i 的收益。

K_i 为企业 i 原本存有的知识量。企业知识量低于高校,故 $K_j > K_i > 0$。

k_j 代表知识转移过程中高校 j 知识量的支出;α_i 代表知识摄取程度系数,由校企双方的知识转移意愿、知识距离、吸收能力等要素决定,反映知识转移的效率,$\alpha_i \in [0,1]$;$\alpha_i k_j$ 代表高校 j 给予企业 i 的有用知识量,称为知识转移直接获益。

$\beta_i K_i k_j$ 代表知识聚合收益量,企业 i 对从高校 j 处得到的知识和自有知识进行汲取与消化,整合并改善原本的知识,也许可能创造出些许新知识,得到 $1+1 > 2$ 的效果;β_i 是叠加系数,由企业 i 对知识的融会、剖析和运用程度决定;K_i 表示企业的 i 原本的知识存量。

$\gamma_i k_i^m k_j^n$ 为知识的协同效应(收益),即在知识转移的过程中,企业 i 和高校 j 进行不断的沟通、交流、探讨和其他协作活动,产出新的知识,γ_i 表示协同程度系数,由企业 i 与高校 j 的创新能力、面临的知识泄露风险大小和知识互补水平等要素决定。

θ_i 为知识泄露风险系数,表示由风险引起的知识转移收益的折减,即在知识转移过程中突发的因素,如知识转移成果被抄袭、达不到期望结果等。

$c_i k_i = C_i$ 代表知识转移成本,即企业 i 知识转移时形成的费用和消耗,c_i

代表知识转移成本系数;假设 $C_i > C_j$。

φ_i 表示对知识泄露行为的惩罚因子,假设 $\varphi_i = \varphi_j$。

为方便分析,不失一般性,本章将收益函数简化为:

$$\pi_i = K_i + \alpha_i k_j + \beta_i K_i k_j + (1-\theta_i)\gamma k_i^m k_j^n - c_i k_i - \varphi_i$$

$$\varphi_i = \begin{cases} 0, & k_i > 0 \\ \varphi, & k_i = 0 \end{cases}$$

(二)知识转移的博弈矩阵

企业 i 和高校 j 进行博弈时,在不同策略组合下,双方都会有不一样的收益,以下为详细分析。

1.若企业 i 和高校 j 分别选择{接受、转移}策略,则企业 i 的收益为 $H_i = K_i + \alpha_i k_j + \beta_i K_i k_j + (1-\theta_i)\gamma_i k_i^m k_j^n - c_i k_i$,高校 j 的收益为 $H_j = K_j + \alpha_j k_i + \beta_j K_j k_i + (1-\theta_j)\gamma_j k_i^m k_j^n - c_j k_j$。

2.若企业 i 和高校 j 分别选择{不接受、转移}策略,通过"机会主义"得到一些收益: $K_i + \alpha_i k_j + \beta_i K_i k_j$,同样会遭到政府惩罚 φ,这时企业 i 的收益为 $Q_i = K_i + \alpha_i k_j + \beta_i K_i k_j - \varphi_i$,高校 j 选择转移策略的收益为 $W_j = K_j - c_j k_j$。

3.若企业 i 和高校 j 分别采取{接受、不转移}策略,但高校 j 采取不合作策略,那么高校 j 的机会主义举动会导致企业 i 的获益转为 $W_i = K_i - c_i k_i$,而高校 j 的收益变为 $Q_j = K_j + \alpha_j k_i + \beta_j K_j k_i - \varphi_j$。

4.若企业 i 和高校 j 分别采取{不接受、不转移}策略,那么校企双方的获益就不会被双方机会主义影响,分别为 $T_i = K_i$, $T_j = K_j$。依照知识转移决策的动态改变,对其创设知识转移博弈支付矩阵,如表4-6所示。

表4-6 企业和高校知识转移博弈收益矩阵

		高校 j	
		转移 y	不转移 $(1-y)$
企业 i	接受 (x)	$K_i + \alpha_i k_j + \beta_i K_i k_j + (1-\theta_i)\gamma_i k_i^m k_j^n - c_i k_i$ $K_j + \alpha_j k_i + \beta_j K_j k_i + (1-\theta_j)\gamma_j k_i^m k_j^n - c_j k_j$	$K_i - c_i k_i$ $K_j + \alpha_j k_i + \beta_j K_j k_i - \varphi_j$
	不接受 $(1-x)$	$K_i + \alpha_i k_j + \beta_i K_i k_j - \varphi_i$ $K_j - c_j k_j$	K_i K_j

假定校企双方主体中的成员均为学习速度很慢的有限理性个体。博弈初级阶段,企业里采取接受策略的个体与采取不接受策略的个体相比为 $x : (1-x)$;高校里采取转移策略的个体与采取不转移策略的个体相比为

$y:(1-y)$。依照表 4-6 中给出的四类策略组合可知：

企业采取接受策略的平均获益是：

$$\Pi_1 = yH_1 + (1-y)W_1 = y[\alpha_1 k_2 + \beta_1 K_1 k_2 + (1-\theta_1)\gamma_1 k_1^m k_2^n] + (K_1 - c_1 k_1)$$

企业采取不接受策略的平均获益是：

$$\Pi'_1 = yQ_1 + (1-y)T_1 = y(\alpha_1 k_2 + \beta_1 K_1 k_2 - \varphi) + K_1$$

企业分别以 x 和 $(1-x)$ 的概率选择接受和不接受策略的平均收益为：

$$\overline{\Pi}_1 = x\Pi_1 + (1-x)\Pi'_1 = x[y(1-\theta_1)\gamma_1 k_1^m k_2^n - c_1 k_1] + y(\alpha_1 k_2 + \beta_1 K_1 k_2 - \varphi + x\varphi) + K_1$$

可得高校选择转移策略的平均收益为：

$$\Pi_2 = xH_2 + (1-x)W_2 = x[\alpha_2 k_1 + \beta_2 K_2 k_1 + (1-\theta_2)\gamma_2 k_2^n k_1^m] + (K_2 - c_2 k_2)$$

高校选择不转移策略的平均收益为：

$$\Pi'_2 = xQ_2 + (1-x)T_2 = x(\alpha_2 k_1 + \beta_2 K_2 k_1 - \varphi) + K_2$$

高校分别以 y 和 $(1-y)$ 的概率选择转移和不转移策略的平均收益为：

$$\overline{\Pi}_2 = y\Pi_2 + (1-y)\Pi'_2 = y[x(1-\theta_2)\gamma_2 k_2^n k_1^m - c_2 k_2] + x(\alpha_2 k_1 + \beta_2 K_2 k_1 - \varphi + y\varphi) + K_2$$

则有关 x 和 y 的动态复制系统是：

$$\begin{cases} \dfrac{\mathrm{d}x}{\mathrm{d}t} = x(1-x)[y(1-\theta_1)\gamma_1 k_1^m k_2^n + y\varphi - c_1 k_1] \\ \dfrac{\mathrm{d}y}{\mathrm{d}t} = y(1-y)[x(1-\theta_2)\gamma_2 k_2^n k_1^m + x\varphi - c_2 k_2] \end{cases}$$

(三)局部稳定性研究

使 $\dfrac{\mathrm{d}x}{\mathrm{d}t} = 0, \dfrac{\mathrm{d}y}{\mathrm{d}t} = 0$，求出 $x_1^* = 0, x_2^* = 1, y^* = \dfrac{c_1 k_1}{(1-\theta_1)\gamma_1 k_1^m k_2^n + \varphi}$；$y_1^* = 0$，

$y_2^* = 1, x^* = \dfrac{c_2 k_2}{(1-\theta_2)\gamma_2 k_2^n k_1^m + \varphi}$。均衡点为 $E_1(0,0), E_2(0,1), E_3(1,0)$，

$E_4(1,1), E_5\left(\dfrac{c_2 k_2}{(1-\theta_2)\gamma_2 k_2^n k_1^m + \varphi}, \dfrac{c_1 k_1}{(1-\theta_1)\gamma_1 k_1^m k_2^n + \varphi}\right)$。

$$J = \begin{bmatrix} (1-2x)[y(1-\theta_1)\gamma_1 k_1^m k_2^n + y\varphi - c_1 k_1] & x(1-x)[(1-\theta_1)\gamma_1 k_1^m k_2^n + \varphi] \\ y(1-y)[(1-\theta_2)\gamma_2 k_2^n k_1^m + \varphi] & (1-2y)[x(1-\theta_2)\gamma_2 k_2^n k_1^m + x\varphi - c_2 k_2] \end{bmatrix}$$

$$\det(J) = (1-2x)(1-2y)[y(1-\theta_1)\gamma_1 k_1^m k_2^n + y\varphi - c_1 k_1][x(1-\theta_2)\gamma_2 k_2^n k_1^m + x\varphi - c_2 k_2] - xy(1-x)(1-y)[(1-\theta_1)\gamma_1 k_1^m k_2^n + \varphi][(1-\theta_2)\gamma_2 k_2^n k_1^m + \varphi]$$

$$\mathrm{tr}(J) = (1-2x)[y(1-\theta_1)\gamma_1 k_1^m k_2^n + y\varphi - c_1 k_1] + (1-2y)[x(1-\theta_2)\gamma_2 k_2^n k_1^m + x\varphi - c_2 k_2]$$

依照雅可比矩阵的局部稳定性研究措施研究上述五个均衡点的稳定

性。如果其中一个平衡点导致该矩阵的行列式 $\det(\boldsymbol{J})>0$ 且雅可比矩阵的迹 $\operatorname{tr}(\boldsymbol{J})<0$，那么就可明确这个平衡点在局部渐进稳定情形，局部稳定研究结果如表 4-7 所示。

表 4-7 局部稳定性研究结果

均衡点	$\boldsymbol{J}$ 的行列式（符号）	$\boldsymbol{J}$ 的迹（符号）	结果
$E_1(0,0)$	$c_1k_1c_2k_2$ （+）	$-c_1k_1-c_2k_2$ （−）	ESS
$E_2(0,1)$	$c_2k_2[(1-\theta_1)\gamma_1k_1^mk_2^n+\varphi-c_1k_1]$ （+）	$(1-\theta_1)\gamma_1k_1^mk_2^n+\varphi-c_1k_1+c_2k_2$ （+）	不稳定
$E_3(1,0)$	$c_1k_1[(1-\theta_2)\gamma_2k_2^nk_1^m+\varphi-c_2k_2]$ （+）	$(1-\theta_2)\gamma_2k_2^nk_1^m+\varphi-c_2k_2+c_1k_1$ （+）	不稳定
$E_4(1,1)$	$[(1-\theta_1)\gamma_1k_1^mk_2^n+\varphi-c_1k_1]$ $[(1-\theta_2)\gamma_2k_2^nk_1^m+\varphi-c_2k_2]$ （+）	$-[(1-\theta_1)\gamma_1k_1^mk_2^n+\varphi-c_1k_1]$ $-[(1-\theta_2)\gamma_2k_2^nk_1^m+\varphi-c_2k_2]$ （−）	ESS
$E_5\left(\dfrac{c_2k_2}{(1-\theta_2)\gamma_2k_2^nk_1^m+\varphi},\dfrac{c_1k_1}{(1-\theta_1)\gamma_1k_1^mk_2^n+\varphi}\right)$			鞍点

由表 4-7 可见，结果里的五个局部平衡点仅包含两种演化稳定策略（ESS），对应企业和高校分别采取{接受，转移}策略和分别采取{不接受，不转移}策略。另外，该结果还包含不稳定平衡点和一个鞍点。该表均衡点的判别依据是 $c_1k_1<(1-\theta_1)\gamma_1k_1^mk_2^n+\varphi$，且 $c_2k_2<(1-\theta_2)\gamma_2k_2^nk_1^m+\varphi$，且 $c_1k_1+c_2k_2>0$。

（四）演化相图

由图 4-4 可见，校企双方知识转移演化结果为：其分别采取{接受，转移}策略和分别采取{不接受，不转移}策略。当最初情形位于 E_5 点旁边时，两类演化结果都会显示。博弈方偏向哪一种结果由相位图中 $E_2E_1E_3E_5$ 的面积 S_1 和 $E_2E_5E_3E_4$ 的面积 S_2 的大小决定，如果 $S_1>S_2$，则演化系统倾向企业和高校{不接受，不转移}的情形；如果 $S_2>S_1$，则演化系统倾向校企双方企业和高校{接受，转移}的情形。当学校和企业进行知识转移博弈时，各成员的收益受到双方成员收益函数中参数的最初值和改变影响，进一步导致学校和企业的策略选择也收敛于不同的均衡点。

当 $K_i+\alpha_ik_j+\beta_iK_ik_j+(1-\theta_i)\gamma_ik_i^mk_j^n>c_ik_i$ 时，在企业采取接受策略的情况下，高校的理性选择是采取转移策略，原因是这种情况下高校采取转移

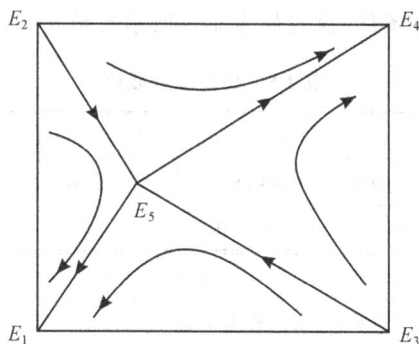

图 4-4 演化相图

策略的收益高于采取不转移策略的收益。然而,如果企业采取不接受的策略,则高校采取转移策略的收益低于采取不转移的收益,此时高校的理性策略应该是不转移。对企业的分析也可以得到同样的结论。所以,若采取接受知识或转移知识的收益高于成本,校企双方采取一样的策略是与让自身获得最高收益的准则相符的,这样双方也就将依照另一方的策略采取正确的方案:如果其中一方采取接受/转移的方案,那么另一方也一定会采取转移/接受的方案;如果其中一方采取不接受/不转移的方案,那么另一方也一定会采取不转移/不接受的方案。校企都采取接受/转移的策略时对应于图 4-4 中 $E_2E_5E_3$ 上方的区域,在这个区域内,校企双方知识转移行为将会向鞍点右上角演化,最终在均衡点 $E_4(1,1)$ 实现收敛。

当 $K_i + \alpha_i k_j + \beta_i K_i k_j + (1-\theta_i)\gamma_i k_i^m k_j^n < c_i k_i$ 时,若企业采取接受策略,高校采取转移策略的收益低于采取不转移策略的收益。若企业采取不接受策略,据 $-c_i k_i < 0$ 可得,高校采用转移策略的收益低于采用不转移策略的收益。所以,不转移为高校的占优策略。由博弈的对称性可知,企业的占优策略同样为采取不接受策略。此状况与图 4-4 当中 $E_2E_5E_3$ 下方位置相对应,这个位置中校企双方的知识转移活动收敛于鞍点 E_5 的左下方,之后收敛于均衡点 $E_1(0,0)$。这种情况下校企双方成员间的沟通和合作比较少,难以得到知识协同可获得的协同收益。

二、实例分析与仿真

为了更直观地表明校企双方知识转移行为的规律,依据以上分析知识转移的稳定程度,本章使用 Matlab 软件开展数值仿真,可以明了地看出知识转移稳定性受其初始状态及有关要素改变的影响。根据图 4-4 的演化相图,本章采用与要求相符的数值开展模拟,演示初始情况对知识转移演化结果的影响。依照约束条件，设置如表 4-8 所示参数。

表 4-8　仿真参数赋值

参数	K_i	K_j	k_i	k_j	α_i	α_j	β_i	β_j	c_i	c_j	m	n
定义	原本知识量	转移知识量		吸收程度		叠加系数		成本变化系数		弹性系数		
赋值	3000	5000	1000	1000	0.8	0.6	0.8	0.6	0.36	0.16	0.5	0.5

参数	φ	θ_i	θ_j	γ_i	γ_j
定义	处罚	知识泄露风险系数		协同程度系数	
赋值	300	0.15	0.15	0.5	0.4

以上参数符合 $c_1k_1 < (1-\theta_1)\gamma_1 k_1^m k_2^n + \varphi$ 和 $c_2k_2 < (1-\theta_2)\gamma_2 k_2^n k_1^m + \varphi$ 且 $c_1k_1 + c_2k_2 > 0$，得鞍点 $E_5(0.25, 0.5)$，$E_1E_2E_4E_3$ 区域被鞍点 E_5 切割为两块，从此位置中离散地挑拣六个点开展仿真研究，分别为 $(0.4, 0.3)$、$(0.3, 0.4)$、$(0.7, 0.4)$、$(0.1, 0.5)$、$(0.6, 0.6)$、$(0.3, 0.8)$，图 4-5 为博弈双方策略因时间改变而改变的动态演化过程。

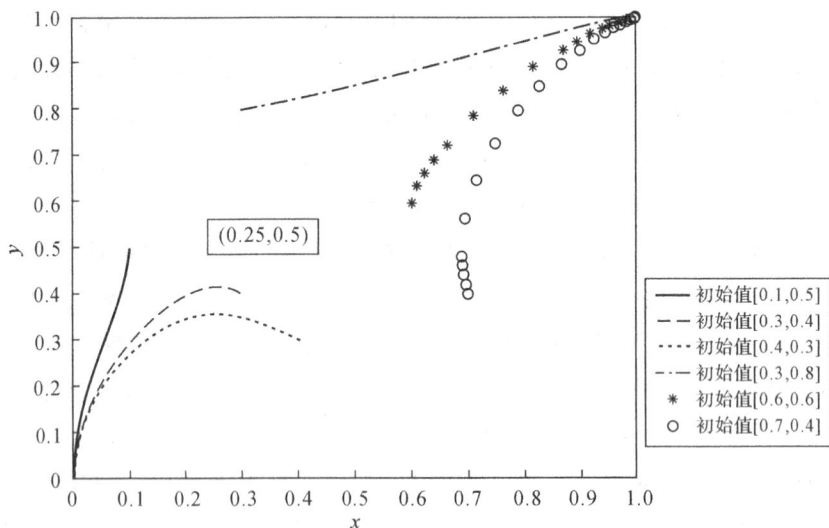

图 4-5　博弈双方策略动态演化过程

由图 4-5 可知，当 (x, y) 落在图 4-4 中的 $E_2E_1E_3E_5$ 区域内时，图 4-5 动态收敛于 $E_1(0, 0)$；当 (x, y) 落在图 4-4 中的 $E_2E_5E_3E_4$ 区域内时，图 4-5 动态收敛于 $E_4(1, 1)$。该结果验证了演化结果对初始状态具有依赖性。

(一)演化结果受成本系数改变的影响

图 4-6、图 4-7 是在保持其他参数不变时，知识转移策略受校企双方的

成本系数 c_i 和 c_j 改变影响的程度。据图 4-6,若高校成本系数不变,当企业的成本系数阈值大于 0.3 且小于 0.35 时,若 c_i 低于阈值,双方将不断收敛于 1,并且最后趋向(1,1)点;若 c_i 高于阈值,双方将不断收敛于 0,并且最后趋向(0,0)点,这种情况下 c_i 的提高会导致校企双方的收敛速度变快。据图 4-7,若企业成本系数不变,当高校的成本系数阈值大于 0.25 且小于 0.3 时,若 c_j 低于阈值,双方将不断收敛于 1,并且最后趋向(1,1)点;若 c_j 高于阈值,双方将不断收敛于 0,并且最后趋向(0,0)点。当进行知识转移时,校企双方的成本系数含有阈值,若其中一方的成本系数低于阈值,校企双方的转移意愿、接受意愿将伴随系数的下降而上升,而最后向 1 收敛,也就是双方分别采取转移、接受的策略;若其中一方的系数高于临界值,校企双方的转移意愿、接受意愿伴随成本系数的上升而不断下降,并最后收敛于 0,即双方都采取不转移、不接受的策略。结合图 4-6 和图 4-7 可以看出,在校企知识转移过程中,高校的成本系数相对于企业表现出更强的敏感性,因此,降低高校的成本系数对校企转移意愿、接受意愿的影响更为明显。在校企知识转移过程中,高校对知识转移过程中的成本投入非常敏感,如果投入知识资源较多而获得的转移收益较小,则高校会采取不转移策略;企业则对前期资源的投入和收益回报周期具有较强的耐性,从更为长远的角度衡量知识转移效益。高校和企业成本系数的变化均会对校企知识转移稳定性产生影响,成本系数越高,知识泄露风险越大。因此,适当降低成本系数后,高校和企业均会倾向于选择知识转移,从而降低知识泄露风险。

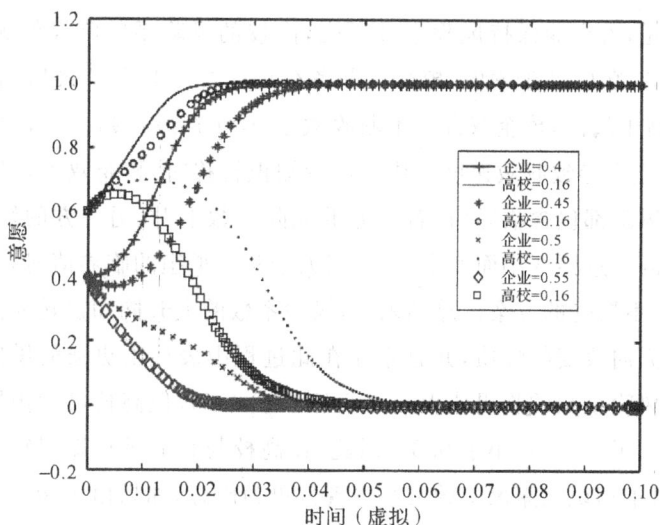

图 4-6 企业成本系数改变的影响

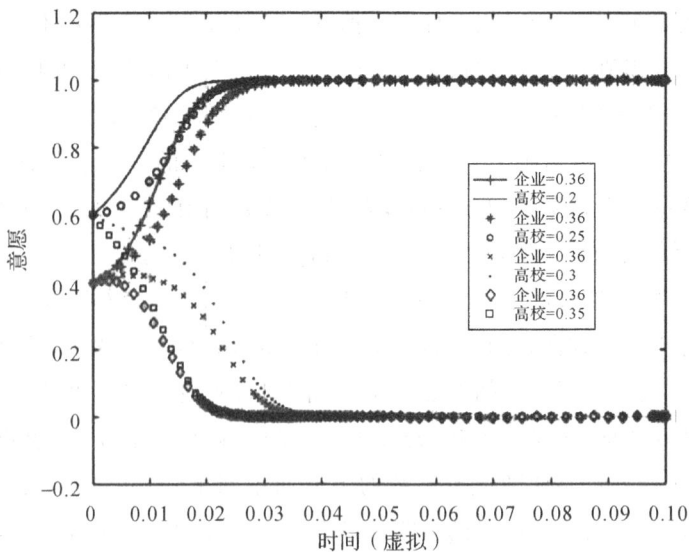

图 4-7　高校成本系数改变的影响

(二)演化结果受知识泄露风险系数改变的影响

图 4-8、图 4-9 是在保持其他参数不变时,知识转移策略受校企双方知识泄露风险系数改变影响的程度。据图 4-8,若高校保持风险系数不变,企业的风险系数临界值大于 0.2 且小于 0.25,若 θ_i 低于阈值,校企双方将不断收敛于 1,并且最后趋向(1,1)点;若 θ_i 高于阈值,校企双方将不断收敛于 0,并且最后趋向(0,0),这种情况下 θ_i 的上升导致双方的收敛速度变快。由图 4-9 可见,若企业保持风险系数不变,高校的风险系数临界值大于 0.25 且小于 0.3,若 θ_j 低于阈值,校企双方将不断收敛于 1,并且最后趋向(1,1)点;若 θ_j 高于阈值,校企双方将不断收敛于 0,并且最后趋向(0,0),这种情况下 θ_j 的上升导致收敛速度变快。进行知识转移时,校企双方可以承担的知识泄露风险都包含临界值,若一方的风险系数上升,另一方的转移/接受意愿也将因其意愿变小而变小,之后当大于其能承担的临界值时,双方改变成不转移/不接受的方案。总的来说,风险系数的上升同知识转移的意愿具有向不同方向改变的性质,并且企业在此过程中表现出更强的敏感性。企业可承担风险系数的临界值大于 0.2 且小于 0.25,但高校可承担风险系数的临界值大于 0.25 且小于 0.3。因此,在高校与企业进行知识转移的过程中,企业对于知识泄露风险的大小表现得更为敏感,如果由于转移方或者市场风险导致一定程度的知识泄露,则企业和高校会倾向于选择不接受/不转移策略。因此,降低知识泄露风险、规避知识泄露的发生对校企知识转移的

意愿具有明显的积极影响。

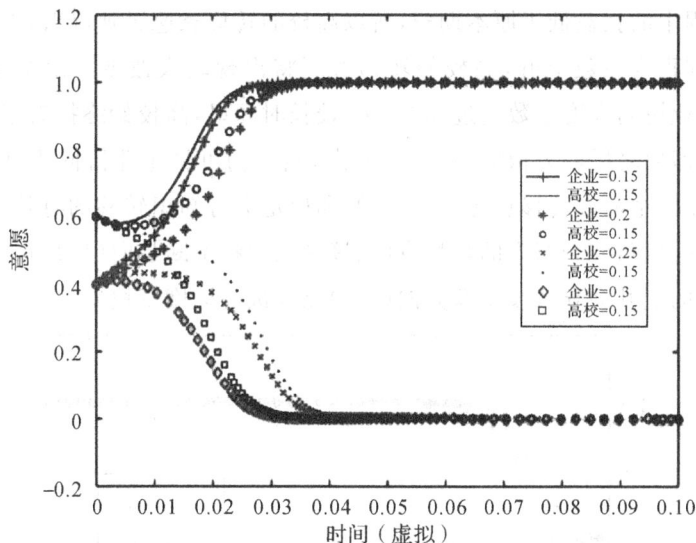

图 4-8 企业知识泄露风险系数改变的影响

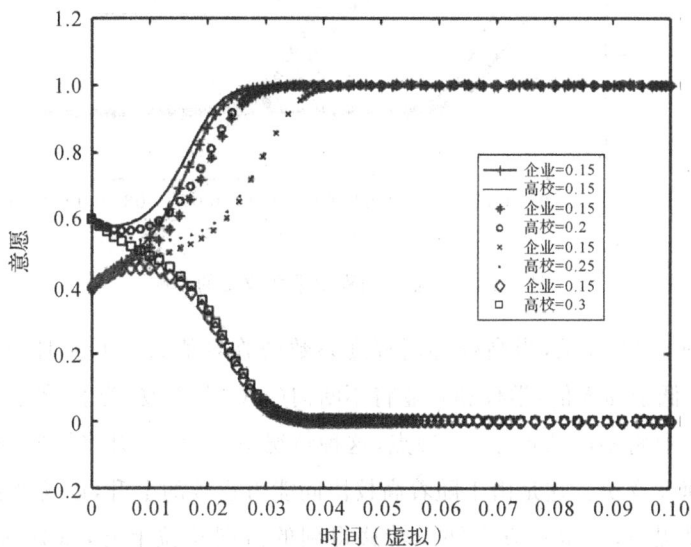

图 4-9 高校知识泄露风险系数改变的影响

(三)演化结果受协同程度系数改变的影响

图 4-10、图 4-11 是在保持其他参数不变时,知识转移策略受校企双方协同能力系数改变影响的程度。由图 4-7 可见,当企业协同能力系数 γ_i 的阈值大于 0.35 且小于 0.4 时,若 γ_i 低于阈值,尽管学校和企业的最初转移

意愿、接受意愿有些强烈,然而因为企业的协同程度系数较低,高校在知识转移过程中的获益低于原本期望,所以高校的转移意愿迅速降低,但若发现企业协同程度系数上升,高校的转移意愿将出现较大改变。由图 4-10 可见,当企业协同程度系数超过 0.35 时,较长时间里,高校始终拥有很强的转移意愿,即使之后双方依旧趋向(0,0)点,然而仍可见企业协同程度系数的上升导致校企两方转移意愿、接受意愿和稳定进行知识转移的有效增强;若 γ_i 高于临界值,校企双方的转移意愿、接受意向将不断趋向(1,1)点,这种情况下,γ_i 的上升会导致校企双方向(1,1)点收敛的速度变快。

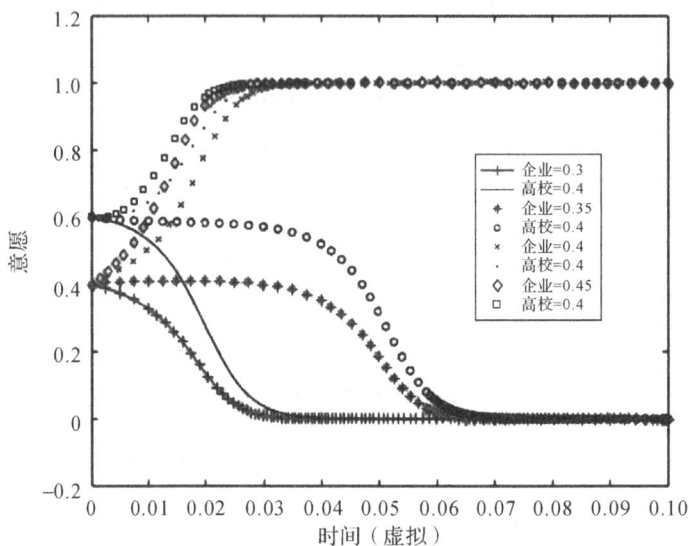

图 4-10　企业协同程度系数改变的影响

由图 4-11 可见,当高校协同程度系数的临界值大于 0.4 且小于 0.45 时,若 γ_i 低于临界值,学校和企业将不断向(0,0)点收敛;若 γ_i 高于临界值,学校和企业将不断收敛于(1,1)点,这种情况下,γ_i 的上升将导致校企双方的收敛速度变快。这是由于随着高校协同能力系数的上升,创新消耗增加,创新程度提高,使得双方因知识转移得到的协同获益上升,双方的转移意愿、接受意愿都将提高。仿真结果证实:校企双方的转移意愿和接受意愿随着协作能力系数的提高而直线上升。这个过程需要高校的协同程度有较强的水平,能反映出高校创新主体在校企知识转移中的效益和作用。在校企知识转移过程中,知识转移稳定性可能因协同能力的改变而面临风险,若校企双方其中一方采取保守、封闭的转移/接受策略,则协同程度较低,双方均不会选择知识转移。

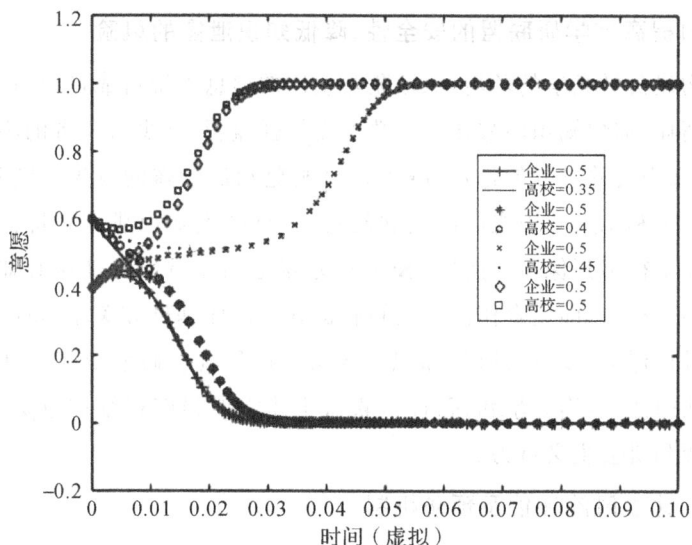

图 4-11 高校协同程度系数改变的影响

三、结论与启示

产学研联盟中企业和高校的知识转移及其稳定性受到诸多因素的影响,校企双方的转移收益也不是简单的线性关系。本节在研究校企双方转移成本、知识泄露风险和协同创新程度的基础上,构造有关知识转移的博弈支付矩阵,依据实例数据和 Matlab 仿真分析讨论相关因素变化对校企知识转移策略的影响,得出以下结论:一是校企双方的知识转移/接受意愿对知识泄露风险系数的变化比较敏感。企业的知识泄露风险承担临界值低于高校,若面临较大的知识泄露风险,校企双方均不会选择进行知识转移。二是学校和企业的意愿在很大程度上受知识转移成本和协同能力系数的影响。从知识转移的成本系数来看,当改变成本系数时,高校较之于企业更在意,而且其成本系数的临界值也比企业小,知识转移时成本的上升将较快引起高校知识转移策略的变化;从协同程度系数来看,校企双方协同能力系数的改变对双方知识转移/接受意愿的影响显著,在知识转移进程中双方的协同程度、知识转移能力和知识互补水平均会明显影响知识转移/接受意愿。此外,校企知识转移进程中企业对高校协同能力的要求高于高校对企业的协同能力要求。

本章从以下几个方面提出促进产学研联盟中企业和高校间的知识转移及提升接受意愿的建议。

(一)提高产学研联盟的安全性,降低知识泄露的风险

要构建公平竞争的环境,保证联盟主体的信息来源可靠,减少信息不畅造成的消耗,加快知识转移速度。政府需加强监管,减少参与者的不道德行为,保持知识转移进程的稳定,减少乃至避免知识泄露的发生。同时,因为合作的安全和私人知识之间的关联问题,一旦产生知识泄露必将会使重点知识的安全得不到保障。所以,校企双方需更加注重保护其核心知识。在知识转移过程中,即使合作伙伴之间有良好的信任基础和关系,也必须对关键知识进行保护,以有效避免知识泄露带来的风险。政府应完善知识产权的有关法律法规,当分享和探讨时,联盟主体需增强产权维护意识,预防和约束背叛和机会主义行为。

(二)建立风险评估及预防机制

在知识转移过程中最大化知识共享的前提是,有效保证校企双方主体的专有知识不被泄露,避免在知识转移过程中可能出现的机会主义行为和由此引发的知识产权纠纷。因此,在实操中,学校和企业需要拥有恰当、健全的风险预估和预防体系。联盟主体通过协商或委派专业的风险管理机构全过程跟踪,预估和监管风险,进行风险分担,并对风险采取及时有效的规避措施。因此,在建立共同愿景的同时,高校和企业必须提高正式控制的水平,实施完整齐全的条约并精心制定管控制度来掌控协作伙伴的行为,确保知识主体之间长时间稳定地协作,确保知识转移的真正实现。

(三)提高协同创新能力

协同创新能力的高低对转移效益的产生和校企合作的稳定性有着重要影响。所以,校企在进行知识转移的过程中,要注重创新协作能力的造就,优化创新资源的组合,提高协作的程度和能力,促进科技人才、先进技术和充足资本等有关资源的高效利用。尤其高校要充分施展知识转移的相对优势,经由高校与企业的创新合作,联合多方的精英和技术,建设有特点的高水平团队和科研系统。而且,各地方政府同样要保障充足的条件,制订和发布合适的创新合作开展计划,推进校企协作,创建创新合作平台,推动科研成果、人才、知识和信息的探讨分享与转移。

第三节　考虑转移模式的博弈分析

产学研联盟知识转移模式是实现联盟主体价值聚合、价值增值的关键

途径,也是实现产学研联盟价值增值首先要解决的问题。因此,本节将以价值增值为目的的知识转移模式融入产学研联盟企业与高校知识转移的演化博弈支付矩阵,计算校企知识转移博弈的演化均衡解,且经过仿真模拟和案例剖析说明产学研联盟中校企双方商业化成本和转移成功率的不同对高校选择知识转移模式的影响,从而促进联盟主体实现价值增值最大化。

一、理论假设与模型构建

(一)假设条件与支付矩阵

当发生知识转移时,高校在知识和技术上能力突出,却很难实现商业化。所以,高校通常会采取和企业协作的方式实现知识的有效转化。高校以价值增值为目的的知识转移模式包含以下三种:高校创立企业实现知识转移;经由技术交易向企业转移知识;与企业共同研发并实现商业化,协作实现知识转移。本节以高校知识转移的真实状况为依据,把高校采取"不合作"策略的转移形式定为高校自办企业,把高校采取"合作"策略的转移形式定为商业化合作,得到以下前提要求。

前提 1:合作主体。高校知识转移包含两个主体,依次为企业(B)与高校(A)。高校以转化知识和关键技术的高效率为目的,并从中获取高收益,在选择知识转移模式时会根据自身资源和企业实际情况采取不一样的形式。

前提 2:选择方案。高校采取的知识转移形式是(创立企业,技术出售,商业化协作),博弈最初,高校采取"合作"的概率和企业采取"接受"的概率分别以 x 和 y 表示,$x,y \in [0,1]$。

前提 3:转移实现率。知识转移未必均可以实现,所以以 α 代表校企双方采取"合作"的方式进行知识转移的实现率,以 α_1 代表高校采取创立企业的形式进行知识转移的实现率,以 α_2 代表其采取技术出售形式的企业知识转移实现率,以 α_3 代表其采取共同商业化的形式进行知识转移的实现率。

前提 4:分担比率。校企协作的获益需通过共同订立的协约来分配,校企协作时高校的获益分担比率以 r 表示:若 $r=0$,说明高校不愿意同企业协作,高校采取创立企业的形式得到利益分担比率;若 $r>0$,说明企业愿意和高校协作。

前提 5:成本。校企双方进行知识商业化的经营成本以 C 表示。

前提 6:商业化利益。不管高校是否与企业协作,均用 K 代表转移实现后的商业化利益。

前提 7:违约处罚。校企双方把签订协作的条约作为凭证,约束双方协作实施知识转移行为。其中一方因违约而支出给另一方的罚金以 P 表示。

前提 8:知识价值。若高校采取"合作"策略,其参与商业化协作的模式为技术入股,高校研发产品或专利的利益以 V 表示。

高校采取三种不同知识转移形式的博弈支付矩阵如表 4-9 所示。

表 4-9 产学研博弈支付矩阵

		企业(B)	
		接受(y)	拒绝($1-y$)
高校(A)	合作(x)	$r\alpha K-V$, $(1-r)\alpha K-C$	$P-V$, $-P$
	不合作($1-x$)	$-P$, $P-C$	0, 0

该支付矩阵的前提被总结为以下五点。

1.高校知识转移有三种形式:当高校采取"不合作"策略时,即通过"创立企业"来实施知识转移;当高校采取"合作"策略时,即通过"技术转让"或"共同商业化"来实施知识转移。

2.当企业获取关键技术时,其创新能力会得到增强,转化成功率也会相应上升。若校企双方协作,技术改革和商业化程度明显提高。所以,这种形式能最大化实现转化。

3.高校在完备信息状况下实施模式博弈,倘若高校与企业协作,高校一定要竭尽全力地给予知识、技术等帮助。

4.市场商业化定理:高校的商业化程度远不及企业的市场经营和商业化程度。

5.知识转移成功率定理:本章规定校企双方协作时的知识转移实现率为高校采取技术交易和协作商业化形式转移实现率的 1/2,即 $\alpha=\dfrac{\alpha_2+\alpha_3}{2}$。

(二)演化博弈模型构造与分析

1.收益期望函数构造

依照表 4-9,若高校采取"合作"策略,能计算得到其期望收益是:

$$EA_1=y(r\alpha K-V)+(1-y)(P-V)$$

若高校采取"不合作"策略,能计算得到其期望收益是:

$$EA_2=y(-P)$$

若高校采取混合方案,当高校采取"合作"与采取"不合作"时能计算得到其平均期望收益是:

$$EA_3 = x[y(r\alpha K - V) + (1-y)(P-V)] + (1-x)y(-P)$$

同理可以得出,若企业采取"接受"策略,能计算得到其期望收益是:

$$EB_1 = x[(1-r)\alpha K - C] + (1-x)(P-C)$$

若企业采取"拒绝"策略,能计算得到其期望收益是:

$$EB_2 = -xP$$

企业混合采取"接受"策略和"拒绝"策略时能计算得到其平均期望收益是:

$$EB_3 = y\{x[(1-r)\alpha K - C] + (1-x)(P-C)\} + (1-y)x(-P)$$

2. 复制动态方程的计算

依照以上期望收益模型,能计算出高校采取"合作"策略时的动态复制方程是:

$$F(x) = x(EA_1 - EA_3) = x\{y(r\alpha K - V) + (1-y)(P-V) - x[y(r\alpha K - V) + (1-y)(P-V)] - (1-x)y(-P)\}$$

即:$F(x) = x(1-x)(yr\alpha K + P - V)$

企业采取"合作"策略时的动态复制方程为:

$$F(y) = y(1-y)[x(1-r)\alpha K + P - C]$$

因 $F(x) = 0$,$F(y) = 0$,能计算得到 5 个局部均衡点:$(0,0)$,$(0,1)$,$(1,0)$,$(1,1)$,$\left(\dfrac{C-P}{(1-r)\alpha K}, \dfrac{V-P}{r\alpha K}\right)$。

通过校企双方的复制动态方程能计算得到:

$$\frac{\mathrm{d}F(x)}{x} = (1-2x)[yr\alpha K + P - V]$$

$$\frac{\mathrm{d}F(x)}{y} = x(1-x)r\alpha K$$

$$\frac{\mathrm{d}F(y)}{x} = y(1-y)(1-r)\alpha K$$

$$\frac{\mathrm{d}F(y)}{y} = (1-2y)[x(1-r)\alpha K + P - C]$$

经由上式能求出雅可比矩阵是:

$$\boldsymbol{J}_e = \begin{bmatrix} (1-2x)[yr\alpha K + P - V] & x(1-x)r\alpha K \\ y(1-y)(1-r)\alpha K & (1-2y)[x(1-r)\alpha K + P - C] \end{bmatrix}$$

矩阵行列式的值是:

$$|\boldsymbol{J}_e| = (1-2x)[yr\alpha K+P-V] \cdot (1-2y)[x(1-r)\alpha K+P-C]$$
$$-x(1-x)r\alpha K \cdot y(1-y)(1-r)\alpha K$$

矩阵行列式的迹为：

$$\text{tr}(\boldsymbol{J}_e) = (1-2x)[yr\alpha K+P-V]+(1-2y)[x(1-r)\alpha K+P-C]$$

(三)演化博弈模型研究

依照以上演化博弈模型，把高校知识转移协作的稳定状况当作两种情形来探讨研究。

其一，校企协作的违规处罚高于企业支付的经营成本或高校给予的知识价值，即 $P>C$ 或 $P>V$。

依照弗里德曼（Friedman）的局部稳定性分析方法，能得到系统 $S=\{(x,y);0{\leqslant}x,y{\leqslant}1\}$ 里包含 4 个局部平衡点，即 $(0,0)$，$(0,1)$，$(1,0)$，$(1,1)$。雅可比矩阵的均衡结果如表 4-10 所示。

表 4-10　校企双方协作的违规处罚高于企业支付的
经营成本或高校给予的知识价值时的均衡结果

均衡点	$|\boldsymbol{J}_e|$	$\text{tr}(\boldsymbol{J}_e)$	结果
$(0,0)$	+	+	鞍点
$(0,1)$	−	+	不稳定点
$(1,0)$	−	+	不稳定点
$(1,1)$	+	−	ESS

据表 4-10 可见，若校企协作的违规处罚高于企业支付的经营成本或者高校给予的知识价值，点 $(0,0)$ 为鞍点，点 $(0,1)$ 和点 $(1,0)$ 为不稳定点，点 $(1,1)$ 为策略稳定点，因为校企双方的获益都比其不协作情况时的获益高，"合作"即一定为双方演化博弈策略，此时满足实际情况。演化相位图如图 4-12 所示。

其二，校企协作的违规处罚低于企业支付的经营成本和高校给予的知识价值的获益，即 $P<C$ 或 $P<V$。

可得在系统 $S=\{(x,y);0{\leqslant}x,y{\leqslant}1\}$ 中有 5 个局部平衡点，分别为 $(0,0)$，$(0,1)$，$(1,0)$，$(1,1)$，$\left(\dfrac{C-P}{(1-r)\alpha K},\dfrac{V-P}{r\alpha K}\right)$。雅可比矩阵的均衡结果如表 4-11 所示。

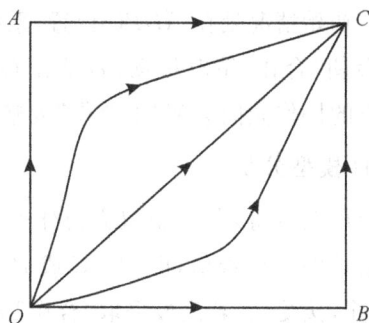

图 4-12 校企双方协作的违规处罚高于企业支付的
经营成本或高校给予的知识价值时的演化相位图

表 4-11 校企双方协作的违规处罚低于企业支付的
经营成本和高校给予的知识价值时的均衡结果

均衡点	$\lvert J_e \rvert$	$\mathrm{tr}(J_e)$	结果
$(0,0)$	$+$	$-$	ESS
$(0,1)$	$+$	$+$	不稳定点
$(1,0)$	$+$	$+$	不稳定点
$(1,1)$	$+$	$-$	ESS
$\left(\dfrac{C-P}{(1-r)\alpha K},\dfrac{V-P}{r\alpha K}\right)$	$+$	0	鞍点

由表 4-11 可见,若校企双方协作的违约罚金低于企业支付的经营成本和高校给予的知识价值,点 $(0,0)$ 和点 $(1,1)$ 为稳定点,即校企双方的策略为均采取"不合作"和均采取"合作";点 $(0,1)$ 和点 $(1,0)$ 是博弈不稳定源点,点 $\left(\dfrac{C-P}{(1-r)\alpha K},\dfrac{V-P}{r\alpha K}\right)$ 是鞍点。演化相位图如图 4-13 所示。

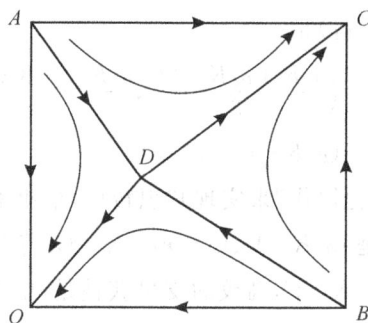

图 4-13 校企双方协作的违规处罚低于企业支付的
经营成本和高校给予的知识价值时的演化相位图

由图 4-13 可见,若初始情况处在 $ADBC$ 位置,系统向 C 点(1,1)收敛,校企双方的协作倾向会朝"合作"策略推动;若处在 $OADB$ 位置,系统向 O 点(0,0)收敛,校企双方的协作倾向会朝"不合作"策略推动。

(四)高校模式选择模型分析

依照以上演化博弈模型可得,若校企双方协作的违规处罚高于企业支付的经营成本或高校给予的知识价值,即 $P>C$ 或 $P>V$,校企双方最后的博弈稳定均衡解为(合作,接受)。若高校采取"合作"策略,则校企协作通过两种形式实施知识转移:一是企业通过支付一定的资金来获取知识;二是高校通过相关技术入股实现共同商业化。

如果高校采取"技术出售"来实现知识转移,若企业采取"接受",则高校和企业的支付获益分别是 P、$\alpha_2 K-P-C$;若企业采取"拒绝",则高校的支付获益依旧是 $\alpha_1 K-C$,企业的支付获益是 0。所以校企双方博弈的讨价还价解一定要符合:

$$\max f(p)=(P-\alpha_1 K+C)(\alpha_2 K-P-C)$$

计算上式的 p 的偏导数得到:

$$\frac{\partial f(p)}{\partial p}=\frac{\partial\left[(P-\alpha_1 K+C)(\alpha_2 K-P-C)\right]}{\partial p}$$
$$=\alpha_1 K+\alpha_2 K-2P-2C$$

可令:

$$\alpha_1 K+\alpha_2 K-2P-2C=0$$

求得上式一阶条件是

$$P=\frac{\alpha_1 K+\alpha_2 K-2C}{2}$$

这种情况下,若高校采取"技术出售"、企业采取"接受",则支付获益(把 P 放到支付矩阵里计算得)是:

$$(技术出售,接受)=\left(\frac{\alpha_1 K+\alpha_2 K-2C}{2},\frac{\alpha_2 K-\alpha_1 K}{2}\right)$$

$$(技术出售,拒绝)=(\alpha_1 K-C,0)$$

若高校采取"商业化协作"来实现知识转移,企业采取"接受",则高校和企业的支付获益分别是 $r\alpha_3 K-V$、$(1-r)\alpha_3 K-C$;若企业采取"拒绝",则高校的支付获益依旧是 $\alpha_1 K-C$,高校的支付获益是 0。所以校企双方博弈的讨价还价解一定要符合:

$$\max f(r)=(r\alpha_3 K-V-\alpha_1 K+C)\left[(1-r)\alpha_3 K-C\right]$$

对上式的 r 求偏导数可得

$$\frac{\partial f(r)}{\partial r} = \frac{\partial \{(r\alpha_3 K - V - \alpha_1 K + C)[(1-r)\alpha_3 K - C]\}}{\partial r}$$

$$= \alpha_3 K[(1-2r)\alpha_3 K + V + \alpha_1 K - 2C]$$

可令：

$$\alpha_3 K[(1-2r)\alpha_3 K + V + \alpha_1 K - 2C] = 0$$

求得上式一阶条件是

$$r = \frac{(\alpha_1 K + \alpha_3 K + V - 2C)}{2\alpha_3 K}$$

这种情况下，若高校采取"商业化协作"、企业采取"接受"，则支付获益（把 r 放到支付矩阵里计算得到）是：

$$(商业化协作，接受) = \left(\frac{\alpha_1 K + \alpha_3 K - V - 2C}{2}, \frac{\alpha_3 K - \alpha_1 K - V}{2}\right)$$

$$(商业化协作，拒绝) = (\alpha_1 K - C, 0)$$

若校企协作的违规处罚低于企业支付的经营成本和高校给予的知识价值的获益，即 $P < C$ 或 $P < V$，校企双方最后的博弈稳定均衡解是（合作，接受）或（不合作，拒绝）。若博弈稳定解是（不合作，拒绝），高校仅可通过创立企业来实施知识转移。

如果高校采取"创立企业"策略来实施知识转移，则若企业采取"接受"，高校和企业的支付获益分别是 $\alpha_1 K - C$、0；若企业采取"拒绝"，高校的支付获益依旧是 $\alpha_1 K - C$，企业的支付获益是 0。所以无论企业采取"接受"还是"拒绝"，校企双方的支付向量均可表述成 $(\alpha_1 K - C, 0)$。

据以上模型，高校处于不一样的情况下的获益支付向量可表述成：

（1）高校采取"创立企业"形式进行高校知识转移，包含两类情形，分别为企业采取"接受"或"拒绝"。两类情形下的高校获益支付向量均是 $(\alpha_1 K - C, 0)$。

（2）高校采取"技术交易"形式来进行高校知识转移，包含两类情形，分别为企业采取"接受"时的获益支付矩阵 $\left(\frac{\alpha_1 K + \alpha_2 K - 2C}{2}, \frac{\alpha_2 K - \alpha_1 K}{2}\right)$，企业采取"拒绝"时的获益支付矩阵 $(\alpha_1 K - C, 0)$。

（3）高校采取"商业化合作"形式进行知识转移，包含两类情形，分别为企业采取"接受"时的获益支付矩阵 $\left(\frac{\alpha_1 K + \alpha_3 K - V - 2C}{2}, \frac{\alpha_3 K - \alpha_1 K - V}{2}\right)$，企业采取"接受"时的获益支付矩阵 $(\alpha_1 K - C, 0)$。

依照以上演化稳定均衡解，把高校对知识转移形式的采取方式分三种情况来探讨。

其一，若高校采取"创立企业"的获益高于高校采取"技术出售"和"商业化协作"的获益,即 $\alpha_1 K - C > \dfrac{\alpha_1 K + \alpha_2 K - 2C}{2}$ 且 $\alpha_1 K - C >$ $\dfrac{\alpha_1 K + \alpha_3 K - V - 2C}{2}$,计算可得到:

$$\begin{cases} \alpha_1 > \alpha_2 \\ \alpha_1 K > \alpha_3 K - V \end{cases}$$

若高校的商业化程度高于企业的创新程度,高校采取"创立企业"形式的获益高于高校采取"商业化协作"的获益,则"创立企业"转移形式为高校的最优策略。此时,高校拒绝与企业协作,高校将采取创立企业实施知识转移。

其二,若高校采取"技术出售"的获益高于高校采取"创立企业"和"商业化协作"的获益,即 $\dfrac{\alpha_1 K + \alpha_2 K - 2C}{2} > \alpha_1 K - C$ 且 $\dfrac{\alpha_1 K + \alpha_2 K - 2C}{2} >$ $\dfrac{\alpha_1 K + \alpha_3 K - V - 2C}{2}$,计算可得到:

$$\begin{cases} \alpha_2 > \alpha_1 \\ \alpha_2 K > \alpha_3 K - V \end{cases}$$

若高校的商业化程度低于企业的创新程度,高校采取"技术出售"形式的获益高于高校采取"商业化协作"的获益,则"技术出售"转移形式为高校的最优策略,纳什均衡解是(技术出售,接受)。此时,高校通过"技术出售"来实施知识转移。

其三,若高校采取"商业化协作"的获益高于高校采取"创立企业"和"技术出售"的获益,即 $\dfrac{\alpha_1 K + \alpha_3 K - V - 2C}{2} > \alpha_1 K - C$ 且 $\dfrac{\alpha_1 K + \alpha_3 K - V - 2C}{2} >$ $\dfrac{\alpha_1 K + \alpha_2 K - 2C}{2}$,计算可得到:

$$\begin{cases} \alpha_3 K - V > \alpha_1 K \\ \alpha_3 K - V > \alpha_2 K \end{cases}$$

若高校采取"商业化协作"形式的最终获益高于高校采取"创立企业"和"技术出售"的获益,则"商业化协作"转移形式为高校的最优策略,纳什均衡解是(商业化协作,接受)。此时,高校与企业通过商业化合作来实施知识转移。

二、数值与案例分析

为了深入与知名高校的探讨协作,一起推动高校知识转移,2017 年 11

月 10 日,上海市召开了知名高校科技合作对接会。其中,众多企事业单位表示,普陀区有 16 个科技领域的签约协作项目,例如弹性自洁型海洋防污涂料的研制、全自动智能环保涂料生产线的研发等,深化了普陀区企业与复合型学校之间的探讨协作,促进了高校知识转移,有力推动了高新科技行业的发展。

2017 年后,上海市对区域内众多高新科技企业的产学研合作开展了深入探索,对区内科技企业的技术问题和需求进行了调研,并就技术问题与企业合作探讨。共收集了科技问题和要求 40 多项,邀请专家对企业面临的科技问题进行合作解决,签订合作约定和合作意向 16 项,并在智汇普陀的科技交流会上进行签约。

另外,普陀区提出企业应与知名高校、科研机构协作,满足区内热门产业和战略性新兴产业的发展需求,承担各种科技项目,突破关键共性技术研究,实施知识转移。

以更清楚地反映高校知识转移形式的演化步骤和规则为目的,本章使用 Matlab 实施仿真研究,把高校和企业分别计为成员 A 和 B,不断更改选择参数值,研究商业化成本、知识转移成功率等因素对高校知识转移模式选择的影响。

充分研究校企双方进行协作的状况后,对模型里的参数进行原始赋值,设定企业采取"接受"和"合作"策略时的获益的分担系数是 0.3 和 0.7;高校采取"合作"时的知识价值是 10(万元),企业采取"合作"时的成本是 10(万元);知识转移实现后的获益是 100(万元);高校采取创立企业形式的转移实现率是 0.3,高校采取技术出售形式的转移实现率是 0.5,高校采取与企业商业化协作的转移实现率是 0.6;"合作"方获得的"不合作"方因违规被罚的罚金是 5(万元)。参数赋值如表 4-12 所示。

表 4-12　仿真参数赋值

参数	C	α_1	α_2	α_3	V	P	K	r
赋值	10	0.3	0.5	0.6	10	5	100	0.3
含义	商业化成本	自办企业转化率	技术转让转化率	商业化合作转化率	专利价值	罚金	收益	高校收益分配系数

(一)知识转移成功率变化对高校知识转移模式选择的影响

图 4-14 是保持其他参数相同时,校企双方协作时转移成功率的改变对高校转移模式选取影响的仿真。由图 4-14 可知,高校与企业合作的转移成

功率的临界值在 0.15—0.35。当转移成功率小于该临界值时,转移成功率较低,校企双方最后均趋向不合作,平衡点趋向于(0,0),这种情况下 α 的降低导致校企双方收敛于(0,0)的速度变快;当转移成功率高于该临界值时,转移成功率逐渐上升,最后校企双方均趋向合作,平衡点趋向于(1,1),这种情况下 α 的上升导致校企双方收敛于(1,1)的速度变快;企业与学研方的合作意向由不合作不断转成合作,因为在校企双方协作转移博弈时,随着转移成功率的提高,企业和高校的转移成功率越来越高,收益也越来越大。仿真结果表明:转移成功率上升,高校和企业合作进行知识转移的意愿不断增加。

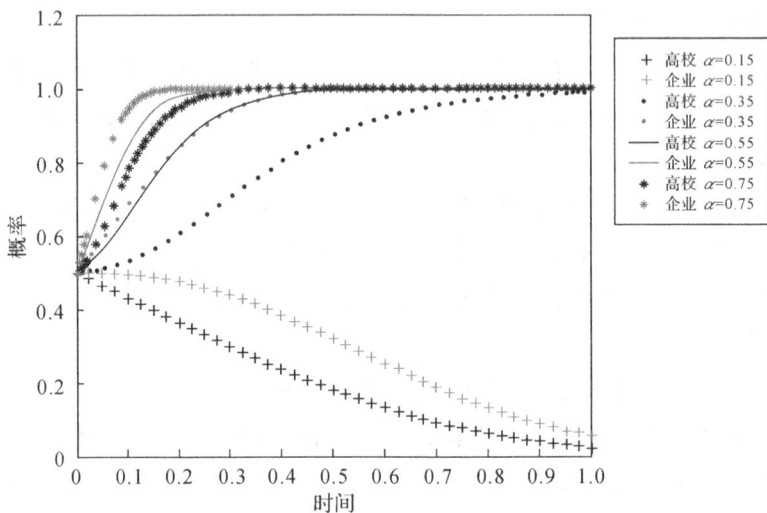

图 4-14 转移成功率变化时高校转移模式选择的演化情况

此时,通过初始设值能求得高校采取三种模式分别的获益。

(1)高校采取创立企业模式的获益是 $\alpha_1 K - C = 20$;

(2)高校采取技术出售模式的获益是 $\dfrac{\alpha_1 K + \alpha_2 K - 2C}{2} = 5 + 50\alpha_2$;

(3)高校与企业商业化协作的获益是 $\dfrac{\alpha_1 K + \alpha_3 K - V - 2C}{2} = \dfrac{5}{2} + 50\alpha_3$。

由上可得,若 α_2 或 α_3 不断上升,则高校一定会与企业协作,即采取模式(2)或(3)实施知识转移。若 $5 + 50\alpha_2 < \dfrac{5}{2} + 50\alpha_3$,则高校会采取与企业协作商业化的模式实施知识转移;若 $5 + 50\alpha_2 > \dfrac{5}{2} + 50\alpha_3$,则高校会采取技术转让模式实施知识转移。

（二）商业化成本变化对高校知识转移模式选择的影响

图 4-15 是保持其他参数相同时，采取不同的高校转移模式受校企双方协作时商业化成本改变的影响的仿真。由图 4-15 可得，校企双方协作的商业化成本的最小值为 10，最大值为 20，若商业化成本低于该临界值，这种情况下因为企业支付的商业化成本较低，高校最初采取合作的意愿将有短暂小幅度的下降，然而最后校企双方均趋向合作，平衡点趋向于(1,1)，这种情况下 C 的下降导致校企双方收敛于(1,1)的速度变快；若商业化成本高于该临界值，这种情况下因为商业化成本不断增加，企业需支付的成本变多，最后校企双方均趋向于不合作，平衡点趋向于(0,0)，这种情况下 C 的上升导致校企双方收敛于(0,0)的速度变快；企业与学研方的合作意向由合作不断转成不合作，因为在校企双方协作转化博弈时，伴随商业化成本的上升，企业和高校进行知识转移的收益越来越少。仿真结果表明：商业化成本升高，校企双方协作实施知识转移意向下降。

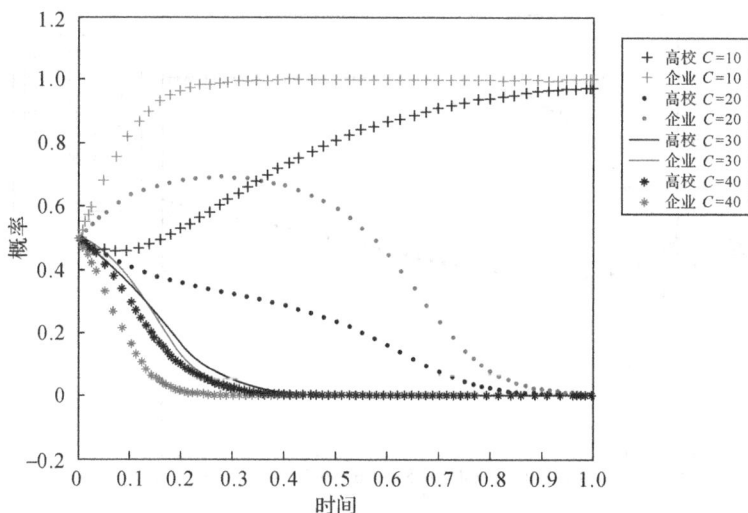

图 4-15 商业化成本变化时高校转移模式选择的演化情况

此时，通过初始设值能求得高校三种模式的获益。

（1）高校采取创立企业模式的获益是 $\alpha_1 K - C = 20$；

（2）高校采取技术出售模式的获益是 $\dfrac{\alpha_1 K + \alpha_2 K - 2C}{2} = 40 - C$；

（3）高校与企业商业化协作的获益是 $\dfrac{\alpha_1 K + \alpha_3 K - V - 2C}{2} = 40 - C$。

由上可得，若 C 不断上升，则高校一定会采取自办企业的模式实施知识转移,即采取模式(1)实施知识转移。

(三)知识价值变化对高校知识转移模式选择的影响

图4-16是保持其他参数相同时,采取不同的高校转移形式受高校知识价值改变的影响的仿真。据图4-16可得,高校知识价值的临界值大于20、小于30,若知识价值低于该临界值,这种情况下因为高校支付知识价值较低,企业最初采取合作的意向较低,然而最后校企双方均趋向合作,平衡点趋向于(1,1),这种情况下 V 的下降导致校企双方收敛于(1,1)的速度下降;若知识价值高于该临界值,这种情况下因为高校的知识价值不断增加,高校获取的期望收益下降,最后校企双方均趋向不合作,平衡点趋向于(0,0),这种情况下 V 的上升导致校企双方收敛于(0,0)的速度变快;企业与学研方的协作意向从合作不断转成不合作,因为在校企双方协作转化博弈时,伴随知识价值的上升,高校预期收益不断减少。仿真结果显示:知识价值上升,校企双方协作实施知识转移的意向降低。

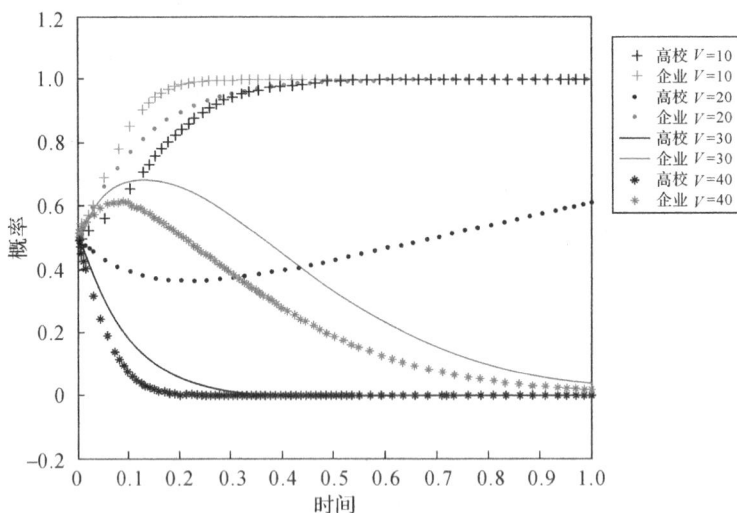

图4-16 知识价值变化时高校转移模式选择的演化情况

此时,通过初始设值能求得高校三种模式的获益。

(1)高校采取创立企业模式的获益是 $\alpha_1 K - C = 20$;

(2)高校采取技术出售模式的获益是 $\dfrac{\alpha_1 K + \alpha_2 K - 2C}{2} = 30$;

(3)高校与企业商业化协作的获益是 $\dfrac{\alpha_1 K + \alpha_3 K - V - 2C}{2} = \dfrac{70 - V}{2}$。

由上可得,若 V 不断下降,高校一定会与企业协作,也就是采取模式(2)

或(3)实施知识转移;若$\dfrac{70-V}{2}>30$,则高校会采取与企业商业化协作的模式实施知识转移。

三、结论与启示

科技创新对促进创新驱动发展的作用不容忽视,探寻以增值收益为目的的知识转移最佳模式有着重要意义。本章把高校知识转移形式分为两种:同企业协作转移、创立企业转移。本章以协作转移为条件,进一步探求协作转移时高校采取技术出售或协同商业化两种形式的好处和短板,而且创造了以商业化成本、知识转移成功率等因素为基础的博弈支付矩阵,基于讨价还价博弈方法计算出高校收益支付向量,然后研究了高校采取相应转移形式的要求,校企双方协作转移的知识转移实现率、商业化成本以及知识价值对高校采取不同知识转移形式造成的影响,得到如下结论与启示。

第一,当高校和企业合作转化时的知识转移成功率逐渐上升时,高校和企业的获益不断上升,高校更乐意采取同企业协作的形式实现知识技术资源转移。如果高校采取"商业化协作"形式的利益高于高校采取"技术交易"形式的利益,高校想要拥有更高收益,比较倾向同企业商业化协作以实现知识转移。然而若高校的商业化程度低于企业的创新程度,在这种情况下,高校的获益低于其与企业实施协作的获益,高校则倾向于采取"技术出售"来实现知识转移。所以,随着企业创新程度的提高,当高校尚未达到相应的商业化程度进行知识转移时,其最优策略是把自己的知识技术资源出售给企业。

第二,若校企双方协作转移中企业需要支付的商业化成本不断上升,那么虽然高校想要合作,但是企业会拒绝与高校合作,高校最后仅可采取"创立企业"的形式实施知识转移。所以随着高校商业化程度的提高,高校知识转移成功率会不断提升,并且高校能在商业化进程中获得市场经验。

第三,若校企双方协作转移中高校需要支付的知识价值不断下降,高校预期收益上升,那么双方的协作意向会不断提高,高校采取"商业化协作"形式实现知识技术资源的转移意愿增强。所以,此时高校选取商业化程度较高的企业实施合作,可以有效进行知识转移,实现价值的最大化。

第五章　产学研联盟特性对知识转移效果的影响研究

产学研联盟主体之间知识转移的绩效受到多种因素的共同作用,所以并不是全部的知识转移行为均可以发挥正向的作用,有些产学研联盟当中具有知识转移所需要的活动和渠道,然而并没能使得联盟企业实际的知识转移绩效有所提高。结合产学研联盟特点,选取联盟系统特性、联盟主体特性、知识双元特性、网络关系特性等因素,通过构造关于产学研联盟的知识转移模型并仿真计算、构建知识转移绩效影响因素模型并进行问卷调查,深入研究知识转移绩效受到产学研联盟不同特性的影响,从而为产学研联盟的知识转移提供具有借鉴意义的理论。

第一节　产学研联盟转移系统特性对转移效率的影响分析

知识经济时代,产学研联盟中企业跨行跨界的合作模式更加普及,在创新的来源与方式上也都出现了有别于之前的大变化,在创新生态系统之中,知识转移成为知识主体争取竞争优势的重要方式,同时,产学研联盟的转移系统特性也使得知识转移的效率受到其重要影响。本节将产学研联盟中的企业划分为同质性企业和异质性企业,并构造知识转移率函数,从两个维度出发研究成员特性和系统动态调整能力对知识转移效率的影响,以期促进产学研联盟异质性主体相互交流、协同适应,同时给基于提高产学研联盟知识转移绩效的决策提供了可靠的理论依据。

一、模型建立

(一)知识转移过程分析

知识转移是支撑产学研联盟中企业创新发展的基本条件。在产学研联盟中,缺乏知识的企业向拥有知识的企业学习从而成为知识拥有者,经历转移主体—转移途径—接受主体的循环过程，一般而言转移途径是企业之间的相互接触，而决定知识转移效率的关键因素是"知识转移率"的大小。因此，根据产学研联盟中企业的动态变化特征和交互关系可以得出知识转移的三个重要环节。

1. 转移主体

在产学研联盟中，由于技术、知识、资源等的差异，企业之间必然存在由知识距离引起的知识存量的差距，形成了知识转移的自然动力。如果知识存量高的企业拥有其他企业所需要的价值知识，则会存在一定可能性成为知识转移主体。如果其拥有的知识不具备对其他企业的吸引力，知识转移自然不会发生。

2. 知识转移率

知识转移率是指单位时间内缺乏知识的企业学习新知识并转化为拥有知识的企业的概率，它是影响知识转移效率的关键因素。知识转移率主要由转移意愿、知识距离、关系强度等因素共同决定。当知识转移率较高时，知识转移的效率在产学研这一联盟当中也会提高，缺乏知识的企业会以较高比例成功获得知识从而转变成为知识转移主体。相反，当知识转移率较低时，系统内的知识转移效率和成功比例也会下降。

3. 接受主体

知识接受主体是产学研联盟中知识转移的主要对象，缺乏知识的企业会积极主动向拥有知识的企业学习。当学习成功时，则转变为知识拥有者，从而成为新加入的知识转移主体，当学习失败时，则继续扮演知识接受主体的角色。

(二)模型假设

1. 根据产学研联盟中各类企业知识转移的意愿特征，将其划分为三类：转移主体 I，指掌握知识的企业，也是现有的知识传播源，但知识转移意愿不确定；S 是指那些虽然缺少知识却十分想要习得新的知识的企业这一接受主体；独立企业 R，作为"免疫者"，这类企业由于自身性质或发展策略影响，既不会主动地去接受知识的转移，也不会主动地去转移知识，所以现有的知识转移并不会受到这类企业的影响。与此同时，为了探索知识转移会受到企业知识背景差异的具体影响，考虑跨界知识转移因素，将 S 分为两类：S_1 是指那些缺少知识的同质性企业，S_2 则是指那些缺少知识的异质性企业。同质性和异质性均是相对于知识转移主体而言，同质性企业之间的技术领域相同,知识背景相似;异质性企业相反。可得产学研联盟中的企业满足数量关系:$N=S_1+S_2+I+R$。

2.关于知识的转移率:于 t 这一时刻,s 类企业在单位时间中对新的知识进行学习并将所学知识转化给 I 这类企业的概率 $P\in[0,1]$。接受主体、转移主体与转移途径等多方面因素在转移的过程当中对 P 造成影响,本节考虑的知识转移率主要受到知识主体转移意愿 β、知识差异率 α 和知识距离 c 的影响。因为企业知识领域存在差异,我们假定异质性企业间的知识差异率大于同质性企业,即 $\alpha_2>\alpha_1$,同时对同异质企业转移主体的转移意愿加以区别,构造同质性企业知识转移率为 $\dfrac{\beta_1\alpha_1}{c}$,异质性企业知识转移率为 $\dfrac{\beta_2\alpha_2}{c}$。

3.在产学研联盟当中,知识转移应被视为一个动态变化的过程,知识转移主体也会发展变化,并且企业发展策略与外部环境也会对其产生一定的影响,现有的知识转移主体 I 会以一定比例转向 R 类企业,并且会在目前的知识转移系统中退出,设定 γ 表示比例系数,所以 I 这类企业在单位时间中转化到 R 这类企业的数量为 γI。

4.产学研联盟这一系统是相对开放的,在它的发展过程中,有些新的企业会加入这一系统,同时处于该系统中的部分企业也会因为各种原因转型而选择退出原行业。在本节中,我们假定三类企业都会出现因遭到淘汰或者转型升级而选择退出目前的产学研联盟的可能,假定企业退出与进入的系数相等,都是 q。在这当中,将同质性的企业在单位时间内进入的数量表示为 pqN,异质性企业在单位时间内进入的数量为 $(1-p)qN$。这个时候,接受主体中同质企业单位时间内退出数量为 qS_1,异质性企业退出数量为 qS_2,转移主体企业退出数量为 qI,独立企业单位时间内退出数量为 qR。产学研联盟当中企业总数保持不变且表示为一个常数 N。

(三)模型构建

根据以上假设,产学研联盟中使用图 5-1 来描述企业之间的知识转移过程。

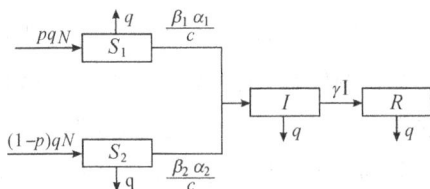

图 5-1 产学研联盟知识转移框架

根据图 5-1,知识转移的新模型可以构造如下:

$$\begin{cases} \dfrac{\mathrm{d}S_1(t)}{\mathrm{d}t} = qpN - \dfrac{\beta_1\alpha}{c}I(t)S_1(t) - qS_1(t) \\[2mm] \dfrac{\mathrm{d}S_2(t)}{\mathrm{d}t} = q(1-p)N - \dfrac{\beta_2\alpha}{c}I(t)S_2(t) - qS_2(t) \\[2mm] \dfrac{\mathrm{d}I(t)}{\mathrm{d}t} = \dfrac{\beta_1\alpha}{c}I(t)S_1(t) + \dfrac{\beta_2\alpha}{c}I(t)S_2(t) - \gamma I(t) - qI(t) \\[2mm] \dfrac{\mathrm{d}R(t)}{\mathrm{d}t} = \gamma I(t) - qR(t) \end{cases} \quad (5\text{-}1)$$

$\{[S_1(t),S_2(t),I(t),R(t)] \mid 0 \leqslant S_1(t) \leqslant N, 0 \leqslant S_2(t) \leqslant N, 0 \leqslant I(t) \leqslant N,$
$0 \leqslant R(t) \leqslant N\}$

（四）模型分析

根据上述分析,产学研联盟中的企业总数 $N(t) = S_1(t) + S_2(t) + I(t) + R(t)$,将式(5-1)中的四个公式相加可得:

$$\frac{\mathrm{d}N}{\mathrm{d}t} = qN - qS_1 - qS_2 - qI - qR = 0$$

符合系统的一般规律,因此模型是有效的。

在判定系统稳定性时不用考虑非线性项,可以通过线性方程解的情况判定系统的稳定性。根据李雅普诺夫(Lyapunov)方法,按线性近似方法对方程组(5-1)的稳定性进行分析,原方程的解耦方程为:

$$\frac{\mathrm{d}}{\mathrm{d}t}\begin{bmatrix} S_1 \\ S_2 \\ I \\ R \end{bmatrix} = \begin{bmatrix} -q & 0 & 0 & 0 \\ 0 & -q & 0 & 0 \\ 0 & 0 & -r-q & 0 \\ 0 & 0 & r & -q \end{bmatrix} \begin{bmatrix} S_1 \\ S_2 \\ I \\ R \end{bmatrix} + \begin{bmatrix} qpN \\ q(1-p)N \\ 0 \\ 0 \end{bmatrix}$$

相应的特征方程为:

$$|\lambda I - A| = \begin{vmatrix} \lambda+q & 0 & 0 & 0 \\ 0 & \lambda+q & 0 & 0 \\ 0 & 0 & \lambda+r+q & 0 \\ 0 & 0 & -r & \lambda+q \end{vmatrix}$$

上述特征方程可以写成更加明确的形式:$(\lambda+q)^3(\lambda+r+q)=0$,通过解特征方程求得系数矩阵的特征值为 $\lambda_1 = -q, \lambda_2 = -r-q$,由于 $q>0, r>0$,根据李雅普诺夫第一方法,若特征方程的根具有负实部,则方程组的零解是渐进稳定的。所以可以得出非线性微分方程组(5-1)的解具有渐进稳定性。

二、知识转移效率分析

截至 2018 年底,我国工业互联网产业的产学研联盟已经有 100 余家单位成员,这一系统已经慢慢地向着多方联动的产业生态系统方向发展,为推进工业互联网发展提供关键支撑,成为产业合作和生态培育的主要平台。系统当中拥有工业企业、信息通信企业等诸多技术领域不同的成员单位,异质性特征较为明显。为了更直观地说明产学研联盟中同异质企业之间知识转移的过程和规律,把握系统动态能力和企业特性对知识转移效率的影响,本节参考工业互联网产业产学研联盟成员特征,设置初始状态下产学研联盟内拥有企业数量 $N=130$,其中缺乏知识的同质性企业数量 $S_1=70$ 家,占总企业数的 54%;缺乏知识的异质性企业数量 $S_2=30$ 家,占总企业数的 23%;转移主体企业 $I=20$ 家,占总企业数的 15%;独立企业 $R=10$ 家,占总企业数的 8%。其他参数设置如下:$q=0.2,p=0.75,c=3,r=0.02,$ $\beta_1=\beta_2=0.5,\alpha_1=0.2,\alpha_2=0.5$。计算得出 $\frac{\beta_1\alpha_1}{c}=0.033,\frac{\beta_2\alpha_2}{c}=0.083$。

(一)企业转移意愿对知识转移效率的影响

由图 5-2 可以看出,产学研联盟中知识转移意愿的不同会影响同异质企业知识转移效率。图 5-2(a)中,$\beta_2\geqslant\beta_1$,也就是异质性企业转移意愿等于或高于同质性企业时,稳态情况下知识转移主体的数量接近 115 家,缺乏知识的同质性企业剩余 5 家左右未完成知识转移。这是因为同质性企业为了提高市场占有率,存在行业竞争,因此同质性企业转移主体在知识转移过程中出于对自身利益和行业地位的保护,转移意愿 β_1 是较低的,在知识转移后期往往会产生懈怠、阻碍、刁难等情绪,有意保留核心知识,最终导致转移主体数量较低;而异质性企业之间由于不存在行业竞争的关系,转移意愿 β_2 相对较高,随着转移过程的进行,双方不断熟悉,此时同缺乏知识的异质性企业进行转移效果更好。相反,当 $\beta_2<\beta_1$,即当同质性企业知识转移意愿高于异质性企业时,由图 5-2(b)可以看出,产学研联盟中知识转移效率显著提升,缺乏知识的同异质企业数量都降到最低。这说明同质性企业之间的知识转移意愿对产学研联盟知识转移效率起主要的决定作用。

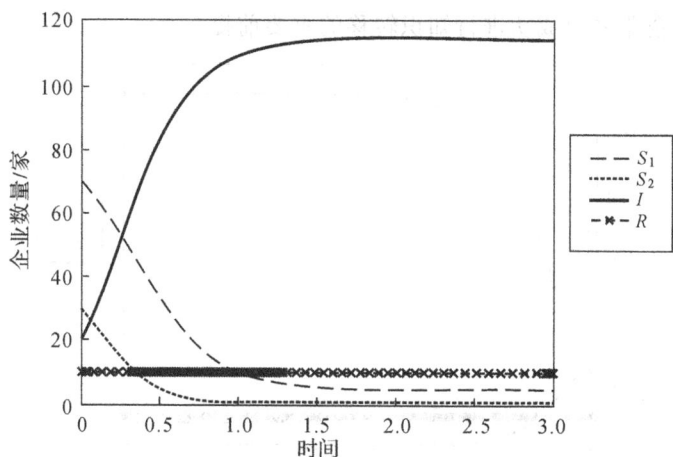

(a) $\beta_2 \geqslant \beta_1$

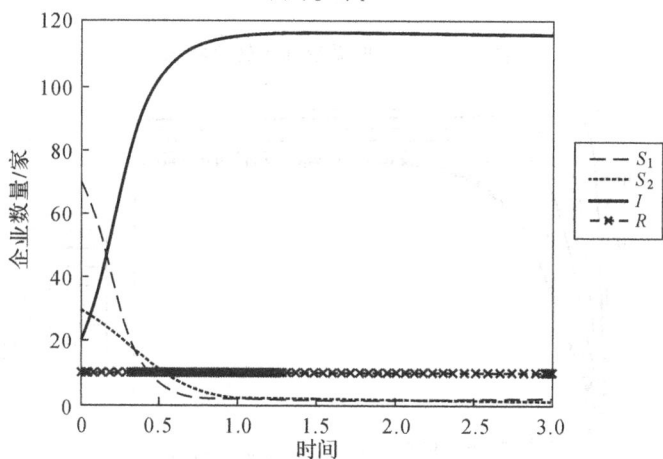

(b) $\beta_2 < \beta_1$

图 5-2　知识转移意愿对知识转移效率的影响

(二)企业间知识距离对知识转移效率的影响

由图 5-3 和图 5-4 可以看出,初始状态下,当知识距离为 3 时,稳态情况下知识转移主体的数量接近 120 家,缺乏知识的同质性企业最终剩余 5 家左右未完成转移,此时缺乏知识的异质性企业基本成功完成了转移。但是当知识距离增加至 7 时,如图 5-3 所示,产学研联盟中知识转移效果明显不如之前,缺乏知识的同异质企业最后均有一定数量的遗留,稳态情况下知识转移主体数量只有 110 家左右,而此时产学研联盟中独立企业数量出现增长趋势。根据图 5-4,随着知识距离的增加,产学研联盟内的知识转移主体数量呈下降趋势,这说明企业转移成功的比例在下降,同样知识距离的缩短会促进产学研联盟中同异质企业的知识转移。可以看出合理范围内的知识距离是企业之间成功进行知识转移的重要前提。

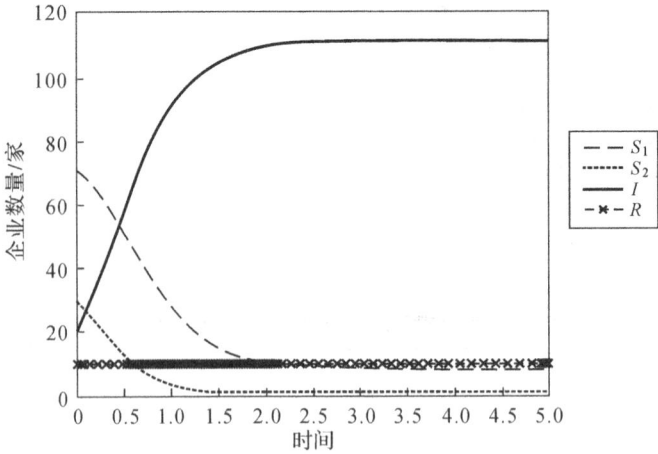

图 5-3　$c=7$ 时系统知识转移状态

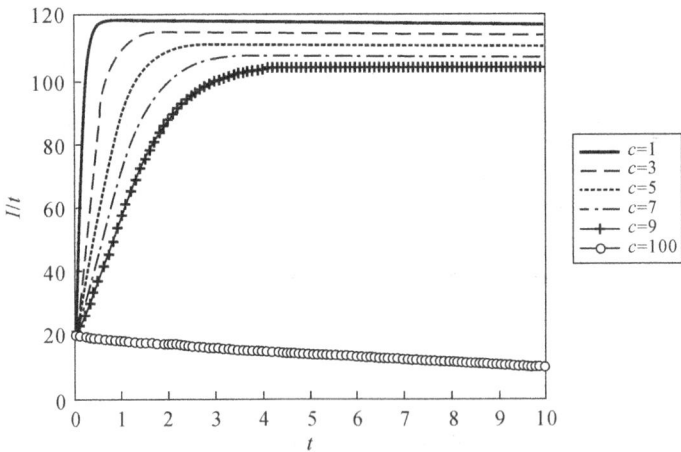

图 5-4　c 变化对 $I(t)$ 的影响

由于知识转移率 $\dfrac{\beta\alpha}{c}\in[0,1]$，而 $\alpha\in[0,1]$，$\beta\in[0,1]$，因此可以推出 c 的取值范围为 $c\geqslant1$。从图 5-4 中可以看到，当 $c=100$ 时，产学研联盟中的知识转移效果出现根本性变化，知识转移主体的数量迅速下降，这说明知识距离过大时会导致产学研联盟正常的知识转移机制被破坏，此时只发生小部分企业的低效率知识转移，知识转移主体企业数量不断减少。

（三）动态调整能力对知识转移效率的影响

在产学研联盟的发展过程中，企业成员可能发生更替变化，由图 5-5 和图 5-6 可以看出，当外部企业进入产学研联盟时，相对于知识转移主体，如果是同质性企业概率更大时($p=0.75$)，产学研联盟中的知识转移主体会在1时刻左右迅速达到115家并保持稳定。相比于异质性企业，同质性企业之间知识转移速度更快，但是缺乏知识的异质性企业在0.8时刻左右基本全部成功完成知识转移，转变为知识转移主体，而缺乏知识的同质性企业会保留5家企业始终没有完成知识转移。在此条件下，产学研联盟内独立企业的数量并没有发生增减。但是根据图5-5，当 $p=0.25$，即新进入系统的企业为异质的可能性更大时，可以明显看出，知识转移主体的数量会增加到接近120家并保持稳定，此时的产学研联盟中除了10家独立企业，缺乏知识的同异质企业均会完成转移。这体现了异质性企业对产学研联盟内知识转移的促进作用，异质性企业进入系统会带来新的技术知识、管理制度等，可以推动创新和知识转移。

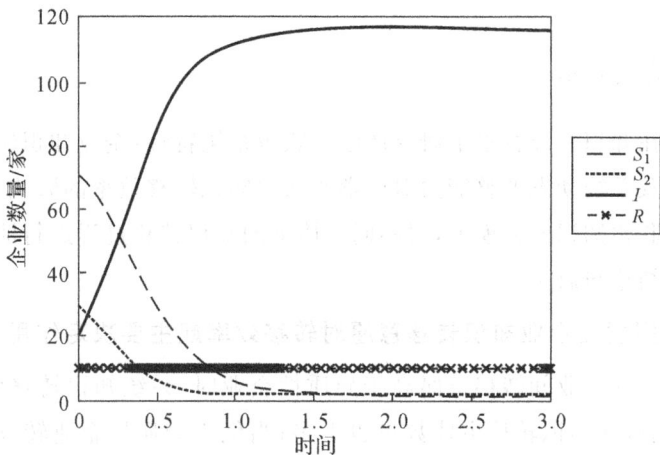

图5-5　$p=0.25$ 时系统知识转移状态

　　观察图5-6可以发现，当产学研联盟中企业进入退出系数 $q>0.1$ 时，知识转移主体企业的数量均会出现增长，说明缺乏知识的同异质企业大部分实现了有效转移，但是当 $q \leqslant 0.1$ 时，转移主体的数量由刚开始的急剧上升趋势转为下降趋势，这说明当产学研联盟的动态调整能力较强时，对系统知识转移具有促进作用；相反，如果系统中的企业成员长期固定不变，也会阻碍知识转移的进行，$q=0.1$ 是产学研联盟动态调整能力的一个临界值。

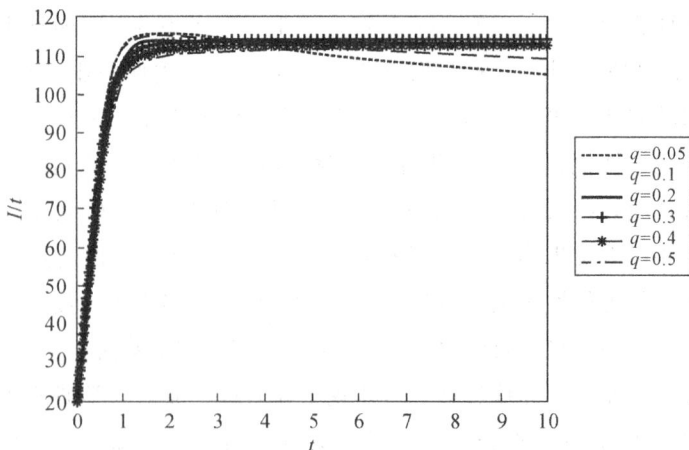

图 5-6　q 的变化对 $I(t)$ 的影响

三、结论启示

本节在知识差异背景下研究产学研联盟系统特性:企业知识转移意愿、知识距离及系统动态调整能力对产学研联盟知识转移效率的影响。通过构建产学研联盟知识转移模型,对不同情境下的知识转移过程进行演化分析,得出以下结论与启示。

(一)同质性企业知识转移意愿对转移效率起主要决定作用

当同质性企业间转移意愿高于异质性企业时,系统知识转移效率会明显提高,拥有的知识转移主体数量也更多;当低于异质性企业转移意愿时,系统当中始终存在一部分缺乏知识的同质性企业无法完成知识转移。可见,提高同质性企业之间的知识转移意愿对突破产学研联盟知识转移效率的瓶颈具有重要意义。因此,产学研联盟应当建立开放、交流、信任的组织文化,巩固同质性企业间的合作信任关系,进一步提高同质性企业之间的知识转移意愿,消除同行业之间过度保守的沟通壁垒,充分利用相同的技术路径优势,共同聚焦产业共性技术难题,推进企业间知识转移效率的提升。

(二)企业间知识距离同知识转移效率呈非线性关系

当企业间知识距离较小时,缺乏知识的企业大部分可以成功获得知识并转变为知识转移主体企业;但是随着知识距离的增加,知识转移效率开始下降,成功转移成为知识主体的企业数量不断减少,同时部分企业开始放弃知识转移而转变为独立企业,退出当前知识转移系统。当知识距离扩大到一定程度时,系统正常的知识转移机制被破坏,参与知识转移的企业数量骤减。因此,产学研联盟中的企业应当加强沟通合作,弥补企业因技术领域不同而产生的知识差距,缩短企业间的知识距离,从而更好地推动系统内知识转移的进行。

(三)增大异质性企业比例对于提升系统知识转移效率作用明显

与同质性企业相比,异质性企业的加入为产学研联盟带来多样化的知识和技能,可以促进企业之间的知识共享和转移。因此,产学研联盟在发展过程中应当重视对外部优秀异质性企业的吸收,拥有跨界技术知识的异质性企业会为系统注入创新活力和动力,加强企业间的跨界合作,外部优秀异质性企业深刻地影响了产学研联盟的知识转移。

(四)增强系统动态调整能力有助于提升系统知识转移效率

当产学研联盟动态调整能力较强时,缺乏知识的同异质企业均能实现较高比例的转移。反之,如果产学研联盟内的企业成员长期比较固定,缺乏竞争淘汰机制,则会降低系统知识转移效率。因此,在产学研联盟当中,应该建立优胜劣汰的竞争制度与有序且良性的人才流动制度,并且在适应环境变化的同时也需要主动提升与主动培育动态调整能力,应当大力关注对于外部优势资源的吸收,激发各种企业的创新创造活力,建立有关产业的竞争生态,充分发挥动态能力对企业技术创新的推动作用。

第二节　产学研联盟转移主体特性对转移绩效的影响分析

当前,企业对市场的竞争日渐演变为知识竞争,企业可持续发展的关键性资源也逐步变为知识,有更多的企业为了能够维持本身的竞争优势,提升自身的动态能力,选择加入产学研联盟,来达成组织之间技术交流和知识共享的目的。这样一来,联盟企业获得竞争优势的关键一步便是知识转移。产学研联盟中影响知识转移绩效的因素有很多,主要集中在转移主体特性和其信任程度方面。本节选取了知识源特性、知识受体特性和主体的信任程度三个影响因素,来对产学研联盟知识转移有效性的影响因素构建模型,分析知识源特性和知识受体特性对知识转移绩效的影响,更深入分析了信任程度在知识源、知识受体与转移绩效的关系中起到的调节作用,期望对产学研联盟企业知识转移有所借鉴。

一、理论基础与假设提出

(一)知识源特性与知识转移绩效

在知识转移的过程中,知识源起着重要作用,没有知识源,知识转移就无法进行,而其转移能力和转移意愿就成为两个至关重要的方面。进行知识转移的前提是要有转移知识源的意愿,转移的意愿可以增强主体之间的信任,转移企业的知识转移意愿越强烈,对接受方越信任,再加上稍稍淡薄的自我保护意识,知识共享就会越多。

知识源的知识转移能力也很重要。转移能力是指联盟企业清楚地了解自身所拥有知识的深度和广度,也知晓接受方的需求及其吸收能力、学习能力,并且能够成功地把知识转移到接受方的能力。如果知识源没有足够的转移能力,知识无法以合适的方式转入接受方,知识转移就无法完成。知识源的转移能力越强,知识以越恰当、越易理解和学习的方式传达,越有利于知识转移效率的提升。

基于上述分析,本节提出如下假设:

H1:知识源转移意愿与产学研联盟企业知识转移绩效正相关。

H2:知识源转移能力与产学研联盟企业知识转移绩效正相关。

(二)知识受体特性与知识转移绩效

知识受体就是知识接受方,就知识转移绩效来看,知识接受方的吸收意愿对其存在重要影响,接受方吸收的意愿越强,知识受体的积极性就会越强,就越能主动地在知识转移过程中去克服困难,有利于企业间知识转移的进行。如果吸收意愿较弱,知识受体就会缺乏克服困难的积极性。若知识受体的吸收意愿不是十分明确,知识源在知识转移过程中就会"不乐意"或者不想去进行配合。由此可见,吸收意愿是知识受体在知识转移过程中具备的基本条件之一,如果知识受体吸收意愿较弱,即使成功地获取了外部知识,也缺乏整合和利用新知识的积极性,这样一来知识转移的效果可能会不如预期。

知识受体的知识吸收能力在影响知识转移绩效中起关键作用,知识吸收能力是一个企业识别、消化和应用新知识的能力。知识嵌入复杂的组织流程、惯例和环境中,具有模糊性,知识接受企业只有在消化吸收后才能将它转化利用。在产学研联盟中,所需转移的知识被嵌入了不同的文化情境中,知识受体在学习知识源的流程和方法时必须具备一定的吸收能力,以便能够进行实时的调整和适应,从而提升知识转移绩效。在促进组织内外部知识转移方面,吸收能力发挥着不容忽略的作用。

学习能力是指企业通过复制、整合和创新来挖掘新知识,从而获得所需知识的技能,知识转移与学习过程是并行和协同演化的,Weidenfeld 等(2010)研究证明,学习能力与知识转移绩效正相关,学习能力越强,就越能保证知识转移的顺利进行。

基于上述分析,本节提出如下假设:

H3:知识受体的吸收意愿与产学研联盟企业知识转移效果正相关。

H4:知识受体的吸收能力与产学研联盟企业知识转移效果正相关。

H5:知识受体的学习能力与产学研联盟企业知识转移效果正相关。

(三)信任程度与知识转移绩效

组织间知识转移的一个重要前提是:信任是降低知识转移不确定性的一种有效机制。企业间的相互信任可以促进其更大程度上的知识和信息的交流,信任程度的提升能有效改善企业间的知识共享氛围。"艰难"的关系造成知识"黏性",这是阻碍知识转移的重要因素。

在知识转移过程中可能存在核心价值知识泄露的问题,知识转移双方由于这种不安全感而不愿共享核心知识,而较高的信任程度往往能减轻联盟成员的这种不安全感,提升其知识共享意愿。如果转移双方信任度比较高,转移方就会产生积极的心理暗示,相信自己所提供的知识能够带来积极的回报,从而更愿意共享知识。同时,知识接受方由于受到积极的心理暗示的影响,认同其所获知识是真实可靠的,更加愿意对其所获得的知识进行整合与运用。实证研究结果表明,信任程度对知识转移绩效产生正向影响。

基于上述分析,本节提出如下假设:

H6:联盟企业间的信任程度与产学研联盟企业知识转移效果正相关。

(四)信任程度在知识源特性与联盟企业知识转移绩效关系中的作用

知识源和知识受体特性对知识转移是否成功有深刻影响,而信任程度作为转移主体两者之间的调节变量也会影响知识转移效果。Bouncken 等(2015)认为,信任不仅可以提升转移双方的转移意愿,还可以降低知识转移过程中存在的问题的难度,信任程度不仅对知识转移有直接影响,而且还会通过提高知识源的转移意愿,对转移效果产生间接影响。当联盟成员彼此相互信任的时候,企业更愿意共享其所拥有的知识资源,增加知识转移的概率。Duanmu 和 Fai(2007)认为,联盟企业间知识转移的主要影响因素就是联盟成员间的信任程度。Weber B 和 Weber C(2007)的实证研究结果表明,转移主体间的信任程度对知识转移绩效有着正向影响。

从知识源特性来看,知识转移是有风险的,所转移的知识专有性越强,转移的风险就越大。首先,有效的知识转移要求知识源投入人力资本等组织资源;其次,作为企业核心竞争力的源泉,企业的隐性知识在转移过程中面临竞争力减弱的风险。当联盟双方信任程度较高时,知识源会降低风险预期,提高知识转移绩效。

基于上述分析,本节提出如下假设:

H7a:当联盟内信任程度越高时,知识源的转移意愿与知识转移绩效之间的关系越强;当联盟内信任程度越低时,知识源的转移意愿与知识转移绩效之间的关系越弱。

H7b:当联盟内信任程度越高时,知识源的转移能力与知识转移绩效之间的关系越强;当联盟内信任程度越低时,知识源的转移能力与知识转移绩效之间的关系越弱。

(五)信任程度在知识受体特性与联盟企业知识转移绩效关系中的作用

研究结果表明,联盟成员间的信任程度对企业吸收意愿有重要影响,信任程度越高,越有利于增强知识接受方的吸收意愿,促进其对外部知识的获取。联盟成员彼此间的相互信任可以在一定程度上增强知识接受企业的学习意愿和吸收意愿。Davenport 和 Prusak(1998)认为,影响知识转移绩效的首要因素是信任程度。Szulanski(2000)提出,若信任程度比较低,知识接受方往往会不认可所获取知识的可靠性,这将对知识转移过程产生严重影响。

在组织学习过程中,信任起到了重要作用,信任作为组织学习的前提,其程度越高,就越有利于学习能力的提高。信任的存在使得联盟伙伴之间更愿意进行分享,促进联盟内更多的知识转移,提高企业学习能力。Andrew(2011)通过实证研究表明,对组织的信任在促进学习能力方面起着重要作用。李自如和肖小勇(2005)认为,信任程度对知识吸收有重要影响,战略网络更有利于企业吸收外部知识。Gersick 和 Hackman(1990)证明,组织吸收知识的能力与知识转移情境适应性正相关。

基于上述分析,本节提出如下假设:

H7c:当联盟内信任程度越高时,知识受体的吸收意愿与知识转移绩效之间的关系越强;当联盟内信任程度越低时,知识受体的吸收意愿与知识转移绩效之间的关系越弱。

H7d：当联盟内信任程度越高时，知识受体的吸收能力与知识转移绩效之间的关系越强；当联盟内信任程度越低时，知识受体的吸收能力与知识转移绩效之间的关系越弱。

H7e：当联盟内信任程度越高时，知识受体的学习能力与知识转移绩效之间的关系越强；当联盟内信任程度越低时，知识受体的学习能力与知识转移绩效之间的关系越弱。

综合上述分析，我们提出本节研究的理论模型，如图 5-7 所示。

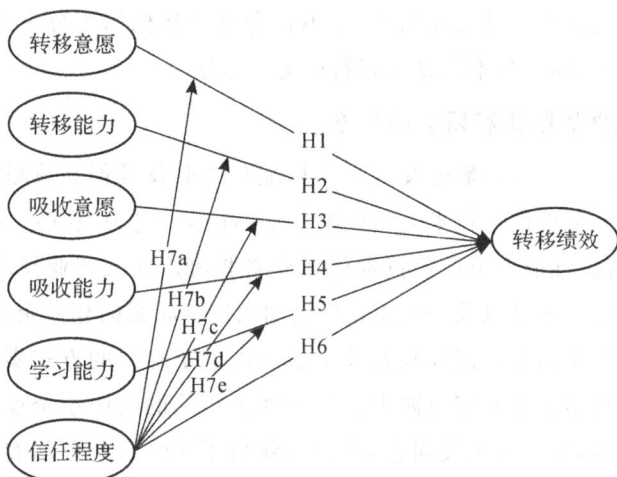

图 5-7 本节研究的假设模型

二、研究设计

(一)量表设计

为了使测量工具的效度与信度得到可靠的保障，本节选择使用在相关的研究领域中已经成熟的量表。知识源特性部分的问卷主要采用 Marks 等(2000)及 McEvily 和 Marcus(2005)开发的量表修订而成，知识源特性由转移意愿和转移能力两部分构成，转移意愿包括 4 个题项，如"我们愿意与联盟伙伴共享专有技术"等；转移能力包括 4 个题项，如"我们熟悉联盟伙伴的专业知识领域"等。知识受体特性部分的问卷主要采用 Cummings 和 Teng(2003)及 McEvily 和 Marcus(2005)开发的量表修订而成，知识受体特性由吸收意愿、吸收能力和学习能力三部分构成，吸收意愿包括 3 个题项，如"我们有强烈的意愿向联盟伙伴学习特定的知识和能力"等；吸收能力包括 4 个题项，如"我们能够对外部知识进行充分利用"等；学习能力包括 4 个题项，如"我们能迅速地从联盟伙伴那里学习知识"等。知识受体特性的吸收意愿设计 3 个题项,吸收能力和学习能力设计 4 个题项;信任程度部分的问卷主要由 Cimon(2004)、Manev 和 Stevenson(2001)及 Kankanhalli 等(2005)开发的量表修订而成,包括 4 个题项,如"我们与联盟伙伴之间都会毫不隐瞒地分享知识"等。联盟知识转移绩效部分的问卷主要采用 Jeffrey(2003)、Simonin(1999)及 Lane 等(2001)开发的量表修订而成,包括 6 个题项,如"我们从联盟伙伴身上学到了很多知识和技能"等。

在问卷设计方面,对所用题项采用李克特 7 级计分法测量,其中完全符合这一指标可以用 7 分来表明,完全不符合这个指标用 1 分来表明。问卷设计包括概念说明、基本信息和问卷正文三部分。

(二)数据的收集和研究的样本

本节以镇江市特种船舶及海洋工程配套产业技术创新战略联盟、江苏省航空材料和部件产业技术创新战略联盟、江苏省电力电气产业技术创新联盟、江苏省高性能合金产业技术创新战略联盟这四大产业技术联盟的产业技术创新联盟成员以及一些正在申请加入这些联盟的相关企业为主要的调查对象。本次问卷的回收与发放主要是以电子邮件的方式实现的,调查问卷一共发放给了 216 家与四大产学研联盟相关的大中小企业,一共回收了 207 份问卷,把一些无效问卷去除后,获得了 193 份有效问卷,有效率达到 89.35%。问卷的样本结构如表 5-1 所示。

表 5-1　样本描述统计

统计项	分类	数量	占比/%
企业性质	国有企业	93	48.1
	民营企业	87	45.1
	外商独资企业	5	2.6
	中外合资或合作企业	4	2.1
	其他	4	2.1
企业所属行业	制造业	138	71.3
	其他行业	55	28.7
企业雇员数	11—100 人	17	8.7
	101—300 人	22	11.5
	301—1000 人	54	27.8
	1000 人以上	100	52.0

统计项	分类	数量	占比/%
	技术人员或业务人员	38	19.7
回答者职务	基层管理者	60	31.1
	中层管理者	92	47.7
	高层管理者	3	1.5

（三）数据质量分析

本研究对数据质量的检验采用验证性因子分析（CFA），基于效度和信度这两个方面来检测，在这之中区分效度与聚合效度都包括在效度内。具体来说，信度采用建构信度（CR）来检验；以 AVE 这个平均方差抽取量来对聚合效度进行计算；以潜变量与其他潜变量间的相关系数和该潜变量的 AVE 平方根作为依据来比较区分效度，如果 AVE 的平方根比相关系数要大得多的话，就说明有区分效度存在于不同的潜变量当中。检验结果如表 5-2 所示。

如表 5-2 所示，七个变量的 CR 值分别为 0.899、0.896、0.873、0.878、0.873、0.917、0.958，均大于 0.873；七个变量的 Cronbach's α 系数值分别为 0.849、0.843、0.780、0.811、0.797、0.878、0.947，均大于 0.780，表明各变量具有较高的信度。各变量的 AVE 值分别为 0.691、0.683、0.697、0.644、0.635、0.734 和 0.791，均大于 0.635，表明七个变量聚合效度较好。表 5-3 为变量的区分效度检验结果，七个变量的 AVE 平方根都明显大于其与其他变量之间的相关系数，表明区分效度较好。

表 5-2 变量的信度与聚合效度检验

变量	测量题项数	CR	AVE	Cronbach's α
转移意愿	4	0.899	0.691	0.849
转移能力	4	0.896	0.683	0.843
吸收意愿	3	0.873	0.697	0.780
吸收能力	4	0.878	0.644	0.811
学习能力	4	0.873	0.635	0.797
信任程度	4	0.917	0.734	0.878
转移绩效	6	0.958	0.791	0.947

表 5-3   变量的区分效度与相关性检验

变量	转移意愿	转移能力	吸收意愿	吸收能力	学习能力	信任程度	转移绩效
转移意愿	0.831						
转移能力	0.680**	0.826					
吸收意愿	0.536**	0.664**	0.835				
吸收能力	0.547**	0.586**	0.601**	0.802			
学习能力	0.339**	0.473**	0.643**	0.637**	0.797		
信任程度	0.420**	0.504**	0.553**	0.647**	0.651**	0.857	
转移绩效	0.602**	0.630**	0.550**	0.691**	0.460**	0.621**	0.973

注:对角线上的数据为平均方差抽取量 AVE 的平方根;** 代表于 0.01 水平(双侧)上显著相关。

(四)数据分析与假设检验

1.数据分析

本研究采用 Amos17.0 这个软件构造结构方程的模型用以检验产学研联盟动态能力受到知识转移这一维度的影响机制,图 5-8 为结构方程模型检验结果,模型的 $\chi^2/df=2.354$ 低于标准阈值 5;RMSEA$=0.067$,低于标准阈值 0.08;GFI$=0.904$,比标准阈值 0.9 要稍微高一点;NFI$=0.923$,IFI$=0.916$,CFI$=0.914$,这些都比标准阈值 0.9 要高。该模型总体拟合度的各个指标表明,该模型总体上具有良好的拟合性。

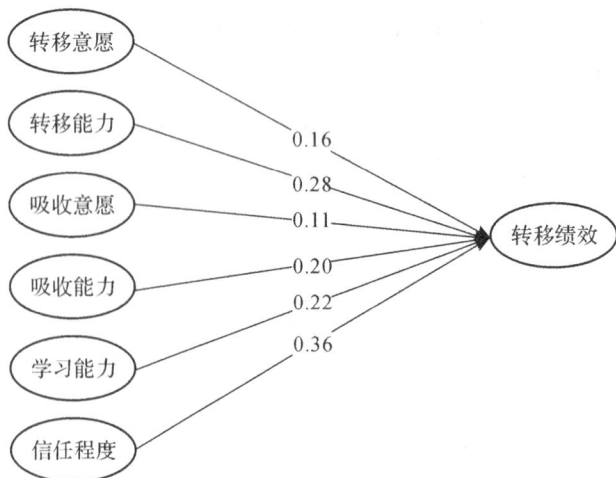

图 5-8   结构方程模型的检验路径

判定假设检验关系成立的标准为：在 p 这一路径系数的显著性水平比 0.05 小的时候，显著是作为其检验的结果，这时判定假设是成立的；在 p 这一路径系数的显著性水平比 0.1 小的时候，弱显著是作为其检验的结果，这时候判定假设是部分成立的。根据此标准，对 H1 至 H6 进行检验的结果通过表 5-4 来展示：①知识源的转移意愿和转移能力对转移绩效的路径回归系数分别为 0.203 和 0.346，且均在 0.001 水平上显著，假设 H1 和 H2 成立；②知识受体的吸收意愿、吸收能力和学习能力对转移绩效的路径回归系数分别为 0.124、0.204 和 0.220，分别在 0.001、0.001 和 0.05 水平上显著，假设 H3、H4、H5 成立；③信任程度对转移绩效的路径回归系数为 0.394，且在 0.001 水平上显著，假设 H6 成立。

表 5-4　假设检验结果

假设	路径	标准化系数（E）	标准化误差（S. E.）	临界比（C. R.）	显著性（p）	检验结果
H1	转移意愿→转移绩效	0.203	0.117	1.738	***	通过
H2	转移能力→转移绩效	0.346	0.108	3.191	0.001	通过
H3	吸收意愿→转移绩效	0.124	0.090	1.385	***	通过
H4	吸收能力→转移绩效	0.204	0.077	2.640	***	通过
H5	学习能力→转移绩效	0.220	0.082	2.680	0.007	通过
H6	信任程度→转移绩效	0.394	0.093	4.219	***	通过

注：*** 表示 $p < 0.01$。

2. 调节效应检验

本研究使用层次回归分析法来分析转移绩效和知识受体特性与知识源之间受到信任程度的调节作用（H7a—H7e），SPSS17.0 为本研究所使用的软件。进行调节效应检验的过程为：首先将自变量放入回归方程，然后加入调节变量进行分析，最后加入交互项进行分析。若交互项显著，则可以判断调节效应存在。

表 5-5 为转移绩效和知识源之间信任程度调节效应的检验结果。在表 5-5 中，M_1 为自变量（转移意愿）和因变量（转移绩效）的回归分析结果；M_2 为在 M_1 基础上增加了调节变量（信任程度）的回归分析结果；M_3 为在 M_2 基础上添加交互项（转移意愿×信任程度）后的回归分析结果。如表 5-5 所示：M_3 的交互项（转移意愿×信任程度）的回归系数 $\beta = 0.106$，显著水平 $p < 0.01$；并且对比 M_2 和 M_3 的 R^2，ΔR^2 改变显著（$\Delta R^2 = 0.010$，$\Delta F =$

$25.936, p<0.05$）；表明 H7a 成立。M_4 为自变量（转移能力）和因变量（转移绩效）的回归分析结果；M_5 为在 M_4 基础上增加了调节变量（信任程度）的回归分析结果；M_6 为在 M_5 基础上添加交互项（转移能力×信任程度）后的回归分析结果。如表 5-5 所示：M_6 的交互项（转移能力×信任程度）的回归系数 $\beta=0.066$，显著水平 $p>0.1$；对比 M_5 和 M_6 的 R^2，ΔR^2 改变不显著（$\Delta R^2=0.009$，$\Delta F=2.331$，$p>0.1$）；表明假设 H7b 不成立。

表 5-5　信任程度调节效应检验

变量项目	因变量:联盟企业知识转移绩效					
	M_1	M_2	M_3	M_4	M_5	M_6
自变量						
转移意愿	0.532***	0.295***	0.256*			
转移能力				0.550***	0.297***	0.279***
信任程度		0.379***	0.302**		0.457***	0.437***
交互项						
转移意愿×信任程度			0.106***			
转移能力×信任程度						0.066
统计量更改						
R^2	0.283	0.370	0.369	0.302	0.447	0.456
调整 R^2	0.278	0.361	0.357	0.297	0.439	0.445
ΔR^2		0.047***	0.010**		0.145**	0.009
ΔF		19.361***	25.936**		36.695**	2.331

注：* 表示 $p<0.1$；** 表示 $p<0.05$；*** 表示 $p<0.01$；变量进行了中心化处理。

表 5-6 为信任程度在知识受体与转移绩效之间的调节效应检验结果。表 5-6 中，M_7 为自变量（吸收意愿）和因变量（转移绩效）的回归分析结果；M_8 为在 M_7 基础上增加了调节变量（信任程度）的回归分析结果；M_9 为在 M_8 基础上添加交互项（吸收意愿×信任程度）后的回归分析结果。M_9 的交互项（吸收意愿×信任程度）的回归系数 β 为 0.083，显著水平 $p<0.05$；并且对比 M_8 和 M_9 的 R^2，ΔR^2 改变显著（$\Delta R^2=0.045$，$\Delta F=13.900$，$p<0.01$）；说明此时信任程度的调节效应存在，表明假设 H7c 成立。M_{10} 为自变量（吸收能力）和因变量（转移绩效）的回归分析结果；M_{11} 为在 M_{10} 基础上

增加了调节变量(信任程度)的回归分析结果;M_{12}为在M_{11}基础上添加交互项(吸收能力×信任程度)后的回归分析结果。M_{12}的交互项(吸收能力×信任程度)的回归系数$\beta=0.071$,显著水平$p<0.05$;并且对比M_{11}和M_{12}的R^2,ΔR^2改变不显著($\Delta R^2=0.000$,$\Delta F=0.022$,$p>0.1$);说明此时调节效应不存在,表明假设H7d不成立。M_{13}为自变量(学习能力)和因变量(转移绩效)的回归分析结果;M_{14}为在M_{13}基础上增加了调节变量(信任程度)的回归分析结果;M_{15}为在M_{14}基础上添加交互项(吸收意愿×信任程度)后的回归分析结果。M_{15}的交互项(吸收意愿×信任程度)的回归系数β为0.122,显著水平$p<0.05$;并且对比M_{14}和M_{15}的R^2,ΔR^2改变显著($\Delta R^2=0.021$,$\Delta F=5.007$,$p<0.05$);说明此时信任程度的调节效应存在,表明假设H7e成立。

表 5-6 信任程度调节效应检验

变量项目	因变量:联盟企业知识转移绩效								
	M_7	M_8	M_9	M_{10}	M_{11}	M_{12}	M_{13}	M_{14}	M_{15}
自变量									
吸收意愿	0.447***	0.113***	0.133***						
吸收能力				0.691***	0.497***	0.497***			
学习能力							0.460***	0.095	0.130*
信任程度		0.256***	0.178***		0.300***	0.303***		0.559***	0.501***
交互项									
吸收意愿×信任程度			0.083**						
吸收能力×信任程度						0.071**			
学习能力×信任程度									0.122**
统计量更改									
R^2	0.521	0.526	0.548	0.477	0.530	0.526	0.211	0.391	0.412
调整R^2	0.514	0.516	0.542	0.474	0.523	0.518	0.206	0.383	0.400
ΔR^2		0.006***	0.045***		0.052***	0.000		0.180***	0.021**
ΔF		1.708***	13.900***		15.564***	0.022		41.400***	5.007**

注:*表示$p<0.1$;**表示$p<0.05$;***表示$p<0.01$;变量进行了中心化处理。

H7a、H7c成立说明,信任程度正向调节了转移绩效和知识受体吸收意愿、知识源转移意愿之间的关系。H7e成立说明信任程度正向调节了知识受体学习能力与转移绩效的关系,如果联盟伙伴互相信任,愿意进行知识共享,并相信对方会以积极的态度给予反馈,则会提升彼此的合作预期,提升学习能力;并且,企业相信联盟伙伴会以其他形式回报自己的贡献,有利于企业的学习动机转换,促进转移双方参与学习。

遗憾的是,H7b 和 H7d(信任程度在转移能力、吸收能力与转移绩效的关系中的调节作用)没有得到验证,主要原因如下:知识源转移能力在很大程度上由知识源的自身知识意识程度和表述能力决定,知识源首先要意识到自己所拥有知识的深度和广度,然后以适当的方式将知识转移给知识受体,如果联盟伙伴间信任程度很高,转移的意愿非常强烈,但没有能力进行转移,那么也只能"望洋兴叹"。同样,知识吸收能力要求知识受体吸收并利用新知识,这在很大程度上取决于知识受体的知识存量和学习能力,信任程度的提高可以增强知识受体的吸收意愿,使其更愿意接受新知识,却不能改变吸收能力水平。

在本研究中的全部研究假设的检验结果通过表 5-7 给出总结。

表 5-7　本研究的假设检验结果汇总

编号	假设内容	检验结果是否支持假设
H1	知识源转移意愿对产学研联盟企业知识转移效果有显著正向影响	支持
H2	知识源转移能力对产学研联盟企业知识转移效果有显著正向影响	支持
H3	知识受体吸收意愿对产学研联盟企业知识转移效果有显著正向影响	支持
H4	知识受体吸收能力对产学研联盟企业知识转移效果有显著正向影响	支持
H5	知识受体学习能力对产学研联盟企业知识转移效果有显著正向影响	支持
H6	信任程度对产学研联盟企业知识转移效果有显著影响	支持
H7a	在联盟当中,知识转移绩效和知识源的转移意愿之间的关系随着信任程度的提高而增强; 在联盟当中,知识转移绩效和知识源的转移意愿之间的关系随着信任程度的下降而减弱	支持
H7b	在联盟当中,知识转移绩效和知识源的转移能力之间的关系随着信任程度的提高而增强; 在联盟当中,知识转移绩效和知识源的转移能力之间的关系随着信任程度的下降而减弱	不支持
H7c	在联盟当中,知识转移绩效和知识受体的吸收意愿之间的关系随着信任程度的提高而增强; 在联盟当中,知识转移绩效和知识受体的吸收意愿之间的关系随着信任程度的下降而减弱	支持

续表

编号	假设内容	检验结果是否支持假设
H7d	在联盟当中,知识转移绩效和知识受体的吸收能力之间的关系随着信任程度的提高而增强; 在联盟当中,知识转移绩效和知识受体的吸收能力之间的关系随着信任程度的下降而减弱	不支持
H7e	当联盟内信任程度越高时,知识受体的学习能力与知识转移绩效之间的关系越强; 当联盟内信任程度越低时,知识受体的学习能力与知识转移绩效之间的关系越弱	支持

注:$*$ 表示 $p<0.1$;$**$ 表示 $p<0.05$;$***$ 表示 $p<0.01$;变量进行了中心化处理。

三、结论与建议

(一)研究结论

本研究将影响知识转移的因素划分为知识源和知识受体两个方面,并选取了联盟内信任程度为调节变量,建立了在产学研联盟当中影响企业知识转移的因素的理论模型;通过问卷调研和数据检验,我们发现:①知识转移的绩效和知识源的转移意愿与知识源的转移能力之间呈正相关;知识受体的吸收意愿、吸收能力和学习能力与知识转移绩效有显著关系。②信任程度在知识转移的绩效与知识源的转移意愿的正向作用当中起调节作用。③信任程度在知识受体的吸收意愿和知识转移绩效的正向关系中起调节作用。

(二)建议

第一,好的信任关系是产学研联盟企业知识转移的前提。联盟环境的构造在知识转移的过程当中是十分重要的,而联盟成员之间的主动分享与相互交流在联盟环境的构建中是必不可少的。在知识转移这个过程中,企业需要更多地将联盟伙伴的收益纳入自己的考虑范围之内并同联盟伙伴建立起很好的信任关系,这样才能够在联盟伙伴那里得到更多的知识。

第二,产学研联盟企业知识转移的关键是有效的学习制度。企业自己若是没有足够的学习能力去习得联盟伙伴的知识,那么知识转移便显得毫无意义。企业应该以可持续发展的角度作为基础把内在的需求和组织学习结合在一起进行考虑。与此同时,企业可以通过建立有效的学习制度、对研发加大投入和对研发人员进行定期培训等不可或缺的措施来提高自己的吸收能力。

第三,在产学研联盟当中要想取得知识转移的成功,合理的激励措施是必不可少的。成员之间创新知识与共享知识应当受到联盟的积极鼓励,成员之间共同学习也应当受到联盟的积极倡导。同时,与之相对应的激励制度可以对转移主体的积极性起到正向的作用,还可以于联盟当中营造知识共享的良好氛围。

第三节 产学研联盟知识双元特性对转移绩效的影响分析

产学研联盟主体可以利用知识双元特性保持知识存量与流量间的相对平衡,并组合知识存量与流量的互补效应,共同促进联盟主体间的转移绩效和创新效应。联盟主体间的知识转移绩效可以用主体间的吸收能力构建来体现。因此,本节从知识双元性视角出发,检验了知识双元(即知识存量与知识流量间的联合效应与平衡效应)对联盟主体知识转移绩效(用吸收能力构建体现)的影响,并引入组织层面的权变因素(联盟主体规模)来探索其在知识双元与转移绩效间发挥的调节效应。

一、理论与假设

(一)吸收能力

吸收能力是企业识别外部知识,消化并应用于商业产出的能力,吸收能力的构建可以体现知识转移的绩效。Cohen 和 Levinthal(1990)认为,企业的吸收能力依赖个体吸收能力,但作为一个整体,企业需要在内部沟通的效率及对外部的知识的消化和利用的能力之间进行权衡,这也是对内向型吸收能力与外向型吸收能力间的权衡。但其随后并未对两种吸收能力的权衡进行深入研究。基于过程的视角,Zahra 和 George(2002)认为,吸收能力包含潜在的吸收能力与现实的吸收能力两个维度,分别由不同的知识过程机制组成,但两者是互补的。由于吸收能力的两个维度聚焦于不同的知识活动与过程,由不同的组织惯例与流出构成,知识的消化与知识的获取过程构成了潜在的吸收能力,有助于保持企业的竞争优势;而现实的吸收能力包含对知识的转换与利用,能够使企业获取新的竞争优势。因而,企业需要在潜在的吸收能力与现实的吸收能力间进行平衡,缩小潜在的与现实的吸收能力间的差距,保持吸收能力的效率因子在一个合适的水平上。Lewin 等(2011)进一步强调了平衡企业内部知识创造过程和对外部新知识的识别、获取与消化的重要性,即内部吸收能力与外部吸收能力。对吸收能力不同维度间的平衡代表了企业具有关键的动态能力,因而能够确保企业获取持续的竞争优势。因此,基于组织双元性视角,吸收能力也需要实现对不同维度、活动或过程的双元平衡,进而促进作为整体的吸收能力对企业竞争优势产生积极影响。企业通过同时执行潜在与现实吸收能力的过程,实现两者间的平衡,这更能够捕获对吸收能力的整体性理解。为了更好地解释潜在与现实吸收能力的效果,Jansen 等(2005)指出,未来需要研究潜在与现实吸收能力不同类型的平衡。

(二)知识双元

知识基础观认为知识的产生、积累与应用是卓越绩效的来源,知识是企业最重要的资源,企业知识可以概念化为知识存量与知识流量,也即组织知识本质上包含了静态与动态特征的两个彼此矛盾的方面。知识存量是在一段时期内通过选择合适流量的时间路径而得到积累,简言之,就是企业内部累积的知识资产,也是企业能够控制的知识的总和与程序以及陈述性的组织记忆,可以通过在个体、团队组织层面上的学习而实现组织知识的积累,反映了在某一时点上组织生产知识的能力、潜力。

知识流量是知识流入企业或被企业各部门消化和开发进企业的知识存量,也描述了某一阶段内流入和流出组织的知识资源的数量和组织内外部的信息流,反映了知识扩散的状况。在组织学习的过程中,知识流量则可以通过企业在不同层面上的前馈学习与反馈学习来实现。因而,流量能够随时被调整,而存量则不能,必须通过持续的资源流入模式以积累资产存量而获得预期的变化。

可见,知识存量与流量的实现依赖企业执行不同的组织惯例与过程,需要企业进行谨慎的资源积累与配置,以避免知识存量与知识流量间相互的挤出,如企业间知识交换可能产生知识泄露而强化企业知识积累的路径依赖。同时,知识存量与知识流量又是相互促进的,知识存量的实现需要通过知识流量的作用,从而能够实现企业知识存量与知识流量的螺旋式增长。因此,组织知识具有存量与流量的双元性特征与维度,即企业能够同时致力于知识存量和知识流量,既能保持知识存量与流量间的相对平衡,也能组合知识存量与流量的互补效应。本书将知识双元界定为企业同时致力于保持知识存量与知识流量间的相对平衡,并组合知识存量与流量间互补性的能力。

(三)知识双元的平衡维度

知识双元的平衡维度反映了知识存量与知识流量间的相对大小,通过对能力陷阱的风险控制,有助于实现潜在与现实吸收能力间的双元平衡,而知识存量与知识流量间的不平衡则更可能为企业带来风险和威胁。Al-Laham等(2011)指出,企业可能遭遇现有人力资本存量所带来的能力陷阱。

当企业对现有知识存量的利用超过对新知识的探索,企业更多地将资源用于对现有知识的利用。虽然先前知识基础能够促进对外部机会的识别,但由于没有足够的新知识流入,现有的知识存量基础积累路径的惯性和路径依赖将会被增强,企业的知识结构将趋于僵化,产生过度的知识冗余,外部新知识获取的动机和能力被限制,而这反过来又会进一步导致企业无法准确识别外部新知识的价值。同时,企业知识积累日益同质化则会给企业带来当前知识过时的风险,也会限制企业对可用于组合、重构的知识要素的利用。进一步,企业知识存量结构的僵化也导致当前知识结构无法匹配外部知识,同时这种知识僵性限制了企业对当前知识结构的改变,因而不能有效地实现对外部获取的新知识的消化或转换,阻止企业学习与更新。

当企业对新知识的探索超过对现有知识存量的利用,企业更多地将资源用于对新知识的探索时,企业可能面临着由不能充分利用现有知识存量而带来的短期收益的损失,甚至可能危及企业的生存。对于外部获取的新知识,企业需要充分利用内部的知识基础来帮助消化、转换这些知识,但是企业不充足的内部知识存量与流量则会表现为知识在宽度与深度上的局限性。Boh 等(2014)指出,高水平的知识宽度与深度对创新具有很高的价值。在知识宽度上,企业不具备多样化的知识,导致在识别、消化或转换知识上处于劣势地位。Lane 等(2006)则指出,具有较宽知识基础的企业,隐含地表明了企业具有高水平的吸收能力。在深度上,低水平的知识深度导致企业不能够正确理解外部知识,从而导致对知识消化的失败。此外,以牺牲企业短期的收益为代价而对外部新知识进行的探索需要企业承受对外部知识进行搜索、试验的成本,尽管企业对外部远端知识的搜索带来了大量多样化的知识要素,但由于提高了企业现有知识基础与外部知识间的异质性,因而增加了整合、吸收知识的难度与成本。

假设1:知识双元的平衡维度正向影响吸收能力。

(四)知识双元的联合维度

知识存量与知识流量是相互影响的,知识流量源于知识存量,知识流量也能够改变知识存量,这体现了知识存量与知识间的互补效应。在这种互补性的视角下,企业执行知识流量(或知识存量)的活动会增加执行知识存量(或知识流量)的活动所带来的收益。Al-Laham 等(2011)研究表明,知识存量与知识流量间具有互动效应;具体地,联盟与联盟存量间产生正向的互动效应。

知识双元性的联合维度表明,探索与利用的过程不一定存在根本性的竞争。实际上,对知识存量的利用与对新知识的探索可能发生在互补性的领域。最近的研究通过联盟来测量知识流量,企业通过与外部组织建立不同形式的联盟,借助所建立的外部联系能够使企业获取互补性知识,从而增加企业的知识存量,改进企业现有知识存量基础与外部组织间的互补性。而企业与合作伙伴间知识的互补性是吸收过程的关键部分,促进知识学习与知识组合,有助于企业快速消化从外部获取的知识,并应用于企业的商业实践。知识流量与知识存量的互补性也能够跨越不同的领域(如技术和市场)而实现两者的互补。Lavie 和 Rosenkopf(2006)发现,在联盟形成过程中,企业能够随着时间跨越结构、职能和属性领域而平衡企业对新知识探索与现有知识存量的利用,进而对企业绩效产生积极影响。

知识流量通过适时地更新企业的知识基础,防止由知识积累的路径依赖而造成企业知识结构的僵性。通过为企业持续地输入新知识而保持企业知识结构的动态调整,为企业的能力开发提供持续的多样化的知识输入。具有动态性的知识基础,能够使企业在对知识的管理过程中,识别知识的价值,进而有助于剥离无价值的知识,减少企业内部过多的知识冗余,使其保持在合适的水平上。因此,知识流量通过更新企业的知识存量,使企业具备高水平的先前知识基础,从而促进企业开发出高水平的吸收能力。知识流量能够使企业将外部的新知识内化,使得企业未来的知识利用活动发生在丰富而坚实的知识基础之上。例如企业主动选择知识披露,企业主动将自身的知识披露给外部组织,诱导外部组织与企业建立协作关系,从而帮助企业获取外部知识以实现创新。

知识存量是知识流量得以实现的重要条件。企业对现有知识的重复利用能够加深其对现有知识和资源功能的理解,因此企业能够通过对现有知识和资源的重构以创造新的知识或资源组合,并能够跨越不同领域而识别新的机会。当前的知识基础是企业识别、消化和利用外部知识的前提条件,尤其是当企业的先前知识基础与从外部获取的知识具有适度的相似性时，更有助于企业通过消化或转换的过程而将外部新知识嵌入企业的惯例、流程。包含人力资本和社会资本的企业知识存量减缓了新获取资产的退化速度，更有助于企业识别现有知识要素与新知识要素间重组的机会。丰富而多样化的知识存量也为与外部知识组合、整合提供了更多样化的知识要素，扩大知识吸收的范围，提升知识吸收的效率和灵活性，进而快速地将外部知识转换为企业的知识存量。另外，高水平的知识存量也能够对现有知识重复利用，积累知识运作的经验，从而提升知识利用的效率。

假设2：知识双元的联合维度正向影响吸收能力。

（五）平衡维度与联合维度的交互效应

当企业保持知识流量与知识存量在合适水平的平衡维度，知识流量与知识存量的联合将对吸收能力产生积极影响。换言之，知识双元的平衡维度与联合维度能够对吸收能力产生协同效应。当企业知识存量与知识流量没有保持平衡时，知识存量对知识流量的促进作用或知识流量对知识存量的促进作用将会大大减弱，这主要是由于知识存量与知识流量间可能存在相互的挤出效应，也就是知识存量可能挤出知识流量或者知识流量可能挤出知识存量，从而产生知识存量与流量间的不平衡，进而导致知识存量与知识流量间的联合效应大大减弱。更具体地，当知识存量努力水平显著地低于知识流量时，企业可能无法利用现有的知识存量以充分地消化外部知识，进而影响企业潜在的吸收能力。当知识存量的努力水平显著地高于知识流量时，企业可能无法通过知识流量活动充分地获取外部新知识，进而限制企业未来对现有知识存量的利用，进而影响企业现实的吸收能力。可见，一旦知识存量与知识流量间相互利用的效应被限制，就会影响企业潜在的吸收能力与现实的吸收能力的相互作用。

假设3：知识双元的平衡维度与联合维度的交互效应正向影响吸收能力。

（六）企业规模的调节效应

企业规模反映了企业直接配置其拥有的资源的情况，以及整体的资源约束的程度。知识存量与知识流量间的不平衡可能给企业带来过时和短期收益受损的风险。大企业一般比小企业拥有更多的资源，小企业在资源配置过程中受到的约束更多。此外，由于受到内部资源的约束，小企业的风险承受能力也有限，而大企业能够利用内部丰富的资源作为缓冲。因此，小企业比大企业更需要保持知识存量与知识流量间的平衡。

　　企业规模的扩大也将增加企业的资源存量,因而增加了企业对可获取的资源的利用。但大企业可能受到组织惯性的影响更大,产生更强的路径依赖,从而扼杀其创造力,并在外部机会的响应上变得迟缓。而小企业在战略目标、行动调整上更具灵活性,从而能够通过快速调整来响应外部机会。Santoro 和 Chakrabarti(2002)认为,小企业能够通过技术转移与合作研发而更集中在核心技术领域。过度地集中于知识存量的利用或过度地集中于知识流量的探索对企业都是不利的。小企业能够采取灵活的方式以实现知识流量与存量的平衡,如柔性的组织结构设计能够帮助企业提高整合知识的效率与灵活性,扩大整合知识的范围。

　　假设 4a:企业规模负向调节知识双元的平衡维度与吸收能力间的关系,小企业比大企业更能够通过知识双元的平衡维度促进吸收能力的提升。

　　大企业在内部研发上更具优势,也更可能从事研发活动,因而能够产生更多的创新以及更多的知识流量,进而提升企业的知识多样化程度与深度,隐含地表明了企业能够形成纬度型与经度型吸收能力。此外,在组织间的合作伙伴的选择上,大企业以其拥有的市场地位、技术能力等,对外部组织的吸引力更大。Luo(2002)研究发现,中国企业更倾向于选择具有较强的技术能力与较高的市场地位的国外企业形成合作关系。例如中国汽车行业,国内企业纷纷与国外领先企业大众、福特、丰田等开展合作。可见,大企业能够与外部组织建立更多的联系,进而获取其合作伙伴的知识,以增加自身的知识存量。因此,基于自身的知识存量,大企业能够有效地将外部获取的知识经过消化、转换的过程而实现知识存量与知识流量间的互动。

　　大企业具有更多的资源能够支持其同时从事高水平的对现有知识存量的利用与对新的知识流量的探索;相反,小企业无法为其同时从事高水平的知识利用与知识探索活动提供足够的支持。此外,大企业通常具有较大的企业年龄与较高的社会地位,其逐渐积累了管理外部合作关系的经验,并能够吸引更多的合作伙伴,从而促进知识存量与知识流量的互动。Sørensen 和 Stuart(2000)研究指出,随着企业年龄的增长,以先前积累的经验为基础,企业能够增加创新。而 Reuer 等(2013)研究发现,企业往往倾向于并购具有良好声誉的企业来获取外部知识。因此,相比小企业,大企业更能够通过知识存量与知识流量的互动来促进吸收能力的提升。

　　假设 4b:企业规模正向调节知识双元的联合维度与吸收能力间的关系,大企业比小企业更能够通过知识双元的联合维度促进吸收能力的提升。

　　综上,本节的理论模型如图 5-9 所示。

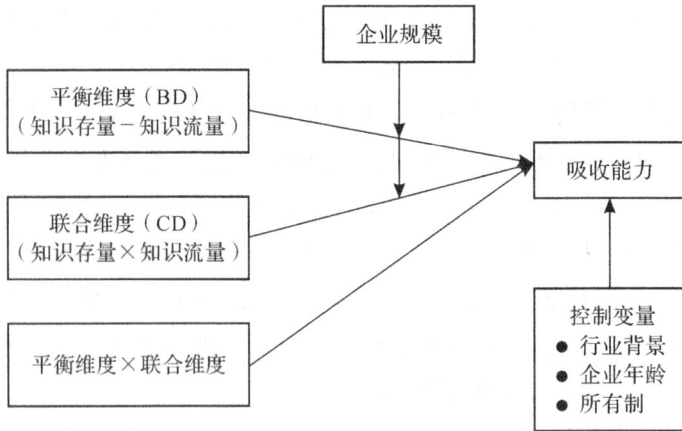

图 5-9　本节的理论模型

二、研究设计

(一)数据收集

本次问卷发放地域主要集中在江苏、陕西、山东、北京、广东等地区。调查总共发放问卷 420 份,回收 238 份,其中无效问卷 23 份,有效问卷 215 份,有效回收率为 51.2%。回收问卷的样本结构如表 5-8 所示。

表 5-8　样本结构描述

样本特征	类别	数量	比例/%	样本特征	类别	数量	比例/%
所有制类型	国有企业	138	64.19	企业建立年限	1—3 年	12	5.58
	民营企业	41	19.07		3—5 年	21	9.77
	三资企业	11	5.12		6—10 年	28	13.02
	集体企业	6	2.79		11—20 年	56	26.05
	其他	19	8.83		21 年及以上	98	45.58
所处行业	制造业	81	37.67	职务	技术人员	48	22.33
	金融、保险与房地产	37	17.21		基层管理者	89	41.40
	采矿业	45	20.93		中层管理者	72	33.49
	服务业	37	17.21		高层管理者	6	2.78
	其他	15	6.98				
员工人数	1—100 人	63	29.30	从业年限	1—3 年	76	35.35
	101—300 人	27	12.56		3—5 年	50	23.26
	301—1000 人	40	18.60		6—10 年	34	15.81
	1001—1999 人	29	13.49		11—20 年	32	14.88
	2000 人以上	56	26.05		21 年及以上	23	10.70

(二)变量测量

1. 因变量

吸收能力的构建可以体现转移绩效。现有研究已经将吸收能力识别为潜在吸收能力(PAC)和现实吸收能力(RAC),两种类型的吸收能力的惯例与流程基础是不同的,都需要企业持续地投入资源,且两种类型的吸收能力需要双元平衡。Lewin 等(2011)也指出,企业需要平衡内部知识创造和对外部知识进行识别、消化和利用的过程。在 Zahra 和 George(2002)、Torodova 和 Durisin(2007)研究的基础上,本书认为,企业有效地实现潜在与现实的吸收能力间的双元平衡,更能够全面地捕获吸收能力的动态过程。因此,本书通过潜在吸收能力与现实吸收能力间的交互效应来测量吸收能力。

具体地,参考 Camisón 和 Forés(2010)、Jansen 等(2005)、Zahra 和 George(2002)的研究,潜在吸收能力(PAC)通过获取(4 个测量项)、消化(3 个测量项)来测量,其 Cronbach's α 系数值分别为 0.847 和 0.924。经过一阶验证性因素分析,$\chi^2/df = 1.343(p = 0.201 > 0.05)$,RMSEA = 0.040,RMR = 0.033,GFI = 0.982,CFI = 0.997,TLI = 0.993,NFI = 0.987,说明模型拟合良好。同时,所有测量指标的因素负荷在 0.659—0.915,均大于0.5;组合信度分别为 0.849 和 0.924,AVE 分别为 0.586 和 0.801。现实吸收能力(RAC)通过转换(4 个测量项)、利用(4 个测量项)来测量,其 Cronbach's α 系数值分别为 0.892 和 0.872。验证性因素结果表明,$\chi^2/df = 1.413(p = 0.137 > 0.05)$,RMSEA = 0.044,RMR = 0.034,GFI = 0.977,CFI = 0.995,TLI = 0.990,NFI = 0.983,说明模型拟合良好。同时,各测量指标的因素负荷在 0.699—0.880,转换与利用的组合信度分别为 0.881 和0.866,AVE 分别为 0.649 和 0.619。以上结果表明,对潜在与现实吸收能力的测量满足了信度与效度的要求。

2. 解释变量

知识存量反映了企业当前所拥有的知识的数量、类型等,参考 Bontis(1999)对组织知识资本的划分及 Deeds 和 Decarolis(1999)对知识存量的操作化定义,本研究把企业当前所拥有的市场资本、知识产权资本、人力资本和组织资本的程度作为知识存量的测度指标,基于李克特 5 级量表,让被试者根据企业所拥有的不同类型的知识存量的实际情况赋予不同的数值(1代表最低,5 代表最高)。知识存量的 Cronbach's α 系数值为 0.883,验证性因素分析结果表明,$\chi^2/df = 1.923(p = 0.165 > 0.05)$,RMSEA $= 0.066$,RMR $= 0.013$,GFI $= 0.996$,CFI $= 0.998$,TLI $= 0.988$,NFI $= 0.996$,说明模型拟合良好。同时,各测量指标的因素负荷在 0.805—0.848,组合信度为 0.895,AVE 为 0.680。说明对知识存量的测量满足信度与效度的要求。

知识流量反映了企业知识流入与流出的情况。根据 Deeds 和 Decarolis (1999)、Erden 等(2014)对知识流量的操作化定义,本研究通过测量企业所处的地理环境的丰裕程度(如行业集群的存在)、联盟、研发投入和市场活动的投入等来反映企业的知识流量。知识流量的 Cronbach's α 系数值为 0.812,经过验证性因素分析,$\chi^2/df = 3.118(p = 0.044)$,RMSEA $= 0.099$,RMR $= 0.034$,GFI $= 0.985$,CFI $= 0.985$,TLI $= 0.955$,NFI $= 0.978$,说明模型拟合良好。同时,各测量指标的因素负荷在 0.635—0.779,组合信度为 0.817,AVE 为 0.529。说明对知识存量的测量满足信度与效度的要求。

知识双元的测量包含了多种测量方式,更全面地捕获组织双元性的不同维度及其相互关系,有助于对组织双元性的多层次、多维度的概念的理解,同时也能够为如何管理组织双元性提供更丰富的理论见解。

平衡维度(BD)代表了知识流量与知识存量间的相对大小。为了实现对知识维度双元的平衡维度的操作化定义,本书根据 Cao 等(2009)、He 和 Wong(2004)的研究,采用了知识存量与知识流量相减的绝对值,这个绝对值大小的变化保持在 0—2.5。为了便于解释,本研究采用这个绝对值与 5 之间的绝对差异来表示平衡维度的大小,绝对差异越大,说明 BD 越大。

联合维度(CD)反映了知识存量与知识流量间组合的大小。本研究认为,知识存量与知识流量间是互补的。因此,采用知识存量与知识流量的乘积来表示联合维度的大小。这种双元性的测量方法已经被大量的研究所采用。在进行正式的分析前,本研究对知识存量与知识流量进行了标准化处理,以避免多重共线性问题。

调节变量的研究已经表明,企业规模是影响组织双元性的重要的组织层面因素。根据先前对企业规模的测量,本研究采用企业的员工人数来测量企业规模。具体地,本研究将企业规模根据员工人数划分为五类:1—100人、101—300 人、301—1000 人、1001—1999 人、2000 人以上,分别对应赋值 1—5。为了避免回归分析中出现多重共线性问题,本书对企业规模进行标准化处理。企业年龄也是影响组织创新的重要因素。本书根据企业建立的年限来测量企业的年龄,将企业建立年限划分为五类,即 1—3 年、3—5年、6—10 年、11—20 年、20 年以上,分别对应赋值 1—5,数值越大,说明企业的年龄越大,建立的时间越长。本研究对企业年龄也进行了标准化处理。

控制变量控制了企业层面影响吸收能力的因素。首先,本书控制了企业的行业背景对吸收能力的潜在影响。先前的研究也已经表明,行业环境影响知识的流动。因此,本书将参与调查的企业所处的行业划分为五个行业:制造业,金融、保险与房地产业,采矿业,服务业,其他。将最后一个行业设置为比较组,由此在回归分析中包含关于行业背景的四个虚拟变量。同时,控制企业的所有权性质也是很重要的。本研究将企业所有权性质划分为国有、民营、三资、集体、其他等类型,构建所有权类型的虚拟变量,设置国有企业为比较组,即调查企业为国有企业的赋值 0,非国有企业的赋值 1。

综上,对上述各变量的信度与效度检验汇总如表 5-9 所示。

表 5-9　信度与效度检验

变量		指标	CITC	衡量误差	因素负荷	C. R.	AVE	信度
知识存量		cl4	0.731	0.281	0.848	0.895	0.680	0.883
		cl3	0.778	0.326	0.821			
		cl2	0.715	0.321	0.824			
		cl1	0.767	0.352	0.805			
知识流量		ll4	0.652	0.443	0.746	0.817	0.529	0.812
		ll3	0.636	0.452	0.740			
		ll2	0.686	0.393	0.779			
		ll1	0.560	0.596	0.635			
PAC	获取	hq1	0.666	0.401	0.774	0.849	0.586	0.847
		hq2	0.616	0.565	0.659			
		hq3	0.759	0.276	0.851			
		hq4	0.712	0.413	0.766			
	消化	xh1	0.840	0.213	0.887	0.924	0.801	0.924
		xh2	0.841	0.220	0.883			
		xh3	0.860	0.163	0.915			

续表

变量		指标	CITC	衡量误差	因素负荷	C.R.	AVE	信度
RAC	转换	zh10	0.728	0.394	0.778	0.881	0.649	0.892
		zh2	0.763	0.225	0.880			
		zh3	0.767	0.448	0.743			
		zh4	0.796	0.335	0.815			
	利用	ly1	0.708	0.511	0.699	0.866	0.619	0.872
		ly2	0.742	0.471	0.727			
		ly3	0.725	0.313	0.829			
		ly4	0.773	0.230	0.878			

三、研究结果

（一）描述统计

各变量的均值与标准差以及变量间的相关系数如表 5-10 所示。我们发现，解释变量与控制变量间并未出现强烈的相关关系，避免了多重共线性。知识双元的平衡维度（BD）、联合维度（CD）分别与吸收能力显著正相关（0.138，$p<0.05$；0.533，$p<0.01$），与本研究对知识双元的平衡维度和联合维度对吸收能力的影响的预测相一致。

（二）共同方法偏差检验

由于本研究的调查问卷由同一受访者填写完成，因而可能产生共同方法偏差，本研究遵循 Podsakoff 等（2003）的方法进行检验，首先将所有题项指定给一个共同的潜变量，进行验证性因素分析；然后对问卷中测量的各潜变量进行一阶验证性因素分析，得到模型 2。如果模型 2 比模型 1 有显著的改进，则不存在显著的共同方法偏差；如果模型 2 与模型 1 差别不大，则存在明显的共同方法偏差。

由表 5-11 可知，模型 1 的 χ^2 自由度比值超过 3，RMSEA 大于 0.1 的水平，GFI、IFI、TLI、CFI 均低于 0.8。这说明模型 1 的拟合度较差。模型 2 的 χ^2 自由度比值在 1—3，RMSEA 接近 0.08 的水平，GFI 超过了 0.8，IFI、TLI、CFI 的值均超过了 0.9。这说明模型 2 的拟合基本达到了满意水平。综上，相较模型 1，模型 2 有了很大改善，满足了结构方程模型的基本要求，表明本研究包括同源偏差在内的测量误差的效应并不显著，对研究结论不会造成严重影响。

表 5-10　描述统计

变量	1	2	3	4	5	6	7	8	9	10	11	12
1. 所有权性质	1											
2. 制造业	-0.080	1										
3. 金融、保险与房地产	0.328**	-0.354**	1									
4. 采矿业	-0.337**	-0.400**	-0.235**	1								
5. 服务业	0.019	-0.354**	-0.208**	-0.235**	1							
6. 企业规模	-0.202**	0.424**	-0.054	-0.142*	-0.274**	1						
7. 企业年龄	-0.464**	0.300**	-0.209**	0.100	-0.270**	0.571**	1					
8. 知识存量	-0.340**	-0.229**	0.001	0.340**	0.064	-0.026	0.132	1				
9. 知识流量	-0.235**	-0.304**	0.046	0.311**	0.118	-0.100	0.051	0.757**	1			
10. BD	0.105	-0.084	0.010	-0.011	0.040	-0.073	-0.010	-0.030	-0.140*	1		
11. CD	0.102	-0.045	-0.042	-0.073	0.049	-0.086	-0.155*	-0.481**	-0.451**	0.262**	1	
12. 吸收能力	0.019	-0.037	0.020	-0.070	0.139*	-0.115	-0.062	-0.312**	-0.294**	0.138*	0.533**	1
均值	0.36	0.38	0.17	0.21	0.17	2.94	3.96	3.84	3.73	4.50	0.75	0.82
标准差	0.48	0.49	0.38	0.41	0.38	1.58	1.22	0.93	0.90	0.41	1.32	1.15

注：** 表示 $p < 0.01$；* 表示 $p < 0.05$；BD 和 CD 分别指知识双元的平衡维度和联合维度。

表 5-11　共同方法偏差检验结果

模型	χ^2	df	χ^2/df	RMR	GFI	IFI	TLI	CFI	RMSEA
模型 1	1028.65	230	4.472	0.088	0.658	0.793	0.771	0.792	0.127
模型 2	560.45	215	2.467	0.060	0.815	0.919	0.903	0.918	0.083

(三)假设检验

本研究采用层级线性回归分析方法来检验假设。所有 VIF 的值均在 10 以下,德宾-沃森(Durbin-Watson)统计量的值均在 2 左右浮动,说明残差服从正态分布,基本上是独立的。表 5-12 报告了回归分析的结果。

表 5-12　层级回归结果

变量	模型 1	模型 2	模型 3(a)	模型 3(b)	模型 3(c)	模型 4	模型 5
(常量)	0.698 (0.485)	0.367 (0.453)	−1.902* (0.932)	−0.424 (0.420)	−0.830 (0.865)	−0.324 (0.871)	−0.064 (0.878)
制造业	0.173 (0.330)	0.251 (0.307)	0.328 (0.303)	0.590* (0.278)	0.595* (0.279)	0.644* (0.275)	0.596* (0.277)
金融、保险与房地产	0.265 (0.353)	0.678* (0.335)	0.758* (0.331)	0.899** (0.301)	0.907** (0.302)	0.958** (0.298)	0.895** (0.295)
采矿业	0.060 (0.363)	0.604† (0.348)	0.669† (0.343)	0.708* (0.312)	0.717* (0.313)	0.779* (0.309)	0.592† (0.308)
服务业	0.551 (0.364)	0.969** (0.344)	1.019** (0.339)	1.083*** (0.308)	1.090*** (0.309)	1.128*** (0.305)	0.998*** (0.299)
所有权性质	−0.027 (0.205)	−0.271 (0.195)	−0.327† (0.193)	−0.118 (0.176)	−0.133 (0.178)	−0.166 (0.176)	−0.189 (0.171)
企业年龄	−0.023 (0.078)	0.010 (0.073)	−0.003 (0.072)	0.062 (0.066)	0.058 (0.066)	0.072 (0.065)	0.119 (0.073)
知识存量		−0.309** (0.116)	−0.252* (0.116)	−0.110 (0.108)	−0.105 (0.108)	−0.199† (0.112)	−0.207† (0.109)
知识流量		−0.230* (0.114)	−0.308** (0.116)	−0.082 (0.104)	−0.101 (0.110)	−0.040 (0.111)	−0.038 (0.108)
BD			0.506** (0.183)		0.096 (0.178)	−0.035 (0.181)	−0.122 (0.179)
CD				0.428*** (0.059)	0.416*** (0.063)	0.343*** (0.068)	0.383*** (0.067)
BD×CD						0.140** (0.051)	0.219*** (0.056)
企业规模							−0.285** (0.090)

变量	模型 1	模型 2	模型 3(a)	模型 3(b)	模型 3(c)	模型 4	模型 5
BD × 企业规模							−0.050
							(0.070)
CD × 企业规模							0.181***
							(0.056)
R^2	0.024	0.170	0.200	0.338	0.339	0.363	0.406
调整 R^2	−0.004	0.138	0.165	0.309	0.307	0.328	0.365
ΔR^2		0.146	0.030	0.168	0.169	0.023	0.043
F	0.855	5.275***	5.695***	11.647***	10.474***	10.504***	9.768***
ΔF		18.115***	7.681***	52.141***	26.125***	7.473**	4.869**

注：*** 表示 $p<0.001$；** 表示 $p<0.01$；* 表示 $p<0.05$；† 表示 $p<0.1$；表中为未标准化的回归系数，括号内为标准误。BD 和 CD 分别指知识双元的平衡维度和联合维度。

在模型 1 中，本研究仅加入了企业与行业层面的变量。在模型 2 中，本研究加入了知识存量与知识流量。有趣的是，从结果来看，知识存量对吸收能力产生负向影响（$\beta=-0.319$，$p<0.01$），知识流量同样负向影响吸收能力（$\beta=-0.230$，$p<0.05$）。这可能也隐含了知识存量、知识流量并不能单独对吸收能力产生正向影响，而需要企业同时保持知识双元平衡。

为了深入分析知识双元的联合与平衡维度对吸收能力的作用，遵循 He 和 Wong（2004）、Cao 等（2009）的做法，分别单独评估知识双元的平衡维度（BD）、联合维度（CD）对吸收能力的影响。首先，模型 3(a) 中仅纳入了 BD，模型 3(b) 中仅纳入 CD。其次，在模型 3(a) 中，BD 对吸收能力影响显著（$\beta=0.506$，$p<0.01$）。在模型 3(b) 中，CD 对吸收能力影响显著（$\beta=0.428$，$p<0.001$）。最后，本研究将 BD 与 CD 放入同一个模型 3(c) 中，得到这一结论，吸收能力受到 BD 的正向作用，但未达显著（$\beta=0.096$，$p>0.1$）；CD 显著正向影响吸收能力（$\beta=0.416$，$p<0.001$）。基于最保守的模型 3(c) 的结果，本研究认为假设 1 未得到支持，而假设 2 得到支持。

在模型 3(c) 的基础上将 BD×CD 纳入模型 4，结果显示，知识双元的平衡维度与联合维度的交互效应对吸收能力的正向影响显著（$\beta=0.140$，$p<0.01$），假设 3 得到验证。图 5-10 与图 5-11 分别显示了知识双元的平衡维度与联合维度的调节作用的效果。在模型 4 中，本研究将所有的变量纳入模型中，包括调节变量及其与平衡维度、联合维度的交互效应。值得注意的是，CD 对吸收能力的影响仍然保持显著（$\beta=0.383$，$p<0.001$），而 BD 对吸收能力双元的效应变为负向影响（$\beta=-0.122$，$p>0.1$）。而 BD×CD 对吸收能力的影响仍然保持一致（$\beta=0.219$，$p<0.001$）。进一步地，假设 4a 与

4b 考察了企业规模的调节效应,结果表明,企业规模负向调节 BD 与吸收能力的正向关系,但不显著($\beta = -0.050$,$p > 0.1$);而企业规模显著正向调节 CD 与吸收能力的正向关系($\beta = 0.181$,$p < 0.001$),假设 4b 得到支持,即大企业比小企业更能够利用知识双元的联合维度促进吸收能力,如图 5-12 所示。

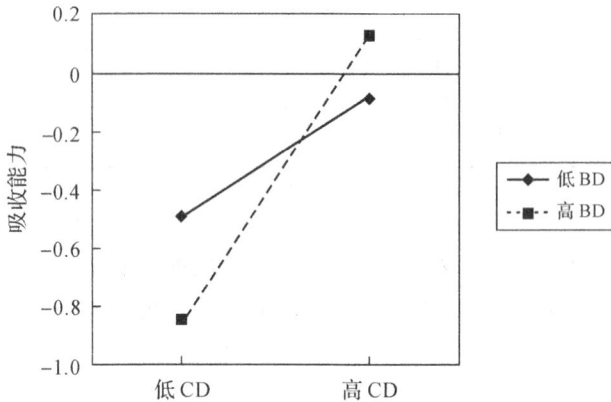

图 5-10 平衡维度与联合维度的互动效应

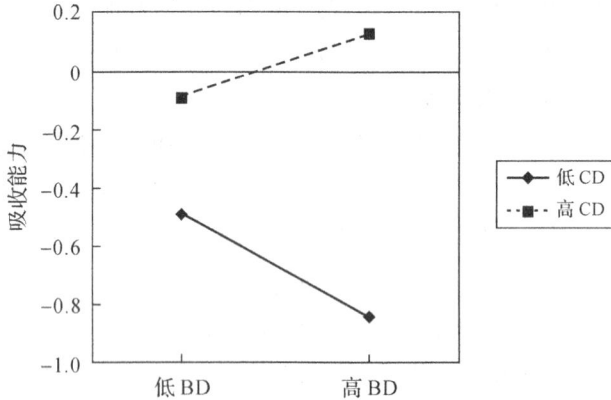

图 5-11 平衡维度与联合维度的互动效应

由于本研究收集的是横截面数据,吸收能力对知识双元的两个维度可能存在逆向的因果关系。遵循 Landis 和 Dunlap(2000)的研究,本研究把吸收能力设置为自变量,把知识双元的平衡维度与联合维度设置为因变量,进而检验吸收能力与企业规模间的互动效应。结果表明,吸收能力双元与企业规模间的互动效应对知识双元的平衡维度和联合影响不显著($\beta = -0.023$,$p > 0.1$;$\beta = -0.086$,$p > 0.1$)。因此,不存在显著的逆向互动效应,从而缓解了对逆向因果关系的担忧。

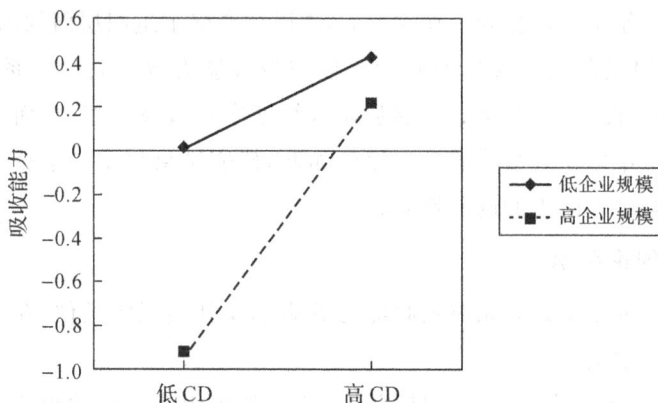

图 5-12 企业规模的调节效应

四、讨论与启示

(一)结果讨论

本节采用组织知识存量与流量来表示组织知识的两个维度,研究了知识存量与流量间的双元对吸收能力的影响。具体地,本节将知识双元划分为平衡维度与联合维度。企业需要在利用知识存量与探索知识流量间进行权衡,知识存量与流量间的双元性可以表示为两者间的平衡。根据互补性原则,知识存量与流量也是互补的,存在协同效应,企业能够将知识存量与流量进行组合。知识存量与流量是知识活动的静态与动态表征,需要企业投入资源,并与吸收能力紧密相连。因此,实现知识存量与流量的双元对企业至关重要。

根据先前的研究,本书通过采用平衡维度与联合维度来运作知识双元。本书推断,平衡维度通过避免对知识存量或流量过度投入而促进潜在与现实吸收能力的双元平衡(H1)。尽管如此,研究结果表明,知识双元的平衡维度并未对吸收能力产生显著影响。同时,本书也认为,联合维度通过执行知识存量(知识流量)来促进知识流量(知识存量)而实现知识存量与流量间的协同效应,从而对吸收能力产生积极影响(H2)。本书的结果支持了这一论断,两者是互补的而不是相互替代的。进一步地,本书认为,平衡维度与联合维度间具有积极的互动效应(H3)。结果也表明,可以通过保持知识存量与流量间的平衡来促进两者间的互动,同时通过知识存量与流量间的互补来避免对知识存量或流量的过度投入。知识双元更有助于解释知识对企业的影响,通过考察知识存量与流量间的双元维度与其他因素的互动能够解释更多的结果上的变异。在这方面,本研究考察了组织层面的因素,即组织规模对知识存量与流量的双元维度与吸收能力双元间的关系(H4a 和 H4b)。本书推断,大企业更能够从联合维度中获取吸收能力,而小企业更能够从平衡维度达到吸收能力。尽管如此,研究结果仅支持了企业规模对联合维度与吸收能力的调节效应。

(二)理论启示

本节研究了知识双元对吸收能力的影响及其实现的条件,在三个方面丰富了现有的文献。

首先,本节丰富了知识基础观的文献。从组织双元性的视角来理解组织知识的静态与动态特征,实证检验了组织知识的存量与流量维度的影响,丰富了对组织知识的理解。另外,当前文献已经研究了知识存量、流量及其互动与企业绩效的关系,但更多关注知识存量与流量间的联合效应,同时也缺少对知识与能力间关系的证据支持。本节研究了知识双元的联合效应与平衡效应及其对吸收能力的影响。尽管本书并未证实知识双元的平衡维度对吸收能力的影响,但发现了知识双元的联合维度对吸收能力具有积极影响,这些发现促进了对组织知识与企业能力间关系的理解。

其次,本节促进了对吸收能力的理解。现有研究已经表明,吸收能力需要平衡内外不同的组织惯例与过程,吸收能力应该在潜在与现实吸收能力间保持双元平衡,但当前研究并未予以足够的重视。本节研究了知识双元的平衡维度与联合维度对潜在与现实吸收能力间双元平衡的影响。研究表明,知识双元的联合维度促进企业潜在与现实吸收能力的互动,知识双元的平衡维度的作用不显著,但知识双元的平衡维度与联合维度能够产生协同效应。这些结果促进了对保持吸收能力双元平衡的理解,也响应了 Volberda 等(2010)的研究,即吸收能力研究应该关注知识变化的性质、知识存量与知识流量。

最后,本节研究发现,对组织双元性的启示主要体现在两个方面。一是组织双元性体现了缓冲、解决相互冲突的目标的能力,是一个多维度的概念。现有研究多是关注组织双元性的单个维度,而对组织双元性的其他维度及其维度间互动的研究仍然有限。本节发现,企业能够组合知识存量与流量的协同效应,以及知识双元的平衡效应与联合效应间的协同,进而促进企业吸收能力的提升,丰富了对组织双元性内涵与结果的理解。二是先前的研究表明,组织双元性的作用依赖特定的情景因素。本节进一步促进了对知识双元与吸收能力间权变效应的理解,即知识双元对吸收能力的影响依赖特定的组织层面的因素(即组织规模)。本节发现,大企业更能够通过发挥知识存量与流量的联合效应来影响吸收能力,增加了对组织双元性发挥作用的条件的理解。

(三)管理启示

本节的研究结果对企业的管理实践也具有一定的启示作用。首先,本节表明,知识存量与流量间的互动效应促进潜在与现实吸收能力的双元平衡。因此,企业应在利用现有知识存量的同时,积极探索新的知识流入,在更新现有知识存量的同时,促进企业获取外部知识;同时,也要通过利用现有知识存量与探索知识流量来促进知识存量与流量的平衡。其次,研究结果也表明,知识存量与流量的双元平衡对吸收能力的影响取决于组织层面的因素。对于大企业来说,要充分地发挥知识存量与流量间的互动效应。对于小企业而言,由于受到企业内部资源的约束,其应合理地平衡对知识存量的利用和对流量的探索,避免对知识存量或流量的过度投入。最后,本节所研究的双元逻辑也能够促进企业管理者开发出战略悖论式的思维方式。双元性研究也采用了悖论逻辑,即企业不仅要重视知识存量,也要同时关注知识流量。更为重要的是,延伸到企业的战略管理、组织学习、组织设计、创新管理等领域,企业管理者应该同时关注这些领域相互冲突与对立的方面,从而有效地管理企业内部存在的各种悖论及其引致的冲突。

(四)研究局限与未来研究

当然,本节的研究也存在一些不足与局限,它们也是未来研究的方向。首先,本研究获取的是横截面的数据,这类数据不能有效体现知识存量、流量与吸收能力纵向发展的过程,未来需要通过纵向的过程研究来收集关于知识存量、流量、吸收能力随着时间演变的数据,以研究知识存量与知识流量随着时间的变化对吸收能力过程的影响。其次,本研究对吸收能力双元的操作化定义仅考察了潜在与现实吸收能力的互动效应,根据对组织双元性的操作化定义的研究,未来也可以对吸收能力进行双元测量,赋予其更加丰富的操作化定义,深化对吸收能力的理解。最后,本研究仅考察了组织规模对组织双元性的影响,未来也需要更多地考察组织层面的其他权变因素、情境层面因素、网络层面因素等对组织双元的影响。

第四节　产学研联盟网络关系特性对转移绩效的影响分析

在复杂的产学研联盟环境下，整合、构建、重新配置内部和外部知识对产学研联盟企业生存至关重要，知识转移的概念捕获了知识传递的方向性，包含了知识流入（knowledge inflow）与知识流出（knowledge outflow），是联盟企业开放式创新框架的一个基本要素，加速了企业的内部创新以及对创新的市场化利用，其网络关系特性（关系强度和关系动态性）是影响知识转移双元与联盟转移绩效的权变因素。本节将知识转移双元解构为平衡维度与联合维度，进而研究知识转移双元对转移绩效的影响，以及网络关系特性的调节效应。

一、理论假设

（一）知识转移双元

Gupta 和 Govindarajan（1991）首先研究了跨国公司内部的知识转移，把企业内部的知识转移定义为专业技能或外部具有战略价值的市场数据的传递。他们根据知识转移的方向与程度，提出了一个跨国公司子公司间知识转移的框架。进一步地，他们研究了影响知识流出与流入的因素，主要包括知识存量的价值、共享知识的动机、传递渠道的丰富性、获取知识的动机和吸收能力等。Schul（2001）则把知识转移定义为单位时间内通过多种方式被传递的专业技能与信息的总量。尽管如此，对知识转移的研究由组织内部扩展到了组织间和网络层面。企业的网络中心位置促进了企业间的协作，进而促进企业获取其他网络成员的知识。此外，根据知识转移的方向，可以将知识转移划分为知识流入与知识流出。知识流入是获取外部知识的活动与过程，这些知识对企业的创新至关重要。知识流出是企业向外部组织提供知识的活动与过程，能够诱发外部组织主动建立与企业的联系。尽管如此，知识流入与流出还是存在一定的潜在风险，如知识泄露、企业面临着知识保护的压力。因此，企业需要在知识流入与知识流出间进行平衡，既避免知识流入与流出相互挤出，又要发挥知识流入与流出的互补作用。组织双元性表明了企业能够同时应对两个有冲突的目标，而本节对知识流入与流出的划分与组织双元性的内涵相一致，因而能够通过整合知识转移与组织双元性来研究知识转移双元。

(二)平衡维度

知识流入与知识流出是知识转移的两种活动与过程,需要企业投入资源。March(1991)指出,实现探索与利用间的平衡是组织生存的关键,而受到组织资源的约束,往往难以实现平衡。根据 March(1991)的逻辑,组织内部的资源是有限的,在对知识流入与知识流出活动的资源配置上产生了困难:一方面,企业需要投入资源以吸收来自外部的新知识;另一方面,企业也需要投入资源以完成对知识的编码。Anand(2011)研究发现,跨国公司通过并购而建立的子公司在增加企业内部的知识转移的同时,会减少企业间的知识转移,这表明在被并购的子公司的企业内部知识转移与企业间的知识转移间存在权衡。因此,本节认为实现知识流入与知识流出间的平衡是企业生存与发展的关键。

尽管现有研究也已表明,知识流入会增加企业的知识存量,但是企业的知识存量并不一定会随着知识的流出而有所减少。本节认为,企业的知识存量并不一定会随着知识的流入而有所增加,而过多的知识流出会相对地减少企业的知识存量。因而,知识双元的平衡维度促进转移绩效的提高。首先,过多的知识流入不一定会增加知识存量,这可能是由于过多的知识流入可能会带来更多的同质化的知识,造成过度的知识冗余,反而增加了企业管理知识的成本。Boschma 等(2009)研究发现,与企业已经具备技能的员工相比,新员工的流入会对企业绩效产生负向影响。同时,企业过多的外部异质性的新知识的流入虽然为企业知识存量的增加提供了可能,但这需要企业具备高水平的吸收能力。当企业吸收能力不足以完成对外部流入的新知识的消化或转换时,企业就无法将这些新知识融合进自身的知识体系。其次,过多的知识流出可能会相对减少企业知识存量。这主要是因为,过多的知识流出可能会导致企业有价值的核心知识的泄露。Narasimhan 和Talluri(2009)指出,在供应链管理过程中,由于企业不能够对知识流入与知识流出实现完整的控制,因此信息整合、知识整合以及设计整合活动有可能造成知识泄露。泄露的知识可能被竞争者所利用,使其获得企业的核心知识,进而能够创造新知识,缩小了与本企业间的知识差距,进而影响企业已建立的竞争优势,继而促进转移绩效的提高。正如 Perri 和 Andersson(2014)指出的,本地知识的外流需要本地企业适当地平衡知识创造与知识保护。

假设 1a:知识转移双元的平衡维度对转移绩效具有正向影响。

(三)联合维度

知识流入与知识流出是彼此互补的,因此知识转移是互惠的活动。这种互惠性的收益体现为知识转移双方能够实现的知识转移带来的回报,同时广泛利用外部知识的企业也可能产生更多的知识流出,也能够在进行知识交换的同时做好对有价值的知识的保护,而知识保护则会增强知识交换对转移绩效的影响。首先,对于获得知识流入的组织,其获得了知识转移另一方的有价值的知识,从而增加了自身的知识存量,为实现新知识要素与现有知识要素间的组合、重组提供了基础,这为其对外的知识传递提供了知识来源。Frankort 等(2012)发现,企业间的适度的研发合作促进技术知识的流入。同时,外部流入的新知识有助于企业保持知识结构的动态性,降低知识积累的路径依赖和组织惯性的影响,避免进入核心能力僵性。其次,对于有外部知识流入而同时又对外传递知识的企业,其通过主动的选择性知识披露,将自身的知识披露给外部组织,从而诱导外部组织与企业建立协作关系。对外的知识传递有助于企业建立广泛的网络联系,从而为其提供获取权力的来源。此外,流出知识的一方可以通过由其传递的知识所产生的权力而获取其在组织间关系中的有利位置,使知识接受方对其产生资源依赖,这是由知识权力所带来的。通过在组织间关系中的有利位置(如网络中心位置),企业能够轻易地获取其所需要的战略资源。因此,企业通过知识流入而获取新知识,并为对外的知识传递提供基础;通过知识流出,企业能够构建占据有利位置的网络关系,为更多的知识流入创造机会。可见,知识流入与知识流出是相互促进的,进而对转移绩效产生积极影响。

假设 1b:知识转移双元的联合维度对转移绩效有正向影响。

(四)平衡维度与联合维度的交互效应

本节认为,知识转移的双元维度对转移绩效具有协同互补作用。一方面,知识转移的联合维度较高,有助于企业在更高水平上实现知识流入与知识流出间的平衡,从而使企业在知识创造与知识保护上表现得更好,在创造新知识的同时,也能够保护自身有价值的核心知识。相反,企业较低的联合均衡水平会导致两种知识转移活动都较弱,进而使其对转移绩效的作用也减弱。另一方面,知识转移双元的平衡维度较低,意味着知识流入的程度超过知识流出的程度,或者知识流出的程度超过知识流入的程度。这可能会由组织间知识的交换而导致知识泄露,或者由知识交换过程中合作者的机会主义行为导致对知识的保护而降低向外传递知识的意愿。知识转移双元的联合维度能够确保企业在获取知识交换的收益的同时不遭受与知识相关的成本损失，从而促进知识流入与知识流出间的平衡，这有助于企业保持与外部的关系，进而促进有效的知识转移，促进企业的持续成长。

假设2：知识转移双元的平衡维度与联合维度的交互效应正向影响转移绩效。

（五）关系嵌入性的调节效应

企业的行为深深嵌入于社会关系之中，这种嵌入性促进了企业获取独特的能力与学习过程。Granovetter(1992)将嵌入性划分为结构嵌入与关系嵌入，认为企业的经济行为和结构都会受到企业的关系和关系网络的结构的影响。结构嵌入决定了企业接触资源的范围与程度，而关系嵌入决定了获取资源的可能性。当前研究反映了关系嵌入的属性包括关系的紧密性、信任、关系质量、互惠等。本节考察了关系嵌入的两个属性——关系强度和关系动态性，以检验关系嵌入的调节效应。

1.关系强度

关系强度(tie strength)是指组织间互动的频繁程度与关系的紧密程度。Reagans和McEvily(2003)指出，关系嵌入塑造了企业的知识转移与学习过程，进而为知识交换创造了渠道。信息与知识交换的质量取决于知识源与知识接受方间的关系强度，强连接有助于复杂知识的传递。强关系使企业与外部组织间保持互动，从而有助于建立起信任关系。

强关系促使企业与合作者间形成对共同目标的理解，并缓解了企业与外部组织间的竞争冲突，帮助企业识别更多的合作机会，进而促进知识的流动。同时，与外部组织间的先前关系促进了信任关系的建立，组织间的信任关系有助于"老师"企业帮助"学生"企业理解其所提供的知识，并减少合作伙伴的机会主义行为，提高企业向外传递知识的意愿，同时也有助于企业获取合作伙伴的知识，从而保持企业知识流入与知识流出间的平衡，进而促进转移绩效的提高。Levin和Cross(2004)指出，双方联系强度的增加确保了知识接受方能够理解并将新获取的知识应用于组织实践。

假设3a：关系强度正向调节知识转移双元的平衡维度与转移绩效的关系。

企业通过与外部建立联结关系，如与顾客、供应商、竞争者、政府等形成的商业与政治联系，从而获取互补性知识。Levin和Barnard(2013)研究发现，新兴市场企业通过人际联系而获取发达国家企业更有价值的商业知识。

新兴市场企业往往倾向于与国外领先企业建立各种形式的合作关系,如并购、合资,进而获取国外企业先进的技术、管理经验等。同时,国外企业也能够通过新兴市场企业获取当地市场的知识,进而进入当地市场,从而实现新兴市场企业知识流入与知识流出间的互补,促进知识流入与知识流出的联合效应。例如,20世纪80年代,中国企业开始在国内与国外企业建立合资企业,以逐渐获取国外企业的先进技术,从而缩短与国外企业的技术差距。同时,随着国内企业的成长,其逐渐成为逆向的知识转移、溢出的重要来源。可见,国内企业通过与国外企业的合作而获取其知识,同时也成为国外企业的知识来源。国内企业的知识流入与流出的互动也缓解了其与国外企业间不对等的权力依赖关系。

假设3b:关系强度正向调节知识转移双元的联合维度与转移绩效的关系。

2.关系动态性

关系动态性是关系网络内成员间关系随着时间的推移而发生变化,是一种动态的稳定性(dynamic stability),表现为新成员的加入与原成员的退出,从而使关系网络处于动态的平衡状态。当关系网络内的成员离开网络,如果没有新的成员进入,可能会导致原有关系网络变得"过时"。如果网络内的成员关系始终保持不变,就会导致关系网络逐渐形成惯性。不稳定的网络也会限制社会资本创造的机会,降低企业建立新的网络联系与获取新知识的可能性。

通过对现有关系的重复利用,企业更能够确保所获取知识的质量;而通过与外部组织建立新的关系,企业能够获取多样化的外部知识。通过保持与当前合作伙伴的关系,同时与新的合作伙伴建立新的合作关系,企业能够在获取合作伙伴知识的同时,通过向合作伙伴转移知识而保持合作关系。此外,与外部组织间的关系也表现为合作与竞争关系,竞争与合作关系中既存在机会,又存在被合作者侵吞的风险,进而产生了竞争与合作间的冲突,因而竞争与合作需要平衡,从而使企业在获取其他企业关键资源的同时,也能够更好地利用已获取的资源。因而,企业保持网络关系的动态性有助于保持知识流入与知识流出间的平衡。

假设4a:关系动态性正向调节知识转移双元的平衡维度与转移绩效的关系。

企业通过保持与现有合作伙伴的关系,同时建立与外部组织的新关系,在利用现有知识的同时,获取新知识,最终组合原有知识与新知识。此外,企业在某领域与外部组织合作,而在其他领域与其进行竞争,也有助于实现合作与竞争的协同。可见,关系的动态性有助于充分发挥知识流入与知识流出的协同效应,进而促进转移绩效的提升。Luo 和 Rui(2009)也指出,新兴市场企业在国内与国外企业保持高度的技术合作,在国外市场保持高度的市场竞争,从而能够实现新兴市场企业在技术与市场领域的合作与竞争的互补与协同。同样地,Gu 和 Lu(2011)研究发现,与国外企业的共同投资关系(co-investment)有助于减少合作者的竞争性响应,降低直接竞争的强度。

假设 4b:关系动态性正向调节知识转移双元的联合维度与转移绩效的关系。

本节的理论模型如图 5-13 所示。

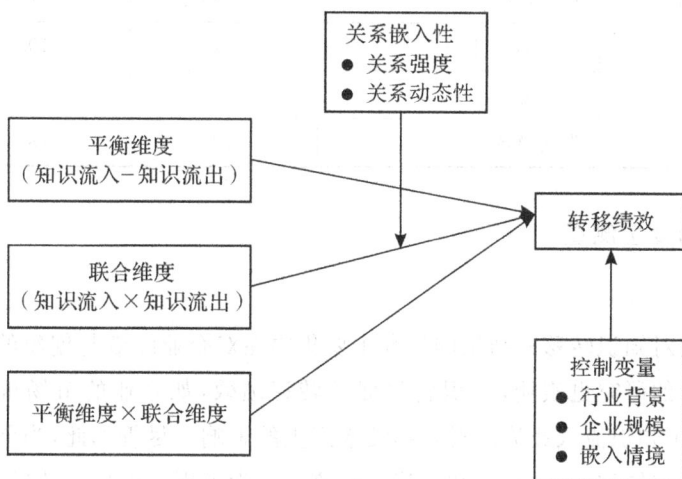

图 5-13　本节的理论模型

二、研究设计

(一)数据收集

本节的数据主要是通过发放调查问卷的方式获取,发放区域主要集中在江苏、陕西、山东、北京、广东等地区。共发放问卷 200 份,回收 176 份,其中有效问卷 164 份。表 5-13 显示了问卷的样本结构。

表 5-13　样本结构

分类		样本量	占比/%
企业性质	高新技术企业	75	45.73
	非高新技术企业	89	54.27

续表

	分类	样本量	占比/%
员工数量	300 人以下	87	53.05
	301—2000 人	49	29.88
	2001 人以上	28	17.07
资产总额	4000 万元以下	57	34.75
	4000 万—40000 万元	58	35.37
	40000 万元以上	49	29.88
工作年限	5 年及以下	135	82.32
	6—10 年	13	7.93
	11 年及以上	16	10.75
职务	领导者	36	21.95
	非领导者	128	78.05

(二)变量测量

1. 因变量

当前对知识转移的结果的研究主要集中在对企业绩效与创新的影响方面。最近的研究也表明,知识转移促进转移绩效,如企业的市场价值的提升,反映了知识流入或流出对转移绩效产生的影响。尽管如此,当前研究并未区分知识转移的方向,如知识流入或流出。为了更全面地捕获转移绩效,对转移绩效的测量主要参考了 van Wijk 等(2008)的研究。其 Cronbach's α 系数值为 0.858。验证性因素分析表明,$\chi^2/df=1.623(p=0.150>0.05)$,RMSEA=0.062,RMR=0.038,GFI=0.985,CFI=0.993,TLI=0.980,各测量项的因素负荷在 0.490—0.822,最低的为 0.49,其余均在 0.5 以上,组合信度为 0.835,平均方差抽取量为 0.465,说明该变量测量具有较好的信度与效度。

2. 自变量

知识流入捕获了知识从其他企业或业务单元流入企业的程度。对知识流入的测量如下:①本公司与其他企业合作研发的程度(Decarolis and Deeds,1999);②本公司购买外部的新技术、专利等的程度(White,2000;Mudambi and Tallman,2010);③本公司市场投入的程度(Fang et al.,2011);④本公司与其他企业进行市场合作的程度。其 Cronbach's α 系数值为 0.772。验证性因素分析表明，$\chi^2/df = 0.934$（$p = 0.334 > 0.05$），RMSEA＝0.000，RMR＝0.015，GFI＝0.997，CFI＝1.000，TLI＝1.002，所有测量项的因素负荷在 0.645—0.897，组合信度为 0.863，平均方差抽取量为 0.561，说明该变量测量具有较好的信度与效度。

知识流出表示知识从本企业或业务单元流入其他企业的程度。对知识流出的测量如下：①本公司被其他企业模仿的程度（Spencer，2008）；②本公司人员流失程度（Corredoira and Rosenkopf，2010；Song et al.，2003）；③本公司主动地对外传递知识的程度（Henkel，2006）；④本公司技术、专利等被其他企业购买的程度；⑤本公司对创新的保护程度（Amara，2008）。其 Cronbach's α 系数值为 0.865。验证性因素分析表明，$\chi^2/df = 1.599$（$p = 0.171 > 0.05$），RMSEA＝0.061，RMR＝0.042，GFI＝0.984，CFI＝0.994，TLI＝0.985，组合信度为 0.752，而平均方差抽取量为 0.448，说明该变量测量具有较好的信度与效度。

知识转移双元的平衡维度代表了知识流入与知识流出间的差异或相对大小，本节遵循 He 和 Wong（2004）、Cao 等（2009）的研究，将知识转移双元的平衡维度表示为知识流入与知识流出的绝对差异。这个绝对差别的值在 0—3.20。为了便于解释，本节采用 5 减去绝对值来表示知识转移双元的平衡维度，这个值越大，代表知识转移双元的平衡维度越大。为了检验交互效应，本节对平衡维度进行了中心化处理。

知识转移双元的联合维度代表了知识流入与知识流出的组合大小。根据先前 He 和 Wong（2004）、Cao 等（2009）的研究，本节认为，高水平的知识流入与知识流出能够互补、扩展彼此，进而对转移绩效产生促进效应。因此，本节采用知识流入与流出的乘积来实现知识转移双元的联合维度的操作化。在将知识流入与流出相乘前，本节对知识流入与知识流出进行了中心化处理，以降低多重共线性。

3.调节变量

关系动态：本节引入关系嵌入性作为影响知识转移双元与转移绩效间关系的权变因素，认为关系动态性是一种动态的稳定性，更强调关系的演化性质，强调企业与其他组织间的关系的动态持续性，根据 Kilduff 等（2006）、Kim 等（2006）的研究，对关系动态的测量如下：①企业与其他组织间的联系较为稳固；②企业主动解散已建立的旧联系；③企业积极地与其他组织建立新的联系。其 Cronbach's α 系数值为 0.857。验证性因素分析表明，$\chi^2/df = 0.8$（$p = 0.371 > 0.05$），RMSEA＝0.000，RMR＝0.050，GFI＝0.997，

CFI＝0.997，TLI＝1.003，各测量项的因素负荷量在0.662—0.927，组合信度为0.812，平均方差抽取量为0.595，说明该变量测量具有较好的信度与效度。

关系强度：联系强度反映了合作伙伴间的关系紧密性以及互动与交流的频率，Levin和Cross(2004)指出，双方联系强度的增加确保了知识接受方能够理解知识并将新获取的知识应用于组织实践，但这需要知识源组织花费更大的努力。根据 Hansen(1999)、Granovetter(1973)的研究，对关系强度的测量如下：①企业与其他组织的联系较为频繁；②企业与其他组织间具有良好的信任关系，有共同的利益；③企业与其他组织间的交流和合作项目较多；④企业与其他组织间的联系表现为紧密联系多于一般联系；⑤企业与其他组织建立了战略联盟形式的合作关系。其 Cronbach's α 系数值为0.857。验证性因素分析表明，$\chi^2/\mathrm{df}=1.421(p=0.224>0.05)$，RMSEA＝0.051，GFI＝0.986，CFI＝0.995，TLI＝0.988，各测量项因素负荷量在0.632—0.821，组合信度为0.869，平均方差抽取量为0.573，说明该测量具有较好的信度与效度。

4.控制变量

本节控制了潜在影响转移绩效的三个变量：行业性质、企业规模、嵌入情境。本节设置虚拟变量控制行业性质对因变量的影响，即用1表示高新技术行业，用0表示非高新技术行业。先前的研究表明，企业规模可能对知识转移产生不同的影响效应，本节用企业资产规模表示企业规模，采用李克特五点量表，1代表企业规模最小，5代表企业规模最大。此外，知识具有情境嵌入性，知识转移的发生也是嵌入在一定的情境中。因此，本节控制了嵌入情境，根据 Appleyard(1996)、Tsui 等(2007)的研究，对嵌入情境的测量如下：①企业建立外部联系受本地社会文化的影响程度；②企业建立外部联系受到本地经济的影响程度；③企业建立外部联系受到本地历史的影响程度；④企业建立外部联系受到本地政治、制度的影响程度。其 Cronbach's α 系数值为0.670。验证性因素分析表明，$\chi^2/\mathrm{df}=0.924(p=0.336>0.05)$，RMSEA＝0.000，RMR＝0.025，GFI＝0.997，CFI＝1.000，TLI＝1.004，各测量项因素负荷量在0.570—0.678，组合信度为0.726，平均方差抽取量为0.400，说明该测量具有较好的信度与效度。

以上各测量变量的信度、验证性因素分析的拟合水平见表5-14。

表 5-14　变量的信度与效度检验

变量	Cronbach's α	χ^2/df	RMSEA	RMR	GFI	CFI	TLI
关系动态	0.848	0.800(p＝0.371)	0.000	0.050	0.997	1.000	1.003
联系强度	0.857	1.421(p＝0.224)	0.051	0.036	0.986	0.995	0.988
嵌入情境	0.670	0.924(p＝0.336)	0.000	0.025	0.997	1.000	1.004
知识流出	0.865	1.599(p＝0.171)	0.061	0.042	0.984	0.994	0.985
知识流入	0.772	0.934(p＝0.334)	0.000	0.015	0.997	1.000	1.002
转移绩效	0.858	1.623(p＝0.150)	0.062	0.038	0.985	0.993	0.980

三、研究结果

(一)描述统计

表 5-15 报告了各变量的描述统计结果,平衡维度与联合维度的相关系数未达显著($r＝0.093$,$p＞0.1$),这表明平衡维度与联合维度是知识转移双元的两个不同的维度。

(二)假设检验

本节采用层级回归分析方法,表 5-16 报告了回归分析的结果。遵循 He 和 Wong(2004)、Cao 等(2009)的研究,首先,本节将模型 1 作为基线模型,该模型包含了所有的控制变量、知识流入与知识流出,结果表明,知识流入与知识流出对转移绩效产生显著的正向影响(0.420,$p＜0.001$;0.336,$p＜0.001$)。本节分别将平衡维度与联合维度单独纳入模型以检验其对转移绩效的影响。在模型 2(a),本节将知识转移双元的平衡维度纳入模型,结果显示,平衡维度对转移绩效未产生显著的正向影响(-0.104,$p＞0.1$)。将联合维度纳入模型 2(b),模型达到显著($\Delta R^2＝0.072$,$\Delta F＝21.579$,$p＜0.001$),联合维度正向影响转移绩效(0.272,$p＜0.001$)。最后,本节将平衡维度与联合维度同时纳入基线模型,得到模型 2(c),模型也达到显著($\Delta R^2＝0.074$,$\Delta F＝11.083$,$p＜0.001$),平衡维度对转移绩效影响不显著(-0.115,$p＞0.1$);联合维度显著正向影响转移绩效(0.273,$p＜0.001$)。根据最保守的模型 2(c),假设 1a 没有得到支持,而假设 1b 得到支持。

在模型 3 中,本节进一步加入平衡维度与联合维度的交互效应,结果表明,平衡维度与联合维度的交互效应未对转移绩效产生显著的正向影响(-0.110,$p＞0.1$),假设 2 未得到支持。

表 5-15 描述统计

变量	1	2	3	4	5	6	7	8	9	10
1. 行业性质	1									
2. 企业规模	-0.456**	1								
3. 嵌入情境	-0.001	-0.119	1							
4. 关系动态	0.171*	-0.223**	-0.498**	1						
5. 关系强度	-0.122	0.126	0.614**	-0.707**	1					
6. 知识流出	-0.115	0.053	0.671**	-0.468**	0.718**	1				
7. 知识流入	0.070	0.026	0.605**	-0.451**	0.523**	0.593**	1			
8. 平衡维度	-0.184*	-0.082	0.142	0.002	0.255*	0.428**	-0.321**	1		
9. 联合维度	0.186*	-0.309**	0.088	0.319**	-0.201*	-0.092	-0.156*	0.093	1	
10. 转移绩效	-0.043	0.061	0.409**	-0.359**	0.385**	0.557**	0.569**	0.001	0.134	1
均值	0.476	1.902	4.706	3.220	4.595	4.387	4.785	4.345	0.529	4.582
标准差	0.501	0.816	0.836	1.209	1.066	1.020	0.878	0.691	0.998	0.924

注：** 表示 $p<0.01$；* 表示 $p<0.05$。

在模型 4 中,本节将所有变量与互动效应纳入模型,结果表明,联合维度对转移绩效的影响仍然显著(0.148,$p<0.05$)。平衡维度与联合维度的交互效应对转移绩效产生显著的负向影响(-0.329,$p<0.001$)。此外,在模型 4 中,本节着重检验了关系嵌入性两个维度的调节效应,结果表明,关系强度正向调节平衡维度与转移绩效的影响(0.358,$p<0.001$),假设 3a 得到验证。关系强度正向调节联合维度与转移绩效的影响(0.175,$p<0.05$),假设 3b 得到支持。关系动态性正向调节平衡维度与转移绩效的影响(0.362,$p<0.001$),假设 4a 得到支持。关系动态性正向调节联合维度与转移绩效的影响(0.215,$p<0.05$),假设 4b 得到支持。

表 5-16　回归结果

变量	模型 1	模型 2(a)	模型 2(b)	模型 2(c)	模型 3	模型 4
Constant	4.581*** (0.198)	5.063*** (0.736)	4.323*** (0.195)	4.855*** (0.693)	4.875*** (0.691)	3.595*** (0.610)
行业性质	-0.044 (0.131)	-0.055 (0.132)	-0.095 (0.123)	-0.107 (0.125)	-0.098 (0.124)	-0.046 (0.106)
企业规模	0.012 (0.081)	-0.001 (0.083)	0.084 (0.077)	0.084 (0.079)	0.085 (0.079)	0.034 (0.068)
嵌入情境	-0.089 (0.100)	-0.086 (0.101)	$-0.188^\dagger$ (0.097)	$-0.188^\dagger$ (0.097)	-0.203^* (0.097)	-0.260^{**} (0.095)
知识流出	0.336*** (0.081)	0.401** (0.126)	0.365*** (0.076)	0.365*** (0.118)	0.423*** (0.118)	0.542*** (0.105)
知识流入	0.420*** (0.088)	0.347* (0.138)	0.505*** (0.084)	0.505*** (0.131)	0.448*** (0.131)	0.450*** (0.116)
平衡维度		-0.104 (0.153)		-0.115 (0.144)	-0.118 (0.144)	0.178 (0.127)
联合维度			0.272*** (0.059)	0.273*** (0.059)	0.687* (0.277)	0.148* (0.070)
平衡维度× 联合维度					-0.110 (0.072)	-0.329^{***} (0.077)
关系强度						$-0.150^\dagger$ (0.087)
关系强度× 平衡维度						0.358*** (0.106)

续表

变量	模型 1	模型 2(a)	模型 2(b)	模型 2(c)	模型 3	模型 4
关系强度×联合维度						0.175*
						(0.088)
关系动态性						−0.181***
						(0.063)
关系动态性×平衡维度						0.362***
						(0.075)
关系动态性×联合维度						0.215*
						(0.086)
R^2	0.403	0.405	0.475	0.477	0.485	0.655
调整 R^2	0.384	0.382	0.455	0.454	0.458	0.622
ΔR^2		0.002	0.072	0.074	0.008	0.170
F		17.777***	23.671***	20.333***	18.235***	20.169***
ΔF	21.313***	0.462	21.579***	11.083***	2.333	12.203***

注：*** 表示 $p<0.001$；** 表示 $p<0.01$；* 表示 $p<0.05$；† 表示 $p<0.1$。

四、讨论与启示

(一)结果讨论

本节检验了联盟知识转移的两个维度：知识流入与知识流出的双元平衡对转移绩效的影响，以及关系嵌入性的调节效应。本节在理论上推断，知识转移双元的平衡维度与联合维度促进转移绩效增加，但研究结果表明，知识转移双元的平衡维度并未对转移绩效产生积极影响，甚至产生了负向影响，虽然并不显著。这可能主要是因为本节的数据来源主要是中小企业，受到企业内部的资源配置的约束，不能够确保企业在知识流入与知识流出活动上保持相对的一致性水平。相反地，企业更可能通过知识存量（或知识流量）来弥补知识流量（或知识存量），以此产生知识存量与知识流量的互补，进而缓解了有限的内部资源配置的困难，因而企业更能够通过组合知识存量与知识流量来促进转移绩效提升（假设 1b）。尽管如此，本节的研究并未发现知识转移双元的平衡维度与联合维度间存在显著的协同效应，这可能还是主要由于企业存在内部资源的限制，不能保持知识流入与知识流出间的相对平衡，进而导致企业无法通过保持知识流入与流出间的相对平衡来弥补知识流入与流出间的互动，因而使企业无法获取知识转移双元的平衡维度与联合维度间的互动效应。

本节验证了关系嵌入性对知识转移双元与转移绩效间的调节效应,响应了 Junni 等(2013)关于"组织双元性对绩效显著的正向影响在很大程度上取决于情境因素"的发现。关系嵌入性通过与其他组织的频繁互动来建立企业与其他组织间的信任关系,从而促进组织间的知识转移。企业间的强关系促进信任关系的建立,并形成互惠关系,从而能够使企业获取外部组织的复杂知识。强关系也能够通过组织间的信任关系缓解企业内部有限的资源配置的限制,促进企业从知识流入与流出的平衡中获益(假设 3a)。同时,强关系通过与外部组织的持续互动逐渐建立共享的价值观与系统,使企业与外部组织在组织实践、知识基础上具有一定的相似性,使企业更容易组合知识流入与流出(假设 3b)。此外,企业与外部组织建立的关系网络如果不能保持动态的稳定,即旧关系的退出与新关系的加入,则可能导致网络惯性。企业如果能够保持关系网络中的关系的动态稳定,就能够适时地剥离旧知识,引入新知识,因而有助于保持知识流入与流出的相对平衡(假设 4a)。同时,企业通过保持网络中新老关系的动态稳定,可以有效地选择潜在的合作伙伴,进而缓冲知识流出与知识流入的风险(如知识泄露),保持企业吸收外部新知识的效率和灵活性,有助于实现知识流入与流出的互动(假设 4b)。

(二)理论启示

本节在三个方面丰富了当前的文献。第一,本节促进了对联盟知识转移的理解。先前的研究多是关注知识转移的流入或流出维度,如 Jensen 和 Webster(2009)、Mom 等(2007)、Perri 和 Andersson(2014)。本节从组织双元性的视角,同时考察了知识转移的流入与流出维度的双元平衡对转移绩效的影响,对知识转移给予了更完整的理解,也丰富了对知识基础观的理解。第二,本节增加了对组织双元性的理解。一是本节将知识转移的流入与流出视为双元性的两个具有不同目标的活动与过程,并同时考察了知识转移双元的平衡维度与联合维度,拓展了对组织双元性的理解。二是本节将关系嵌入性作为影响组织双元性的权变因素。本节发现,知识转移双元对转移绩效的影响依赖关系嵌入性,即关系强度和关系动态性,从而增加了对组织双元性的理解。第三,本节的研究贡献了对双元性—转移绩效关系的理解。组织双元性对转移绩效的影响依赖情境因素,先前研究更多地关注环境的动态性、竞争性、丰裕度等,本节验证了关系嵌入性对双元性—转移绩效关系的调节作用,从而丰富了对影响双元性—转移绩效关系的情境因素的研究。

(三)管理启示

第一,本节的研究表明,知识转移双元的平衡维度并未对转移绩效产生积极影响,这就要求企业在有限的资源限制下实现高效的资源配置,可以考虑灵活的组织结构设计,设计适当的组织情景;同时,也要做好知识交换与知识保护间的平衡,建立有效的防御与隔离机制,防止企业有价值的知识的泄露与流失,从而降低对转移绩效的负向影响。

第二,本节研究发现,关系强度决定了知识转移双元对转移绩效的影响。这就要求企业管理者通过管理者纽带(managerial ties)建立与外部组织的紧密联系,与顾客、供应商、政府等建立紧密的关系,以此作为获取外部知识的渠道,从而缓解知识流出与流入间不平衡或不协同而带来的不确定性与潜在风险。同时,管理者也要警惕与顾客、供应商、政府等过度紧密的关系,这可能带来顾客权力的压力以及过度嵌入等问题。

第三,与外部组织的联系尽管能够为企业带来新的知识,但可能产生一些冗余的连接关系。因而,企业应在识别外部联系的价值的基础上,应剔除冗余的联系,主动退出一些没有价值的联盟或合作关系;同时,要主动与外部组织建立新的联系,保持对外部连接关系的动态管理。

(四)研究局限与未来研究

本节当然也有一些研究上的不足,这也成为未来研究的方向。首先,本节收集的主要是横截面数据,无法反映知识转移的过程,未来需要收集企业的纵向数据来深入分析知识转移的过程。另外,本节所获取的样本量仍需要进一步扩展,以包含更多的大企业。其次,本节考察了关系嵌入性的调节效应。企业对关系强度的过度依赖会导致过度嵌入,限制新的网络联系的形成以及企业把过去的机会转换为有价值的网络结构的能力,从而使网络趋于僵化。因此,未来需要研究过度嵌入对组织双元性的影响。此外,未来也需要探索嵌入性的结构维度,以全面理解嵌入性对知识转移的权变效应。

第六章　产学研联盟知识行为
对企业创新的影响研究

产学研联盟是构建国家区域协同创新体系的重要举措,知识转移是促进产学研协同创新、提升产学研联盟主体创新绩效的关键活动。知识转移是一个复杂的过程,其本质是知识从高校流向企业并提升其创新能力的过程,是企业竞争优势的来源,是技术社会化的一个主要环节,在产学研联盟技术发展的过程中占据着十分重要的位置。产学研联盟中企业通过知识转移获得有效知识的知识行为主要包括知识搜索、知识共享与知识整合等三种行为,是联盟企业从知识获取到知识吸收和利用的过程,是联盟企业获得和保持竞争力的新的重要途径。

第一节　知识搜索对企业创新绩效的影响研究

在产学研联盟环境中,企业通过利用知识搜索活动获取远程知识以及突破性技术创新,是更新企业现有知识基础及提升创新绩效的重要手段。本地搜索与非本地搜索是两个相互对立的方式,但两者又存在一定程度的联系,这两种方法将在不同方面作用于企业的发展绩效。本节基于吸收能力视角,检验知识多样性和先前知识基础的调节效应,检验地理搜索双元对企业创新绩效的影响。

一、研究理论与假设

外部知识搜索能力已成为一种不可忽视的重要力量,尤其是在企业大多采用开放式创新的背景下,它无疑显著影响着企业的创新绩效。企业外部的市场大环境处于动态的变化之中,而企业内部的需求也不是一成不变的,在这两种动态变化的共同作用下,仅仅通过以企业内部研发创新能力为主导而获得企业绩效的大幅提升的机会逐渐减少。并且,仅以企业内部研发来提升企业绩效会使得企业难以抛开以往做事的方法去寻求新的方法,从而导致能力陷阱与核心刚性。

由此更会导致企业对外部环境的感知能力减弱而面临一系列的危机。所以,外部资源的价值需要充分发挥出来,针对内部技术的不足提供可行的解决办法并弥补市场资源短缺的问题,从而最大限度地避免"非本地发明"(not invented here)带来的弊端。此外,通过外部知识搜索获取新的知识对企业来说是不可多得的资源财富,不仅增加了企业的基础知识储备,还能帮助企业扩大知识面,尽可能地涵盖各个领域的知识,从而对市场环境的变化以及技术创新的变革给予积极的响应。

组织双元理论以一个独特的新视角而非传统视角对外部知识搜索进行分析研究。"双元性"这个概念由 Duncan(1976)首次引入管理学领域,并用以描述组织能力。March(1991)对组织学习也提出了新的观点,他认为组织学习具有两个不可忽视的功能,即开发与探索,并且认为组织不仅能够不断调整自身的研发创新技术以适应不断变化的环境,还能够在特定时刻激发出企业的突破式的探索性创新能力。而从双元理论的视角出发对外部知识搜索进行研究则可以发现,外部知识搜索所包含的两个维度完全不同但又在某种程度上相互关联,即本地搜索与非本地搜索间的差异以及本地搜索与非本地搜索间的交互。

(一)本地搜索与非本地搜索间的差异与企业创新绩效

差异在本地与非本地的搜索之间是客观存在的,而这种差异又导致了两者间的不平衡性,这对企业创新绩效的提高产生了抑制作用。从一个角度来讲,地理位置是本地搜索的一个很大的优势,能够获得更充分更近距离的知识部落,并且同一地区通常具有更为相似的文化背景,因此,各企业在本地能够以更低的成本、更快的速度进行知识搜索,获取大量的知识信息。但是,采取本地知识搜索也存在一定的弊端,通过本地搜索获得的知识更多的是相对熟悉的知识,这就在一定程度上使得企业在创新的过程中会面临一些由缺乏新知识而导致的创新缺乏,从而使企业的创新效果大打折扣。企业在内外环境持续动态变化的情况下仍能够不断增强其已有的能力。这主要是得益于企业在学习过程中不断加强自己的竞争力,敏锐地察觉内外市场环境变化并及时做出应对。当前国内外市场环境处在不断变化之中,一成不变的企业必然会被社会所淘汰,这需要企业随时关注市场的动态变化,捕捉市场发展动向。因此,若企业仅仅依靠本地搜索来获取知识资源,必然会使得企业的适应性差,自我调节能力弱,当外界变化时不能及时做出调整,甚至可能面临被淘汰的风险。

　　从另一个角度来讲,非本地搜索即使在一定程度上弥补了本地搜索带来的弊端,能够帮助企业获取非本地的新的知识技术资源,但其一个很大的弊端就在于非本地知识杂且不能保证其质量,不能为企业提供更为系统可靠的知识资源,因此企业采用非本地搜索也需要承担一系列的风险成本。并且,企业通过非本地搜索获得的知识来自四面八方,无法保证其来源可靠与高质量水平,企业想要提高获取的知识资源的可利用性就不可避免地需要付出大量的人力及物力成本来筛检,这对于企业来说无疑是一种风险。因此,即使通过远距离的非本地知识搜索获得的知识的多样性能够为企业提供更多的机会,使得企业能够搜寻到企业需要的与本企业知识互补的、具有差异性的知识,这些知识资源也很难被企业搜集整合融入企业自由的知识资源库并真正为企业创新提供新鲜的血液。并且考虑到地理位置的差异,对于非本地知识存在企业对其了解不深、难以消化吸收的问题,对于企业获得的知识资源也不能够进行最大效益的利用,并且企业根据获得的知识来帮助企业创造价值的效果也是难以衡量的。

　　H1:本地搜索与非本地搜索间的差异负向影响企业创新绩效。

(二)本地搜索与非本地搜索间的交互与企业创新绩效

　　交互影响存在于企业本地与非本地的知识搜索中。首先,来自本地搜索的知识资源在不断的渗透交换过程中实现价值,同时又能促进产生新的且企业更易于利用的资源,并在这个过程中促进显隐性知识之间的相互作用,以达到对知识的重塑与联合,从而增强企业创新活动以及创新技术的可靠性。其次,本地搜索通常更着眼于某个特定产品的技术或更关注与之相关的产品的市场环境,使得企业能够更加准确地预测未来技术走向趋势并对市场的发展走向有更深刻的理解;而与本地搜索不同,非本地搜索带来不同区域不同领域的知识,企业则能够通过利用这些知识探索到更多与现有知识有差异的甚至互补的知识。一味地沉浸在本地知识搜索的圈子里则会使企业只着眼于现有的能力从而面临陷入能力陷阱的风险。而非本地知识搜索通过探索不同区域的知识为企业创新技术的发展起到了推动作用,帮助企业学习新知识并将新知识与已有知识进行有效融合,从而促进企业展望全局能力的发展,避免短视问题。并且,过多利用非本地知识搜索无法避免知识筛选带来的成本的大量耗费,迫使企业承担了高额的成本风险,两者结合的双元的交互能够帮助企业合理对冲将会面临的风险,增加企业创新发展的有效性,从而促进企业创新绩效的提升。是以,通过对已有知识进行再造重塑并降低风险的交互作用能够有效地避免单项知识搜索带来的各项弊端以及对绩效作用不足的问题。

H2：本地搜索与非本地搜索间的交互正向影响企业创新绩效。

（三）知识多样性的调节效应

企业的外部知识搜索会受到企业对外部知识吸收获取能力的影响，正如 Fabrizio（2017）关于增加企业对已有知识的外部知识获取效果能够促进获得更好的创新效果的研究结果所示；Salge 等（2012）进一步的研究表明，在企业对外部知识吸收能力既定的情况下，知识搜索的范围越广，企业越能够获得更高的创新绩效，即呈现一种正向的相关关系。并且企业或组织吸收利用专业知识的能力越强，就越能更容易地发现与新兴技术有关的机会，即更能抓住出现的新兴技术机会。是以，能抓住各种机会的往往很大程度上是能够实现高吸收率的企业，其也会积极主动地拓宽相关领域或不同领域的业务并扩大规模以提升效益。当企业所拥有的知识是来自各个领域的、各区域的、不单一的时，企业对外界的各种知识就会表现出更高程度的接纳与包容，也能够很快地吸收适应外界进入的知识。因此，对于与本地知识获取的小范围的、邻近的知识群以及非本地搜索获取的大范围的、偏远的知识群这两种不同的系统，知识多样性能够通过充当催化酶使融合更成功，从而实现更高的效益。此外，核心技术在企业中占比越大，产品多样化的可能性就越大，企业更能产出多样化的产品，获得的知识资源也更丰富。并且基于熵的定义，我们也能知道内部知识的无序性在一定程度上表明了企业知识的多样性。知识熵与企业所拥有的知识种类呈正向关系。这意味着即使企业仅仅依靠非本地搜索来获取知识资源，也不会存在上述面临严重成本风险的情况；相反，企业会得益于知识熵从而在面对繁杂的知识时也能够很好地吸收利用，从而减少非本地搜索的弊端，使得本地搜索与非本地搜索之间的差异带来的不良影响降到最低。

H3a：知识多样性调节本地搜索与非本地搜索间的差异与企业创新绩效间的关系，即高度的知识多样性能够减弱搜索双元的差异对企业创新绩效的负向影响。

H3b：知识多样性调节本地搜索与非本地搜索间的交互与企业创新绩效间的关系，即高度的知识多样性能够增强搜索双元的互补对企业创新绩效的正向影响。

（四）先前知识基础的调节效应

Katila 和 Ahuja（2002）的研究表明，组织是基于一种动态的吸收模式来获取新知识的,即在通过各种方式获取知识的过程中会实现新旧知识的交互作用。Grant(1996)认为,知识的整合效果受多种因素的影响,而不同专业知识之间的共性度是决定不同知识主体整合效果的主要内容。企业积累的先前知识技术数量越多,则越可能与外部知识拥有更高的共性。这在很大程度上促进了企业对知识的吸收利用,并促进了企业在两者之间的整合与转化。此外,组织基础知识水平的提高为组织适应不同的变化提供了更强有力的保障,并为企业获取的各种外部知识提供了一个能够融汇再造的知识平台,从而增强搜索双元的交互水平。

外部信息相比内部信息来说是复杂又烦琐的,企业对此可能会产生不适应的情况,当本地搜索与非本地搜索之间存在较大差异时,企业的搜索便会受到外部复杂烦琐的信息环境的影响。而此时企业自身的知识储备则有助于企业对内外部的具体情况有一个更宏观的把控,从而能更有针对性地解决探索外部信息时所产生的各种问题;否则可能存在直接选择非本地搜索而出现信息错综复杂且无法直接利用的情况,这时企业原有的知识则会帮助识别并吸收新知识,迅速使其发挥出应有的价值。

H4a:先前知识基础调节本地搜索与非本地搜索间的差异与企业创新绩效间的关系,即高度的先前知识基础能够减弱搜索双元的差异对企业创新绩效的负向影响。

H4b:先前知识基础调节本地搜索与非本地搜索间的交互与企业创新绩效间的关系,即高度的先前知识基础能够增强搜索双元的互补对企业创新绩效的正向影响。

本节的概念模型如图 6-1 所示。

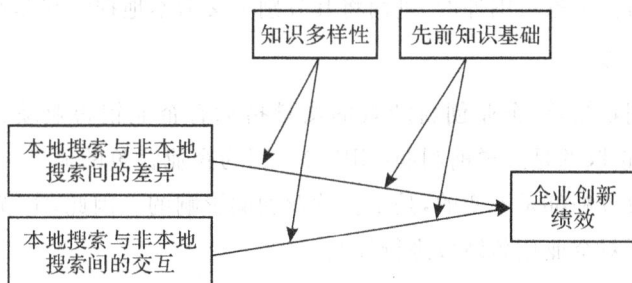

图 6-1　本节的概念模型

二、研究方法

(一)数据收集

本节数据来源于中国 321 家上市企业 2014—2015 年两年间的招股说明书等。基于对以往研究的分析,选取 2014—2015 年的上市企业数据为样本进行研究。数据的选取则是出于对以下情况的考虑:首先,为了获取准确且真实的企业数据,就要求所选取的企业必须是上市公司且具有能够披露企业各项信息状况的招股说明书,从而获得企业同各个外部组织业务往来的可靠信息。其次,为了避免收集到的数据是企业为成功上市而伪造的财务数据,从而导致结果出现偏差或者不准确,因此本节研究的是各企业招股说明书中的企业同各外部组织的业务往来情况。最后,参考以往文献,本研究借鉴选取招股说明书作为所需数据信息的主要来源。本节所选取的样本剔除了金融业、批发业等同类企业,分别选取 2014 年和 2015 年上市企业120 家、201 家,其中包括 250 家制造类企业和 71 家其他企业,248 家东部地区企业和 73 家中西部地区企业。

(二)变量测量

1. 解释变量

地理搜索:具体参考 Berchicci 等(2015)、Wu 和 Wei(2013)、王建刚和吴洁(2018)的研究,将与企业进行业务往来的外部组织分为在本省范围内的与在本省范围外的,进而对本地搜索与非本地搜索进行定义。同样地,我们以省份为界线进行划分,将与企业进行业务往来的外部组织分为在本省范围内的与在本省范围外的,进而将其分别定义为本地搜索与非本地搜索。

2. 因变量

企业创新绩效:企业创新绩效的衡量指标有企业销售业绩、负债情况等,而本节选取的是息税前利润(EBIT)。因为企业背负的债息与支付给股东的优先股股利都是不变的,是不受营业利润影响的。因此,本节以息税前利润为指标对企业创新绩效进行评判。

3. 调节变量

知识多样性:企业所拥有的强势竞争优势是其赖以生存的基础,而这些竞争优势的主要来源之一就是企业的核心技术。而核心技术是各种能力的集合体,是能够帮助企业摆脱停滞而发展、带领企业突破瓶颈并取得重大成功的各项能力与技术的总和,是复杂且先进的。核心技术的应用范围可以从产品的设计、生产制造再到销售,能够覆盖整个生产过程。各个不同的知识体系构建出的每项核心技术具有难以替代的竞争优势。本节的知识多样性就是以组织核心技术的数量来衡量的。

先前知识基础:竞争优势的其中一个来源就是企业的专利研发。专利研发在很大程度上提高了企业的创新绩效,企业的专利数量越多,所拥有的独特的技术以及储备的各项知识越丰富,专利数量也被用以衡量企业的知识储备量。本节采用招股说明书披露后一年的专利积累数量来衡量先前知识基础。

4.控制变量

本节选取以下变量作为控制变量:①企业年龄。一般来说,企业成立年限越长,所拥有的资源技术以及积累的知识也越多,不同年限的企业通常有较大的差异,因此本节对企业年龄的衡量标准选取的是企业成立至今的年限。②行业背景。不同行业在技术创新与知识积累方面差距较大,但大体可以将其分为制造类企业与非制造类企业,并分别将它们赋值为 1 和 0。③企业规模。规模的不同也是区分不同企业的一个方面,规模大的企业能够形成规模效益从而产生规模经济,在同等条件下,其更具有成本优势,获益也更大。本节中,企业规模的大小是通过员工数量这个指标来衡量的。④地域。地域也是区分不同企业的一个指标,本节将不同企业所在的区域划分为两部分:东部区域与中西部区域,并分别赋值为 1 和 2。⑤产品多样化。产品多样化是指某种产品具有多个种类,每个种类都有其各自的特点或功能,是决定市场均衡的重要因素。⑥组织冗余。组织冗余是企业中潜在的未被充分利用的一种资源,组织冗余不利于企业的发展。基于对参考文献的研究,本节的组织冗余是通过(现金流+有价证券)/流动负债的计算来衡量的。⑦市场强度。企业通过向市场投入产品等资源开展运营,通常来说,企业对市场的投入与企业和顾客之间的亲密关系呈正向的关系。本节运用销售费用/总资产来衡量企业市场投入的强度。⑧政府支持。政府支持在企业发展中起到促进的作用,从而使企业能够获得更多的财政支持,进而获得更多的外部知识,从而促进企业的发展。本节所示的政府支持则是通过政府补贴这一指标来衡量的。⑨当年专利授权量。专利作为企业的一种无形资产,在技术发明领域不仅能够形成一种阻碍其他企业进入本行业的行业壁垒,还能够形成自身的竞争优势,促进企业各方面的发展。而当年专利授权量则很好地反映了不同企业对不同技术领域的控制情况。⑩内部努力。本节中的企业内部的努力程度是由企业正在研发的项目的数量来衡量的。⑪研发强度。企业通过创造新知识提升自己的竞争优势,而只有进行大量的研发资金投入才能取得成果,形成自身的知识资源并消化外部知识。本节的研发强度是由滞后一年的研发投入/营业收入来衡量的。

三、研究结果

(一)描述统计

本假设检验基于层级回归分析法。为了检验企业创新绩效受本地与非本地搜索之间差异与交互的影响作用以及先前知识基础、知识多样性对两者关系的调节效应,在回归模型中依次加入控制变量、调节变量、自变量、自变量与调节变量的交互项。由表 6-1 给出的描述统计分析结果以及其相关系数可知,在显著性系数为 0.218,$p<0.01$ 的情况下,本地搜索与非本地搜索的交互作用与企业创新绩效之间呈现显著的正相关关系;而在显著性系数为 0.005,$p>0.05$ 的情况下,本地搜索和非本地搜索的差异与企业创新绩效之间的关系与假设不一致。这主要是因为变量不仅受到两者差异的影响,而且受到其他因素的影响。为了解决这一问题,本节设置了多个控制变量对其进行更进一步的回归。

(二)统计结果

表 6-2 表示各变量对企业创新绩效的回归结果。分析可知,模型 1 是加入所有控制变量和调节变量的回归模型,模型 2 是在模型 1 基础上加入本地搜索和非本地搜索的模型。模型 3 加入了本地搜索与非本地搜索的差异,结果表明,在显著性系数为 -0.156,$p<0.001$ 的情况下,本地搜索与非本地搜索间的差异与企业创新绩效呈现出显著的负相关关系,H1 的模型假设得到验证。模型 4 加入了本地搜索与非本地搜索间的交互项,结果表明,在显著性系数为 0.129,$p<0.01$ 的情况下,本地搜索与非本地搜索间的交互与企业创新绩效之间呈现显著的正相关关系,这样证明了互补关系存在于外部知识的本地与非本地搜索中并对绩效有促进作用,H2 的模型假设得到验证。回归模型 5 结果显示了先前知识基础调节本地搜索与非本地搜索间的差异与企业创新绩效的关系,即在显著性系数为 0.323,$p<0.001$ 的情况下,高度的先前知识基础能够减弱搜索双元的差异对企业创新绩效的负向影响;回归结果还显示了本地搜索与非本地搜索间的交互与企业创新绩效的关系,即在显著性系数为 0.311,$p<0.001$ 的情况下,高度的先前知识基础能够增强搜索双元的互补对企业创新绩效的正向影响。H4a 和 H4b 的模型假设得到验证。

表 6-1　描述统计与相关系数

变量	1	2	3	4	5	6	7	8	9	10	11	12	13	14	15	16	17	18
1. 企业年龄	1																	
2. 行业背景	0.103	1																
3. 企业规模	-0.103	-0.033	1															
4. 地域	-0.019	-0.064	-0.151**	1														
5. 产品多样化	0.018	0.093	-0.014	-0.008	1													
6. 知识多样性	-0.114*	0.063	0.116*	-0.036	0.053	1												
7. 内部努力	0.008	0.068	0.009	-0.013	0.109	0.143*	1											
8. 先前知识基础	0.075	0.058	0.021	0.018	0.147**	-0.001	0.191**	1										
9. 组织冗余	-0.052	-0.182**	-0.056	0.025	-0.032	-0.034	0.034	0.034	1									
10. 市场强度	0.048	0.06	0.020	-0.061	-0.049	-0.065	-0.035	0.205**	0.326**	1								
11. 政府支持	0.022	0.046	0.023	0.076	-0.03	0.057	0.015	0.014	0.063	0.004	1							
12. 研发速度	-0.140*	-0.168**	-0.075	0.081	0.064	0.083	0.066	0.083	0.244**	0.214**	0.350**	1						
13. 当年专利授权量	0.039	0.026	0.029	0.047	0.087	0.036	0.026	0.843**	0.055	0.195**	0.035	0.058	1					
14. 本地搜索	-0.007	0.034	-0.014	-0.036	0.114*	0.072	0.031	-0.032	-0.067	-0.006	0.114*	0.042	-0.003	1				
15. 非本地搜索	0.034	0.006	0.008	-0.091	0.103	0.133*	0.204**	0.026	0.055	0.103	-0.110*	-0.062	0.014	0.214**	1			
16. 本地非本地差异	0.014	-0.010	-0.016	-0.103	0.114*	0.159**	0.188**	0.022	0.056	0.144*	-0.055	0.007	-0.005	0.279**	0.901**	1		
17. 本地非本地交互	0.091	-0.054	0.042	-0.051	-0.002	-0.097	-0.058	0.008	0.006	0.002	-0.014	-0.019	0.029	0.194**	0.423**	0.217**	1	
18. 企业创新绩效	-0.107	-0.123*	0.393**	-0.031	-0.048	0.041	-0.030	0.034	-0.010	-0.023	0.101	-0.086	0.194**	0.163*	0.113*	0.005	0.218**	1
均值	12.95	0.78	1945.80	0.80	4.98	10.65	8.48	14.88	0.38	0.08	0.03	0.05	4.97	1.29	2.14	1.97	0.21	209108473.94
标准差	4.84	0.42	5415.67	0.40	4.21	9.31	9.69	57.15	0.21	0.08	0.05	0.04	30.20	1.82	3.89	3.51	1.25	740179933.84

注：** 表示 $p<0.01$，* 表示 $p<0.05$。

回归模型 6 检验了知识多样性对本地搜索与非本地搜索的差异和交互与企业创新绩效间的调节效应,即在显著性系数 0.182,$p<0.01$ 的情况下,高度的知识多样性能够减弱搜索双元的差异对企业创新绩效的负向影响;在显著性系数 0.221,$p<0.05$ 的情况下,高度的知识多样性能够增强搜索双元的互补对企业创新绩效的正向影响。H3a 和 H3b 的模型假设得到验证。模型 7 是加入所有的控制变量、调节变量、自变量以及自变量与调节变量交互项后的全效应模型,以上假设均得到检验。

表 6-2   回归结果

变量	1	2	3	4	5	6	7
(Constant)	0.431 (0.262)	0.296 (0.259)	0.294 (0.250)	0.295 (0.256)	0.313 (0.244)	0.306 (0.248)	0.332 (0.242)
企业年龄	−0.016 (0.011)	−0.016 (0.011)	−0.017† (0.010)	−0.019† (0.011)	−0.017† (0.010)	−0.017 (0.010)	−0.016 (0.010)
行业背景	−0.321* (0.130)	−0.298* (0.128)	−0.327** (0.128)	−0.289* (0.126)	−0.368** (0.121)	−0.311* (0.123)	−0.356** (0.120)
企业规模	0.0001*** (0.000)	0.0001*** (0.000)	0.0001*** (0.000)	0.0001*** (0.000)	0.0001*** (0.000)	0.0001*** (0.000)	0.0001*** (0.000)
地域	−0.013 (0.129)	0.023 (0.127)	−0.006 (0.123)	0.029 (0.126)	0.020 (0.120)	−0.016 (0.124)	0.004 (0.121)
产品多样化	−0.002 (0.012)	−0.008 (0.012)	−0.008 (0.012)	−0.007 (0.012)	−0.011 (0.011)	−0.006 (0.012)	−0.010 (0.011)
知识多样性	−0.003 (0.006)	−0.005 (0.006)	−0.003 (0.005)	−0.002 (0.006)	−0.002 (0.005)	−0.004 (0.005)	−0.004 (0.005)
组织冗余	−0.046 (0.267)	−0.005 (0.262)	−0.025 (0.253)	−0.005 (0.259)	0.063 (0.249)	−0.016 (0.252)	0.060 (0.247)
市场强度	−0.124 (0.668)	−0.343 (0.659)	−0.006 (0.642)	−0.182 (0.655)	−0.141 (0.625)	0.009 (0.638)	−0.157 (0.620)
政府支持	2.934* (1.192)	2.702* (1.184)	2.961** (1.144)	2.652* (1.169)	2.657* (1.114)	2.877* (1.136)	2.609* (1.104)
当年专利授权量	0.018*** (0.003)	0.018*** (0.003)	0.016*** (0.003)	0.018*** (0.003)	0.018*** (0.003)	0.016*** (0.003)	0.016*** (0.003)
内部努力	0.006 (0.006)	0.003 (0.006)	0.003 (0.005)	0.005 (0.006)	0.004 (0.005)	0.001 (0.006)	0.002 (0.005)
先前知识基础	−0.008*** (0.002)	−0.007*** (0.002)	−0.006*** (0.002)	−0.007*** (0.002)	−0.006*** (0.002)	−0.006*** (0.002)	−0.006*** (0.002)
研发强度	−3.186* (1.449)	−2.947* (1.427)	−2.460† (1.427)	−3.144* (1.411)	−2.596† (1.411)	−2.576† (1.377)	−2.561† (1.339)
本地搜索		0.078** (0.028)	0.106*** (0.028)	0.067* (0.028)	0.117*** (0.028)	0.099*** (0.029)	0.115*** (0.028)
非本地搜索		0.025† (0.014)	0.149*** (0.029)	0.006 (0.015)	0.144*** (0.035)	0.101** (0.037)	0.116** (0.036)

续表

变量	1	2	3	4	5	6	7
本地非本地差异			−0.156*** (0.033)		−0.174*** (0.037)	−0.116** (0.039)	−0.150** (0.039)
本地非本地交互				0.129** (0.044)	−0.008 (0.049)	0.137* (0.060)	0.086 (0.060)
差异×先前知识					0.323*** (0.092)		0.335*** (0.098)
交互×先前知识					0.311*** (0.095)		0.300** (0.098)
差异×知识多样						0.182** (0.068)	0.184** (0.067)
交互×知识多样						0.221* (0.099)	0.223* (0.097)
调整 R^2	0.253	0.281	0.331	0.299	0.368	0.342	0.381
ΔR^2		0.032	0.049	0.019	0.091	0.016	0.056
F	8.930***	8.966**	10.429***	9.144***	10.360***	9.351***	9.929***
ΔF		6.876***	22.438***	8.382**	10.967***	3.610*	6.864***

注：*** 表示 $p<0.001$；** 表示 $p<0.01$；* 表示 $p<0.05$；† 表示 $p<0.1$。表中为未标准化的回归系数，括号内为标准误。$N=321$。

四、结论与启示

根据地理维度，本节将外部知识搜索划分为本地搜索与非本地搜索，检验了两种搜索之间的差异与交互对企业创新绩效的影响，同时引入知识多样性和先前知识基础作为调节变量，以检验其对外部知识搜索与企业创新绩效关系的影响。研究结果表明，非本地搜索和本地搜索的差异会对企业的绩效产生负向的作用，非本地搜索和本地搜索的交互会对企业的绩效产生正向的作用。企业想要平衡发展两种搜索策略，可以通过对非本地和本地知识搜索进行协调与衡量来实现，并能够减少因为对非本地或者本地知识搜索的过分关注而产生的风险，同时也能让非本地与本地搜索之间的互补得以实现，从而提升企业创新绩效。另外，企业通过加强知识多样性和先前知识基础而增强吸收能力，进而促进地理搜索双元对企业创新绩效的积极影响。具体地，知识多样性与先前知识基础降低了本地搜索与非本地搜索间的差异对企业创新绩效的负向影响，而增强了本地搜索与非本地搜索间的交互对企业创新绩效的正向影响。

本节的理论启示主要体现在：第一，本节促进了对地理维度下外部知识搜索与企业创新绩效间关系的理解。尽管当前研究已经表明知识搜索会对企业创新绩效产生正向影响，但过去的研究较少考虑知识搜索的地理维度，本节根据地理维度将知识搜索划分为本地搜索和非本地搜索,从组织双元性视角,检验了本地搜索与非本地搜索间的双元组合对企业创新绩效的影响,结果表明,知识搜索双元的差异维度负向影响企业创新绩效,而联合维度正向影响企业创新绩效。第二,本节促进了对外部知识搜索促进绩效提升的边界条件的理解。过去的研究关注了企业执行外部知识搜索的内部与外部前因,如组织资源、技术特性、吸收能力以及组织冗余。虽然现有研究也关注吸收能力对外部知识搜索与企业创新绩效关系的影响,但吸收能力是一个多维度的概念,当前研究很少考虑吸收能力的不同维度。本节从吸收能力的角度,考虑了企业知识基础的多样性和先前知识基础,研究发现了企业知识基础对外部知识搜索双元与企业创新绩效关系的影响。

此外,本研究成果对企业的管理实践也有重要启示。首先,管理者应当认识到两种类型搜索平衡实施的意义,企业维持较高水平的两种搜索将有助于资源的合理分配,推动知识吸收的良性循环,促进企业创新绩效稳步提升。其次,提升企业自主核心技术的研发能力应该摆在创新战略的重要位置,知识多样性不仅是反映企业创新能力的一个关键维度,还对外部知识搜索双元影响企业创新绩效起到重大调节作用,所以企业应加大对研发部门的投入,并储备研发需要的人才资源。最后,企业还应注重自身知识积累,缩小与外部知识源的知识势差以提升自身的协同创新能力,加大产学研合作力度,构建合作联盟组织学习机制,保持资源互依关系,从而进行原始知识积累。

当然,本节的研究还存在一定的局限性,其也可以成为未来研究的方向。第一,从理论构架上看,本节只是初步尝试将组织双元理论与外部知识搜索理论进行整合。而影响外部知识搜索的因素众多,本研究仅选取了一个组织层面的因素,未来研究可以在以下几个方面进一步拓展,包括影响外部知识搜索双元的其他调节变量(如组织内部冗余、产品多样化等)以及影响外部知识搜索双元的前因变量(如组织结构、组织规模、领导团队等),以更全面地综合分析组织层面的因素所产生的效应。第二,本节的数据主要是横截面数据,可能没有反映外部知识搜索对企业创新绩效影响的"时滞效应",未来有必要借助纵向数据,分析外部知识搜索双元战略对企业短期绩效和长期绩效的影响差异,以揭示影响关系如何随着时间的变化而变化。

第二节 知识共享对员工创新行为的影响研究

联盟企业内员工作为组织创新主体的一部分,其行为除受到自身主观意愿的影响外,还受到组织情境的影响。在知识经济时代,新想法、新知识的产生主要依靠共享交流,而不是来自员工自身的独立思考。虽然多元化的联盟企业信息促进员工间创新性知识共享更为方便、快捷,但联盟企业内员工仍面临难以及时了解同事的工作经验和正确的工作方法,以及不知如何对固有工作模式进行创新从而创造更大收益等困难。ASA 理论(attraction-selection-attrition,吸引—选择—消退理论)(Schneider et al.,1995)及众多实验表明,当个人与组织达成匹配时,对联盟企业的员工和组织都会产生积极的正面影响。因此,在当下激烈的竞争环境中,如何采取有效措施提高联盟企业员工间的创新知识共享程度,驱动员工的创新行为,促进个人与组织的匹配,已成为当前联盟企业发展与转型的关键问题。基于此,本研究引入耦合协调模型,对联盟企业内员工间知识共享与组织氛围的匹配程度进行测量,并运用层级回归的方法分析知识共享与组织氛围匹配程度对员工创新行为的影响,并根据所得到的结论找到制约员工间知识共享与组织氛围高匹配度的原因,进而提出提升联盟企业员工创新行为有效的治理对策,为企业创新能力的增强提供正确的前进方向。

一、理论基础与研究假设

(一)知识共享与组织氛围理论基础

知识共享是员工获取新知识、新技能的主要途径之一,而知识的隐性程度是影响知识共享实现的关键自然属性,知识的隐性程度越高,知识共享的难度越大。此外,员工知识共享的难易程度主要取决于其知识共享意愿,即员工将自身所拥有的知识传递给其他个体或组织,以帮助对方增强学习知识的主观意愿。因此,本研究认为员工的知识共享是员工愿意将自己的隐性和显性知识共享的程度。其中,显性知识指的是那些能够被人们以一定符码系统加以完整表述的知识;而隐性知识指的是那些能够被人们所熟知但是难以言述的知识。

学者主要是根据知觉性与结构性来对组织氛围这一概念进行定义。从结构性的观点来说,组织所拥有的固定的客观属性被认为是组织氛围,然而从知觉性的观点来说,个体对其所处的工作环境的这种心理感知被认为是组织氛围。从这两个不同的观点来解释显然是有差异的,但是这两者都认为组织中的员工行为会受到组织氛围的影响。而基于创新视角的研究,学者多数采用知觉性观点。Jarvenpaa 和 Staples(2001)认为,组织氛围就是组织成员对集体主义、稳定性等方面的感知。阎亮和张治河(2017)的研究则表明,一组组织成员在他们所在的工作环境下直接或者间接感知到的可测的且对员工的创新性行为表现能够产生作用的组织特质就是组织氛围。综合国内外对组织氛围的定义,本研究认为,在组织内部,组织成员处于其所在的工作环境中直接或者间接感知到的整体这一层面的支持创新的程度且能够对员工的行为与态度造成影响的组织特质就是组织氛围,包括同事支持、主管支持、组织理念、资源供应以及任务特性等五个维度。

根据个人—组织匹配理论,个人—组织匹配是个人与组织在某些方面具有相似性或双方能够满足对方的合理需要而表现出的相容性,个人和组织的相似性或相容性程度是个人—组织的匹配程度。知识共享与组织氛围的匹配程度是员工获取知识、进行创新的主观意愿与组织营造创新氛围的相似性或相容性程度。相似性是指员工进行知识共享的意愿与组织氛围所体现的目标是一致的。相容性是指组织中提供的人力、物力等资源支持满足员工进行知识共享需求的程度。员工知识共享意愿越强,组织营造的创新氛围越好,知识共享—组织氛围的匹配程度越高;当组织营造较好的氛围供员工进行知识共享时,员工共享意愿较强,知识共享—组织氛围的匹配程度较高。

(二)研究假设

由于学者的关注点不同,对员工创新行为的界定主要包括两个取向:一是结果取向,二是过程取向。从中国企业员工创新行为角度出发,本书采用黄致凯(2004)与王辉和常阳(2017)的观点,将员工创新行为定义为产生于组织活动中,将新颖而有益的想法(如:新的建议、设计出新的产品、整合操作流程等)转化为可以被其他个体感知的事物或形式的过程。

在创新上有更突出表现的员工往往乐于共享自己的知识。通过共享显性知识能聚集组织中不同专业、背景的可视化信息,如常规性经验、学识、技能等,打破员工的知识壁垒,在一定范围内促使知识在员工间自由流动。而通过共享隐性知识促进员工间经验、想法、技能的沟通,有利于新想法、新知识的产生,并且在自我知识的吸收过程易于产生新的、有价值的知识,从而激发员工的创新思维,提高其创新绩效。因此,当员工知识共享意愿强烈时,员工的创新行为易于被激发。基于以上研究,本研究提出如下假设:

H1:知识共享正向促进员工创新行为。

组织拥有鼓励知识共享和创新行为的良好理念是保证组织可持续发展的一个重要因素。良好的组织创新氛围意味着组织鼓励员工进行创新构想及内部沟通,并且组织会对员工创新构想的实施提供相应的资源支持。刘效广等(2010)认为,如果员工得到领导和组织的支持,则会增加其对创新结果的期望值,从而激发其共享创新资源的积极性。蔡亚华等(2013)认为,在沟通顺畅以及相互帮助、信任的知识交流环境的创新氛围下,员工更有动机和意愿与其他成员结成社会连带,促进彼此之间的沟通交流。特别地,当员工的任务特性较强时,执行创新性任务需要大量的专业知识,组织良好的创新氛围有利于员工间分享与交流创新想法、新技术,以增加知识储量,促进员工创造力的提升。因此,当组织的创新氛围较为浓厚时,易于促进员工的创新行为。基于以上研究,本研究提出如下假设:

假设 H2:组织氛围正向促进员工创新行为。

创新行为是在环境和个人的一起作用下产生的。当个人与组织之间的关系具有有效的匹配效应时,个人的态度和行为会随之改善。樊耘等(2014)根据相似—吸引假说提出,在价值观相匹配的组织氛围中,员工更容易被具有相同价值观的同事所吸引,彼此之间的交流和合作都会变得更加顺利,从而能够促进员工的创新行为。此外,组织会对与其价值观一致的员工进行较大力度的投资,如为其提供创新必需的资源(时间、资金、同事和主管支持等),以激发员工的内在动机与外在动机,促进员工积极参与、彼此间坦诚沟通,增强其知识共享意愿与组织创新理念的一致性,进而促进员工产生更好的创新行为。基于以上研究,本研究提出如下假设:

假设 H3:知识共享与组织氛围匹配程度越高,越易于促进员工的创新行为。

本节的理论模型如图 6-2 所示。

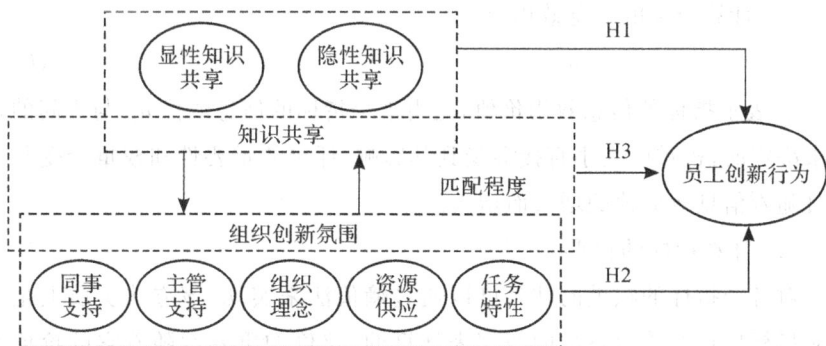

图 6-2　本节的理论模型

二、模型计算

(一)指标权重的确定

首先,运用功效系数法对原始数据进行归一化处理。设变量 U_1 为知识共享,U_2 为组织氛围,u_{ij} 为第 i 个变量在第 j 个评价指标下的功效值,其值设为 x_{ij}($i=1$,表示知识共享;$i=2$,表示组织氛围)。设 α_{ij} 与 β_{ij} 为第 i 个变量在其第 j 个评价指标下的最大值与最小值,变量的功效系数 u_{ij} 可表示为:

$$u_{ij} = \begin{cases} (x_{ij} - \beta_{ij})/(\alpha_{ij} - \beta_{ij}), u_{ij} \text{ 具有正功效} \\ (\alpha_{ij} - x_{ij})/(\alpha_{ij} - \beta_{ij}), u_{ij} \text{ 具有负功效} \end{cases} \tag{6-1}$$

其次,运用熵权法确定各指标权重。权重的确定一般有主观赋权法和客观赋权法,为了避免主观赋权法产生的偏差,本研究采用客观赋权法中的熵值赋权法来确定各变量中相应指标的权重。具体的步骤如下。

(1)计算指标的比重

$$s_{ij} = u_{ij} / \sum_{j=1}^{n} u_{ij} \tag{6-2}$$

(2)计算指标的信息熵值

$$h_{ij} = -k \sum_{j=1}^{n} (s_{ij} \ln s_{ij}), k = 1/\ln n \tag{6-3}$$

熵值 h_{1j} 越大,所含信息越少,越无序,指标的效用值越小,即权重越小;反之,熵值 h_{1j} 越小,所含信息越多,越有效,指标的效用值越大,即权重越大。

(3)计算指标的信息效用值

$$e_{ij} = 1 - h_{ij} \tag{6-4}$$

e_{ij} 表示指标的信息效用价值,是由这个指标的信息熵值 h_{ij} 与 1 间的差值来决定的,权重的大小直接会受到其影响,评价的重要性和权重会受其影响且随着信息效应值的增大而增大。

(4)计算指标的权重

对各个指标的权重的估算可以通过熵值法来实现,该方法实质上是通过对指标信息的价值系数的使用来计算的,评价的重要性随着它的价值系数的增大而增大(或称权重对评价结果的贡献呈现正向的作用)。

第 i 个变量的第 j 项指标权重为:

$$\lambda_{ij} = e_{ij} / \sum_{j=1}^{n} e_{ij} \tag{6-5}$$

（5）对每项变量的各个指标进行加权，得到各变量的功效值，如下所示：

$$U_i = \sum_{j=1}^{n} \lambda_{ij} u_{ij}$$

$$\sum_{j=1}^{n} \lambda_{ij} = 1 \tag{6-6}$$

（二）耦合协调模型

耦合度作为一个物理概念，是衡量两个或两个以上系统之间相互作用和影响过程比较直接的指标，并且通过测量过去及当前的匹配发展关系，能够预测系统未来的结构，这也将是本研究接下来将要讨论的问题。耦合度的模型如下所示：

$$C = 2 \left\{ \frac{U_1 U_2}{(U_1 + U_2)(U_1 + U_2)} \right\}^{1/2} \tag{6-7}$$

其中，U_i 是指每个变量的功效值，C 是指两个变量之间的耦合度，其取值在 0—1，并且取值越大说明匹配度越高，未来的发展状态也将越加协调有序；反之则说明彼此之间并不存在着明显的促进关系，未来的发展趋势也将更趋向于无序的发展状态。

为了有效地测算出变量间变化程度的同步性，本研究在耦合模型的基础上构建两变量间的匹配协调模型。其计算公式如下：

$$D = \sqrt{C \times T} \tag{6-8}$$

$$T = aU_1 + bU_2 \tag{6-9}$$

式（6-8）中，D 为两变量的匹配度，即衡量了两者实际的匹配协调程度，D 越大，说明两变量匹配状态越好。当 $0.6 \leqslant D \leqslant 1$ 时，两变量处于良好的匹配状态。当 $0 \leqslant D < 0.3$ 时，两变量处于严重失调状态；当 $0.3 \leqslant D < 0.4$ 时，两变量处于轻度失调状态；当 $0.4 \leqslant D < 0.5$ 时，两变量处于濒临失调状态；当 $0.5 \leqslant D < 0.6$ 时，两变量处于勉强协调状态。T 为资源间的综合协调指数，反映了两种资源的整体协同效应。其中，a 和 b 为待定系数，通过变量在匹配系统中的权重确定，且设定 $a + b = 1$。本研究中，a、b 取值均为 0.5。

三、数据获取与变量测量

（一）样本和数据

目前，我国制造业规模虽大，但自主创新能力相对薄弱。相对于其他类型的企业，精益求精的工艺制造要求决定了高级人才是制造业企业的核心竞争力。因此，为促进人才交流，提升员工的创新能力，制造业企业急需借助内部知识共享实现技术创新和竞争优势的构建;而从工作属性和个体特征出发,研发人员和职能管理人员分别是组织专业技术知识和管理知识的代表,具有较好的学历背景且在工作中要求较高的自主权,更渴望通过知识共享和创新行为实现自我价值。因此,本研究以制造业的研发人员和职能管理人员为研究对象。鉴于实地调查的可操作性和客观资源的制约,所有调研对象均选自江苏省,并以问卷调查的方式收集数据,共计发放问卷 750份,回收问卷 589 份,剔除无效问卷 69 份,最终有效问卷为 520 份,实际有效回收率为 69.33%。其中,样本中男性占比为 63.46%;年龄在 35 岁及以下的员工占整个样本的比例为 93.65%;工作年限在 3 年以上的员工占整个样本的比例为 48.46%;员工学历为本科及以上的占整个样本的比例为90.57%;处于管理层级的员工占整个样本的比例为 82.50%;样本中49.23%的员工处于研发部门,50.77%的员工处于职能管理部门。采集的样本特征均达到研究标准(见表 6-3)。

表 6-3　描述性数据分析

统计项		频数	占比/%	统计项		频数	占比/%
性别	男	330	63.46	工作年限	3 年及以下	268	51.54
	女	190	36.54		4—6 年	194	37.31
年龄	21—25 岁	261	50.19		7—9 年	41	7.89
	26—30 岁	100	19.23		10—12 年	12	2.31
	31—35 岁	126	24.23		13 年及以上	5	0.95
	36—40 岁	25	4.81	学历	高中及以下	8	1.54
	41 岁及以上	8	1.54		大专	41	7.89
职位等级	执行人员	91	17.50		本科	279	53.65
	基层管理	163	31.35		硕士研究生	185	35.58
	中层管理	252	48.46		博士研究生	7	1.34
	高层管理	14	2.69	部门	研发	256	49.23
					职能管理	264	50.77

(二)变量测量

自变量:知识共享与组织氛围的匹配程度。知识共享量表($\alpha=0.85$)有20 个题项,其中显性知识共享的测量题项有 10 个,代表题项有"我愿意从公司内网中查询公司的新闻、通知或下载其他所需文档"等;隐性知识共享的测量题项有 10 个,代表题项有"我愿意在非正式场合分享工作技巧、工作经验及其他信息和知识"等。组织氛围量表(α=0.89)在参照欧美成熟的KEYS 量表的基础上,构思适合中国文化背景的组织创新气氛量表。量表共有 20 个题项,其中同事支持的测量题项有 4 个,代表题项有"工作中,我的同事们相互支持和协助"等;主管支持的测量题项有 4 个,代表题项有"我的主管通常支持和鼓励下属表述自己的新观点"等;组织理念的测量题项有4 个,代表题项有"公司倡导进行新的尝试,从错误中学习"等;资源供应的测量题项有 4 个,代表题项有"我可以申请足够的设备、器材来验证新想法"等;任务特性的测量题项有 4 个,代表题项有"工作中,我可以用自己喜欢的方式去完成任务"等。匹配程度的测量方法采用的是物理上的耦合模型。

　　因变量:员工创新行为。员工创新行为量表(α=0.92)共有 12 个题项,代表题项有"我会冒着风险支持新构想"等。

　　控制变量:性别、年龄、学历、工作年限等。此外,本研究所有变量的测度指标均采用李克特 7 级量表测度:1—7 表示同意的程度,"1"表示"完全不同意",而"7"表示"完全同意"。结合本研究目的,对国内外成熟的且被认为信度和效度较高的调查问卷进行修订和完善,以确保量表的可靠性和有效性。

四、实证分析

(一)信度与效度分析

　　首先,本研究对组织氛围、显性知识共享、隐性知识共享以及员工创新行为等八个变量进行信度分析,如表 6-4 所示,各变量的 Cronbach's α 系数值分布于 0.796—0.949,说明调查问卷具有较好的信度。其次,本研究采用 KMO 值和巴特利特(Bartlett)球形检验对变量之间的相关性进行分析。最后,通过探索性因子分析这一方法来实现对变量的效度检验。如表 6-5所示,KMO 的值(0.963>0.500)和 Bartlett 球形检验结果(显著,sig 值=0.000)表明,本研究适宜进行因子分析。如表 6-4 所示,各题项在对应潜变量的因子载荷均大于 0.5,说明本研究的调查问卷达到了效度要求。

表 6-4　信度分析

变量	题项数	Cronbach's α
显性知识共享	10	0.949
隐性知识共享	10	0.887
员工创新行为	12	0.931
同事支持	4	0.881
主管支持	4	0.891
组织理念	4	0.869
资源供应	4	0.809
任务特性	4	0.796

表 6-5　KMO 和 Bartlett 的检验

KMO 测度值		0.963
Bartlett 球形检验	近似卡方	20432.853
	Df	1326.000
	sig 值	0.000

(二)匹配度测算

首先,对获取的数据进行归一化处理,运用熵权法求出知识共享、组织氛围各指标的权重,结果如表 6-6 所示。

表 6-6　各指标权重情况

匹配系统	指标	权重
知识共享 (0.5323)	显性知识共享	0.256
	隐性知识共享	0.276
组织氛围 (0.4677)	同事支持	0.084
	主管支持	0.091
	组织理念	0.075
	资源供应	0.106
	任务特性	0.013

由表 6-6 可知,在知识共享—组织氛围的个人—组织匹配系统中,员工知识共享权重为 0.5323,组织氛围权重为 0.4677,说明员工知识共享意愿

在一定层面上决定了知识获取量的多少,对员工创新的宽度和深度有着重要影响;在知识共享体系中,隐性知识共享较显性知识共享来说更能发挥其知识传播的作用。在组织氛围系统中,主管支持和同事支持的权重较高,说明制造型企业中营造良好的同事共处、领导关怀氛围较为重要。

其次,运用耦合模型对企业中知识共享—组织氛围的匹配程度进行测度,制造型企业的匹配度分布如图 6-3 所示。

由图 6-3 可知,发现所调研的制造型企业的知识共享与组织氛围的匹配程度大部分处在 0.4—0.6 的区间内,说明企业中知识共享与组织氛围处于轻度失调或濒临失调状态。匹配程度较低的原因在于企业中员工的知识共享意愿和组织氛围的功效值得分较低,大部分企业的得分处于 0.2—0.5 的区间内,说明制造型企业中员工的知识共享意愿有待进一步提升,组织创新氛围有待进一步改善。

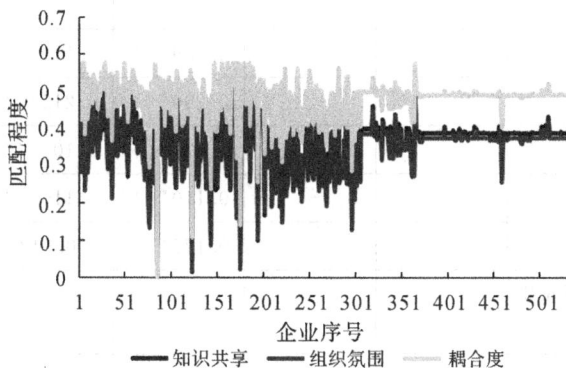

图 6-3　企业知识共享与组织氛围匹配程度分布情况

(三)研究假设检验

本研究采用 SPSS 17.0 对模型选择按序加入控制变量和自变量的层级回归方法检验知识共享、组织氛围及其匹配程度对员工创新行为的影响程度,具体分析结果如表 6-7 所示。

表 6-7　知识共享、员工创新行为和组织氛围关系的回归分析

变量	M1	M2	M3	M4	M5
常量	0.136	1.332	0.937	0.564	−0.309
控制变量					
性别	−0.092	−0.060	−0.013	−0.025	−0.073

续表

变量	M1	M2	M3	M4	M5
年龄	0.225	0.053	0.032	0.025	0.071
学历	0.051	0.033	0.011	0.015	0.029
工作年限	−0.168	−0.080	−0.090	−0.078	−0.098
职位等级	−0.041	−0.095	−0.021	−0.047	−0.101
所在部门	−0.033	−0.069	−0.023	−0.042	−0.076
自变量					
知识共享					
显性知识共享		0.423***		0.238***	
隐性知识共享		0.426***		0.189***	
组织氛围					
同事支持			0.259***	0.114***	
主管支持			0.290***	0.215***	
组织理念			0.173***	0.105***	
资源供应			0.110***	0.116***	
任务特性			0.126***	0.042	
知识共享—组织氛围匹配度					0.773***
R^2	0.055	0.679	0.722	0.783	0.639
调整 R^2	0.044	0.674	0.716	0.777	0.634
F 值	4.952	134.873	119.663	140.082	129.004

注：* 表示 $p<0.1$；** 表示 $p<0.05$；*** 表示 $p<0.01$。

由表 6-7 可知，模型 1（M1）检验了控制变量对因变量员工创新行为的作用，其调整的 $R^2=0.044$，解释效力可以忽略不计。模型 2（M2）检验了显性和隐性知识共享对员工创新行为的影响，结果显示，其标准化回归系数在 $p<0.001$ 的水平下显著。模型 3（M3）检验组织氛围五个维度（同事支持、主管支持、组织理念、资源供应以及任务特性）对员工创新行为的影响，结果显示，其标准化回归系数也均在 $p<0.001$ 的水平下显著。对比 M1 和 M2、M3 的调整 R^2，其值由 0.044 升至 0.674、0.716，表明模型的解释效力得到了很大程度的提升。数据检验结果表明假设 H1 成立，即知识共享正向调节员工创新行为，且隐性知识共享对员工创新行为的促进作用更大。假设

H2 亦成立,即组织氛围正向促进员工创新行为,且同事支持、主管支持对员工创新行为的促进作用较大。

　　但在一家企业中,不仅员工的创新行为受知识共享或组织氛围的影响,知识共享与组织氛围共同存在影响着员工的创新行为,因此在模型 2(M2)和模型 3(M3)的基础上,引入模型 4(M4)将显性和隐性知识共享与组织氛围五个维度作为自变量,分析其对员工创新行为的影响,结果显示:除任务特性外,其他变量的标准化回归系数均在 $p<0.001$ 的水平下显著,且任务特性的标准化回归系数不显著,说明在混合系统中,任务特性对员工创新行为的促进作用不显著。因此,在剔除任务特性变量的基础上,引入模型 5(M5)检验了知识共享与组织氛围匹配程度对员工创新行为的促进作用,结果显示,其标准化回归系数在 $p<0.001$ 的水平下显著,表明假设 H3 成立,即知识共享与组织氛围的匹配程度正向促进员工创新行为。

五、结论与启示

(一)主要结论

　　本研究从知识共享、组织氛围分析其对员工创新行为的影响,并在此基础上运用耦合协调模型计算制造型企业知识共享与组织氛围的匹配程度,并检验了其匹配程度强弱对员工创新行为的影响。通过实证研究,本研究主要得出以下结论。

　　第一,知识共享对员工创新行为会产生显著的正向作用,且隐性知识共享对员工创新行为的影响更大。可能的原因在于员工间进行知识共享能获取多元知识和信息,增加员工的知识存量,拓展其知识边界,进而促进员工的创新行为;显性知识的共享是基于表面信息或知识的传递,而隐性知识的共享是个人的专业知识与经验共享,在表达、接受和整合方面更易产生创意性想法。因此,员工间要实现真正意义上的知识共享,在实现显性知识共享的基础上,更要推动隐性知识的流动。

　　第二,组织氛围对员工创新行为产生显著的正向作用,且同事支持、主管支持对员工创新行为的影响较大。可能的原因是,当同事和主管给予更好的支持与信任时,员工认同组织的价值目标等,对组织产生较强的情感承诺,从而更加积极地从事具有挑战性、富有创新性的工作。因此,员工创新行为受同事支持、主管支持的影响较大。

　　第三,在混合系统中,任务特性对员工创新行为的影响不显著。可能原因是任务特性具有自主性、技能多样性、反馈性、任务一致性及任务重要性等五个特征,会导致员工产生高工作满意度、高工作绩效的三种心理状态,即工作的有意义性、自己对工作的责任感以及工作活动所产生的结果等。而这五个工作特性归属内源性激励因素的范畴,其可以直接激励或抑制员工的创新行为,而员工间的创新性沟通交流更多受外生性激励因素的影响。因此,任务特性对员工创新行为的关系调节作用不显著。

第四,知识共享—组织氛围的匹配程度对员工创新行为具有正向促进作用。可能的原因是,知识是员工长期积累的经验、技能等,尤其是隐性知识难以表达和沟通,而且无论是显性知识还是隐性知识共享,其对环境的依赖性较强,不易转移和转化,要在特定的环境中接受者才能吸收。只有在支持鼓励创新的组织氛围中,员工潜在的创造动机和创新性思维才会被激发,而员工对组织环境的感知影响自身与同事间的创新性知识分享。

(二)管理启示

基于上述研究结论,本书对我国转型经济背景下的制造型企业的管理实践具有以下几点启示。

第一,扩展员工间隐性知识共享的广度和深度。研究发现,隐性知识共享对员工创新行为的影响更大。因此,在制造型企业中,一是应建立健全知识共享激励机制,促进员工积极主动地共享知识、技能和经验;二是企业可以定期举办经验交流会,增进技术性、操作类员工间的经验交流与联系;三是企业应营造良好的创新氛围,创造员工间知识共享平台,以提升员工的创新能力。

第二,创建良好的组织氛围。研究发现,良好的组织氛围对知识共享和员工创新行为的关系具有正向调节作用。因此,在制造型企业中,应倡导支持型领导,积极地促进员工间合作、互助,共同攻克技术难关,为员工新想法的产生提供物质资源和时间等,并提高对员工创新性想法的奖励,从而促使员工最大化地发挥创新行为的主动性和积极性。

第三,促进员工知识共享与组织氛围的有效融合,提升两者的匹配程度。在员工知识共享意愿强烈时,企业应给予员工创新需要的充足资源,给予更多的同事、主管支持与关怀;当组织具有良好的创新氛围时,员工应采取一系列措施促进员工知识共享意愿的提升。

第三节 知识整合对企业创新绩效的影响研究

经济全球化对产学研联盟企业提出了更高要求,企业想要保持其竞争优势,只依靠内部研发的积累是不够的。产学研联盟中,在企业加强内部学习和知识积累的同时,组织之间的壁垒必须被打破,促进企业吸收外部前沿技术。然而,企业获得了创新必要的知识,却难以通过有效的知识整合将其进行融合与重构以形成新知识并纳入企业知识体系,实现效用最大化。联盟企业知识转移后的创新实践中,知识整合成效是衡量企业利用知识资源的有效性的重要尺度,知识整合时间分配是影响知识整合成效的关键。研究企业知识整合时间优化,对促进企业并购后知识整合和创新具有重要意义。本节通过建立企业创新绩效模型,分析企业知识基础对创新绩效的影响态势、知识整合时间调整对创新绩效的影响规律,由此提出产学研联盟中的知识整合优化策略。

一、基本假设

产学研联盟企业通过知识转移获得新知识元素,而在产品中融入有价值的新知识是经过三个环节——知识应用、知识选择与知识整合——来实现的,完成产品创新,其过程如图 6-4 所示。对获得的新知识的可用性进行判断被视为知识选择,其与知识元素的表达能力和企业的吸收能力密切相关。通过理解、分析与吸收所获得的知识元素,并交互与整合其和其他知识元素,最终将知识转化成自己的知识储备,这样的过程就是知识整合,企业的知识深度与广度和知识整合过程是紧密联系且不可分割的。在服务与产品当中使用那些整合知识元素而形成的知识并且给企业带来创新绩效的这一过程被认为是知识应用。

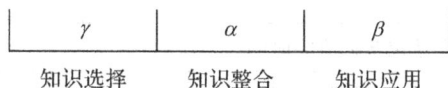

图 6-4　知识转移创新中知识管理时间分配

在知识元素的流动过程当中,企业要吸收、理解和应用这些知识元素,这既与联盟企业的吸收能力有关,又跟知识元素的表达能力有着紧密联系。企业吸收能力 A 指企业理解和吸收知识的能力。知识元素的表述性可以用知识的表达能力 E 来表示,知识元素的表述性和知识表达能力随着知识元素的属性信息的增多而变强。

提出假设:

假设 1:企业知识广度 n,反映企业覆盖技术领域的范围,每个技术领域中的知识元素相互之间都进行知识交互和融合。

假设 2：在关键知识领域当中，企业关于知识的积累量可以用企业知识深度 d 来表示，知识的最大积累量可以用 D 来表示。

假设 3：对每个知识元素的处理时间均为单位时间，包括三个时间段：知识选择时间 γ、单位知识整合时间 α、知识应用时间 β。

假设 4：E 表示的知识表达能力和 γ 表示的知识选择时间成正比，判别知识可用性的时间和知识所携带的信息随着知识表达能力的增强而增多；知识选择时间 γ 与企业的吸收能力 A 成反比，判别知识可用性的时间随着企业吸收能力的增强而变短。

假设 5：E 所表示的知识表达能力和 α 所表示的知识整合时间成反比，整合单位知识的时间随着知识表达能力的增强而变短；知识整合时间 α 与企业吸收能力 A 成反比，吸收能力越强，企业整合单位知识所用时间越短。

假设 6：单位知识产出会在企业投入单位应用时间时被企业得到。

假设 7：企业并购过程中创新成本主要是知识整合成本。知识元素间的知识广度和整合成本成正比；与此同时，在知识深度逐步增加的时候，知识整合成本会呈现指数减少的趋势。

假设 8：企业的创新绩效与知识总产出成正比。

由参数的含义（见表 6-8）可得到，以上参数均为正的实常数。

表 6-8 模型参数及其含义

符号	参数含义
n	知识广度
d	知识深度
α	企业整合单位知识所需时间
β	企业用于知识应用的时间
γ	企业用于知识选择的时间
E	知识表达能力
A	企业吸收能力
k_1	创新成本与知识整合的关系系数
k_2	企业创新绩效与知识总产出的关系系数
P	企业知识总产出
C	知识元素间的整合成本
I	企业创新绩效

二、模型构建

根据假设 3,得到:

$$0 < \alpha, \beta, \gamma < 1 \tag{6-10}$$

根据假设 4 和假设 5,知识整合时间 α 和知识选择时间 γ 成反比,得到:

$$\alpha + g = \frac{m}{\gamma + g} \tag{6-11}$$

参数 g 的引入是为了使公式(6-10)成立,保证 α 和 γ 在 0 至 1 之间。根据 (α, γ) 经过 $(0,1)$ 和 $(1,0)$ 两点,得到:

$$g^2 + g - m = 0 \tag{6-12}$$

并根据式(6-11)可知 $g > 0$,解得:

$$g = \frac{\sqrt{1+4m} - 1}{2} \tag{6-13}$$

根据式(6-10)、式(6-11)和式(6-12),得到:

$$\gamma = \frac{2m}{2\alpha + \sqrt{1+4m} - 1} - \frac{\sqrt{1+4m} - 1}{2} \tag{6-14}$$

根据假设 1、假设 2 和假设 6 可知,每个知识元素与其他知识元素之间进行知识交互和融合,需要整合的知识量为:

$$(n-1)e^{1-\frac{d}{D}}\beta \tag{6-15}$$

知识元素流动过程中用于知识整合的时间为:

$$\alpha(n-1)e^{1-\frac{d}{D}}\beta \tag{6-16}$$

根据假设 3 和式(6-16),每个知识元素单位时间内用于知识应用的时间为:

$$\beta = 1 - \alpha(n-1)e^{1-\frac{d}{D}}\beta - \gamma \tag{6-17}$$

因此,每个知识元素在单位时间内用于知识应用的时间为:

$$\beta = \frac{1-\gamma}{\alpha(n-1)e^{1-\frac{d}{D}} + 1} \tag{6-18}$$

根据假设 7 和式(6-18),企业的知识总产出为:

$$P = \beta \cdot n = \frac{1-\gamma}{\alpha(n-1)e^{1-\frac{d}{D}} + 1} \cdot n$$

$$P = \frac{\dfrac{\sqrt{1+4m}+1}{2} - \dfrac{2m}{2\alpha + \sqrt{1+4m} - 1}}{\alpha(n-1)e^{1-\frac{d}{D}} + 1} \cdot n \tag{6-19}$$

根据假设 7,企业知识整合的成本为:

$$C=ne^{1-\frac{d}{D}}k \tag{6-20}$$

根据式(6-19)、式(6-20)和假设7,企业创新绩效为:

$$I=k_2P-C$$

$$I=\frac{\dfrac{\sqrt{1+4m}+1}{2}-\dfrac{2m}{2\alpha+\sqrt{1+4m}-1}}{\alpha(n-1)e^{1-\frac{d}{D}}+1}\cdot nk_2-ne^{1-\frac{d}{D}}k_1=I(n,d,\alpha) \tag{6-21}$$

三、模型分析

联盟企业在进行知识转移活动后,对并购创新绩效的影响主要体现在两个方面:一是知识转移增加了企业知识基础积累,即提升了知识广度或知识深度,并购后知识基础规模的合理性会对并购创新绩效产生促进或抑制作用;二是在吸纳了新知识后的知识积累的基础上优化知识整合时间,会对并购创新绩效产生改善促进作用。因此,本节先从联盟商业个体知识转移后纵向和横向角度来看知识对商业个体并购创新效益的效应趋势,再探讨不同知识转移模式下,更改知识融合的时间对联盟商业个体并购革新效益的影响规律,为企业优化知识整合时间、提升并购创新绩效提供决策参考。

(一)知识广度、知识深度与企业创新绩效关系

求 I 关于 n 的导数,$I'(n)=\dfrac{\alpha\sqrt{1+4m}+\alpha+2m}{2\alpha+\sqrt{1+4m}-1}\cdot k_2\cdot\dfrac{1-\alpha e^{1-\frac{d}{D}}}{[\alpha(n-1)e^{1-\frac{d}{D}}+1]^2}-k_1e^{1-\frac{d}{D}}$,$I'(n)$ 随 n 单调递减,且由 $I(n=1)-I(n=1)=\dfrac{\alpha\sqrt{1+4m}+\alpha+2m}{2\alpha+\sqrt{1+4m}-1}\cdot k_2-k_1e^{1-\frac{d}{D}}>0$ 和 $\lim\limits_{n\to\infty}I'(n)<0$,可得 I 随 n 先增后减。$I'(d)=\dfrac{nk_1e^{1-\frac{d}{D}}}{D}+\dfrac{\alpha(n-1)e^{1-\frac{d}{D}}\cdot}{[\alpha(n-1)e^{1-\frac{d}{D}}+1]^2}\cdot\dfrac{nk_2}{D}\cdot\dfrac{\alpha\sqrt{1+4m}+\alpha+2m}{2\alpha+\sqrt{1+4m}-1}>0$。

因此,创新绩效 I 随 n 和 d 的变化曲线如图6-5所示。

从图6-5中可以看出:

(1)知识广度与创新绩效之间呈倒 U 形关系。初始阶段,随着企业知识广度的拓宽,企业创新绩效会不断提高;当企业知识广度超过某个临界值后,知识广度的增加对企业创新绩效产生负向影响。这是因为:初始阶段企业通过并购活动拥有的知识元素数量规模合理,随着市场竞争态势不断变化,企业能更灵活地对知识元素进行组合以满足市场需求,知识元素之间的有效组合形成的创新产品价值度越高,知识广度越大,企业创新绩效越高;

随着知识广度的拓宽,知识元素间的整合过程愈加复杂,整合成本快速上升,并且易造成过度知识整合,使得部分新知识不能得到应用,造成企业知识冗余,因此创新绩效下降。

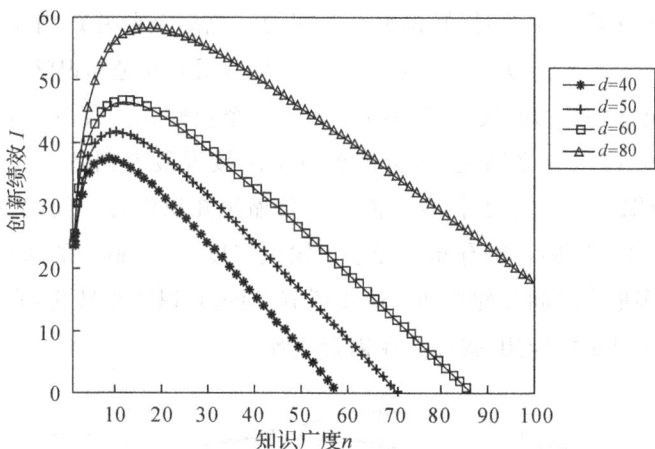

图 6-5　I、n 和 d 的关系

（2）知识深度对创新绩效有正向影响。随着知识深度的增加,企业创新绩效不断提升。这是因为:知识深度越深,企业在关键知识领域的知识积累量越大,对核心知识的认识越深入。企业在进行知识整合时,能快速甄别有效信息,提高知识整合效率,创新成功的可能性更大,并且较深的知识深度意味着企业掌握了相关领域内的前沿知识,知识整合的基础更，复杂且难以模仿,更易形成创新性成果,因此企业创新绩效更高。

（3）知识深度的增加会增强知识广度对创新绩效的积极影响,削弱其负向影响。这是因为:当企业知识广度拓宽时,企业掌握的知识元素增加,随着企业知识深度的增加,其对核心知识的理解更深入,更易得到有价值的创新组合,提高了企业的创新能力,创新绩效提升速度加快;当企业知识广度超过某个临界值后,知识深度越深意味着企业在相关领域内的知识的熟练程度越高,积累的大量经验和技术强化了其对市场发展趋势的预测能力,使得企业对创新方向的把握更加精准,一定程度上分散了由知识广度过度拓宽所带来的知识整合成本、创新失败风险与损失,创新绩效下降速度减缓。

（二）互补型知识转移模式下知识整合时间与企业创新绩效

互补型知识转移是指主并企业选择并购不同行业中的企业。通过把互补型知识多方向分散,主并企业进一步提升技术领域的素养,融合多样的知识领域,取长补短,从基本到革新,能够在波动的浪潮中屹立。公司落实学习优势的知识转移,企业知识覆盖宽泛度会得到提升,并实现了技术轨道的跨越,开始涉及新技术领域。

在知识深度不变,即企业在关键领域知识的积累量没有改变的条件下,探讨企业知识广度提升时,知识整合时间的变化对企业并购创新绩效的影响。令 $m=1,k_2=50,k_1=0.5,d=50,D=100$,图 6-6 是知识整合时间 α 从 0.1 增加至 0.5 时的曲线,可以发现:并购后企业知识广度越大,知识整合时间 α 在 0.1—0.5 之间递减,会使企业不断接近最大创新绩效。这是因为:当企业知识广度较大时,企业需要有效缩短知识整合时间,提高知识整合速度,才能兼顾融合所有知识元素。知识广度越大,整合的新知识越多,企业应更多地将时间分配在知识应用环节,促进知识成果转化,实现新知识在产品和服务中的应用,提高企业创新绩效。

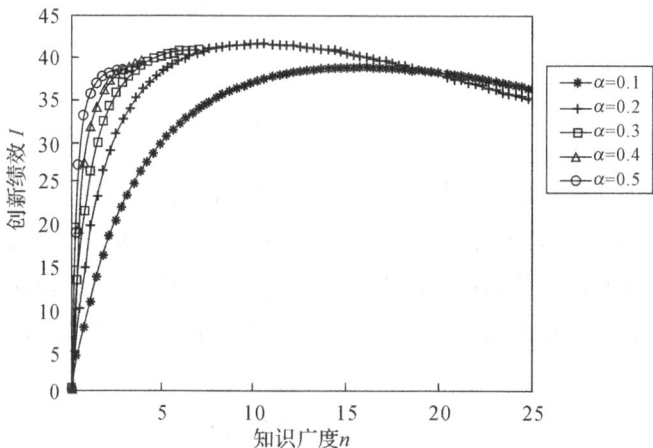

图 6-6　I、n 和 α 的关系

(三)加强型知识转移模式下知识整合时间与企业创新绩效

加强型知识转移是指主并企业选择并购技术相关性较强或技术相近的企业。通过加强型知识转移,主并企业深化和加强了核心技术,企业竞争优势进一步提升,促进企业快速成长。企业开展加强型知识转移,会进一步增加企业的知识深度,使其对相关领域知识的熟悉和利用程度提高。

在知识广度不变,即企业所覆盖的技术领域的数量一致的条件下,探讨企业知识深度增加时,知识整合时间 α 的变化对企业创新绩效的影响。如图 6-7 所示,令 $m=1,k_2=50,k_1=0.5,n=10,D=100$。图 6-7(a)是知识整合时间 α 从 0.1 增加至 0.2 时的曲线,图 6-7(b)是知识整合时间 α 从 0.3 增加至 0.5 时的曲线,可以发现:

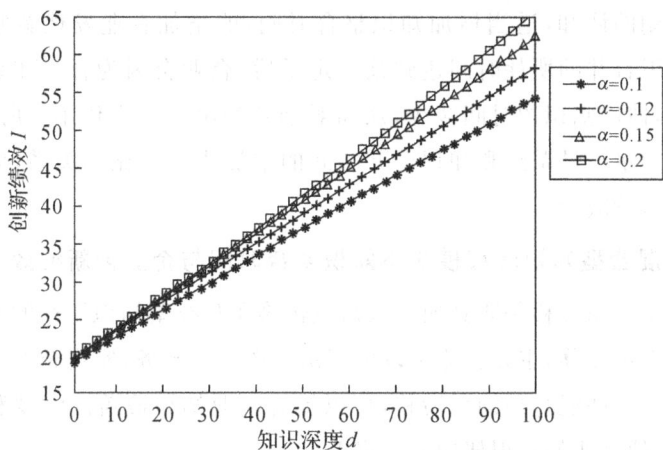

（a）

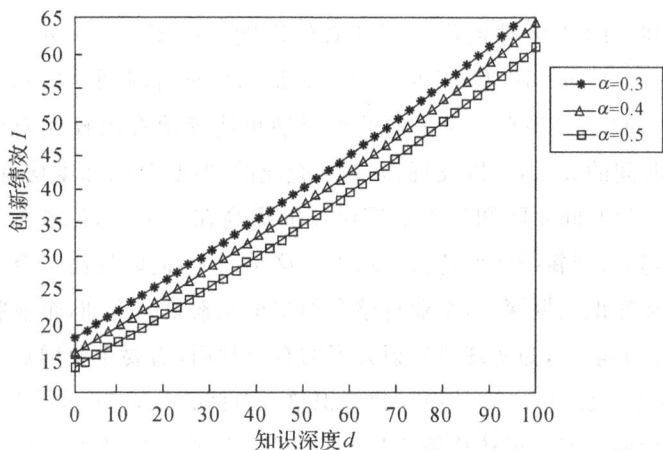

（b）

图 6-7　I、d 和 α 的关系

（1）企业知识深度越浅，合并知识所耗时间 α 变化产生的对创新效益的作用越小。这是因为：当知识挖掘不深的时候，企业对技术领地知识有些陌生，所以对其利用率不是很高，企业创新能力低，进行知识整合的过程中发现创新突破点并得到有价值的知识组合的可能性较低，当合拢知识时会正向改变公司革新的知识数据库大小，所以合拢知识所耗时间改变不会对企业创新效益产生明显作用。

（2）知识深度越深，创新绩效越高，且创新绩效随知识整合时间 α 在 0.1—0.5 之间先提高后下降。这是因为：企业对知识的挖掘度越深，企业对技术领地的知识掌握得越熟练、利用的频率越高，创新能力越高，创新绩效会随之不断提升。在企业知识挖掘度比较深的时候，企业会在知识元素面有较深刻的认知,适当增加知识整合时间,能增加企业发现新知识的机会。当知识合并的所耗时间达到某一定量后,企业会因为合并知识所耗时间占比大,使用知识的时间减少,从而对创新产出量产生作用。所以,企业创新效益的量不是单纯和知识合并时间的增加成一种比例关系,而是增加到一定量后就减少。

(四)混合型知识转移模式下知识整合时间与企业创新绩效

混合型知识转移是兼具加强型知识转移和互补型知识转移的模式。通过混合型知识转移,主并企业可以生产系列产品和服务,实现企业的多元化战略。企业开展混合型知识转移,可以提升企业知识覆盖广泛度和知识的挖掘深度,使企业的知识架构充实完善。

在企业通过并购行为使知识广度和知识深度均增加的情形下,探讨知识整合时间 α 的变化对企业创新绩效的影响。如图 6-8 所示,令 $m=1$,$k_2=50$,$k_1=0.5$,$n=10$,$D=100$。图 6-8 是知识整合时间 α 从 0.1 增加至 0.4 时的二维图,模型在二维平面的投影能更清晰地看出较优创新绩效与知识整合时间的关系,可以发现:并购后企业的知识广度、深度均有所提升,合并知识所耗时间 α 随知识覆盖广泛度的提高在 0.1—0.5 之间呈现阶梯形的减少趋势,创新绩效保持持续增加。这是因为:同时提高了企业知识覆盖广泛度和知识挖掘深度,企业待整合的知识元素急剧增加,企业吸收和引入了新知识元素后,为实现对知识元素的有效利用,需要企业增加知识应用时间,推动企业创新产出,从而导致知识整合时间减少,知识整合时间缩短。企业在实行混合型知识转移策略后,每单位知识覆盖广泛度提高使其待整合的知识元素逐渐增多,增加了企业合并的知识元素基本数量,对合并知识所耗时间的调整起到较大作用。而单位知识挖掘深度的提高使得企业在已有知识元素的基础上,强化知识元素之间的黏合程度,对单位最优知识合并所耗时间改变所产生的作用较小。因此,相比之下,知识合并所消耗的时间随知识覆盖广泛度的改变的形势十分突出。

四、实证分析

浙江吉利控股集团是中国汽车行业领跑者,专注技术创新是吉利快速发展的关键,而知识转移是吉利技术创新的有效手段。在全球化快速发展的技术创新需求下,吉利以一系列的知识转移活动建立起了吉利汽车科学完备的知识体系。吉利在合并活动中吸收了被购公司的核心技术,夯实公司革新技术体系的基础,根据并购后的企业技术知识基础两个维度的增加

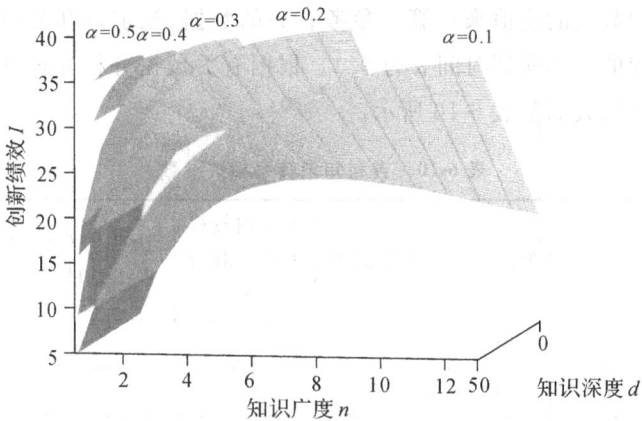

图 6-8 I、n、d 和 α 的关系

情况,确定合理的整合时间以有效整合知识。

为准确地凸显主并企业在不同种类知识转移方式下合并知识所耗时间的调整节奏,本节以吉利三次并购行动的过程为例,分析其各种知识转移模式活动中对合并知识所耗时间的调整方法,说明其是高效可行的。本节选取的对吉利的技术知识基础影响较大的并购案例分别是:2009 年成功收购澳大利亚自动变速器公司 DSI,使其融入公司内部的自动变速器公司,获得自动变速器领域的先进技术;2010 年完成对沃尔沃的全部股份收购;2013年收购英国伦敦电动汽车公司(LEVC),标志着吉利开启了新能源领域的探索。上述吉利并购活动的详细信息如表 6-9 所示。

表 6-9 吉利的技术并购模式及发生时间

企业	进行方式	并购时间
吉利与 DSI	混合型知识转移	2009 年
吉利与沃尔沃	加强型知识转移	2010 年
吉利与 LEVC	互补型知识转移	2013 年

在实际分析的时候,企业基本的技术知识与知识挖掘深度参照吉利截至 2009 年的知识体量估计。由此能看出其覆盖广泛度体现公司核心技术专利广泛度,匹配于全球专利类别基准,依据企业已经授权的国际专利分类号(IPC 分类)的类型计量,知识挖掘度通过获得授权专利体量最庞大的公司即长安汽车的占比估量。把被收购的企业近些年间被授权的知识专利体量作为前置条件,分析公司完成收购后进行聚拢知识活动时能够聚拢的体量,聚拢所耗时间成本所占分量依据获得授权的专利数量和该段时间总共

产生的专利数量的比值来计算。参考有关的数据,规定吉利公司在知识投入使用进程的使用所耗时间 α 为 0.1。根据有关数据分析并核算得到的有关吉利的详细数据如表 6-10 所示。

表 6-10　吉利知识转移相关参数

企业	知识广度	知识深度	五年内授权发明专利量/件	五年内专利产出总量/件	知识整合时间 α
吉利	10	36	—	—	0.2146
吉利控股与 DSI	12	42	172	184	0.4758 ↑
吉利控股与沃尔沃	12	58	441	1048	0.2514 ↑
吉利控股与 LEVC	18	61	116	192	0.2406 ↓

　　混合型知识转移模式下,知识广度变化对知识整合时间的影响起主导作用,应适度减少知识整合时间。然而,从吉利并购 DSI 后的实际情况来看,吉利并购后的知识整合时间不降反增,此时的知识整合时间 $\alpha = 0.4758$ 明显长于并购前的 $\alpha = 0.2146$,这将导致企业过度知识整合,必然造成企业不能分配足够的时间将知识运用于产品创新中。DSI 在被收购的初期阶段,虽然为吉利带来了利润,但利润逐年减少,2012 年之后一直处于亏损状态。最终,吉利在 2014 年选择抛售 DSI 止损,该次并购行为以失败收场。

　　加强型知识转移模式下企业知识深度增加,应适度增加知识整合时间促进新知识的产出。吉利在完成对沃尔沃的并购后,其知识整合时间由原来的 $\alpha = 0.2146$ 增加到 $\alpha = 0.2514$,还联合成立了中欧汽车研发中心(CEVT),为整合双方技术资源搭建了广阔的平台,促进了知识的有效融合与创新。不断增加的创新知识产出助力吉利汽车不断开拓前沿技术,其产品创新度显著提升,并相继推出多款新型高端品牌车,产品体系日趋完善,创新收益持续增长。

　　互补型知识转移模式下的企业知识广度增加,应适度降低知识整合时间,提高知识整合速度。吉利并购 LEVC 后,其知识整合时间由 $\alpha = 0.2514$ 减少到 $\alpha = 0.2406$,使其成功开启了面向新能源出租车市场的转型。知识整合时间的有效减少意味着吉利在创新过程中能够吸收融合更多的知识元素,不断更新自身知识储备,建立更加完备的知识体系,实现在新领域内的发展和创新。

五、结论与启示

产学研联盟企业在对获取的知识进行整合的过程中，在时间上很难把握"度"的问题，常存在知识整合过度困境，企业如何科学有效地确定合理的知识整合时间值得探讨。本节在分析企业并购后吸收和利用外部知识过程中知识管理时间分配关系的基础上，得到企业创新绩效的数学模型。通过分析知识覆盖广泛度、知识挖掘度提高时，合并知识所消耗的时间的改善对产学研联盟企业革新效益的作用，完善了产学研联盟中企业并购行为的革新性分析条件，得到如下管理启示。

第一，知识深度积累是产学研联盟企业创新绩效增加的必要前提，加强型知识转移下企业对知识整合时间的调整应随知识深度的增加而缓慢增加。知识挖掘度衡量企业在重要知识面的知识库存数量，知识深度越深，企业越能有效确定知识元素间整合的方式和实现的价值，企业付出的知识整合成本越低，创新绩效越高。加强型知识转移使企业的知识深度增加，知识体量丰富程度与聚拢知识的时间是成正比的，同时会提高公司知识落实程度和整合效率，提高创新绩效。

第二，符合实际情况的知识覆盖广泛度对公司产学研的革新效益是起到正向作用的，学习型知识转移和掺杂型知识转移下，企业对知识合并所耗费的时间的改进应随知识覆盖广泛度提升而逐渐减少。当企业的知识广度规模合理时，新知识的引入能催生企业知识元素间的新组合，实现技术升级。而过大的知识广度将导致企业知识的过度多样化，不利于企业对知识的理解吸收，使知识整合成本变高，转化为创新产出的难度加大，不利于创新绩效的提高。知识转移的互补或者聚拢都会正向作用于公司的知识覆盖宽泛度，节约合并知识的消耗能保证企业有足够的时间进行知识应用，避免出现过度整合造成企业知识冗余的现象。

第七章　基于知识转移的产学研联盟主体创新模式选择研究

知识经济时代,利用和共享知识成为提高企业可持续发展与创新能力不可或缺的途径,而要想迅速地得到新知识,就需要产学研联盟合作主体之间共享知识并从影响联盟企业的内外部因素出发,通过机制设计探索创新模式、实现的效果和路径,通过激励企业自主创新、产学研合作主体合作创新及两种创新模式的互动,提高企业创新能力,提升创新绩效和竞争优势。

第一节　产学研联盟企业自主创新路径选择研究

创新是引领企业发展、实现新常态下企业经济增长的内在动力。目前,产学研联盟企业创新活动频繁,企业通过知识转移使知识维度得到提升,而知识维度是影响创新的重要因素,知识广度和知识深度动态提升的自主创新路径选择对企业开展有效创新具有重要意义。而联盟企业在重视自主创新路径的同时往往会忽视环境对企业创新的影响,造成企业创新活动与企业环境的不匹配,导致企业创新成功率不高。随着经济全球化的深入发展,企业正面临复杂且难以预测的市场环境,企业的自主创新路径选择受到环境不确定性这个关键因素的影响。所以,需要明晰企业知识广度和知识深度在不确定性的环境中的提升机制,这对企业优选自主创新路径来说具有重要意义。本节基于不确定性环境与企业自主创新路径选择的强相关性,从双元视角,构建不确定性环境下产学研联盟企业创新生产函数,以环境变化程度高、平稳与低三种情境作为背景,深入分析知识深度和广度之间的替代关系,并基于替代关系研究知识维度的收益弹性,据此提出三种情况下的企业最优自主创新路径。

一、模型构建

企业的创新绩效会受到企业知识深度与广度提升的重要作用。新的技术与知识容易在企业拓宽知识广度时产生,企业可以通过提高知识深度来加强已有的知识与技术的应用能力,提升知识广度或知识深度均是提升企业创新绩效的有效方式。知识广度与知识深度之间存在协同关系,其协同程度会对创新绩效产生影响。因此,构建企业创新的 CES 生产函数,其一般形式为:$Q = A \cdot [\alpha \cdot W^{\rho} + \beta \cdot D^{\rho}]^{\frac{1}{\rho}}$,$\rho \leqslant 1$ 且 $\rho \neq 0$。其中:

Q 代表企业创新绩效;

A 代表企业创新绩效与知识总产出的关系系数;

W 代表知识广度,表示企业拥有的知识领域;

D 代表知识深度,表示企业对其所涉及知识领域的利用程度;

α、β 分别用来表示知识广度与深度对创新绩效的贡献份额;

ρ 代表替代参数,描述知识广度与知识深度之间的协同关系。

不同变化程度下,知识广度与知识深度之间的协同关系是有差异的,因此引入知识广度与知识深度的替代弹性系数 C 描述知识广度与知识深度之间的协同程度。

知识广度与知识深度的替代弹性系数 C 定义为:知识广度和知识深度的边际替代率的相对变动引起的知识广度和知识深度比例的相对变动。表达式为:

$$C = \frac{\mathrm{d}\left(\dfrac{D}{W}\right) \Big/ \left(\dfrac{D}{W}\right)}{\mathrm{d}\left(\dfrac{MP_w}{MP_D}\right) \Big/ \left(\dfrac{MP_w}{MP_D}\right)} = \frac{1}{1-\rho}$$

企业在创新过程中,知识广度和知识深度对创新绩效的影响程度不同,因此引入收益弹性 E,描述知识广度和知识深度对创新绩效的影响程度。

收益弹性 E 定义为当知识广度(或知识深度)不变时,知识深度(或知识广度)的变动引起的收益的变化程度。可以分别使用以下的表达式来表示知识广度与深度的收益弹性:

$$E_w = \frac{\Delta Q / Q}{\Delta W / W} ; E_D = \frac{\Delta Q / Q}{\Delta D / D}$$

二、不确定性环境下创新生产函数特征分析

(一)环境变化程度低的情况

在环境变化程度较低的市场中,企业面临的市场竞争程度较低,新进入的竞争对手数量较少,企业掌握的环境信息较为充分,这时一般会明确地呈现出市场主导产品的设计的关系。当替代参数 $\rho \to -\infty$,在知识深度和广度

当中的替代弹性系数 $C = \dfrac{1}{1-\rho} \rightarrow 0$，知识广度与知识深度之间不具有替代性。企业面临的环境变化程度低时，企业知识广度与知识深度不具有替代性。低程度变化的环境中，企业已有的知识积累使企业知识专业化程度高，企业知识存在核心刚性，知识广度和知识深度之间协同效应弱，这说明知识深度和广度之中并不存在替代性。在这种情境下，企业通常会选择提高知识深度或者扩大广度的自主创新路径，可以避开协同效应低的瓶颈，并且减少二者同时提升时造成的知识冗余，实现企业资源的有效配置。

环境变化程度低时，企业的创新生产函数形式为 $\rho \rightarrow -\infty$ 时，$Q = A\min\{W, D\}$。该环境下，企业对知识的利用程度高且产品的完善程度高，使得企业知识深度较深，有 $Q = A \cdot W$。知识广度的收益弹性 $E_w = \dfrac{A}{Q} \cdot W$，知识深度的收益弹性 $E_D = 0$，其收益弹性如图 7-1 所示。由图 7-1 可知，知识广度的收益弹性为正，这时创新绩效会受到知识广度提升的积极作用，知识广度提升为企业引入异质性知识，企业知识重组的可能性会因此加大，同时创新绩效也会受到其正向作用。在知识深度的收益弹性为 0 的时候，创新绩效并不会受到知识深度提高的影响，环境变化程度低的市场中，企业的知识积累已使企业对知识的利用程度较高，提升知识深度会造成企业认知距离缩短，形成能力陷阱。

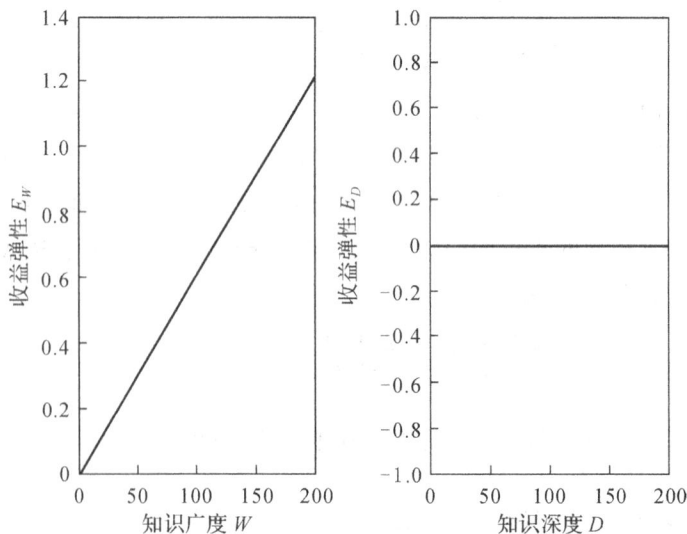

图 7-1　环境变化程度低的情况下知识广度和知识深度的收益弹性

因此，当环境变化程度低时，企业应选择通过知识转移提升知识广度的自主创新路径,增加创新绩效。

(二)环境变化程度平稳的情况

环境变化程度平稳的市场中,企业面对的竞争态势稳定,主要竞争对手基本保持不变。其他环境因素变化但比较稳定,企业可以预见环境因素的变化趋势,采取合理的方案及应对措施。当替代参数 $\rho \rightarrow 1$,知识双元维度替代弹性系数 $C = \dfrac{1}{1-\rho} \rightarrow \infty$,知识广度与知识深度之间具有完全替代性。企业面临的环境变化程度平稳时,企业知识广度与知识深度之间具有完全替代性。在平稳变化的环境中,企业能及时掌握市场需求变动,灵活地对知识元素进行新应用和新组合,知识广度和知识深度之间的协同程度高,知识广度与知识深度之间具有完全替代性。企业在该情况下选择知识广度和知识深度同步提升的自主创新路径,可以有效满足市场需求,并且增强企业创新的多元效应。

环境变化程度平稳时,企业的创新生产函数形式为 $\rho \rightarrow 1$ 时,$Q = A[\alpha W + \beta D]$。$E_W = \dfrac{\alpha A}{Q} \cdot W$ 可以用来表示知识广度的收益弹性,$E_D = \dfrac{\beta A}{Q} \cdot D$ 用来表示知识深度的收益弹性,其收益弹性如图 7-2 所示。由图 7-2 可知,知识深度与广度的收益弹性全部都是正的,创新绩效不仅会受到知识深度提高的促进作用,也会受到知识广度提高的促进作用。这是因为环境变化程度平稳时,企业能根据掌握的市场信息预测变化趋势,及时把握创新方向和重

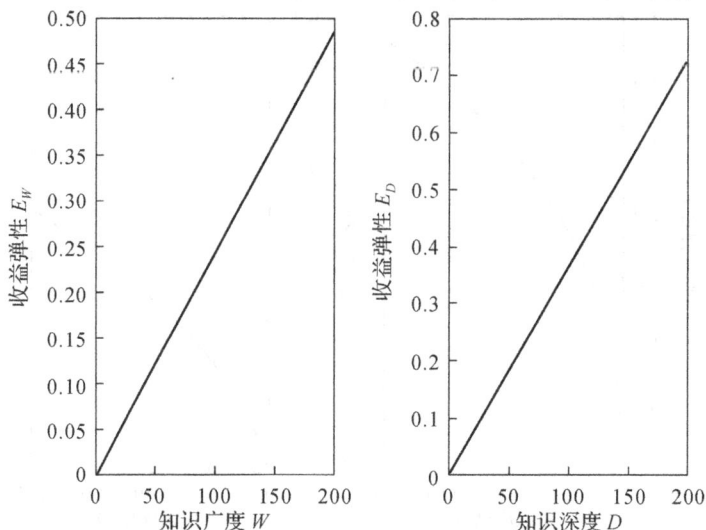

图 7-2 环境变化程度平稳的情况下知识广度和知识深度的收益弹性

点,研发新产品满足市场需求,提高企业创新绩效。

所以,在以平稳程度的环境变化作为背景时,企业应选择通过知识转移使知识双元维度同步提升的自主创新路径。

(三)环境变化程度高的情况

在市场的环境变化程度高的时候,持续变多的竞争对手会导致竞争激烈、技术的变化速度快,企业所处的众多环境因素难以预测,同时变化频率高。当替代参数 $\rho \to 0$,用来表示知识深度和广度之间的替代弹性系数 $C = \frac{1}{1-\rho} \to 1$,知识广度与知识深度之间具有不完全替代性。企业面临的环境变化程度高时,企业知识广度与知识深度之间具有不完全替代性。高度变化的环境中,知识深度或者广度的提高虽然能够增加企业知识整合的机会,发展市场前沿知识,但在该情况下,消费者需求存在不确定性,知识广度和知识深度之间协同程度有限,知识广度与知识深度之间具有不完全替代性。企业在该情况下选择先提升知识广度或知识深度,再提升另一维度的自主创新路径,以市场需求为导向,提高知识广度与知识深度间的协同程度。

环境变化程度高时,企业的创新生产函数形式为 $\rho \to 0$ 时,$Q = AW^{\alpha}D^{\beta}$。知识广度的收益弹性 $E_W = \frac{\alpha AD^{\beta}}{Q} \cdot W^{\alpha}$,知识深度的收益弹性 $E_D = \frac{\beta AW^{\alpha}}{Q} \cdot D^{\beta}$,其收益弹性如图 7-3 所示。由图 7-3 可知,知识广度和知识深度的收益弹性均为正且知识广度的收益弹性大于知识深度的收益弹性,这时企业的创

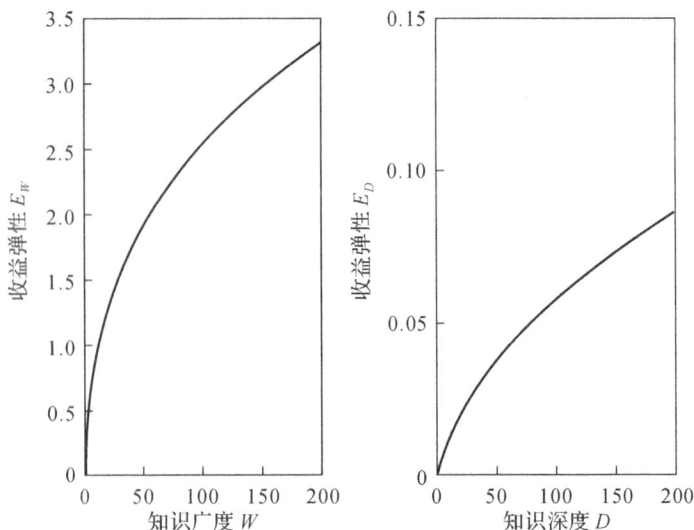

图 7-3　环境变化程度高的情况下知识广度和知识深度的收益弹性

新绩效会受到其十分明显的促进作用。这是因为,当环境变化程度高时,提升知识广度使企业获得创新的先动优势,会比提升知识深度完善市场产品功能而取得的创新绩效高,即提升知识广度对创新绩效的促进作用强于提升知识深度对创新绩效的促进作用(见图7-4)。

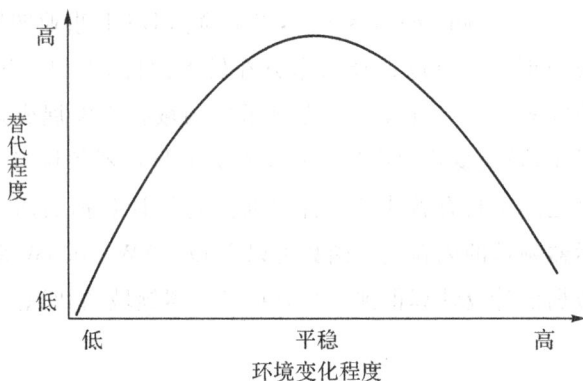

图 7-4　不确定性环境下知识广度与知识深度的替代程度

因此,当环境变化程度高时,企业应选择先通过知识转移这一举措来提高知识的广度,再提高知识深度的自主创新路径。

三、企业自主创新路径选择

专利是企业在知识经济时代最具价值的知识源,也是能够呈现出企业知识积累的一种重要的表现形式。企业的知识广度和知识深度能够被企业的专利数据有效地呈现出来。从专利的国际技术分类来看,其各个大类可以看作一个单独的知识元素,企业所涉及的知识领域可以通过它呈现出来。所以可以用企业专利涉及的国际技术分类的大类数量来度量企业的知识广度 W;可以用企业的专利申请量和其知识领域数量的比值来度量企业的知识深度 D。可以用企业各年的年度报告当中的业务收入数据来表示企业的创新绩效。通过相关的统计软件来实现创新绩效和知识深度、广度之间关系的回归分析,并得出在创新绩效当中知识深度 D、知识广度 W 与知识转化能力 A 各自所占的贡献份额 β 和 α。

在本研究中,比亚迪的汽车领域、新能源领域和京东方的显示器领域的有关数据被选择出来,用以深入分析在环境的变化程度低、平稳和高这三种情境当中企业的自主创新路径选择。

(一)知识广度提升

京东方是中国显示器行业的先行者,是一家专注于研究半导体显示和薄膜传感器技术的科技型企业。京东方也积极拓展智慧系统和健康服务核心事业,是一家以科技创新作为支撑的代表性企业。

在由显示行业的挑战者转变为全球领先者之际,京东方开始部署由单一显示器件业务向多元化的 DSH(Display Device Business;Smart System Business;Healthcare Service Business,以下简称 DSH)事业转型,实现新一轮更大的颠覆与创新。所以选择京东方在转型之际(2011—2015 年)的有关数据作为研究对象。该阶段京东方显示器领域技术发展成熟,新出现的竞争对手数量少,环境变化程度低。在京东方的显示器领域当中,其知识深度与知识广度之间不具有替代性。并且通过对统计数据的回归分析可知,京东方在显示器领域的创新生产函数可以用 $Q = AW = 0.9W$ 来表示。

由专利数据统计及计算得到京东方在显示器领域的知识广度和知识深度,如表 7-1 所示。

表 7-1　京东方在显示器领域的知识广度和知识深度

年份	知识广度 W	知识深度 D
2011	54	61.19
2012	59	111.39
2013	77	156.49
2014	85	219.47
2015	93	282.08

注:数据根据智慧芽全球专利数据库截至 2018 年 3 月检索的专利数据统计和计算得到。

京东方在显示器领域 2011—2015 年的创新绩效无差异曲线如图 7-5 所示,可见这个阶段京东方在显示器领域选择知识广度单元维度提升的自主创新路径。

京东方在半导体显示市场发展渐进稳定的时机下,基于在显示器事业中积累的显示、传感等方面的技术,启动了 DSH 战略转型。京东方的战略升级涉及智能制造、医疗服务等领域,意味着企业知识广度也将拓宽至新知识领域。该阶段知识广度的收益弹性大于零,创新绩效会受到知识广度拓宽的促进作用;知识深度的收益弹性为零,企业对半导体显示领域知识的运用已较为成熟,以提高知识深度来促进创新绩效的效果并不明显。企业创新绩效将主要由知识广度驱动。因此,企业选择知识广度单元维度提升的自主创新路径,创新绩效增加明显。

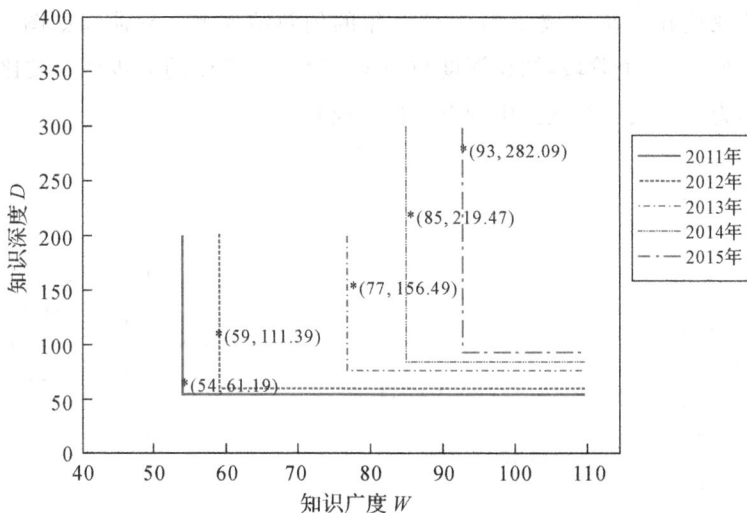

图 7-5　京东方在显示器领域的创新绩效无差异曲线

(二)知识广度、深度同步提升

比亚迪是民族品牌中最具创新性的企业之一,一直坚持自主研发和自主发展的创新模式,坚持通过技术研发提升企业实力,是汽车行业中具有代表性的创新企业。其在汽车研发和制造等方面的技术已经处于国际领先水平,汽车产业格局渐趋完善。

比亚迪积极通过创新扩大市场份额,持续创新使汽车业务稳步发展。选择比亚迪汽车稳定发展的阶段(2007—2010 年)的相关数据作为研究对象。该阶段比亚迪所处汽车市场的竞争态势稳定,环境变化程度平稳。可知,在比亚迪的汽车领域当中,其知识深度与广度之间具有完全替代性,并且由统计数据回归得到比亚迪在汽车领域的创新生产函数为 $Q=0.9W+0.1D$。

由专利数据统计及计算得到比亚迪在汽车领域的知识广度和知识深度,如表 7-2 所示。

表 7-2　比亚迪在汽车领域的知识广度和知识深度

年份	知识广度 W	知识深度 D
2007	45	12.18
2008	47	14.38
2009	49	15.61
2010	50	16.78

注:数据根据智慧芽全球专利数据库截至 2018 年 3 月检索的专利数据统计和计算得到。

比亚迪在汽车领域 2007—2010 年的创新绩效无差异曲线如图 7-6 所示。可见,在这个阶段,知识深度与知识广度双元维度的同步提高被比亚迪选择作为其在汽车领域当中的自主创新路径。

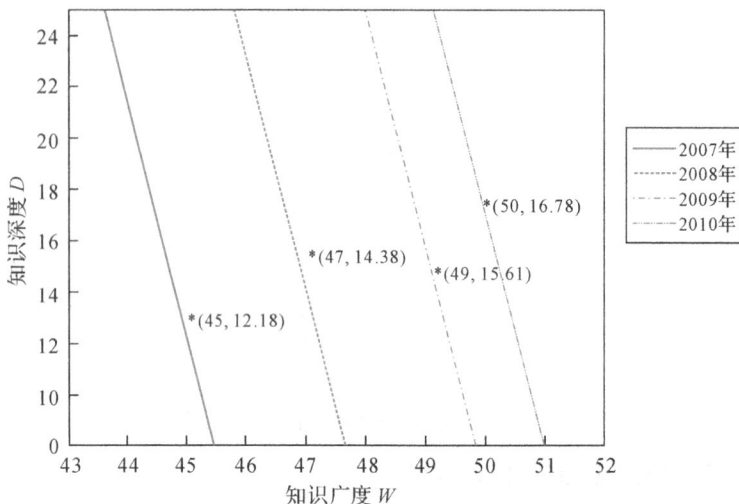

图 7-6　比亚迪在汽车领域的创新绩效无差异曲线

比亚迪汽车创新中最重要的一环是培育新业务和研发新产品。比亚迪一直积极响应国家的号召,发展新能源汽车,不断研发并推出了比亚迪唐、秦等新能源车型,为创新绩效开辟了新的增长点。新能源汽车的研发既是对汽车领域知识深度的提升,也是对新能源领域知识广度的提升。该阶段,其在知识深度与广度上的收益弹性都是大于零的,对创新绩效提升都起到促进作用。知识广度和知识深度同步提升的自主创新路径是比亚迪在汽车领域不断取得创新突破的关键。因此,选择知识深度与广度同步提升的自主创新路径来提高创新绩效是最有效的。

(三)知识广度、深度顺序提升

比亚迪一直坚持"技术为王,创新为本"的理念,致力于发展二次电池及新能源事业,推动绿色事业发展并引领新能源变革。比亚迪是国内坚持发展能源创新战略的代表性企业,占领了发展新能源的先机,展现了中国新能源汽车动力系统的领先实力。全球环境和经济问题日益凸显,二次电池及新能源领域作为集绿色环保和科技于一体的新领域,应用前景广阔,未来将继续保持飞速发展态势。

比亚迪从二次电池研发起步,随后充分利用二次电池技术在国际上的领先地位和技术优势,致力于开发绿色新能源事业,实现新领域创新。所以,在比亚迪拓展二次电池事业的过程中,研发新能源领域的时间阶段(2005—2011 年)的相关数据被选择作为研究对象。该阶段新能源市场发展势头较好,但新领域中技术变化速度快,企业面临激烈的市场竞争,环境变化程度高。比亚迪新能源领域知识广度与知识深度之间具有不完全替代性,并且由统计数据回归得到比亚迪在新能源领域的创新生产函数为 $Q=W^{0.6}D^{0.1}$。

由专利数据统计及计算得到比亚迪在新能源领域的知识广度和知识深度,如表 7-3 所示。

表 7-3　比亚迪在新能源领域的知识广度和知识深度

年份	知识广度 W	知识深度 D
2005	16	9.38
2006	26	9.46
2007	30	10.70
2008	35	11.94
2009	36	14.14
2010	36	16.89
2011	39	17.54

注:数据根据智慧芽全球专利数据库截至 2018 年 3 月检索的专利数据统计和计算得到。

比亚迪在新能源领域 2005—2011 年的创新绩效无差异曲线如图 7-7 所示,可见这个阶段比亚迪在新能源领域通过知识转移采取先提升知识广度后提升知识深度的自主创新路径。

在新能源领域当中,比亚迪相继研发了镍电池、充电电池与氢燃料电池等各种新能源产品,同时比亚迪也把其产品投入发电、汽车等领域当中进行应用,所以比亚迪的新能源业务也变成了其创新绩效的新的增长点。比亚迪在新能源领域的发展可以分为两个阶段:前期阶段,比亚迪积极研发新能源技术,拓展新能源业务,以知识广度提升促进创新绩效提升;后期阶段,比亚迪更注重知识深度提升,推进新能源产品实现广泛的市场应用,通过知识深度提升促进创新绩效提升。可见,比亚迪在新能源领域选择先提升知识广度再提升知识深度的自主创新路径,有效促进比亚迪在新能源领域创新绩效的持续增加,推动比亚迪在新能源领域的成功发展。

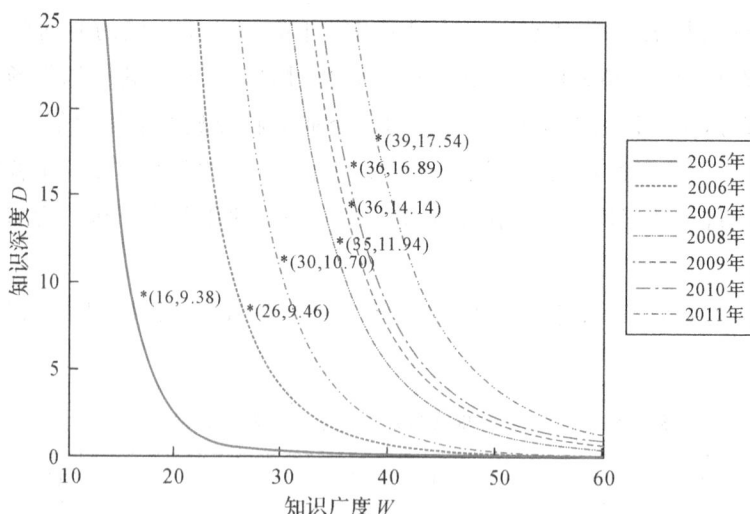

图 7-7　比亚迪在新能源领域的创新绩效无差异曲线

四、结论与启示

知识经济时代,联盟企业知识广度和知识深度动态提升是适应环境变化的必然选择,选择有效的自主创新路径构建知识广度与知识深度相互协同的双元知识维度是避开创新陷阱的关键。本节从双元性视角考虑环境不确定性,构建基于知识广度和知识深度的创新生产函数。研究发现,不同环境变化程度下,知识广度与知识深度的替代关系及知识广度和知识深度的收益弹性存在较大差异,据此提出不同环境变化程度下联盟企业知识广度和知识深度动态提升的自主创新路径。本节对京东方在显示器领域、比亚迪在汽车领域和新能源领域的创新实践进行案例研究,验证了所述的创新路径在企业实践中的有效性。本研究对企业管理者有如下启示。

第一,环境变化程度低时,企业选择通过知识转移提升知识广度的自主创新路径。此时企业能充分掌握环境信息,逐渐完善知识积累。因此,企业应发挥自身知识优势,积极寻求外部合作,开拓市场业务;同时企业管理者在规划战略时,要紧密联系知识特征,利用强势核心能力,促进知识组合和创新的涌现,形成创新的多元效应。

第二,环境变化程度平稳时,企业选择通过知识转移同步提升知识双元维度的自主创新路径。在环境要素稳定变化、未来发展趋势可预测的市场环境中,企业要以市场为导向,加强市场调研以提供完整的市场产品,积累知识要素以满足市场新需求。同时,企业可以加强与供应商、合作伙伴等外部组织的联系,发现创新源,形成创新的联动效应。

第三,环境变化程度高时,企业选择通过知识转移先提升广度再提升深度的自主创新路径。在竞争激烈且技术变化速度较快的市场环境中,企业要敏锐探知市场前沿,延伸技术链条,提升知识广度,同时加大对新领域的资金投入,推进核心技术研发和加强技术成果转化以提升知识深度,使企业获取创新先动优势。

第二节 产学研联盟主体协同创新模式研究

产学研联盟中各主体合作创新模式的正确选择可以有效推进技术创新与经济发展,也能加速实现各主体的优势互补,以形成单个主体所无法实现的创新效应。因此,本节从知识转移视角出发,构建基于 Petri 网的产学研联盟合作创新过程中的知识转移动态网络,并分析和对比产学研联盟合作与创新中显隐性知识转移的不同路径,最后探讨产学研联盟合作与创新中不同知识转移路径下的知识存量以及产学研联盟合作与创新模式。

一、知识转移视角的产学研联盟合作与创新

(一)产学研联盟合作与创新机制

产学研联盟合作与创新中,企业、高校和科研院所是技术创新和知识创新的主体,在金融机构、政府和中介组织等主体的一同配合下,通过对资金、信息、人才、政策和技术等创新要素的充分整合,最终形成一种合作共赢、利益共享、优势互补与风险共担的良性的协同局面,如图 7-8 所示。产学研联盟合作与创新系统中,各创新主体的优势创新要素相互协同,彼此间形成复杂的非线性作用关系,积极有利因素得以充分调动,产生强大的倍增效应。同时,系统中形成的文化、制度和信任氛围能积极促进产学研联盟合作与创新活动的进行,提升产学研联盟整体的协同效应,推动技术创新与经济发展。逐渐实现产学研联盟合作与创新合作主体从以单一主体为主到以复合主体为主,合作方式从以单向流动为主到以双向流动为主,合作的模式也从契约合作为主向着以平台建立为主转变,同时合作的动力也由政府引导为主变为以市场自发为主,且依靠创新驱动经济增长也替代了依靠创新要素驱动。这些都使得经济发展方式的转变大大加快,促进区域科技创新能力快速提升。

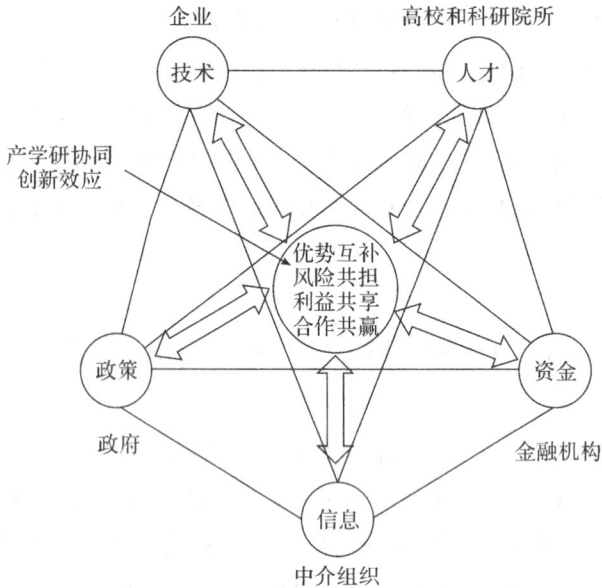

图 7-8 产学研联盟合作与创新机制

(二)知识转移视角的产学研联盟合作与创新

1.基于 Petri 网的知识转移

Petri 网是一种可用网状图形表示的系统模型,由库所、变迁、弧、托肯等四个基本元素组成,如图 7-9 所示。Petri 网反映的是自然规律所产生的彼此相互依赖的关系,表现出系统内物质资源和信息资源的流动情况,对描述异步并发现象有其独到的优越之处。由于其直观、易懂、形象等特点,Petri 网在科学领域得到了充分应用。

图 7-9 Petri 网的四个基本元素

知识具有方向、内容、存量和载体等关键属性。知识转移是以物质资源和信息资源的流动为载体的过程,因此 Petri 网适用于对知识转移的研究。将 Petri 网应用于知识转移,以库所代表知识节点,变迁表示知识的流动。根据知识转移过程中库所与变迁的关系,我们将知识转移的类型分成顺序性、并行性、选择性和循环性等几种,如图 7-10 所示。

顺序性知识转移:表示流动过程中一种知识活动以固定的次序,按照诱发关系进入下一知识活动,主要表示两者间的因果关系。

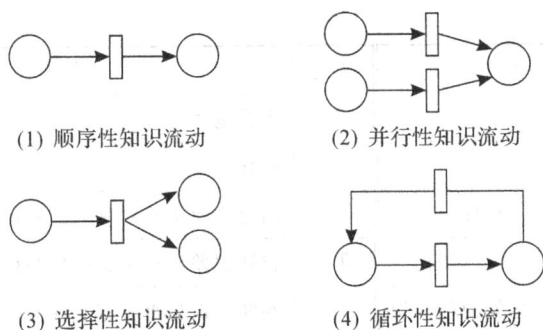

(1) 顺序性知识流动　　　(2) 并行性知识流动

(3) 选择性知识流动　　　(4) 循环性知识流动

图 7-10　基于 Petri 网的知识转移分类

并行性知识转移：表示两种不同的知识活动，它们可以任意次序执行，但必须全部完成后方可进入下一知识活动。

选择性知识转移：表示一种知识活动完成后进入不同的知识活动，由于自由竞争或条件约束只能择其一。

循环性知识转移：某一知识活动需反复执行多次后方可进入下一知识活动。

2. 基于 Petri 网的产学研联盟合作与创新中知识转移

在产学研联盟合作与创新中知识转移中，库所代表企业、高校和科研院所等创新主体，用 S 表示；变迁代表在产学研联盟当中的创新与合作这一过程中发生的知识转移，用 T 表示；弧代表库所与变迁之间的联系，用 F 表示；弧上的权重代表知识流量，用 W 表示；托肯代表企业、高校和科研院所中知识存量的分布情况，即库所中的黑点数，用 M 表示。根据图 7-11 所示的产学研联盟合作与创新知识转移的过程，建立产学研联盟合作与创新中知识转移模型：$KN=(S,T,F,W,M)$。

在产学研联盟合作与创新中知识转移模型中，各库所、变迁的含义如表 7-4 所示。

表 7-4　基于 Petri 网的产学研联盟合作与创新中知识转移示意图各标记含义

库所	含义	变迁	含义
S_1	高校、科研院所	T_1	利用知识创新资源
S_2	新知识	T_2	对知识进行归纳整理
S_3	具有商业前景的知识	T_3	将知识进行分类
S_4	不具有商业前景的知识	T_4	内化
S_5	显性知识资源库	T_5	外化
S_6	隐性知识资源库	T_6	技术合作

续表

库所	含义	变迁	含义
S_7	知识溢出	T_7	人员流动
S_8	企业	T_8	群化
S_9	需反馈的知识库	T_9	结合产业实际对移入的知识进行分析整理
S_{10}	具有转化能力的知识	T_{10}	将知识差异提供给高校和科研院所
S_{11}	不具有转化能力的知识	T_{11}	判断知识是否具有实现生产力的可能
S_{12}	现实生产力	T_{12}	利用技术创新资源

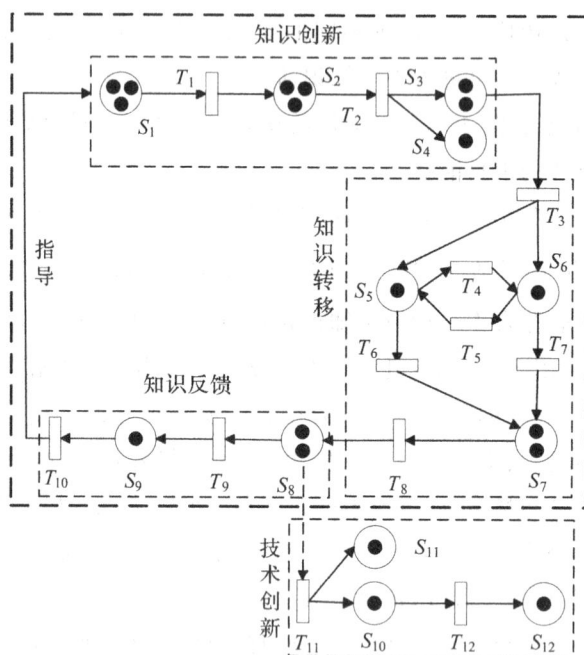

图 7-11　基于 $Petri$ 网的产学研联盟合作与创新中知识转移

如图 7-11 所示,知识创新、知识转移、知识反馈和技术创新为产学研联盟合作与创新中知识转移的四个基本组成部分,具体过程如下。

(1)知识创新:主要在高校和科研院所中进行。知识创新活动开始前,库所 S_1 即高校和科研院所处于待创新状态,变迁 T_1 启动,库所 S_1 中人才、技术等托肯资源实现科研成果的创造,产生新知识,进入库所 S_2。变迁 T_2 启动,将库所 S_2 中的托肯转化为库所 S_3、库所 S_4 中的托肯,为知识转移做好前期准备。

(2)知识转移:知识创新活动完成后,进入知识转移阶段,该活动主要在产学间进行。库所 S_1 和 S_8 分别处于发送知识和接受知识的状态,变迁 T_3 启动,库所 S_3 中的托肯转化为 S_5、S_6 中的托肯,实现知识转移活动的组织与实施。同时,变迁 T_4、T_5、T_6、T_7 启动,实现显隐性知识的相互作用、转化以及不同路径的流动;并转化成库所 S_7 中的托肯,变迁 T_8 启动,最终进入库所 S_8,实现知识溢出效应。

(3)知识反馈:变迁 T_9 启动,库所 S_8 将移入的知识托肯转移至库所 S_9,同时启动变迁 T_{10} 将其转移至库所 S_1 中,以指导库所 S_1 对知识的"二次创新",纠正知识转移中的不足和差异,缩小与产业发展实际的差距。

(4)技术创新:这是产学研联盟合作与创新中知识转移最终也是最关键的步骤。库所 S_8 在获得库所 S_1 中具有商业前景且符合市场发展实际的知识托肯资源后,变迁 T_{11} 启动,不具有转化能力的知识进入库所 S_{11},被企业所淘汰、遗忘,而具有转化能力的知识进入库所 S_{10},此时变迁 T_{12} 启动,使知识实现商品化,转化成现实生产力。

二、产学研联盟合作与创新模式分析

(一)不同知识转移路径下的产学研联盟合作与创新中知识存量分析

产学研联盟合作与创新的本质是企业、高校和科研院所之间的知识转移,产学研联盟合作与创新内部的知识存量通过显性和隐性知识的相互作用与转化逐渐增加。显性知识主要通过技术合作如项目合作、出版物、新专利、新产品等途径进行流动,隐性知识则主要通过人员流动的途径予以流动。显隐性知识的不同特性决定了知识转移的不同路径。本研究系统分析产学研联盟合作与创新中显隐性知识的相互作用与转化及知识存量变化,以指导产学研联盟在合作与创新中选择更高效的知识转移路径。

显性和隐性知识分别由节点 A、B 表示,X_A、$X_{A'}(t)$ 与 X_B、$X_{B'}(t)$ 分别表示 A、B 现有及随时间不断变化的知识存量,分别用 D_A、D_B 表示显性知识与隐性知识一开始的存量。在产学研联盟创新与合作当中,隐性知识与显性知识之间的相互转化与作用如图 7-12 所示。

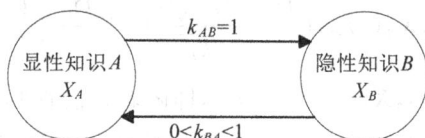

图 7-12　产学研联盟合作与创新中显隐性知识的相互转化与作用

在图 7-12 中,显性知识与隐性知识之间相互转化的程度可以分别用 k_{AB} 与 k_{BA} 来表示,由于隐性知识和显性知识在转化时具有不同难度,隐性知识显性化相比显性知识隐性化来说更加困难,故有 $0 < k_{BA} < 1, k_{AB} = 1$,依上可得:

$$\begin{cases} X_{A'}(t) = X_A + k_{BA} X_B \\ X_{B'}(t) = X_B + k_{AB} X_A = X_B + X_A \end{cases} \tag{7-1}$$

其对应的齐次方程为 $X'(t) = \boldsymbol{A}X$,其中 $\boldsymbol{X} = (X_A, X_B)^\mathrm{T}$,特征向量 $\boldsymbol{A} = \begin{bmatrix} 1 & k_{BA} \\ 1 & 1 \end{bmatrix}$,特征方程 $|\lambda \boldsymbol{E} - \boldsymbol{A}| = \begin{vmatrix} \lambda-1 & -k_{BA} \\ -1 & \lambda-1 \end{vmatrix} = 0$,特征值 $\lambda = 1 \pm \sqrt{k_{BA}}$,通

解 $\begin{cases} X_A(t) = A_1 e^{(1+\sqrt{k_{BA}})t} + B_1 e^{(1-\sqrt{k_{BA}})t} \\ X_B(t) = A_2 e^{(1+\sqrt{k_{BA}})t} + B_2 e^{(1-\sqrt{k_{BA}})t} \end{cases}$,其中,$A_1$、$B_1$、$A_2$、$B_2$ 为常数。

由式(7-1)可得:$X_B(t) = \dfrac{X_{A'}(t) - X_A}{k_{BA}} = \dfrac{A_1 e^{(1+\sqrt{k_{BA}})t} - B_1 e^{(1-\sqrt{k_{BA}})t}}{\sqrt{k_{BA}}}$。

令 $t = 0$,得 $X_B(0) = \dfrac{A_1 - B_1}{\sqrt{k_{BA}}} = D_B$,即 $A_1 - B_1 = D_B \sqrt{k_{BA}}$ 而 $X_A(0) = A_1 + B_1 = D_A$,则 $A_1 = \dfrac{D_A + D_B \sqrt{k_{BA}}}{2}$,$B_1 = \dfrac{D_A - D_B \sqrt{k_{BA}}}{2}$,即 $X_A(t) = \dfrac{D_A + D_B \sqrt{k_{BA}}}{2} e^{(1+\sqrt{k_{BA}})t} + \dfrac{D_A - D_B \sqrt{k_{BA}}}{2} e^{(1-\sqrt{k_{BA}})t}$。

同理,$X_B(t) = \dfrac{D_A + D_B \sqrt{k_{BA}}}{2\sqrt{k_{BA}}} e^{(1+\sqrt{k_{BA}})t} + \dfrac{D_B \sqrt{k_{BA}} - D_A}{2\sqrt{k_{BA}}} e^{(1-\sqrt{k_{BA}})t}$。

则产学研合作与创新整体知识存量为 $X(t) = X_A(t) + X_B(t) = \dfrac{(D_A + D_B)(1+\sqrt{k_{BA}})}{2} e^{(1+\sqrt{k_{BA}})t} + \dfrac{(D_A + D_B)(1-\sqrt{k_{BA}})}{2} e^{(1-\sqrt{k_{BA}})t}$,其中 $0 < k_{BA} < 1$。

由以上可知,$X_A(t) > \left(\dfrac{D_A + D_B \sqrt{k_{BA}}}{2} + \dfrac{D_A - D_B \sqrt{k_{BA}}}{2} \right) e^{(1-\sqrt{k_{BA}})t} = D_A e^{(1-\sqrt{k_{BA}})t} > D_A$,$X_B(t) > \left(\dfrac{D_A + D_B \sqrt{k_{BA}}}{2\sqrt{k_{BA}}} + \dfrac{D_B \sqrt{k_{BA}} - D_A}{2\sqrt{k_{BA}}} \right) e^{(1-\sqrt{k_{BA}})t} = D_B e^{(1-\sqrt{k_{BA}})t} > D_B$,$X(t) > D_A + D_B$,即随着显隐性知识之间的相互作用与转化,显隐性知识存量会大于各自的初始知识存量,彼此具有相互促进作用。

(1)当 $D_A - D_B \sqrt{k_{BA}} > 0$ 时,

$$X_A(t) > \frac{D_A + D_B \sqrt{k_{BA}}}{2} e^{(1+\sqrt{k_{BA}})t}, X_B(t) > \left(\frac{D_A + D_B \sqrt{k_{BA}}}{2\sqrt{k_{BA}}} + \right.$$

$$\left. \frac{D_B \sqrt{k_{BA}} - D_A}{2\sqrt{k_{BA}}} \right) e^{(1+\sqrt{k_{BA}})t} = D_B e^{(1+\sqrt{k_{BA}})t}$$

(2)当 $D_A - D_B \sqrt{k_{BA}} < 0$ 时,

$$X_A(t) > \left(\frac{D_A + D_B \sqrt{k_{BA}}}{2} + \frac{D_A - D_B \sqrt{k_{BA}}}{2} \right) e^{(1+\sqrt{k_{BA}})t} =$$

$$D_A e^{(1+\sqrt{k_{BA}})t}, X_B(t) > \frac{D_A + D_B \sqrt{k_{BA}}}{2\sqrt{k_{BA}}} e^{(1+\sqrt{k_{BA}})t} > \frac{D_B}{2} e^{(1+\sqrt{k_{BA}})t}$$

由以上计算结果可知,$X_A(t)$、$X_B(t)$ 均为 t 与 k_{BA} 的增函数。在隐性与显性知识当中,它们的相互作用和互相转化的力度会随着时间 t 的增加而慢慢地增强,这代表 k_{BA} 将慢慢变大,而隐性知识与显性知识当中的相互作用与互相转化的力度也会慢慢地增强。在产学研联盟创新与合作当中,显隐性知识及整体知识不断增多直至达到基于创新资源所能容纳的最大的知识存量。

(二)不同知识转移路径下的产学研联盟合作与创新模式分析

1.以显性知识转移为主导的技术转让与协作模式

此种模式是产学研联盟合作与创新初始阶段较为常见且容易实现的一种模式。产学研联盟各合作主体之间只是通过技术转让等方式进行显性知识转移,各主体间联系频率较低,协同强度较弱,协同时间较短,技术成熟度较差。高校和科研院所一般通过项目合作、出版物、新产品、新专利等知识载体将科研成果转移至企业,显性知识的流动占主导地位,知识转移效率较高,容易转化成现实生产力,一般适用于中小企业。

2.联合开发这一模式是受到隐性知识与显性知识转移共同主导的一种模式

此种模式处于半成熟阶段,一般是基于契约合作,即产学研联盟间通过具体合作事项维持关系,是最常见的产学研联盟合作模式,其完成的知识转移与高校知识转移总量的比值在 70%—80%。此时随着合作时间逐渐增多,产学研联盟中各创新主体间人员流动更加频繁,合作程度逐渐加深,技术成熟度逐渐增强,致使更复杂的隐性知识逐渐增多,知识转移也随之变得困难,而显隐性知识间的相互作用与转化力度也迅速加强,导致知识存量迅速增多。而隐性知识能保持一定的竞争优势,能保证转化成现实生产力后获得一定的垄断利润。此种模式一般适用于大中型企业,但难以为企业提供长期的技术支撑和后续开发支持。

3.以隐性知识转移为主导的一体化模式

此种模式处于成熟阶段,通常是在共建研发平台或者联合成立研发基地时使用此模式,其目的是在企业进行重大战略技术和产品的攻关时替其承担攻关工作。此种产学研联盟合作模式中,协同时间较长,合作关系趋向于长期稳定,信任强度达到最强,非正式人际社会关系网络最为复杂,人员流动最为频繁,专有化的隐性知识的扩散和共享逐渐占主导地位。同时,其信任关系最为成熟,知识的扩散和共享程度达到最强,有利于隐性知识实现显性化与高效流动。此种模式一般适用于高校衍生企业或中小型科技企业,成为未来发展的必然趋势。

由上可知,随着协同时间的不断增加以及协同强度的逐渐提高,在产学研联盟的创新与合作模式当中,有关技术的转让、协作和联合开发会慢慢向着一体化转变,其技术的成熟度会越来越高。所以专有性的隐性知识的占有比例会慢慢变高,也使得核心知识转移的难度越来越大,但同时日益复杂的人际社会关系网络也促进了隐性知识的流动。显性知识由于较容易传递吸收,对合作与创新模式依赖性较弱;隐性知识则存在路径依赖,对合作与创新模式依赖性较强。产学研联盟合作与创新的三种模式的相互关系如图7-13所示。

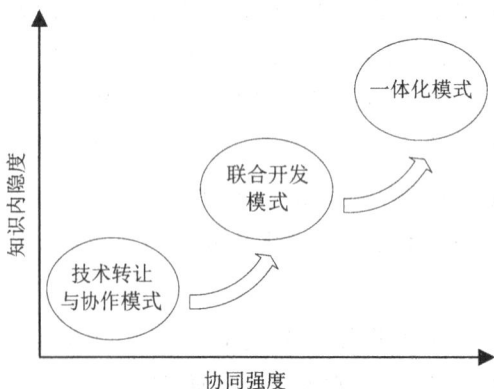

图 7-13　产学研联盟合作与创新模式相互关系

正是显隐性知识存量、相互作用与转化力度及流动路径的不同,区分了技术转让与协作、联合开发与一体化等三种不同的产学研联盟合作与创新模式,即产学研联盟合作与创新模式随着时间沿技术转让与协作、联合开发和协同一体化逐渐转变,显隐性知识存量逐渐增加。也就是说,产学研联盟合作与创新中,知识转移应选择显隐性知识同时流动即技术合作与人员流动同时进行的流动路径,且并行性知识转移方式下知识黏性较小,应选择一体化模式提高显隐性知识相互作用和转化的力度,促进产学研联盟合作与创新中知识的高效流动。

三、结论与启示

通过区分产学研联盟合作与创新中显隐性知识转移的不同路径,构建基于 Petri 网的产学研联盟合作与创新知识转移模型,分析产学研联盟合作与创新中不同知识转移路径下的知识存量以及产学研联盟合作与创新模式,得到如下结论与启示。

第一,显隐性知识的不同特性决定了其不同的流动路径,也决定了不同的产学研联盟合作与创新模式。显性知识的流动一般基于技术合作,而隐性知识的流动一般基于人员流动。显隐性知识对促进产学研联盟合作与创新中知识转移的高效运转有着直接的决定性作用。

第二,在隐性与显性知识当中,产学研联盟创新和合作中的知识存量是由其内外化作用来决定的。事实证明,隐性知识与显性知识当中的相互作用与互相转化的力度随着时间推移逐渐增强,而且它们各自的知识与整体知识的存量会越来越多,对提升整体合作与创新效应有着非常关键的作用。

第三,协同强度及技术成熟度随着产学研联盟合作与创新模式的转变而逐渐提高。现实生活中,应尽量选择技术合作与人员流动同时进行的流动路径,采取显隐性知识转移最为紧密和高效的一体化模式。在此模式中,隐性知识与显性知识当中的相互作用与互相转化的力度将会达到最大,知识在产学研联盟等创新主体之间高速碰撞,快速提升合作与创新效应。

第三节　产学研联盟企业自主创新与合作创新协同研究

随着外部竞争的日益激烈,为增强创新能力、加快创新步伐,产学研联盟中不少企业在选择创新模式时,选择产学研合作和自主创新的双重创新模式。基于此,通过双重创新协同的角度阐明这两种模式之间的关系、厘清演化程度,对于指导联盟主体创新活动和提升绩效意义重大。因此,本节根据知识生产函数,将建立的企业自主创新和产学研合作创新的协同度变量引入,并进行实证检验,以测试变量对产出的影响,最后通过检测门槛效应以全面具体地分析对产出的影响程度。

一、创新协同度测算

(一)协同度模型

在评价系统协同方面,大多数研究者依据协同理论,从不同的角度来建立模型,本研究在整合孟庆松和韩文秀(2000)对模型的研究观点后,建立了协同度模型,该模型包括自主创新和产学研合作创新。在发展过程中,由于子系统 S_i,$i \in [1,2]$,$f_i = (f_{i1}, f_{i2}, \cdots, f_{in})$ 作为该模型的序参量变量,其中 $n \geqslant 1$,$\beta_{ij} \leqslant f_{ij} \leqslant \alpha_{ij}$,$j \in [1,n]$,$\alpha_{ij}$、$\beta_{ij}$,分别代表第 i 个子系统第 j 个序参量的最大值和最小值,因此,公式(7-2)可以理解为系统 S_i 的序参量分量 f_{ij} 的系统有序度:

$$u_i(f_{ij}) = \begin{cases} \dfrac{f_{ij} - \beta_{ij}}{\alpha_{ij} - \beta_{ij}}, j \in [1, m_1] \\[3mm] \dfrac{\alpha_{ij} - f_{ij}}{\alpha_{ij} - \beta_{ij}}, j \in [m_1, n] \end{cases} \tag{7-2}$$

如公式(7-2)所示,$u_i(f_{ij}) \in [0,1]$,且 $u_i(f_{ij})$ 越大,代表 f_{ij} 在系统有序方面的影响越大。

通常可以通过两种方法测量子系统序参量有序度:线性加权法和几何加权法。本研究主要通过线性加权法对子系统序参量有序度进行求解,如公式(7-3)所示:

$$u_i(f_i) = \sum_{j=1}^{n} w_{ij} u_i(f_{ij}) \tag{7-3}$$

当 $u_i(f_i) \in [0,1]$ 时,子系统 $u_i(f_i)$ 的数值越大,有序度越高,数值越小则代表有序度越低。$w_{ij} \geqslant 0$ 且 $\sum_{j=1}^{n} w_{ij} = 1$,$w_{ij} \geqslant 0$ 代表序参量权数。

当复合系统在初始时刻 t_0 时,两个子系统的有序度依次为 $u_1^0(f_1)$、$u_2^0(f_2)$,而发展演变到时刻 t_1 时,有序度依次为 $u_1^1(f_1)$、$u_2^1(f_2)$,此时定义复合系统的协同度如公式(7-4)所示:

$$s = \delta \left(\left| \prod_{i=1}^{2} [u_i^1(fi) - u_i^0(fi)] \right| \right)^{\frac{1}{2}} \tag{7-4}$$

其中,$\delta = \begin{cases} 1, \min_i [u_i^1(fi) - u_i^0(fi)] > 0 \\ -1, \min_i [u_i^1(f_i) - u_i^0(f_i)] < 0 \end{cases}, i = 1,2$

（二）序参量分量的确定和数据来源

在测算企业自主创新和产学研合作创新的协同度时，基本上以科学实用的原则来表述测度指标体系，不仅反映这两者的协同发展状态，企业自主创新投入和产学研合作创新投入是组成和辨别两种方式的必备条件，还同样是推动二者稳定发展的要素。在此基础上，本研究认为，在测算系统协同性时，将这两项当作复合系统的序参量能够使结果更准确。人力、财力和物力的投入在创新产出中的作用不容忽视，也有多数学者在研究创新资源投入时综合人力物力财力来构建指标。本研究整合了卢方元和李小鸽（2014）、王芳镜和夏维力（2009）、Ivascu 等（2016）、肖丁丁和朱桂龙（2013）的观点，并在此基础上构建了两项指标体系，分别为企业自主创新投入和产学研合作创新投入。其中企业自主创新投入指标可归结成五类，依次是研发人员折合全时当量、研发资金投入、新产品开发经费、研发机构经费以及研发机构仪器和设备原价。通常产学研的合作主体可以划分成企业和学研方，在构建产学研合作创新投入指标体系时，除了企业能够提高创新发展的效率，学研方的投入也可以使创新合作得到更加稳定的发展，进而加快产学研合作创新投入系统的建立。因此综合以上，在经费支出的选择上，本研究选取四组指标，分别为企业对研究机构、企业对高校、研究机构对企业以及高校对企业，如表 7-5 所示。

表 7-5　自主创新与合作创新系统指标体系

类别	具体指标		单位
企业自主创新投入（记为 $S1$）	研发人员折合全时当量（记为 $a1$）		人
	研发资金投入（记为 $a2$）		万元
	新产品开发经费（记为 $a3$）		万元
	研发机构经费（记为 $a4$）		万元
	研发机构仪器和设备原价（记为 $a5$）		万元
产学研合作创新投入（记为 $S2$）	经费支出	企业对研究机构（记为 $b1$）	万元
		企业对高校（记为 $b2$）	万元
		研究机构对企业（记为 $b3$）	万元
		高校对企业（记为 $b4$）	万元

在数据的来源方面，考虑到数据的时效性和权威性，本研究通过 2011—2017 年《中国科技统计年鉴》，根据每个子系统序参量获取指标所需

要的数据。在上述产学研合作投入指标数据中,由于西藏和宁夏的指标体系数据不完整,所以本研究最终将29个省(区、市)的数据纳入研究。

(三)协同度计算结果

首先,按照式(7-2),将企业自主创新系统和产学研合作创新系统的序参量依次进行标准化处理,处理后得到每个省(区、市)的两个子系统序参量分量有序度 $u_i(f_{ij})$。其次,对每个省(区、市)的两个子系统序参量分量,参考熵权法计算权重 w_{ij},随后根据式(7-3),把权重 w_{ij} 和有序度 $u_i(f_{ij})$ 依次代入计算,以获得每个子系统的序参量有序度 $u_i(f_i)$。最终,将 $u_i(f_i)$ 引入公式(7-4),依据2011年的数据,共得到29个省(区、市)连续6年的自主创新与合作创新复合系统的整体协同度,如表7-6所示。

表7-6　自主创新与合作创新复合系统的整体协同度 s

地区	2011 年	2012 年	2013 年	2014 年	2015 年	2016 年
北京	−0.102	0.224	0.500	0.313	0.528	0.379
天津	−0.035	0.073	0.330	0.349	0.706	0.661
河北	0.046	0.274	0.361	0.612	0.911	0.729
浙江	0.124	0.230	0.404	0.442	0.314	0.701
上海	0.104	−0.235	0.293	0.432	0.286	0.243
江苏	0.036	0.236	0.362	0.579	0.816	0.871
福建	−0.033	0.403	0.654	0.772	0.502	0.599
山东	−0.056	0.140	0.546	0.508	0.596	0.710
广东	−0.092	0.202	0.160	0.285	0.321	0.706
海南	0.049	0.070	0.259	0.422	0.355	0.780
辽宁	−0.126	0.195	0.265	0.472	0.702	0.479
湖北	0.203	0.193	0.344	0.522	0.724	0.645
湖南	−0.046	0.072	0.223	0.272	0.423	0.609
吉林	0.035	0.153	0.449	0.794	0.204	0.237
安徽	0.111	−0.064	0.281	0.430	0.482	0.321
山西	−0.121	0.103	0.257	0.404	0.627	0.159
江西	−0.006	0.098	0.395	0.322	−0.351	−0.113
河南	−0.047	0.448	0.218	0.256	−0.229	−0.112
黑龙江	−0.270	−0.342	−0.524	−0.500	−0.477	−0.434

续表

地区	2011 年	2012 年	2013 年	2014 年	2015 年	2016 年
重庆	0.149	0.069	0.097	0.226	0.217	0.383
四川	−0.079	0.177	0.318	0.513	0.611	0.520
陕西	0.108	0.147	0.382	0.516	0.572	0.773
贵州	−0.045	0.267	0.269	0.145	0.756	0.522
甘肃	0.053	0.168	0.199	0.261	0.589	0.633
内蒙古	0.370	0.426	0.031	0.147	0.043	0.109
新疆	0.043	0.213	0.096	−0.118	0.432	0.150
云南	0.076	−0.258	−0.087	0.166	0.231	0.230
广西	−0.074	−0.547	−0.501	−0.630	−0.719	−0.686
青海	−0.389	−0.114	−0.286	−0.464	−0.526	−0.455

二、企业双重创新协同度与创新绩效关系分析

(一)模型构建

Jaffe(1989)通过分析 Griliches(1979,1990)有关知识生产函数的含义，进一步改进了该函数，同时其还发现新经济知识为创新产出的主要形式，而研发经费和人力资源的投入两者均为创新投入的主要形式。于是 Griliches-Jaffe 模型如式(7-5)所示：

$$Y_{it} = AK_{it}^{\alpha}L_{it}^{\beta}\varepsilon \tag{7-5}$$

其中，Y 为创新产出；A 为广义技术进步水平；K 为 R&D 资金投入；L 为 R&D 人员投入；ε 为随机误差项。

知识生产的本质是投入与产出，即我们可以将创新视为一种知识生产的活动。本研究基于格里利兹(Griliches)的分析思想，通过对其进行改善用以探究创新效率的问题，在知识生产函数中增添自主与产学研合作创新协同度 s，并将其看作可以影响企业技术创新的一个因素，记为 P_{it}，即 $P_{it} = Be^{\gamma Sit}$，这样式(7-5)就替换为：

$$Y_{it} = Be^{\gamma Sit}K_{it}^{\alpha}L_{it}^{\beta}\zeta_{it} \tag{7-6}$$

式(7-6)经取对数处理后得：

$$\ln Y_{it} = B + \gamma S_{it} + \alpha\ln K_{it} + \beta\ln L_{it} + \zeta_{it} \tag{7-7}$$

本研究通过在模型中增加交互项，用以判断自主创新与产学研合作创新协同度在区域创新产出中产生的调节效应，增添后公式如下：

$$\ln Y_{it} = B + \gamma S_{it} + \alpha\ln K_{it} + \beta\ln L_{it} + \lambda1 S_{it}\ln K_{it} + \lambda2 S_{it}\ln L_{it} + \zeta_{it} \quad (7\text{-}8)$$

前人的研究发现和真实情况显示,企业要进行创新活动不仅需要一定的人员及经费,还可能受到企业的自主创新和产学研合作创新协同度等其他相关因素的影响,这是一个较为复杂的活动,因此我们还要对另外的相关因素进行考虑,并将其作为该模型的控制变量。在区域的企业创新的活动中,政府在构建创新平台、引进人才和改良基础设施等方面发挥着重要作用,因此政府对创新的支持行为也属于影响企业创新的因素之一,但由于其行为方式不一定是直接作用的,这可能会对企业技术创新造成非线性的影响,因此在模型中加入了政府支持企业创新力度的平方项。某地区的经济规模和人民生活水平可以用该地区的经济发展水平来体现,其同时能够反映该地区的经济发展程度,所以本研究选取人均地区生产总值以衡量区域经济发展水平,并将其添加到模型中,具体模型如下:

$$\ln Y_{it} = B + \gamma S_{it} + \alpha\ln K_{it} + \beta\ln L_{it} + \lambda_1 S_{it}\ln K_{it} + \lambda_2 S_{it}\ln L_{it}$$
$$+ \chi_1 Gov_{it} + \chi_2 Gov_{it}^2 + \chi_3\ln Pergdp_{it} + \zeta_{it} \quad (7\text{-}9)$$

式(7-9)中,Y 为创新产出;K 为 R&D 资金投入,L 为 R&D 人员投入,S 为自主与产学研合作创新投入协同度,Gov 为政府支持力度,Pergdp 为人均GDP。R&D 资金投入弹性系数是 α,R&D 人员投入弹性系数是 β,γ 为自主与产学研合作创新投入协同度对企业创新产出的影响系数,自主与产学研合作创新投入协同度调节效应的强度分别是 λ_1 和 λ_2,χ_1、χ_2、χ_3 为控制变量对企业创新产出的影响程度,ζ 为随机误差项。

(二)变量确定和描述统计

1.因变量:创新产出

采用专利数量及新产品销售收入等变量反映创新产出是当前大部分学者所选用的方法。创新产出即使可以在一定程度上用专利来表示,但是专利仅仅体现了创新活动中出现的中间产物,无法将创新和其市场化成果完全体现出来。本研究之所以采取新产品销售收入以反映产出,是因为其能够比较全面地反映最终的创新产出以及它的市场化成果,全面体现企业当前在创新这一方面所拥有的能力及产出成果的质量。

2.自变量:R&D 人员投入、R&D 经费投入及自主创新与产学研合作创新投入协同度 S

人员及经费作为企业创新投入的两个主要解释变量,一般选取 R&D 人员全时当量表示企业 R&D 人员投入,企业 R&D 经费投入则选取 R&D

经费内部支出来表示。本研究以 R&D 经费总支出（内部和外部支出）衡量企业 R&D 经费投入，之所以如此是由于从整个企业来看，外部支出同样可以对企业创新产生影响。自主创新与产学研合作创新投入协同度采用本书之前算出的协同度。

3. 控制变量：政府的创新支持力度及区域经济发展水平

政府的创新支持力度选取各区域政府对本地的 R&D 经费支出中出资的占比衡量，区域经济发展水平以各地人均 GDP 衡量。

本研究样本数据描述统计如表 7-7 所示。在上一节中，各省（区、市）自主与产学研合作创新投入协同度以 2011 年为基期，进而计算数据得出 2012—2017 年 29 个省（区、市）的 174 个协同度数据，本模型的其他数据来源于《中国统计年鉴》和《中国科技统计年鉴》2011—2017 年 29 个省（区、市）的统计数据。

表 7-7　变量描述统计

变量	观测值	均值	标准差	最小值	最大值
lnnewproduct	174	16.665	1.565	11.358	19.315
$\ln L$	174	10.555	1.281	6.759	12.998
$\ln K$	174	14.144	1.263	10.079	16.596
S	174	0.216	0.341	−0.719	0.911
Gov	174	0.243	0.130	0.073	0.602
lnPergdp	174	10.624	0.447	9.482	11.590

三、实证结果分析

（一）调节效应结果分析

本节采用的是面板数据，创新投入分为 R&D 人员及经费投入，在经过相关性分析后，结果显示两者之间的相关系数为 0.960，表示其相关程度越高。为避免多重共线性的出现进而造成结果的不准确，本节通过对两者分别进行回归来克服该问题。采用豪斯曼（Hausman）检验的方法以分别判断模型适用固定效应还是随机效应，检验结果显示都应选取固定效应。本节同样为避免数据的异方差问题造成回归结果的不准确，也进行了 Driscoll&Kraay 稳健性估计，同时自主创新与产学研合作创新协同度的调节效应增加交互项回归一般情况下会出现共线问题，于是本研究对全部的自变量及交互项均进行中心化以增强模型回归的准确性。回归结果显示，自主创新与产学研合作创新协同度并没有直接影响创新产出,即直接影响不具有显著性,但其具有显著的调节效应,如表 7-8 所示。

表 7-8　创新协同度调节效应回归结果

变量	模型一	模型二
ln$K$	0.399** (2.38)	
ln$L$		0.339** (2.73)
S	−0.068 (−0.59)	−0.038 (−0.31)
$S×$ln$K$	0.180*** (3.05)	
$S×$ln$L$		0.163*** (2.87)
Gov	−3.061 (−1.33)	−3.4276 (−1.35)
Gov^2	3.741 (1.35)	3.993 (1.39)
LnPergdp	0.415* (1.80)	0.651*** (4.15)
常数项	7.036*** (4.99)	6.674*** (4.00)
R^2	0.606	0.605

注:***、**、*分别表示在 1%、5%、10% 的显著水平下检验,括号中的值为 t 统计量。

从企业创新投入和产出两者的关系中,检验企业自主创新和产学研合作创新协同度所发挥的调节作用。从表 7-8 的回归结果可以看出,在固定效应下,模型一的 R&D 经费投入与创新协同度的交互项变量的回归系数是 0.180,同时其属于 1% 的显著水平。模型二的 R&D 人员投入与创新协同度的交互项变量的回归系数是 0.163,同样是 1% 的显著水平。该结果表示,在创新投入与产出两者间,企业自主创新与产学研合作创新协同度对其产生了正向的调节效应,即两种创新方式的协同度能够显著地对企业创新投入与产出之间的关系起到正向促进作用,也就是协同度越高,企业创新投入对创新产出的影响越大。

从表 7-8 能够看出企业创新投入的两个变量影响产出的情况。模型一中,R&D 经费投入的回归系数是 0.399,同时其属于 5％的显著水平;模型二显示了 R&D 人员投入对创新产出的影响,回归系数为 0.339,同样是 5％的显著水平。该结果同众多研究发现和现实情景一致,进一步体现出 R&D 人员与经费两者会显著地正向作用于创新产出。

把影响企业创新产出的区域经济发展水平与政府的创新支持度作为影响因素加入模型中进行检验,得出回归结果(见表 7-8):模型一和模型二均显示出政府的创新支持力度并没有直接作用于企业创新产出,该情况大概是因为各区域政府除了对企业进行创新支持,还会对高校及科研机构等进行创新支持,同时在通常情况下,政府对创新的投入是用于对设备进行更新换代和支付研发人员薪酬等方面,而对企业的最终产出并没有直接作用。而区域经济发展水平在模型一和模型二下均对企业创新产出有直接的正向效用,结果显示,模型二的回归系数是 0.651,同时其是 1％的显著水平;模型一的回归系数是 0.415,其是 10％的显著水平。

(二)调节作用的门槛效应分析

从以上研究结果可以看出,企业自主与产学研合作创新协同度将以不同程度促进 R&D 经费、R&D 人员创新,但这只是一个整体效应,而分别对 R&D 经费、R&D 人员投入而言,现有研究对其协同度达到何种程度时会有正向效果仍不清楚;另外,不同协同度是否会产生不一样的效应也尚不明确。所以,本节采用 Hansen 面板门槛回归模型,协同度设为 S 门槛变量,估计和检验对协同度有调节效果的门槛特征。对于 R&D 经费投入而言,假设存在门槛值 η_1 和 η_2,构建模型如下:

$$\ln Y_{it} = B + \gamma S_{it} + \alpha \ln K_{it} + \lambda_1 S_{it} \ln K_{it} I(S_{it} \leq \eta_1) + \lambda_2 S_{it} \ln K_{it} I(\eta_1 < S_{it} \leq \eta_2)$$
$$+ \lambda_3 S_{it} \ln K_{it} I(S_{it} > \eta_2) + \chi_1 Gov_{it} + \chi_2 Gov_{it}^2 + \chi_3 \ln Pergdp_{it} + \zeta_{it} \quad (7\text{-}10)$$

其中,$S_{it} \ln K_{it}$ 是受协同度影响的变量,$I(*)$ 是指示函数。根据门槛回归模型,对上述创新协同度的门槛效应实施存在性检验,如表 7-9 所示。

表 7-9　协同度调节作用的门槛效应检验

变量	门槛数	F 值	p 值	临界值			BS 次数
				1％	5％	10％	
R&D 经费	单一门槛	1.843	0.158	6.426	3.968	2.717	400
	双重门槛	4.629＊＊	0.072	10.584	5.829	3.873	400
	三重门槛	2.883	0.117	7.435	4.518	3.095	400

续表

变量	门槛数	F 值	p 值	临界值			BS 次数
				1%	5%	10%	
R&D 人员	单一门槛	1.347	0.338	11.706	7.261	4.684	400
	双重门槛	2.623	0.248	9.546	6.986	5.237	400
	三重门槛	3.261*	0.090	8.620	4.831	2.649	400

注:**、*分别指5%、10%显著水平下的检验。

由表 7-9 可知,对 R&D 经费投入来说,双重门槛效应于创新协同度的调节过程中显现出来,由于 4.629 为 F 统计值,通过 5% 的显著水平下的检验,−0.121 和 0.147 被检验出是其门槛值;而对于 R&D 人员投入,其调节作用显现出三重门槛效应,结果显示在 10% 的显著水平下通过检验,−0.121、0.147 和 0.370 则是其门槛值。回归结果如表 7-10 所示。

表 7-10 协同度调节作用门槛回归结果

R&D 经费投入		R&D 人员投入	
变量	交互项系数	变量	交互项系数
$\ln K$	0.465*** (3.18)	$\ln L$	0.335*** (2.90)
S	−0.058 (−0.71)	S	−0.031 (−0.38)
$\ln Pergdp$	0.236 (0.99)	$\ln Pergdp$	0.582*** (3.85)
Gov	−2.987 (−1.61)	Gov	−3.090* (−1.68)
Gov^2	4.265* (1.88)	Gov^2	3.730 (1.63)
$S\ln K(S\leqslant -0.121)$	0.154 (1.33)	$S\ln L(S\leqslant -0.121)$	0.062 (0.54)
$S\ln K(-0.121<S\leqslant 0.147)$	−0.161 (−0.93)	$S\ln L(-0.121<S\leqslant 0.147)$	−0.173 (−1.04)
$S\ln K(S>0.147)$	0.249*** (3.22)	$S\ln L(0.147<S\leqslant 0.370)$	0.750** (2.27)
常数项	7.955*** (6.41)	$S\ln L(S>0.370)$	0.270*** (3.39)

R&D 经费投入		R&D 人员投入	
变量	交互项系数	变量	交互项系数
		常数项	7.382***
			(5.91)
N	174	N	174
R^2	0.620	R^2	0.621

注:***、**、*分别指 1%、5%、10%显著水平下的检验,括号里为 t 统计量。

由表 7-10 可知,对于 R&D 经费投入,当企业自主创新与产学研合作创新协同度小于 -0.121 或处于(-0.121,0.147]时,数据表明未见明显的调节效应。当协同度比 0.147 大时,表中结果说明通过 1% 的显著水平。同理可知,于 R&D 人员投入而言,协同度比 -0.121 大或处于(-0.121,0.147],由表中结果可知并未有明显的调节作用。当协同度处在(0.147,0.370]时,数据显示在 5% 的显著水平下通过检验;当协同度大于 0.370 时,结果显示在 1% 的显著水平下通过检验。

四、结论与启示

本节通过协同度模型计算出我国 29 个省(区、市)企业自主创新与产学研合作创新投入协同度,将其纳入企业创新投入与产出的知识生产函数模型中,实证检验了企业自主创新与产学研合作创新协同度在创新投入与产出间存在调节作用,证明了企业寻求两种创新投入协同发展的重要性,并进一步对协同度调节作用进行了门槛效应分析,得出如下主要结论。

第一,企业自主创新与产学研合作创新协同度在企业 R&D 人员、经费投入与产出之间起显著的正向调节作用。主要表现为在创新投入不变的情况下,协同度越高,R&D 人员与 R&D 经费投入越影响企业创新产出;同时伴随着协同度的提高,企业单位创新投入将获取更多的创新产出。由此可知,企业不仅需要协同发展自主与产学研合作创新投入系统,并且在选择创新方式时,需要注重自主创新,同时也要兼顾产学研合作创新,使得两者相辅相成,协同促进创新产出。另外,在协同的调节作用方面,企业应给予相应的重视程度,应具备两者创新协同促进发展的思想,并在投入过程中注重促进两者的协同,特别是要针对协同度为负值的地区。

第二,企业自主与产学研合作创新协同度对创新投入产出的调节具有门槛效应,企业需结合实际情况采取一定的措施来提升两者的协同程度。

一方面,企业自主创新与产学研合作创新协同度的正向调节作用的前提条件为协同度大于 0.147,协同度若小于此值,则并未出现显著的正向调节效应。而当协同度比 0.147 大时,在 R&D 经费或 R&D 人员投入与创新产出之间,协同度的正向调节作用甚是明显,远超负向调节作用。另一方面,就 R&D 人员投入对企业创新产出的影响而言,当协同度比 0.370 大时,表中数据显示调节效应系数有所下降,但仍显著,这说明此后 R&D 人员投入增加会刺激企业创新产出增加,不同的是增速开始放缓。因此,企业应根据不同情景调整两者的协同度。例如:单位时间内企业 R&D 经费投入的增加能够有更多的创新产出,此时应提高协同度;而当 R&D 人员投入相对增加较多时,应适当提升创新协同度。

第八章 产学研联盟知识依赖
与高校创新关系实证研究

在产学研联盟中,企业与高校间的合作是联盟企业获取外部知识的重要来源,这势必造成企业对高校的知识依赖。高校和企业都需要考虑,通过何种管理知识依赖的方式,才能更有效地促进各自的创新。尤其是对于高校而言,企业对高校的知识依赖是否会促进高校的创新? 这是一个关键的实践和理论问题。因此,本章将收集高校与企业的产学研合作的相关数据,以检验企业对高校的知识依赖是否以及如何影响高校创新。

第一节 外部知识依赖下的企业内部知识创造

在资源依赖的结构下,有些企业可以通过外部知识获取而逐渐地激发起内在的自主创新,如华为等,而有些企业则在外部资源依赖的压力下陷入了陷阱之中,如汽车、重型装备行业,进入了"引进—落后—再引进—再落后"的怪圈。可见,企业的外部资源依赖是一把双刃剑:一方面,外部资源依赖能够产生积极效应,满足企业的资源需求,引致企业的学习与创新,企业可以通过建立外部知识依赖,形成自主创新能力。另一方面,外部资源依赖也可能引致负向效应,如资源成本的增加、"鲨鱼困境"、"创新者的窘境"。因而,外部知识依赖对其所引致的结果是一种非线性的作用模式。

一、理论背景与假设

(一)资源依赖

资源依赖理论为解释组织与外部环境间的关系提供了重要的理论分析框架,其基本的逻辑是,企业处于社会情境下,为了生存必须从外部环境中获取关键的资源,而对关键和重要资源的依赖影响企业的行为。其中,资源的重要性、资源可选择的替代来源(或者资源集中程度)是反映资源依赖结构的重要维度。对企业越重要的外部资源,企业越可能与其建立资源依赖关系,尽管双方的权力结构严重不对等,甚至出现资源被侵吞的风险。资源的可替代性来源也反映了企业从外部可获取资源的集中程度。可替代性资源来源越广泛,企业所依赖的外部资源越不集中,企业因而在权力依赖结构中可以获得一个较好的位置。

通过建立资源依赖关系,企业可以满足自身的资源需求,但 Newbert 和 Tornikoski(2013)研究发现,组织的外部资源依赖增加了获取外部资源的成本。因而,资源依赖可能是一把双刃剑。对外部资源依赖的有效管理依然可以为企业带来创新和良好的绩效。如 Singh 等(2011)研究发现,组织与顾客、供应商间的关系通过促进组织采用 ISO9000 的标准体系的内部流程提升组织的运营绩效。龙勇和付建伟(2011)研究发现,资源依赖增加了联盟关系风险,而负向影响联盟绩效。蔡新蕾等(2013)通过对 404 家中国企业的调查发现,企业通过政治行为可以有效地缓解对政府的资源依赖,为自身的发展创造有利的政治环境和市场环境,获取所需的资源,从而促进企业的原始性创新。尽管如此,当前仍需要更多地研究企业管理资源依赖所带来的结果。

(二)知识创造

Nonaka(1991)提出了知识创造理论,在之后的研究中,Nonaka 和 Takeuchi(1995)进一步丰富了知识创造理论,丰富了知识转化的四个活动(共同化、标出化、内在化、联结化),以及组织知识创造的螺旋,即显性与隐性知识如何在个体、团队与组织层面不断地实现转化。除了知识转化过程,组织知识创造同时需要创造一个场景,即"ba",以及知识创造过程的基础,即知识资产(Nonaka and Konno,1998)。知识创造理论认为,新知识的创造起源于组织内的个体,主要关注组织知识如何在组织内部被创造。知识创造也是情境依赖的,强调了知识愿景、领导力、组织结构等的作用(Nonaka et al.,2006;Nonaka and Von Krogh,2009;Von Krogh et al.,2012)。

尽管以上研究为组织内部新知识的创造提供了丰富的洞见,但当前仍然没有令人满意的答案。Majchrzak 等(2012)的知识创造理论主要聚焦在组织内部的社会互动过程,以及其他的组织实践,如组织内部面对面的对话对新知识创造的重要性。Baralou 和 Tsoukas(2015)将知识创造的对话方法从面对面沟通拓展到了沟通的虚拟情境。此外,当前研究也更多地揭示知识创造的多样化过程;同时,现有研究也开始关注协作性知识创造,尤其是在开放式创新的背景下,需要与外部建立起广泛的连接关系。当前大多数研究关注企业与外部所建立的连接关系的合作方面,而往往忽视了其竞争方面。

(三)外部知识依赖与内部知识创造

外部知识依赖反映了企业对顾客的知识依赖程度。企业通过建立与外部知识的依赖关系,可以促进企业建立市场导向,促进技术知识的创造。一方面,可以帮助企业更有效地识别、发现以及理解顾客的需求,进而可以促使企业加快知识创造的过程,以有效地满足顾客需求。与外部知识的依赖关系可以使企业持续地获取有关顾客需求的知识信息,并将这些知识信息引入企业内部进行共享与扩散,从而与企业研发部门实现对接,实现技术与市场间的互补。另一方面,外部知识依赖也可以促使企业建立先动型市场导向,促进企业增加市场支出,帮助企业实现创新,以持续地创造新知识。如 Kibbeling 等(2013)研究发现,在供应链中,核心企业的市场导向促进其创新的实现。此外,市场导向也让企业更倾向于将内部的研发作为优先选择,从而促进创新产出。

尽管如此,当企业与外部知识依赖的关系超过一定程度时,将对企业的技术知识创造产生负向影响。这是因为对外部知识的过度依赖使企业陷入一些困境之中,如"创新者的窘境",导致企业致力于满足顾客当前的显性需求,而忽略了对顾客潜在的隐性需求的识别、发现和满足。对顾客当前需求的满足可能使企业更多地依赖其已有技术,而减弱了企业开发新技术的意愿与动机。

H1:外部知识依赖与技术知识创造间呈倒 U 形关系。

(四)缓冲的调节作用

企业与外部知识依赖往往也是不确定性的来源,当面临外部环境的不确定性时,企业可以采用缓冲机制来降低不确定性的影响。Thompson(1967)指出,在面临不确定性的条件下,组织总是试图密封其技术核心,以规避外部环境的影响,这是组织缓冲外部环境不确定性的方式。现有研究也已表明,缓冲机制是企业应对外部知识依赖的有效方式,是外部震荡的吸收者。如 Bradley 等(2011)研究发现,组织冗余可以为组织建立缓冲能力。缓冲机制可以为企业提供更多的资源配置上的自由裁量权,允许企业充分地利用闲置或未被充分利用的资源来有效地满足快速变化的顾客需求。Chen 和 Miller (2007)的研究表明,企业冗余资源加大了研发投入的强度;同时,也可以让企业规避快速变化、异质性的顾客需求所带来的损害,这是缓冲机制用于防御过度的顾客依赖所带来的潜在风险的表现。例如,企业采用组织结构来缓冲外部的资源依赖。因此,本书认为,高水平的缓冲机制可以增强外部知识依赖对技术知识创造的正向作用,也可以帮助企业缓解外部知识依赖对技术知识创造的负向影响。

H2:缓冲调节外部知识依赖与技术知识创造间的关系。具体地,当缓冲水平更高时,外部知识依赖与技术知识创造间的倒 U 形关系更显著。

(五)桥接的调节作用

桥接机制反映了企业主动地建立与外部的连接关系,以符合外部环境的预期。一方面,企业通过桥接机制可以有效地吸收外部约束,例如中国企业大规模的跨国并购活动。另一方面,企业通过桥接机制可以有效地拓展企业的活动边界,在更广的范围内进行知识搜索活动,获取有价值的远程知识。另外,桥接机制也可以帮助企业建立与外部广泛的合作机会,如商业与政治联系,这可以为企业提供可靠的市场信息,同时可以为企业提供有价值的先进技术,以促进新产品的开发。Sheng 等(2011)指出,企业的商业与政治联系可以降低需求的不确定性。此外,企业也可以通过桥接机制建立与中介机构的联系,以缓解外部资源依赖的压力。Armanios 等(2017)研究发现,新兴经济体中的中介机构可以帮助不同类型的企业获得公共资源。Zhang 和 Li(2010)的研究也表明,与服务型的中介机构的联系促进了新创企业的创新搜索。因此,本书认为,高水平的桥接机制可以增强外部知识依赖对技术知识创造的正向作用,同时也可以帮助企业缓解外部知识依赖对技术知识创造的负向影响。

H3:桥接调节外部知识依赖与技术知识创造间的关系。具体地,当桥接水平更高时,外部知识依赖与技术知识创造间的倒 U 形关系更显著。

(六)环境丰裕度的调节作用

环境丰裕度反映了企业所处环境所需要的关键资源的丰富程度,以及企业从环境中获得资源的难易程度。环境丰裕度是一个非常重要的权变因素,直接影响企业的资源管理,如资源的获取、组合、配置等。外部知识依赖在很大程度上决定了企业资源配置的方向、数量等。当企业的外部环境丰裕程度较高时,企业可以更轻易地从外部获取资源,如对企业至关重要的市场资源和技术资源。一方面,丰裕的环境确保了企业持续的外部知识获取,可以确保企业具有足够的资源来满足企业以顾客为导向的资源分配,而企业的顾客导向在很大程度上来源于企业对外部知识的依赖。因而,外部丰裕的环境可以帮助企业缓解外部知识依赖的压力。另一方面,企业从外部环境获取的技术与市场资源可以帮助其快速而有效地满足顾客需求。外部市场资源可以帮助企业有效地识别、发现顾客的隐性与显性需求;而外部技术资源则可以帮助企业在实现商业化产出的同时,也能够与内部资源产生互补,进而创造新知识。此外,丰裕环境也为企业提供了大量的外部合作机会,进而可以与企业内部资源实现协同创新。Su 等(2009)发现,企业内部的资源及能力与外部的合作关系间的交互效应可以促进产品与工艺创新。因而,高丰裕度环境可以帮助企业降低外部知识依赖的负向影响,也可以促进外部知识依赖的积极效应。

H4:环境丰裕度调节外部知识依赖与技术知识创造间的倒 U 形关系。在高丰裕度环境下,外部知识依赖与技术知识创造间的倒 U 形关系更加显著。

缓冲机制在一定程度上隔离了企业与外部环境间的互动,减弱了企业对外部环境的感知,阻碍了企业对外部环境的适应性过程。在低丰裕度环境下,企业可用的外部资源有限,可能过度使用缓冲机制,反而对缓解顾客依赖产生负向效果。例如,过量的冗余对创新产生负向影响。尤其是在开放式创新的背景下,企业与外部的互动尤为重要。尽管缓冲机制隔离了外部环境的影响,但并不是与外部环境完全隔离,因而高丰裕度的外部环境可以在一定程度上弥补缓冲机制潜在的不利影响。这是因为在高丰裕度环境下,企业从外部环境中获取资源的难度大大降低,这有助于降低缓冲机制的约束和隔离效应。另外,外部知识依赖往往导致企业的顾客导向,隔离顾客的影响显然会让企业减少在市场需求信息的收集、分析上的资源投入,不仅无法有效满足顾客的显性需求,更无法准确识别、发现顾客的隐性需求,必然导致"创新者的窘境"。因而,本书认为,在高丰裕度环境下,企业能够获取大量的外部知识,进而与企业内部的缓冲机制产生补充效应,使外部知识依赖与技术知识创造间的倒 U 形关系更加显著。

H5:在高丰裕度环境下,当企业拥有更高水平的缓冲,外部知识依赖对技术知识创造的正向影响将增强。

低丰裕度环境下,外部可获取的知识变得有限,企业通过桥接机制与外部建立战略联盟、合资等形式的合作也并不能够确保获取有价值的外部知识。同时,企业在建立与外部的合作关系时,又需要投入一定的资源,增加了企业的成本支出。同时,低丰裕度环境降低了外部合作的可能性,企业继续使用桥接机制更可能建立与外部的工具性关系,合作伙伴的机会主义行为倾向增加,引致与关系相关联的成本,如政府部门的寻租活动,最终会给企业带来负向效果。Wu(2011)也发现,当企业与政府间的政治关联程度超过一定水平,其对产品创新将产生负向影响。此外,低丰裕度环境中可获取的资源变得有限,可能意味着行业中的激烈竞争使企业面临更多的约束,降低了企业运作的灵活性。同时,高度的竞争也降低了关系的协调作用。Li等(2008)发现,较高的竞争强度减弱了关系利用所产生的效应,甚至可能导致企业的竞争劣势。Guthrie(1998)也指出,随着竞争的加剧,中国企业的关系的重要性在下降。以上的研究表明,桥接机制在低丰裕度环境下的作用可能改变对外部知识依赖与技术知识创造间关系的影响效果。本书认为,在低丰裕度环境下,桥接可能减弱外部知识依赖对技术知识创造的倒 U 形关系。

H6:在低丰裕度环境下,当企业拥有更高水平的桥接,外部知识依赖对技术知识创造的负向影响将增强。

二、研究设计

(一)数据来源

本研究从国泰安数据库收集了 2009—2015 年上市的制造业企业数据,共计获得 6342 个观测值数据,剔除了 ST 和 *ST 的上市公司。企业所处的行业覆盖了全部的制造业行业大类代码 C13—C42。本研究之所以选择2009—2015 年的制造业作为研究对象,主要是考虑到 2008 年全球金融危机发生以来,根据美国国家经济研究局(NBER)对商业周期的测定,2009 年6 月是金融危机的转折点,2010 年 9 月基本结束。在面临外部危机的情况下,中国的制造业企业也面临转型,其应该如何利用外部不确定性来激发内在的能动性,是本研究所关注的。本书通过研究企业的外部知识依赖对其内部的知识创造活动的影响,来揭示中国制造企业如何激发内在的能动性。

(二)变量测量

1.因变量

内部知识创造。企业通过内部的研发投入可以创造新知识,借鉴 Li 等(2010)的研究,本研究用企业内部研发来测度内部知识创造,即研发费用/营业收入。内部研发费用的数据主要从企业的管理费用中手动抽取,同时也根据企业年报进行补充。

2. 自变量

外部知识依赖。企业对外部知识的依赖程度随着被提供的知识的集中和重要性的增加而提高,这意味着严重依赖单个或少数的外部知识提供者的企业将受到更多的来自环境的约束。借鉴 Pfeffe 和 Nowak(1976)对依赖的操作化定义,本研究选择了样本企业前五名顾客销售额的集中程度,计算了企业前五名顾客本期销售额占当年度销售总额的比例的平方和作为外部知识依赖程度的测量指标,其值越大,说明企业对外部知识依赖程度越高。其中,S_{ij} 代表每名顾客占企业年度销售总额的比例。

$$外部知识依赖 = \sum_{i=1}^{n} (S_{ij})^2$$

3. 调节变量

(1)缓冲。缓冲被视为企业响应外部知识依赖的重要行为机制,在缓冲的研究中,大多数研究集中关注了组织冗余对外部不确定性的缓冲作用。本研究采用潜在的组织冗余作为缓冲的测量,即所有者权益/负债,这一指标也被广泛使用。

(2)桥接。桥接是企业的边界拓展活动,促使企业建立与外部的广泛联系。连锁董事是企业边界拓展者(Ireland and Webb,2007),可以作为“桥”来连接企业与外部组织,帮助企业获取有价值的知识,并降低不确定性。本研究将连锁董事的规模作为桥接的代理指标(Stuart and Yim,2010)。

4. 控制变量

本研究也设置了大量的控制变量。首先,控制了企业的基本特征——企业年龄,采用自然对数转换的企业建立年限;通过自然对数转换的人员数量和总资产来控制企业规模。其次,由于先前绩效影响企业随后的战略行为(Klueter and Monteiro,2015),本研究通过前一年的销售增长和资产回报率(ROA)以测量先前绩效。再次,董事会被视为一种组织间联系(Boyd,1990),本研究也控制了董事会的相关特征。一方面,董事会规模的大小是对外部环境的响应(Pfeffer,1972),本研究通过计算董事会中董事的数量来测量董事会规模。另一方面,CEO 二元性也影响企业对外部环境条件的响应(Peng et al.,2007),本研究控制了 CEO 二元性作为一个虚拟变量,将董事长与总经理为同一人的记为 1,否则为 0。最后,本研究还控制了企业其他类型的组织冗余:可获取冗余反映了企业已经投入运营中、可以立即对企业运作产生影响的资源,本研究采用流动比率(流动资产/流动负债)来测量可获取的冗余。本研究也控制了另外一个潜在冗余：负债/总资产(Peng et al.,2010)。

(三)估计模型

本研究采用广义估计方程(GEE)来估计数据。纵向数据中包含了对相同主体(企业)的协变量和结果的重复观测值，由于这些重复观测值间具有相关性，即组间数据是相关的，因此可能导致偏差的产生。因而，本研究采用 GEE 来估计模型，以纠正由这些相关性所引起的潜在偏差。广义估计方程通过分别估计主体内的相关性，可以产生一致性估计，而不必严格假定在企业连续多年的观测值间所存在的实际相关性。

三、研究结果

表 8-1 报告了各变量间的相关关系，以及均值和标准误。外部知识依赖与内部知识创造间的相关系数为 $0.074(p<0.01)$，说明外部知识依赖可以促进企业的知识创造。

表 8-2 报告了 GEE 的回归结果。模型 1 包含了控制变量和调节变量。模型 2 引入了外部知识依赖和外部知识依赖的平方，结果显示，外部知识依赖的一次项对内部知识创造的正向影响显著($p<0.05$)，外部知识依赖的平方对知识创造的负向影响也显著($p<0.1$)，这说明外部知识依赖对知识创造的影响是先增加，达到一定水平以后开始下降，这也表明外部知识依赖与知识创造间是倒 U 形关系，假设 1 得到支持。模型 3 引入了缓冲与外部知识依赖及其二次项的交互项，以检验缓冲的调节作用。结果显示，缓冲与外部知识依赖的交互项对内部知识创造的正向影响显著($p<0.001$)，同时缓冲与外部知识依赖的二次项的交互项对内部知识创造的负向影响也显著($p<0.001$)，这说明缓冲对外部知识依赖与内部知识创造间的调节效应显著。综合模型 5 的结果，缓冲与外部知识依赖及其二次项的交互项也分别达到正向与负向的显著性水平($p<0.001$；$p<0.001$)，假设 2 得到验证。模型 4 引入了桥接与外部知识依赖及其二次项的交互项，以检验桥接的调节作用。结果显示，桥接与外部知识依赖的交互项对内部知识创造的影响未达到显著性水平($p>0.1$)，同时桥接与外部知识依赖的二次项的交互项对内部知识创造的影响未达到显著性水平($p>0.1$)，说明桥接对外部知识依赖与知识创造间的调节效应不显著。综合模型 5，桥接与外部知识依赖及其二次项的交互项也分别未达到显著性水平，假设 3 未得到验证。

表 8-1　描述统计

变量	1	2	3	4	5	6	7	8	9	10	11	12	13	14
1. 企业年龄	1													
2. 企业人数	0.149**	1												
3. 总资产	0.181**	0.798**	1											
4. 销售增长$_{t-1}$	0.018	0.031*	0.034*	1										
5. ROA$_{t-1}$	−0.128**	0.010	−0.004	0.009	1									
6. CEO二元性	−0.102**	−0.158**	−0.154**	−0.006	0.069**	1								
7. 董事会规模	0.086**	0.277**	0.294**	−0.001	0.007	−0.183**	1							
8. 可获取冗余	−0.132**	−0.267**	−0.200**	−0.011	0.186**	0.079**	−0.102**	1						
9. 潜在冗余	0.066**	0.089**	0.060**	0.006	−0.191**	−0.042**	0.021	−0.119**	1					
10. 缓冲	−0.142**	−0.307**	−0.256**	−0.012	0.195**	0.096**	−0.117**	0.920**	−0.148**	1				
11. 桥接	−0.056**	0.140**	0.137**	−0.009	0.072**	−0.011	0.132**	−0.041**	−0.014	−0.052**	1			
12. 外部知识依赖	−0.024	−0.094**	−0.070**	−0.005	−0.039**	−0.003	−0.054**	0.119**	0.048**	0.089**	−0.026*	1		
13. 环境丰裕度	−0.122**	−0.095**	−0.084**	−0.012	0.085**	0.114**	−0.107**	0.073**	−0.057**	0.091**	0.142**	0.015	1	
14. 内部知识创造	−0.126**	−0.230**	−0.197**	−0.018	0.110**	0.119**	−0.116**	0.311**	−0.085**	0.274**	0.070**	0.074**	0.138**	1
均值	2.55	7.65	21.79	0.38	0.05	0.30	8.59	3.01	0.41	3.08	19.97	0.05	0.70	0.03
标准差	0.43	1.11	1.10	10.10	0.07	0.46	1.61	5.28	0.83	5.34	17.51	0.09	0.46	0.03

注：** 表示 $p < 0.01$，* 表示 $p < 0.05$。

表 8-2　GEE 模型回归结果

变量	模型 1	模型 2	模型 3	模型 4	模型 5
企业年龄	0.00366**	0.00366**	0.00340*	0.00361**	0.00335*
	(0.00140)	(0.00139)	(0.00138)	(0.00140)	(0.00139)
企业人数	−0.00349***	−0.00338***	−0.00349***	−0.00339***	−0.00350***
	(0.00071)	(0.00071)	(0.00070)	(0.00071)	(0.00070)
总资产	0.00041	0.00036	0.00036	0.00040	0.00039
	(0.00071)	(0.00071)	(0.00070)	(0.00071)	(0.00071)
销售增长$_{t-1}$	−0.00001	−0.00001	−0.00001	−0.00001	−0.00001
	(0.00003)	(0.00003)	(0.00003)	(0.00003)	(0.00003)
ROA$_{t-1}$	−0.00093	−0.00095	0.00010	−0.00115	−0.00005
	(0.00484)	(0.00484)	(0.00478)	(0.00484)	(0.00478)
CEO 二元性	0.00187*	0.00188*	0.00193*	0.00190*	0.00195*
	(0.00094)	(0.00094)	(0.00093)	(0.00094)	(0.00093)
董事会规模	−0.00085**	−0.00084**	−0.00085**	−0.00084**	−0.00085**
	(0.00029)	(0.00029)	(0.00029)	(0.00029)	(0.00029)
可获取冗余	0.00039†	0.00037†	−0.00032	0.00037†	−0.00031
	(0.00021)	(0.00021)	(0.00022)	(0.00021)	(0.00022)
潜在冗余	−0.00091†	−0.00098*	−0.00089†	−0.00094*	−0.00086†
	(0.00047)	(0.00047)	(0.00047)	(0.00047)	(0.00047)
缓冲	0.00045*	0.00046*	0.00089***	0.00046*	0.00089***
	(0.00019)	(0.00019)	(0.00020)	(0.00019)	(0.00020)
桥接	0.00009***	0.00009***	0.00009***	0.00009***	0.00009***
	(0.00003)	(0.00003)	(0.00003)	(0.00003)	(0.00003)
外部知识依赖		0.01712*	0.01376†	0.01612†	0.01307
		(0.00799)	(0.00799)	(0.00836)	(0.00836)
外部知识依赖平方		−0.00016†	−0.00008	−0.00011	−0.00004
		(0.00009)	(0.00010)	(0.00011)	(0.00011)
缓冲×外部知识依赖			0.00356***		0.00356***
			(0.00052)		(0.00052)
缓冲×外部知识依赖平方			−0.00042***		−0.00042***
			(0.00010)		(0.00010)
桥接×外部知识依赖				0.00028	0.00032
				(0.00072)	(0.00071)
桥接×外部知识依赖平方				0.00008	0.00006
				(0.00013)	(0.00013)

续表

变量	模型 1	模型 2	模型 3	模型 4	模型 5
常数项	0.04272***	0.04225***	0.04441***	0.04162***	0.04388***
	(0.01189)	(0.01189)	(0.01178)	(0.01190)	(0.01180)
Wald chi²	197.97***	202.79***	254.99***	204.64***	256.53***

注：*** 表示 $p<0.001$，** 表示 $p<0.01$，* 表示 $p<0.05$，† 表示 $p<0.1$。

表 8-3 报告了环境丰裕度的调节作用。模型 6a 反映了企业在低丰裕度环境下的外部知识依赖与知识创造间的关系。结果显示，外部知识依赖对内部知识创造的负向影响显著（$p<0.05$），其二次项对内部知识创造的正向影响也显著（$p<0.001$）。这说明在低丰裕度环境下，外部知识依赖与内部知识创造间是 U 形关系。模型 6b 反映了在高丰裕度环境下外部知识依赖与知识创造间的关系，结果显示，外部知识依赖对内部知识创造的正向影响显著（$p<0.05$），其二次项对内部知识创造的负向影响也显著（$p<0.01$）。这说明在高丰裕度环境下，外部知识依赖与内部知识创造间是倒 U 形关系。综合模型 6a 和 6b，假设 4 得到验证。模型 7a 和 7b 分别代表了在低丰裕度和高丰裕度环境下，缓冲对外部知识依赖与内部知识创造间关系的调节效应。结果显示，在低丰裕度环境下（模型 7a），缓冲与外部知识依赖及其二次项的交互项均未达到显著性水平；而在高丰裕度环境下（模型 7b），缓冲与外部知识依赖的交互项对内部知识创造的正向影响显著（$p<0.001$），缓冲与外部知识依赖的平方的交互项对内部知识创造的负向影响显著（$p<0.05$）。这说明在高丰裕度环境下，缓冲对外部知识依赖与内部知识创造间的倒 U 形关系的调节效应更加显著，假设 5 得到支持。模型 8a 和 8b 分别代表了企业在低丰裕度和高丰裕度环境下桥接对外部知识依赖与内部知识创造间的调节效应。结果显示，在低丰裕度环境下（模型 8a），桥接与外部知识依赖的交互项对内部知识创造的影响未达到显著性水平（$p>0.1$），尽管如此，桥接与外部知识依赖的平方的交互项对内部知识创造的正向影响显著（$p<0.001$）；而在高丰裕度环境下（模型 8b），桥接与外部知识依赖及其平方的交互项对内部知识创造的影响未达到显著性水平（$p>0.1$）。这些结果表明，在低丰裕度环境下，当企业拥有更高水平的桥接时，外部知识依赖对内部知识创造的负向影响将增强，假设 6 得到支持。

表 8-3 环境丰裕度的调节作用

变量	低丰裕度环境模型 6a	高丰裕度环境模型 6b	低丰裕度环境模型 7a	高丰裕度环境模型 7b	低丰裕度环境模型 8a	高丰裕度环境模型 8b
企业年龄	0.00493* (0.00207)	0.00411* (0.00174)	0.00518 (0.00207)	0.00382* (0.00171)	0.00473* (0.00206)	0.00417* (0.00174)
企业人数	−0.00115 (0.00090)	−0.00388*** (0.00094)	−0.00108 (0.00090)	−0.00397*** (0.00092)	−0.00090 (0.00089)	−0.00383*** (0.00094)
总资产	−0.00017 (0.00089)	0.00150 (0.00097)	−0.00017 (0.00089)	0.00151 (0.00095)	−0.00022 (0.00088)	0.00140 (0.00097)
销售增长$_{t-1}$	−0.00001 (0.00002)	−0.00001 (0.00006)	−0.00001 (0.00002)	−0.00001 (0.00006)	−0.00001 (0.00002)	−0.00001 (0.00006)
ROA$_{t-1}$	−0.00170 (0.00566)	−0.00276 (0.00688)	−0.00139 (0.00567)	−0.00124 (0.00672)	−0.00746 (0.00565)	−0.00271 (0.00688)
CEO 二元性	0.00066 (0.00128)	0.00176 (0.00120)	0.00054 (0.00129)	0.00176 (0.00117)	0.00076 (0.00127)	0.00175 (0.00120)
董事会规模	−0.00105** (0.00037)	−0.00056 (0.00038)	−0.00100 (0.00037)	−0.00050 (0.00037)	−0.00096** (0.00036)	−0.00055 (0.00038)
可获取冗余	−0.00026 (0.00039)	0.00073** (0.00024)	0.00004 (0.00043)	−0.00030 (0.00026)	−0.00037 (0.00039)	0.00073** (0.00024)
潜在冗余	−0.00056 (0.00039)	−0.01875*** (0.00357)	−0.00058 (0.00039)	−0.01879*** (0.00349)	−0.00048 (0.00039)	−0.01882*** (0.00357)
缓冲	0.00058 (0.00039)	0.00003 (0.00023)	0.00064 (0.00040)	0.00069** (0.00024)	0.00073† (0.00039)	0.00003 (0.00023)
桥接	0.00003 (0.00004)	0.00008* (0.00003)	0.00003 (0.00004)	0.00007* (0.00003)	−0.00002 (0.00004)	0.00009** (0.00003)
外部知识依赖	−0.02818* (0.01136)	0.02421* (0.01030)	−0.02957 (0.01143)	0.02320* (0.01041)	−0.03419** (0.01203)	0.02809** (0.01068)
外部知识依赖平方	0.00085*** (0.00016)	−0.00035** (0.00011)	0.00091 (0.00016)	−0.00034** (0.00013)	0.00112*** (0.00017)	−0.00045*** (0.00013)
缓冲×外部知识依赖			−0.00108 (0.00088)	0.00461*** (0.00066)		
缓冲×外部知识依赖平方			0.00000 (0.00013)	−0.00032* (0.00014)		
桥接×外部知识依赖					−0.00170 (0.00117)	0.00073 (0.00087)
桥接×外部知识依赖平方					0.00098*** (0.00021)	−0.00021 (0.00016)
常数项	0.03207* (0.01511)	0.02770† (0.01613)	0.02965 (0.01511)	0.02952† (0.01582)	0.03200* (0.01493)	0.02892 (0.01614)
Wald chi^2	71.79***	195.57***	79.70***	281.21***	108.73***	197.90***

注:*** 表示 $p<0.001$,** 表示 $p<0.01$,* 表示 $p<0.05$,† 表示 $p<0.1$。

四、讨论与启示

（一）结果讨论

本研究检验了企业的外部知识依赖为什么以及如何影响其内部的知识创造的努力，以及在何种条件下可以实现，并得到如下结论。

第一，外部知识依赖可以驱动企业内部的知识创造，但外部知识依赖的驱动作用具有门槛效应。当前的资源依赖研究更多地集中在对资源依赖所产生的正向或负向的线性效应的研究，很少有研究资源依赖随着时间的变化而产生的影响，以及资源依赖可能存在或产生非线性的影响。本研究发现，外部知识依赖对内部知识创造是倒 U 形的作用关系，超过一定的依赖水平后，外部知识依赖开始对内部知识创造产生负向效应。此外，当前研究也主要集中在资源依赖与企业行为之间的关系，如资源依赖对联盟、合资、并购等组织间安排的影响。本研究关注了外部知识依赖可以"由外至内"地驱动企业内部知识创造的行为，拓展了对资源依赖所引致的结果的理解。

第二，本研究发现，缓冲与桥接是影响外部知识依赖与内部知识创造的权变因素，尽管如此，本研究仅验证了缓冲的调节效应，即缓冲可以增强外部知识依赖与内部知识创造间的倒 U 形影响，但桥接未产生调节作用。缓冲作用的产生源于其可以隔离部分环境的不利影响（Ireland and Webb，2007），同时也可以促进企业加大研发投入（Peng et al.，2007）。对于桥接，本研究认为，这可能是由于桥接作为边界拓展活动，需要企业投入更多的资源，同时也需要企业建立与外部组织的信任关系，而这又是一个非常耗费时间的过程。此外，桥接也需要企业持续地满足外部组织的预期，这也可能让企业陷入困境，无法有效地平衡企业利润与社会需求间的矛盾。

第三，本研究引入环境条件作为权变因素，检验了环境丰裕度的调节效应。研究发现，高丰裕度环境使得外部知识依赖与内部知识创造间的倒 U 形关系更加显著，而在低丰裕度环境下，外部知识依赖与内部知识创造间则变成了 U 形关系。这可能是由于：企业在与外部所建立的知识依赖关系中可能处于不利地位，而顾客处于权力优势地位，顾客运用自身的权力优势可以迫使企业满足自身的需求，而这种需求往往是显性的，顾客往往难以发现、提出自身的潜在需求（Sheng et al.，2011；Armanios et al.，2017）。一旦面临破坏式的技术变革，企业可能会陷入"创新者的窘境"。因而外部知识依赖首先对企业产生负向影响。但随着企业与顾客间持续的互动，双方可能会建立起相互间的信任关系，避免顾客存在的机会主义行为，进而导致外部知识依赖可以对企业产生积极效应。

第四,在不同类型的环境条件下,缓冲与桥接对外部知识依赖与内部知识创造间倒 U 形关系的影响显著不同。在高丰裕度环境下,缓冲可以增强外部知识依赖与内部知识创造间的倒 U 形关系。尽管桥接的调节作用并未得到验证,但本研究发现,这可能隐含了桥接作用的发挥依赖特定的条件。本研究发现,在低丰裕度环境下,高水平的桥接可以减弱外部知识依赖对内部知识创造的倒 U 形影响。这也可能使企业与外部组织的关系可以替代或减弱企业与顾客间的关系。

(二)理论启示

本研究对研究资源依赖理论和组织知识创造具有理论启示。

首先,过去的研究检验了资源依赖的线性作用关系,本研究将资源依赖的线性作用关系拓展至非线性作用关系。资源依赖包含了权力不对称和相互依赖,而这两个维度可能构成资源依赖的连续统,随着企业与顾客建立资源依赖,企业能够从顾客处获取资源,从而帮助企业快速满足市场需求。但随着权力依赖结构的动态变化,顾客的议价能力可能提高,因而顾客更可能迫使企业将更多的资源配置于满足自身的即时的显性需求,而忽略了对顾客隐性需求的挖掘,进而陷入困境。本研究检验并发现了外部知识依赖对内部知识创造的倒 U 形影响,拓展了对资源依赖所引致的非线性影响的理解。

其次,本研究也促进了对企业如何实现内部知识创造的理解。当前主要关注知识在企业内部如何被创造,关注组织形式、领导力、组织情境等的作用,尤其个体或团队在知识创造中的作用。本研究关注企业的外部知识依赖情境对内部知识创造的影响,检验了外部知识依赖对企业内部知识创造的非线性影响以及实现的条件,丰富了对企业如何驱动内部的知识创造的理解。

最后,本研究促进了对外部知识依赖与内部知识创造之间关系及其实现条件的理解。当前研究集中在对资源依赖如何影响关系的形成上,而很少研究外部知识依赖对企业内部活动的影响。本研究检验了外部知识依赖如何"由外至内"地驱动企业内部的知识创造活动。此外,过去的研究关注了资源依赖的各种权变因素,如网络关系、制度环境等。本研究将响应资源依赖的缓冲与桥接机制,以及外部环境特征引入外部知识依赖与内部知识创造间的关系研究,检验了缓冲与桥接以及环境丰裕度的调节效应,揭示了企业"由外至内"地触发其内在能动性的实现条件,以及外部资源依赖与响应机制间的互动关系。

(三)管理启示

本研究的发现也为企业的管理实践提供了启示。首先,企业的管理者应该注意到资源依赖所具有的两面性,其在给企业带来外部知识的同时,也可能让企业落入一些陷阱之中,如"创新者的窘境""鲨鱼困境"等。因而,企业在管理外部资源依赖时,应注意发挥外部知识依赖所带来的积极效应,同时可以通过建立一些防御机制来隔离或降低外部知识依赖的负向效应,如构建混合型的组织结构,建立多层次的防御机制等。其次,在驱动企业内部知识创造的努力上,企业在关注内部的驱动因素的同时,也要充分利用外部知识依赖关系来激发企业内部创造知识的能动性,以及内外部因素相结合来驱动企业的知识创造活动。最后,本研究发现,在高丰裕度环境下,外部知识依赖与内部的知识创造呈倒 U 形关系;而在低丰裕度环境下,外部知识依赖与内部的知识创造则呈 U 形关系。可见,不同的外部环境条件可能引致不同的结果。因而,企业需要时刻关注外部环境的变化,根据不同的环境条件动态地调整响应策略。

第二节　知识依赖与高校创新的关系机理研究

大学原为思想交流汇聚之所而得以创立,经过上千年的发展成为承担社会创新的重要来源机构之一。而产学研合作一方面将高校创新能力与成果扩散至社会发挥实际应用功能,另一方面又能通过产业界的反馈促进高校创新。高校处在企业外部环境中,拥有企业所需要的知识资源,而且是重要的来源组织之一,天然地拥有对企业的权力,而这个权力的存在正是源于企业对高校知识资源的依赖。企业对高校的知识依赖关系促使高校对外部环境进行管理,以实现科学研究和服务经济的组织目标。然而高校作为一种非营利性的社会组织,与具有经济目标的企业对外部环境的管理及其两者之间组织间关系的管理,都是当前组织研究与创新领域的重点议题。根据资源依赖理论的解释,处于知识异质性的产学研合作双方,处于权力优势方(高校)将通过一定的行为来加强对方(企业)的依赖以此巩固自身的权力,由此产学研合作与自主研发将是高校维护自身权力、加固知识基础体现高校创新的行为途径。

一、理论背景与假设

资源依赖理论被广泛地用于解释组织间关系,从外部视角对组织之间的权力依赖关系设置了一些基本的假设,一个最基本的前提就是组织是由外部控制的,组织的行为是受外部环境中的组织影响做出的反应。换句话说,组织为了应对外部环境所带来的不确定性而实施管理活动。高校也非自治组织,其活动受外部环境的促进或者制约。Tolbert(1985)以资源依赖理论解释了美国高校外部资金约束对高校行政管理行为的影响,其最终导致了行政管理结构的分化。同样地,中国高校创新活动由政府和市场两方面的动力机制所推动,高校一方面为了响应国家创新战略计划的倡导,积极投身创新活动,努力提高创新能力;另一方面也是为了应对企业对高校知识资源的依赖做出响应,如通过产学研合作或自主研发来满足企业的知识需求。

更进一步,高校创新绩效是高校创新活动的成果,建立在前因要素与要素之间的相互依赖关系的基础之上。企业为获得新知识及其利用所产生的经济收益而对高校产生依赖,将引发企业与高校之间互动及合作,或者高校选择自主研发更进一步加固知识优势。因此,在外部知识依赖的市场驱动因素背景下,高校可以通过这两个不同的行为模式对高校创新绩效实施影响。然而在知识依赖情境下这两种途径的影响效果,以及其对高校创新绩效的影响效应至今未见研究。因此,探究高校在外部知识依赖影响的前因情境下,检验这两种不同的响应行为模式对高校创新的影响,有助于揭示产学研对高校创新产生影响的内在机制,深入刻画并全面理解高校的创新。基于此,本研究将依据资源依赖理论,探讨知识依赖、产学研合作、自主研发与高校创新之间的关系。

目前,对于产学研创新的研究主要是从以企业为主体的角度出发,围绕经济效益为目的展开,缺乏以高校为创新主体地位,从组织间关系角度考察高校外部环境对高校创新的激励或者制约的影响效应的研究。本书认为:高校创新活动受组织间依赖关系的影响。具体地,首先,随着产学研越来越发挥促进创新的作用,企业对高校的知识依赖普遍形成,其对高校创新具有影响效应。其次,企业对高校的知识依赖将促使高校做出一定的行动反应,产学研合作将是高校应对外部企业对其知识依赖的一种行为反应。为了获得更好的知识优势权力地位,高校亦可采取自主研发的活动。无论是产学研合作还是自主研发,最终都将促进高校创新能力的积累。

（一）知识依赖与高校创新间的关系

知识是创新的源泉，企业通过对知识的利用获取经济价值，知识在企业界发挥出了关键性和不可替代性的重要作用，由此也使企业对拥有雄厚知识资源的高校产生了依赖关系，从而决定了高校在与企业之间的关系中处于"权力"优势地位，"权力"是影响组织间关系的核心要素。高校权力取决于企业所获取的知识的重要性程度以及企业对高校知识的需求程度。然而，企业获取高校的知识需要校企之间反复互动与协作，其中包括人员、资金、项目等交流。随着知识外溢的良性推进，企业对高校的信任和依赖程度进一步加深，高校的知识优势权力地位也得到进一步的加强。因此，先前与高校有知识往来的企业对高校的依赖程度就会更高，高校一方面是为了维护权力优势地位，另一方面是为了响应国家创新政策获得创新绩效。因此，企业对高校的知识依赖越强就越能够促进高校创新绩效的提升，起到正向激励作用。

尽管如此，高校的知识储备并非能够长期符合企业的知识需求，随着市场需求的多元化和全球技术水平的飞速发展，当企业对高校的知识依赖超过高校知识储备和生发的能力，必然导致企业对高校知识依赖产生的人员、资金等投入的浪费。此外，高校本身也面临着阻碍其创新的问题与困难，如高校科技成果转化率低、转化效果差。这也会导致企业对高校具有较高的知识需求，但高校的知识创造与创新难以匹配企业的实际需求。另外，随着企业对高校的知识依赖程度的提高，高校的权力优势地位进一步增强，高校也由此可能产生机会主义，产生损害企业利益的行为倾向，进而导致企业与高校间的合作变得不稳定，甚至导致合作的破裂，这也增加了高校失去创新动力的可能。因此，知识依赖过度并不利于高校创新绩效的产出。因此，本研究提出以下假设：

H1：知识依赖对高校创新产生倒 U 形影响。

（二）知识依赖与产学研合作间的关系

资源依赖理论表明，当组织产生对外部的资源依赖时，其更可能产生组织间安排的行为模式以响应这种不确定性。例如，组织更可能寻求与外部合资、建立联盟等，通过与外部的合作来降低外部资源依赖的不确定性。当前的产学研研究表明，高校能够为企业提供大量的新知识，以满足企业的知识需求。因此，当企业面临知识约束时，更可能产生对高校的知识需求，也会导致企业寻求与高校的合作。从资源依赖的视角，企业对高校的知识需求越高,可能意味着企业对高校的依赖程度也越高。对具有知识约束与知识劣势的企业而言,其更可能产生对高校的知识依赖。不同程度的知识依赖可能对高校与企业间的合作行为产生差异化的影响。

遵循嵌入性逻辑的解。Casciaro 和 Piskorski(2005)、Gulati 和 Sytch(2007)认为,当企业对高校产生知识依赖,企业更可能会寻求与高校的合作,以缓解知识依赖所引致的不确定性。这是因为通过与高校的合作,企业能够与高校建立起共同依赖的关系,增强双方的相互信任和信息共享,降低双方的信息不对称。Schuster 和 Holtbrügge(2014)的研究表明,企业面临外部的环境约束越大,其越可能寻求与外部形成联盟。相似地,即使面临鲨鱼困境,处于劣势的小型组织仍然寻求与"鲨鱼"组织建立联系,以缓解并满足自身的资源需求。陈伟等(2020)研究发现通过产学研合作,可以为组织带来知识与创新的收益。

尽管如此,随着企业对高校的知识依赖不断增加,企业与高校间的权力依赖结构将发生变化,高校将日益处于权力优势地位,在与企业的合作中也将获得更多的收益(如获取更多的知识产权及其所引致的收益)。张根明和张曼宁(2020)研究发现,在这种情况下,企业的合作意愿将大大降低,甚至退出与高校的合作。以往的研究也表明了外部依赖有可能让组织退出合作关系。因此,遵循权力逻辑的解释,当企业对高校产生知识依赖,并随着依赖程度的增加,高校的权力优势可能导致其出现机会主义行为,企业由此可能降低与高校合作的意愿与动机。例如,吴颖等(2021)指出,高校与企业存在主体异质性,如议价能力的不对称,容易产生知识产权冲突,进而导致产学研合作间的效率损失或合作破裂。He 等(2021)也发现,产学研合作伙伴间的导向不对称(即目标和预期的差异)导致了情感和认知冲突,情感冲突与情感冲突感知的不对称共同对产学研合作的成功产生了负向影响。基于此,本研究提出如下假设:

H2:知识依赖对产学研合作产生倒 U 形影响。

(三)知识依赖与高校自主研发间的关系

当企业对高校产生较高的知识需求时,高校除了会增加与企业间的合作,其自身自主创造新知识的动机和意愿也会增强。这是因为:高校通过投入基础研究而进行自主的知识创造,可以为企业提供新知识,以满足企业的知识需求。同时,企业在进行应用创新方面具有优势,但缺乏基础研究的支持,企业也往往难以实现成功的创新。高校作为知识创造的重要主体,为社会提供新知识。与此同时,高校在国家众多的基础领域研究中,也承担着至关重要的角色。政府为高校提供大量资金,可以帮助高校持续地进行基础研究,并创造新的科技成果。由于中国企业一直存在着对基础研究的投入不足、重视不够的短板,因此,高校通过基础研究可以与企业的应用研究产生协同效应,进一步加大高校对基础研究的投入,为企业的应用研究提供坚实的知识基础。同时,企业对高校产生的知识需求,也为高校开展基础研究提供了正确的方向。基于此,本研究提出如下假设:

H3:知识依赖对高校自主创造具有正向的促进作用。

(四)产学研合作与高校创新间的关系

大量的研究已经表明,组织的创新越来越依赖与外部的合作。高校与企业间形成的多种形式的产学研联盟已经广泛地存在并发挥作用,对高校的创新产生了积极的影响(盛永祥等,2020)。高校与企业开展广泛的产学研合作,企业的需求能够快速准确地传递给高校,高校可以根据企业的知识需求开展研究,能够促进高校的科技成果产出,也能够提高高校的创新效率。张宝生等(2021)研究发现,产学研合作可以对高校科研效率产生积极的影响。Santini 等(2021)研究发现,高校与外部参与者间的关系结构将影响研发努力的结果。高擎等(2020)研究发现,当校企联结强度处于适度水平时,其对高校科技创新效率产生积极影响。陈怀超等(2020)也发现,产学研合作紧密度对产学研协同创新具有正向影响。基于此,本研究提出如下假设:

H4:产学研合作对高校创新具有正向的促进作用。

(五)自主创造与高校创新间的关系

现有研究表明,组织内部的知识创造对创新具有积极影响。通过高校内部的知识创造,大量的新知识被创造出来,进而促进高校创新绩效的提升。因此,本研究认为,高校从事自主知识创造的活动将有助于提升其创新绩效。

H5:自主研发对高校创新具有正向促进作用。

综上,本研究的概念框架如图 8-1 所示。

二、研究设计

(一)样本选取和数据来源

本研究议题为知识依赖对高校创新的影响,该研究问题的一个前提是企业对高校具有知识依赖关系,考察已经形成的知识依赖关系对高校创新

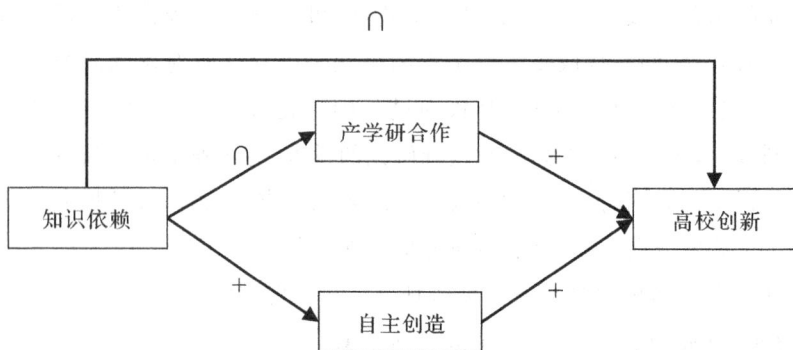

图 8-1　概念模型及假设提出

产生的影响。为了更好地切合本研究的前因现实条件,本研究以教育部直属高校为样本来源,原因是教育部直属高校的知识基础雄厚,并且与企业界的知识连接关系已形成规模,能够契合本研究问题,具有代表性。因此,本研究将教育部直属高校自 2008 年开始基本固定,剔除掉个别专业类院校如艺术类和政治类院校(该类院校不存在与商业企业之间的知识依赖关系),以及数据缺失院校,最后得到 2008—2017 年 64 所教育部直属高校为本研究样本。本研究的数据来源于教育部科学技术司每年发布的《高等学校科技统计资料汇编》。此外,高校的专利数据来自智慧芽专利数据库,本研究通过检索获得了 64 所高校的专利申请与授权数据。

(二)变量测量

高校创新绩效(Innov):当前对高校创新绩效的研究主要集中在直接和间接两个方面,其中直接方面指科研成果及成果转化,主要的指标有:高校学术创新绩效、高校专利产出、高校创新项目中人员和资金等投入与产出绩效。而间接方面指高校创新培养方法、教学实践活动等,主要的指标或者方面有:高校制度改革、高校人才培养绩效、高校教育教学方法改革和改进等。为了考察和检验本研究中提出的知识依赖是否促进高校创新效应,本研究将采用高校的创新产出的直接指标来测量高校创新绩效。具体地,本研究将高校的专利授权数和学术论文数作为两个创新产出指标,并通过因子分析得到其复合的因子得分来测量高校创新绩效。

知识依赖(knowdep):基于企业对高校的知识基础的强烈需求形成的知识依赖关系,本研究采用企业已获得的高校转让的专利数、技术转让合同数、技术转让资金数三个指标来反映企业对高校的知识依赖,并通过因子分析得到的其复合的因子得分来测量企业对高校已经形成的知识依赖。

　　本研究将高校的行为区分为产学研合作与自主研发,产学研合作反映了高校与企业之间的合作,而自主研发则反映了高校独立自主地进行研发的行为。具体地,产学研合作(coop):本研究采用高校与企业联合申请的专利数作为测量指标。自主研发(indeRD):本研究采用高校独立地申请专利的数量来测量其自主研发的行为。

　　此外,本研究也设置了一些控制变量,以控制其对因变量的影响。高校类型(type):不同类型高校的创新表现(如专利申请、科技论文)存在较大差异,一般情况下,理工类高校的专利活动较为丰富。本研究将理工类高校赋值为1;其他为0。高校所处地区(region):高校所处地区在很大程度上也影响高校的创新,这是因为相较于中西部地区,东部地区具有更加丰富的资源,也能够吸引大量的人才。因此,本研究将处于东部地区的高校赋值为1;处于中西部地区的高校赋值为0。合作强度(inencoop):高校与外部的合作是较为普遍的,不仅包含企业,也包含其他类型的组织(如事业单位)。因此,除企业以外,仍然有其他类型的组织与高校产生合作的可能,进而影响其创新产出。因此,本研究为了控制这一影响,控制了合作强度,采用企事业单位委托经费与高校总经费间的比值来测量。研发强度(inenRD):过去的研究已经表明了研发对创新的积极影响,因此高校的研发经费的投入也直接影响高校的创新绩效。本研究用研发投入与总经费的比值来测量高校的研发强度。技术转移机构(knowagency):高校中的技术转移机构承担着高校知识转化(如专利的技术化与商业化)的职责。因此,设立了相应的技术转移机构的高校更有可能成功地转化自身的专利,实现专利的价值,进而刺激高校进行持续的创新(Jarvenpaa and Staples,2001)。本研究将设有技术转移机构的高校赋值为1,否则为0。高校研发人员数量(lnperRD):组织的研发人员是其吸收能力的重要体现,其能够帮助高校更好地理解来自企业的需求,进而促进其创新。本研究采用高校当年全职投入研发的人数的对数来测量。各变量的主要定义如表8-4所示。

表 8-4　变量定义

变量名称	变量符号	变量描述
高校创新绩效	Innov	高校专利授权数和学术论文数的因子得分
知识依赖	knowdep	企业已获得高校转让的专利数、技术合同数、技术转让资金数,将这三个数据进行因子分析得出因子得分

续表

变量名称	变量符号	变量描述
知识依赖平方项	knowdep^2	知识依赖指标的平方项
产学研合作	coop	高校与企业联合申请专利数量
自主研发	indeRD	高校独立申请的专利数量
高校类型	type	虚拟变量:理工类为 1;其他为 0
高校所处地区	region	虚拟变量:东部为 1;中西部为 0
合作强度	inencoop	企事业单位委托经费/总经费
研发强度	inenRD	研发投入/总经费
技术转移机构	knowagency	虚拟变量:高校是否有国际承认的技术转移机构,有为 1,无为 0
高校研发人员数量	lnperRD	高校全职投入研发的人员数量,并取其对数

(三)分析方法

为了验证知识依赖(knowdep)、产学研合作(coop)、自主研发(indeRD)与高校创新绩效(Innov)之间的关系,本研究提出如图 8-1 所示的概念模型及假设。首先,本研究的关键变量之一——高校创新绩效(Innov)指标,是由高校专利申请数和学术论文数的因子分析得分表征,然而控制变量中有三个虚拟变量,以及表征产学研合作网络(net)的控制变量均值与方差相差特别大,结合样本数据是平衡的纵向面板数据,高校创新绩效(Innov)模型适合使用广义估计方程(GEE)。

其次,因为本研究表征产学研合作(coop)和自主研发(indeRD)的是非负整数,因此适合采用计数模型。在计数模型中,泊松模型、负二项回归模型是被广泛使用的两个回归模型。但是,泊松模型的使用需要遵循一个非常严格的前提,即计数数量的均值和方差是相等的。从表 8-5 的描述统计结果中可以看到,产学研合作(coop)和自主研发(indeRD)的均值分别是71.87 和 0.65,标准差为 117.161 和 1.974,其方差为 1.373×10^4 和 3.897,说明这两个变量的离散度非常高,不适合使用泊松模型。除此之外,产学研合作(coop)和自主研发(indeRD)样本观测值中具有大量的 0。标准的负二项回归模型可能仍然无法有效地处理专利申请数量中存在的大量的 0。因此,本研究选择了零膨胀负二项回归模型(ZINB)。在使用零膨胀负二项回归模型时,通过执行 Vuong 检验,以确定零膨胀负二项回归模型是否比标准的负二项回归模型能够更好地描述数据。本研究中的 Vuong Z-score 的

p 值均小于 0.001，表明相比标准的负二项回归模型，零膨胀负二项回归模型是更合适的。

综合上述分析，本研究采用的广义估计方程（GEE）回归模型有：

$$\mathrm{Innov}_{ij} = \alpha_1 \mathrm{knowdep}_{ij} + \alpha_2 \mathrm{knowdep}_{ij}^2 + \alpha_3 \mathrm{coop}_{ij} + \alpha_4 \mathrm{indeRD}_{ij} + \alpha_5 \mathrm{type}_{ij}$$
$$+ \alpha_6 \mathrm{region}_{ij} + \alpha_7 \mathrm{inencoop}_{ij} + \alpha_8 \mathrm{inenRD}_{ij} + \alpha_9 \mathrm{knowagency}_{ij}$$
$$+ \alpha_{10} \mathrm{lnperRD}_{ij} + \partial_i \tag{8-1}$$

本研究采用的零膨胀负二项回归模型（ZINB）有：

$$\mathrm{coop}_{ij} = \alpha_1 \mathrm{knowdep}_{ij} + \alpha_2 \mathrm{knowdep}_{ij}^2 + \alpha_3 \mathrm{type}_{ij} + \alpha_4 \mathrm{region}_{ij}$$
$$+ \alpha_5 \mathrm{inencoop}_{ij} + \alpha_6 \mathrm{inenRD}_{ij} + \alpha_7 \mathrm{knowagency}_{ij} + \alpha_8 \mathrm{lnperRD}_{ij}$$
$$+ \partial_i \tag{8-2}$$

$$\mathrm{indeRD}_{ij} = \alpha_1 \mathrm{knowdep}_{ij} + \alpha_2 \mathrm{knowdep}_{ij}^2 + \alpha_3 \mathrm{type}_{ij} + \alpha_4 \mathrm{region}_{ij}$$
$$+ \alpha_5 \mathrm{inencoop}_{ij} + \alpha_6 \mathrm{inenRD}_{ij} + \alpha_7 \mathrm{knowagency}_{ij}$$
$$+ \alpha_8 \mathrm{lnperRD}_{ij} + \partial_i \tag{8-3}$$

其中，下标 i、j 表示第 i 年和高校 j，α_i 表示第 i 年的扰动项。

三、研究结果

表 8-5 给出了各变量的描述统计，表 8-6 给出了各变量间的相关系数。本研究发现，知识依赖与高校创新间的相关系数为 0.547（$p<0.01$），表明知识依赖与高校创新间存在显著的相关关系。同时，本研究也发现，产学研合作与高校自主研发与高校创新间也存在显著的正相关关系（0.658，$p<0.001$；0.315，$p<0.001$）。

表 8-5　描述统计

变量	样本量	平均值	标准差	最小值	最大值
Innov	576	0	1	-1.233	3.685
knowdep	576	0	1	-0.516	6.709
knowdep^2	576	0.998	4.521	0	45.018
coop	576	71.87	117.161	0	957
indeRD	576	0.65	1.974	0	31
type	576	0.39	0.488	0	1
region	576	0.64	0.480	0	1
inencoop	576	0.34	0.201	0.01	0.84
inenRD	576	0.67	0.166	0.16	0.99
knowagency	576	0.45	0.498	0	1
lnperRD	576	6.9	0.889	3	9

表 8-6　相关性系数矩阵

变量	1	2	3	4	5	6	7	8	9	10	11
1. Innov	1										
2. knowdep	0.547**	1									
3. knowdep^2	0.350**	0.887**	1								
4. coop	0.658**	0.628**	0.590**	1							
5. indeRD	0.315**	0.255**	0.189**	0.141**	1						
6. type	−0.016	0.060	0.125**	0.116**	−0.014	1					
7. region	0.067	0.068	0.091*	0.120**	0.088*	0.132**	1				
8. inencoop	0.187**	0.030	−0.025	0.098*	0.098*	0.637**	−0.037	1			
9. inenRD	−0.097*	0.012	0.081	−0.028	−0.042	0.129**	0.104*	−0.023	1		
10. knowagency	0.509**	0.306**	0.179**	0.432**	0.129**	0.148**	0.090*	0.169**	−0.056	1	
11. lnperRD	0.645**	0.371**	0.232**	0.376**	0.172**	−0.009	−0.124**	0.122**	0.146**	0.346**	1

注：***、**和*分别表示回归系数在 1%、5%和 10%的水平上显著。

表 8-7 报告了知识依赖、高校产学研合作与自主研发对其创新绩效的影响。模型 1 引入了所有的控制变量。模型 2 引入了知识依赖及其平方项，结果表明，知识依赖的一次项对高校创新产生显著的正向影响（0.284，$p<0.001$），而知识依赖的平方项对高校创新产生显著的负向影响（-0.032，$p<0.001$），这说明知识依赖对高校创新产生了倒 U 形的影响。因此，H1 得到验证。模型 3 检验了产学研合作对高校创新的影响，结果表明，产学研合作对高校创新产生显著的正向影响（0.002，$p<0.001$）。因此，H4 得到验证。模型 4 检验了高校自主研发对高校创新的影响，结果表明，高校自主研发对高校创新未产生显著的正向影响（-0.001，$p>0.1$）。因此，H5 未得到验证。其可能的原因在于：尽管高校通过自主研发可以创造新知识，但高校创造的新知识并未能有效地匹配企业的知识需求，进而减弱了高校自主研发的动机和意愿，最终未能促进高校通过自主研发而实现创新产出。

表 8-7　知识依赖、产学研合作和自主研发对高校创新绩效的回归

变量	模型 1	模型 2	模型 3	模型 4
type	-0.013 (0.172)	-0.018 (0.156)	-0.115 (0.137)	-0.018 (0.156)
inencoop	-0.364^* (0.210)	-0.313 (0.202)	-0.005 (0.181)	-0.312 (0.203)
inenRD	-0.565^{***} (0.144)	-0.560^{***} (0.139)	-0.612^{***} (0.124)	-0.560^{***} (0.140)
region	0.214 (0.166)	0.203 (0.149)	0.170 (0.130)	0.203 (0.149)
knowagency	0.528^{***} (0.050)	0.497^{***} (0.048)	0.357^{***} (0.045)	0.497^{***} (0.048)
lnperRD	0.471^{***} (0.061)	0.458^{***} (0.057)	0.390^{***} (0.051)	0.458^{***} (0.057)
knowdep		0.284^{***} (0.048)	0.261^{***} (0.043)	0.284^{***} (0.048)
knowdep^2		-0.032^{**} (0.011)	-0.048^{***} (0.010)	-0.033^{**} (0.011)
coop			0.002^{***} (0.000)	

续表

变量	模型 1	模型 2	模型 3	模型 4
indeRD				−0.001 (0.008)
_cons	−3.117*** (0.442)	−2.988*** (0.414)	−2.623*** (0.367)	−2.987*** (0.414)
Scale parameter	0.502	0.416	0.321	0.416
Wald chi²	216.24***	288.57***	519.97***	288.44***

注：***、**和*分别表示回归系数在1%、5%和10%的水平上显著。

表 8-8 报告了知识依赖对高校的产学研合作与自主研发行为的影响。模型 6 引入了知识依赖及其平方项，结果表明，知识依赖的一次项对产学研合作产生了显著的正向影响（0.427，$p < 0.01$），而其二次项对产学研合作产生了显著的负向影响（−0.045，$p < 0.05$）。这些结果表明，知识依赖对高校的产学研合作产生倒 U 形的影响，即随着知识依赖的增加，高校与企业间的合作将增加，但随着知识依赖的持续增加，高校与企业间的合作开始减少。因此，H2 得到检验。模型 7 检验了知识依赖对高校自主研发的影响，结果表明，知识依赖对自主研发未产生显著的影响（0.075，$p > 0.1$），说明知识依赖不能促进高校的自主研发。因此，H3 未得到验证。其可能的原因在于：在企业与高校形成的权力依赖结构中，企业对高校产生的知识依赖导致企业更可能处于权力劣势地位，而高校则处于权力优势地位。具有权力优势的高校可能获取更多的收益，因而缺乏足够的动力进行自主研发来获取更多的收益。

表 8-8　知识依赖对产学研合作、自主研发的回归结果

变量	模型 5	模型 6	模型 7
	coop	coop	indeRD
type	0.077 (0.125)	0.140 (0.130)	−0.363 (0.295)
inencoop	2.207*** (0.338)	2.092*** (0.342)	1.664* (0.783)
inenRD	−0.470 (0.366)	−0.485 (0.364)	1.021 (0.851)
region	0.324*** (0.109)	0.339*** (0.109)	0.978*** (0.287)

续表

变量	模型 5	模型 6	模型 7
	coop	coop	indeRD
knowagency	0.855***	0.816***	0.165
	(0.105)	(0.106)	(0.283)
lnperRD	0.628***	0.611***	0.126
	(0.085)	(0.086)	(0.175)
knowdep	0.221***	0.427***	0.075
	(0.054)	(0.119)	(0.089)
knowdep^2		−0.045*	
		(0.022)	
_cons	−1.539*	−1.355*	−2.372
	(0.669)	(0.676)	(1.455)
Log likelihood	−2607.011	−2605.03	−489.624
LR chi^2	289.97***	293.94***	26.08***

注：***、**、*分别表示回归系数在1％、5％和10％的水平上显著。

四、研究结论

本研究以64所教育部直属高校为研究对象，检验了企业对高校的知识依赖对高校产学研合作和自主研发以及高校创新的影响。研究结果表明，知识依赖对高校创新与产学研合作均产生倒U形的影响；产学研合作对高校创新产生积极的促进作用。尽管如此，本研究并未发现知识依赖自主研发以及高校自主研发对高校创新的显著影响。

（一）理论启示

本研究的发现在两个方面带来了理论启示。

首先，尽管以前的研究从不同的角度研究了高校创新，但这些研究还相对有限，主要聚焦于产学研合作对企业创新的影响。同时，围绕高校创新的研究仍然缺乏一个统一的研究框架。本研究为研究高校创新建立了一个基于"情境—行为—结果"的研究框架。在引入资源依赖理论的基础上，本研究建立了企业与高校开展产学研合作时的资源依赖的情境，在该情境下，企业建立对高校的知识依赖，并将驱动高校的特定行为模式（产学研合作与自主创造），进而影响高校创新。

其次，本研究丰富了高校创新的前因研究。过去的研究从组织间视角研究了高校创新的前因（如产学研合作），但主要关注高校与企业间的合作的方面，而忽略了高校与企业间可能存在的竞争的方面。本研究通过引入资源依赖，检验了企业对高校的知识依赖对高校创新的影响。本研究表明了企业对高校的知识依赖对高校创新产生了倒U形的影响，这些研究发现表明了企业与高校间的合作是相当复杂的。本研究引入的资源依赖视角有助于更加深入地理解企业与高校间的关系。

（二）管理启示

本研究也能够为产学研合作以及企业与高校间的关系管理提供管理启示。第一，在高校与企业开展产学研合作的过程中，往往更多地聚焦于合作的方面，而忽略了竞争的方面。高校与企业在合作过程中都有可能产生机会主义倾向与行为，从而影响产学研合作的稳定性。因此，在产学研合作过程中，企业与高校应建立起清晰的合同或契约机制，明确双方的责任与义务，避免双方权力不对等时可能出现的高校或企业的单边行动。第二，高校作为社会知识的来源之一，应该明晰自身的定位，作为知识生产者，高校应该致力于服务社会，不能将追求自身的经济利益作为唯一的评价标准，需要增加社会性评价标准，并在经济与社会利益中取得有效平衡。第三，作为企业而言，面临对高校的知识需求，一方面，需要与高校建立起良性的合作机制，避免可能出现的冲突（如知识产权方面）；另一方面，企业也需要将自身的需求准确地传达给高校，进而刺激高校的创新，反过来又能够帮助企业解决关键问题。

第三节　产学研联盟主体的创新对策建议

通过对产学研联盟主体知识转移和创新模式的研究，本研究对产学研联盟主体关系的培育、合作伙伴的选择，提升产学研联盟知识转移和知识管理的效果，以及产学研联盟主体的创新模式选择提供了实践启示。

一、识别影响因素，准确选择合作伙伴

合作伙伴的选择对产学研联盟的成功是至关重要的，高校与企业之间的合作日益普遍，且对企业与高校也变得日益重要。本研究表明，选择合适的合作伙伴往往对企业与高校产生积极的影响。因此，对于企业与高校而言，如何选择合适的合作伙伴关系自身的切身利益，企业与高校都有必要考

虑合作伙伴选择的标准问题。本研究表明,产学研联盟合作伙伴选择应该考虑到双方的收益分配与风险态度、知识共享、相互信任以及资源与能力等。

首先,对于企业而言,企业应该选择具有特定资源与能力的高校,或者具有特定的专业与技术优势的高校。通过与高校的合作,企业能够充分地利用高校在基础与应用研究领域的优势,帮助自身建立起坚实的知识基础,进而促进自身的价值创造。尽管如此,对于潜在的合作高校,企业应该建立科学合理的评价指标体系,以全面对合作高校做出客观、科学的评价,才能让企业选择最优的合作伙伴,而不仅仅是追求其高校的学科优势或声誉。

其次,资源与能力优势并不能作为选择高校的唯一标准,也必须考虑其他的因素,包括高校的管理水平、技术产业化经验、共享知识与经验的意愿、与产业联系的程度等。比如,高校的技术转化经验越丰富,表明高校越关注产业的发展,其学科建设和科学研究更能够为产业的发展提供技术和人才的支持,更能够理解企业的实际需求,也更能够有效地满足企业的需求。此外,高校共享知识与经验的意愿也将影响企业的选择,这是因为,高校对学术成果尤其是具有较高水平的先进成果,有一定的保密需要,而与企业的合作可能造成科研成果的泄露,而影响学校的排名。因此,在此种情况下,高校可能降低自身的知识与经验共享的意愿,即使企业与高校开展合作,也会导致其合作效果不佳。

最后,对于高校而言,作为知识生产与创造的重要机构,高校是推动国家与社会进步的重要力量,应该承担知识创造与传播的责任与义务(阎亮和张治河,2017)。一方面,高校不应该作为产学研合作的被动方,而应该积极地寻找与企业的合作,将自身已经创造的新知识转移、传递给企业,帮助企业发展与创新。同时,高校与产业或企业积极对接,也有助于高校清楚产业或企业的现实需求,反过来也能够帮助自身开展知识的创造活动(王辉和常阳,2017;刘效广等,2010)。另一方面,现实中,我国高校技术成果转化效率与效果差强人意,这与高校不关注产业或企业的现实需求是分不开的。因此,高校应该密切关注产业或企业的现实需求,选择合适的产业或企业,将自身已经创造的知识与技术传递给他们,帮助其解决一些现实的困难。尽管如此,除了要密切关注产业与企业的现实需求,高校也需要在基础前沿领域进行持续投入和知识创造,进而可以在某些特定领域创造或引领企业,为现实企业提供更多的知识与智力支持。

二、消除关系障碍,提升主体间关系质量

产学研联盟主体间关系的培育也可能遭遇各种障碍,导致联盟的不稳定,甚至可能导致联盟解散(蔡亚华等,2013;樊耘等,2014)。因此,对产学研联盟中的企业与高校而言,尤其需要识别并消除联盟主体间可能存在的关系障碍,进而提升主体间的关系质量。

首先,无论是企业还是高校,都可能产生机会主义倾向与行为,进而破坏产学研合作。本研究表明,企业对高校的知识需求能够促进高校的创新,但同时也可能阻碍高校的创新。因此,虽然与有实力的高校的合作有可能为企业带来大量的新知识,但同时也必须注意企业与高校之间可能存在的冲突,例如双方在知识产权方面的冲突。因此,一方面,企业与高校需要建立相对完善的正式治理机制,通过科学完善的合约或契约设计,明确双方的责任与义务,建立科学合理的利益分配机制。通过正式的治理机制,规范双方的合作行为,规避双方可能产生的机会主义行为与倾向,以科学合理的利益分配机制来激励企业与高校之间的合作,进而建立科学完善的合作关系。另一方面,企业与高校之间也需要完善非正式治理机制,通过校企双方间的互动,建立双方间的相互信任,促进双方在合作过程中的知识共享。此外,企业与高校之间应该建立完善的沟通机制。校企双方应该及时、全面地沟通,双方可以不定期地会面,并改进信息共享的机制和效果,以缓解校企双方间的信息不对称问题。

其次,本研究表明,产学研联盟网络是动态的,网络结构与关系特征影响联盟网络的稳定性。同时,产学研联盟又是一个包含了多类型主体的生态系统。因此,一方面,产学研联盟中的企业与高校应该关注联盟的结构特征,使网络结构保持适度的规模,并使网络结构保持一定的动态性,避免产生始终占据网络中心位置的主体,让联盟能够持续稳定地存在。另一方面,产学研联盟也应该将联盟中主体间的关系强度保持在适度的水平上,同时增强联盟主体间的互惠关系的形成,以维持联盟的稳定。此外,本研究表明,产学研联盟主体间可以形成多种类型的生态关系,包括独立共存关系、竞争共存关系和互惠共生关系。产学研联盟主体应该考虑建立并完善多重网络关系,对提升联盟主体间的关系质量有积极影响。多重网络关系为企业与高校间的产学研合作提供了多样化的机会,又能够增强企业与高校间的交换关系。同时,这些不同类型的网络生态关系对于联盟内的知识转移与共享能够产生显著影响,并让产学研联盟保持较强的活力。此外,建立多

重网络关系也有助于规避在合作过程中可能出现的困境(如"鲨鱼困境"),同时也能够从多重网络关系中建立多样化的外部知识来源(孟庆松和韩文秀,2000;卢方元和李小鸽,2014)。

三、识别障碍因素,提升知识转移效果

首先,本研究关注了产学研联盟特性对知识转移效果的影响,表明了联盟系统特性、主体特性以及网络关系特性对知识转移的差异化的影响。这些研究发现表明,在产学研联盟中,企业与高校尤其需要关注联盟特性的影响。因此,一方面,产学研联盟中的企业与高校要着重关注联盟相关的因素对双方知识转移与共享的影响,在此基础上,做好联盟结构的设计,促进主体在联盟内的协调、信任与学习,进而为联盟内主体间的知识转移提供一个高效的平台。具体地,产学研联盟结构设计不应该仅仅以规避风险为唯一导向,还应该考虑到联盟结构的价值导向。产学研联盟需要建立以企业与高校的跨边界的人员之间的人际关系为基础的组织间界面,从而为企业与高校间的信息交流与共享提供有效的通道。同时,企业与高校内部也需要建立组织内界面,即企业或高校的跨边界人员与各自组织内部的非跨边界人员之间的关系网络,这有助于将外部知识更高效地转移或传递到组织内部。产学研联盟结构设计也需要考虑其专门化的事项,即产学研联盟活动区别于合作伙伴的组织内其他组织活动的程度。正式化程度也是联盟结构设计需要考虑的问题,即指导联盟活动的规则、程序、计划和文件的规范和标准化的程度。此外,联盟内决策权在联盟合作伙伴间的分配/分布的水平也将影响企业与高校间的组织间关系,即集权化程度。企业与高校应该将联盟结构的专门化、正式化与集权化程度保持在一个适度的水平上。综上,企业与高校在设计产学研联盟结构时,需要做好在组织间界面、组织内界面、专门化、正式化与集权化的设计,以及这几个要素之间相互影响的关系,以获得最优的联盟结构。

其次,除了关注产学研联盟的结构设计,本研究还关注了对产学研联盟知识转移效果产生作用的其他影响因素,包括知识、系统等因素。因此,联盟主体在做好联盟结构设计的基础上,还需要准确识别其他影响因素及其对知识转移效果的影响。比如,大量的研究表明,知识隐性、黏性等特征将负向影响知识转移的效果,除了静态的知识本身会对知识转移产生影响,动态的知识过程也能够对知识转移产生显著影响,例如知识的流动,以及其与知识本身之间的互动。此外,企业与高校也尤其需要关注不同的影响因素

之间的相互作用,及其对知识转移的影响。这主要是因为,产学研联盟及其知识转移具有较高的系统性和复杂性,大量的影响因素之间存在相互依存的影响关系,导致联盟内的知识转移也变得更加复杂。因此,通过识别不同的影响因素之间的相互作用,企业与高校能够高效地揭示出联盟知识转移的复杂机制,并识别出影响知识转移的障碍,进而可以提出有针对性的应对举措,最终能够提升知识转移的效果。例如,联盟结构、关系特征与知识、联盟主体等存在复杂的相互影响关系,比如企业与高校间的强联结关系将有助于复杂知识的转移与共享,而处于中心位置的联盟主体的较强的吸收能力则有助于其获取更多有价值的新知识,进而对提升知识转移效果产生积极影响。

四、完善管理过程,改进知识管理效果

知识转移通常被认为是组织获得竞争优势的一个十分重要的途径,其也是组织知识管理的重要组成部分,广义上的知识转移本质上也可以被视为对知识进行管理的过程。知识管理作为组织竞争优势的来源,对组织的成功至关重要,这一认识已经得到普遍的认可。因此,产学研联盟主体应该在做好知识转移的基础上,完善联盟的知识管理活动及过程,反过来也能够促进联盟知识转移的成功。本研究表明,知识搜索、知识共享、知识整合对联盟主体能够产生积极影响。因此,产学研联盟主体应该建立完善的知识管理过程,并实现知识管理流程的无缝衔接。知识管理的活动及过程涉及知识搜索、知识获取、知识转化与整合、知识应用、知识保护等,这些知识管理活动和过程与知识转移密不可分。因此,做好对知识的管理,就需要建立完善的知识管理流程,并发展知识管理能力。

已有研究将知识区分为显性知识与隐性知识,显性知识是很容易被编码并被转移的,但隐性知识是难以被编码,也难以进行传递的。因此,产学研联盟中的企业与高校必须仔细考虑在产学研合作过程中培育的知识类型。虽然显性知识和隐性知识都很重要,但只有隐性知识才能提供更大的差异化竞争优势。如果联盟主体成员考虑改进绩效,那么隐性知识的创造、共享就应该被强调,因为它对竞争绩效的影响更大。来自联盟主体成员的独特智慧,尤其是被封装在隐性知识中不容易流动的洞察力(包括对技术与市场的洞见),代表了能够帮助联盟产生竞争差距的更有价值的资产。

此外,知识管理不仅涉及对知识的管理,其也可以拓展到对技术、人力资本和财务资源的投入。因此,产学研联盟知识管理也需要关注联盟成员

对技术、人员和财务资源的投资。尤其是随着产学研合作面临更多的不确定性，联盟主体需要加强对技术的投资，开发新技术，并在联盟内进行传递与共享，进而使新技术的价值最大化。同时，对人力资本的投资能够让联盟成员之间更有效地沟通和交流，这是因为人力资本投资可以让主体在联盟中建立一个更高效的组织间界面（跨边界员工的人际关系网络），进而帮助主体实现在联盟中的知识转移和传递。此外，联盟主体成员加强对财务资源的投入，有助于在产学研联盟内建立更高效的价值创造和价值捕获机制，让联盟成员都能够从产学研合作中获得收益，进而让产学研合作能够持续地开展。

五、促进合作创新，提升联盟创新效果

开放式创新日益成为组织追求竞争优势的重要途径，而产学研合作创新是当前开放式创新的重要表现形式之一，是企业获得成长与成功的关键，也是高校实现其价值的重要途径。因此，产学研联盟主体应该加强产学研协同创新，企业通过与高校、科研院所的合作，可以获得来自这些机构的新知识；通过与企业的合作，高校的科技成果可以提高转化效率，同时也能够进一步刺激其新知识的创造。尤其是对于企业而言，更加需要保持开放的心态，借助与高校或科研机构的合作，进一步增强其创新能力。与此同时，产学研合作各方也需要加强内部的自主创新，通过持续加强内部的研发投入，建立起较强的吸收能力，进而能够帮助其在合作创新模式中获得更多的收益。本研究表明，产学研联盟内企业的合作创新与自主创新能够产生显著的协同效应，并促进研发投入与创新产出间产生积极的影响关系。因此，联盟主体在产学研合作创新的同时，也需要加强内部的自主研发与创新，以追求合作创新与自主创新间的协同效应。

尽管如此，现有研究也已经揭示了开放式创新有可能让组织面临负向的结果（王芳镜和夏维力，2009；Ivascu et al.，2016）。本研究结果也表明，对外部合作组织的过度依赖会对组织本身的创新产生消极影响。因此，产学研联盟主体也需要保持适度的开放。过度的开放虽然能够让联盟成员建立起合作关系，但同时也可能使其面临知识泄露的风险；而开放不足又难以让联盟成员建立与外部的合作关系，进而难以获取外部的新知识。产学研联盟主体在创新模式的选择上，需要对其所面临的一系列冲突进行平衡，包括知识共享与知识保护、价值创造与价值捕获、强联结关系与弱联结关系、竞争与合作等，且这些冲突又往往是相互影响的，进而将加剧联盟成员所面

临的紧张局面,可能让联盟变得更加不稳定,最终导致产学研联盟的失败。例如,在产学研联盟中,组织间(如企业与高校、企业与企业间)所形成的权力依赖关系往往是不对等的,权力不对等更可能让组织面临一系列的困境,如遭遇组织间冲突的压力、对方不道德的行为,以及机会主义行为。因此,高校与企业必须有效地解决这些冲突,才能够更有效地促进产学研合作创造及其与自主创新间的协同效应。

此外,不同类型的合作需要不同的政策干预。政府在产学研合作中的角色与作用应该被持续重视。政府可以在多个方面进行政策制定,以促进产学研合作的积极开展。一方面,政府应该合理地利用政府补贴的政策工具来激发产学研合作的动力,通过政府补贴以提供部分资金支持的方式推动企业、高校和科研院所等共同开展产学研合作。另一方面,政府应该制定相关的政策法规来规范产学研合作各方的行为,建立清晰透明的合作与利益分配机制,让产学研各方明晰自身的责任与义务,避免出现危害产学研合作的情况。例如,制定完善的与知识产权相关的法规条例,有助于避免企业与高校间可能产生的知识产权冲突与纠纷。同时,产学研联盟内也应该建立清晰的知识产权协议,明晰双方的责任与义务。

参考文献

蔡灵莎,2020.双元学习、知识整合与对外直接投资绩效研究[J].软科学(2):59-65.

蔡新蕾,高山行,杨燕,2013.企业政治行为对原始性创新的影响研究:基于制度视角和资源依赖理论[J].科学学研究(2):276-285.

蔡亚华,贾良定,尤树洋,等,2013.差异化变革型领导对知识分享与团队创造力的影响:社会网络机制的解释[J].心理学报(5):585-598.

曹国华,胡义,2009.风险投资家和创业者的双边匹配模型研究[J].科技进步与对策(5):28-31.

曹伟,陶金虎,高晨璐,2020.社会资本对高水平高职院校与企业合作知识转移的影响[J].高等工程教育研究(1):165-171.

曹兴,宋娟,2011.技术联盟知识转移影响因素的实证分析[J].科研管理(2):1-9.

常玉,王莉,李雪玲,2011.市场知识与技术知识协同的影响因素研究[J].科技进步与对策(6):138-141.

陈怀超,张晶,费玉婷,2020.制度支持是否促进了产学研协同创新?:企业吸收能力的调节作用和产学研合作紧密度的中介作用[J].科研管理(3):1-11.

陈建斌,郭彦丽,徐凯波,2014.基于资本增值的知识协同效益评价研究[J].科学学与科学技术管理(5):35-43.

陈兰,2016.技术外部效应下产业共生行为演化博弈分析[J].技术经济与管理研究(6):38-42.

陈威莉,陈志新,王彩杰,2016.知识协同下京津冀公共图书馆区域联盟构建[J].合作经济与科技(12):174-175.

陈伟,王秀锋,李金秋,等,2020.产学研协同创新合作伙伴动态选择模型[J].哈尔滨工程大学学报(11):1727-1734.

陈伟,王秀锋,曲慧,等,2020.产学研协同创新共享行为影响因素研究[J].

管理评论(11):92-101.

陈希,樊治平,2010.基于公理设计的风险投资商与风险企业双边匹配[J].
系统工程(6):9-16.

陈真玲,王文举,2017.环境税制下政府与污染企业演化博弈分析[J].管理
评论(5):226-236.

党建兵,童亮,马蕾,等,2013.跨组织知识管理与系统型产品创新的关系研
究[J].中国地质大学学报(社会科学版)(5):130-138,140.

党兴华,李玲,张巍,2010.技术创新网络中企业间依赖与合作动机对企业合
作行为的影响研究[J].预测(5):37-41,47.

邓程,杨建君,吕冲冲,2020.契约治理模式与知识转移绩效关系研究[J].科
学学研究(5):877-885.

邓卫华,易明,王伟军,2012.虚拟社区中基于 Tag 的知识协同机制:基于豆
瓣网社区的案例研究[J].管理学报(8):1203-1210.

邓渝,2016.市场还是关系依赖?:联盟伙伴选择导向对企业技术创新的作用
机制研究[J].外国经济与管理(5):18-31,43.

刁丽琳,朱桂龙,2015.产学研联盟契约和信任对知识转移的影响研究[J].
科学学研究(5):723-733.

丁玲,吴金希,2017.核心企业与商业生态系统的案例研究:互利共生与捕食
共生战略[J].管理评论(7):244-257.

董广茂,林敏,雷宏振,2014.竞争条件下企业知识转移战略及其对产业演化
的影响[J].管理学报(8):1246-1252.

董睿,张海涛,2018.产学研协同创新模式演进中知识转移机制设计[J].软
科学(11):6-10.

窦红宾,王正斌,2011.网络结构对企业成长绩效的影响研究:利用性学习、
探索性学习的中介作用[J].南开管理评论(3):15-25.

樊耘,于维娜,阎亮,2014.新生代雇员的人—组织价值观匹配与情感承诺的
关系:内职业成功的中介作用[J].软科学(8):51-55.

樊治平,冯博,俞竹超,2007.知识协同的发展及研究展望[J].科学学与科学
技术管理(11):85-91.

樊治平,乐琦,2014.基于完全偏好序信息的严格双边匹配方法[J].管理科
学学报(1):21-34.

冯南平,占李桢,张璐,2014.基于演化博弈的产业共生行为的研究[J].合肥
工业大学学报(自然科学版)(2):110-115.

高明,郭施宏,夏玲玲,2016.大气污染府际间合作治理联盟的达成与稳定:基于演化博弈分析[J].中国管理科学(8):62-70.

高擎,何枫,吕泉,2020.产学研协同创新背景下高校科技创新效率研究:基于我国重点高校面板数据的实证分析[J].研究与发展管理(5):175-186.

龚志文,陈金龙,2017.基于演化博弈的企业集团内部资本转移激励机制研究[J].中国管理科学(4):26-32.

顾美玲,毕新华,2017.移动环境下开放式创新社区知识协同的影响因素识别与分析:基于知识生态视角[J].图书情报工作(13):99-107.

郭本海,方志耕,刘卿,2012.基于演化博弈的区域高耗能产业退出机制研究[J].中国管理科学(4):79-85.

郭军灵,2008.技术联盟中合作伙伴的选择研究[J].企业改革与管理(4):109-113.

何郁冰,张迎春,2017.网络嵌入性对产学研知识协同绩效的影响[J].科学学研究(9):1396-1408.

和征,张志钊,李勃,2020.云制造供应链知识转移激励的演化博弈模型[J].中国机械工程(6):695-705.

贺新杰,李娜,王瑶,2021.联盟企业创新绩效提升的系统动力学分析:基于知识协同视角[J].系统科学学报(3):125-130.

胡浩,李子彪,胡宝民,2011.区域创新系统多创新极共生演化动力模型[J].管理科学学报(10):85-94.

胡京波,欧阳桃花,谭振亚,等,2014.以 SF 民机转包生产商为核心企业的复杂产品创新生态系统演化研究[J].管理学报(8):1116-1125.

黄彬,2021.现代产业学院知识协同生产与课程开发探析[J].教育发展研究(5):14-19.

黄致凯,2004.组织创新气候知觉、个人创新行为、自我效能知觉与问题解决形态关系之研究[D].高雄:台湾中山大学.

姜玉梅,孟庆春,郭影,等,2021.基于"ENGO＋核心企业"的中小供应商污染治理策略研究[J].中国人口·资源与环境(6):19-28.

蒋忠中,樊治平,汪定伟,2011.电子中介中具有模糊信息且需求不可分的多属性商品交易匹配问题[J].系统工程理论与实践(12):2355-2366.

李柏洲,徐广玉,苏屹,2014.团队知识转移风险对知识转移绩效的作用路径研究:知识网络的中介作用和团队共享心智模式的调节作用[J].科研管理(2):127-135.

李锋,喻志鹏,冯瑶,2019.基于知识转移视角的产业技术创新联盟内部合作对象匹配研究[J].江苏科技大学学报(自然科学版)(2):81-87.

李洪波,史欢,2019.基于扩展 Logistic 模型的创业生态系统共生演化研究[J].统计与决策(9):40-45.

李金生,卞曰瑭,刘利平,2020.知识生态关系对高新技术企业自主创新的价值共创绩效影响研究[J].江苏社会科学(1):107-116.

李敏,刘雨梦,徐雨森,2019.科学学会的组织资本与知识活动绩效的关系:以学科成长性为调节变量[J].技术经济(1):38-47,80.

李晓娣,张小燕,2019.我国区域创新生态系统共生及其进化研究:基于共生度模型、融合速度特征进化动量模型的实证分析[J].科学学与科学技术管理(4):48-64.

李燕凌,丁莹,2017.网络舆情公共危机治理中社会信任修复研究:基于动物疫情危机演化博弈的实证分析[J].公共管理学报(4):91-101.

李梓涵昕,2016.产学研合作主体差异性、关系强度对知识转移的调节效应研究[D].广州:华南理工大学.

李自如,肖小勇,2005.战略网络与提升企业吸收力[J].情报杂志(1):71-74.

梁海明,姜艳萍,2013.一种考虑中介交易态度的买卖双边匹配决策方法[J].运筹与管理(5):128-133.

梁孟华,2009.创新型国家电子政务知识协同服务研究[J].情报理论与实践(2):14-16.

梁祺,张宏如,苏涛永,2019.新就业形态下孵化网络知识治理对创新孵化绩效的影响[J].科技进步与对策(17):28-36.

林少疆,徐彬,陈佳莹,2016.企业创新网络结构嵌入性对协同创新能力影响的实证研究:共生行为的中介作用[J].软科学(6):16-25.

林向义,张庆普,罗洪云,2008.知识创新联盟合作伙伴选择研究[J].中国管理科学(S1):404-408.

刘春艳,陈媛媛,2018.产学研协同创新团队知识转移的特征与内涵研究[J].科技管理研究(1):184-190.

刘和东,徐亚萍,2020.联盟网络提升企业创新能力的统计验证[J].统计与决策(2):186-188.

刘枚莲,李宗活,张婕,2017.基于前景理论的政企低碳策略演化博弈分析

[J].科技管理研究(20):245-253.

刘平峰,张旺,2020.创新生态系统共生演化机制研究[J].中国科技论坛(2):17-27.

刘效广,王艳平,李倩,2010.创新氛围对员工创造力影响的多水平分析[J].管理评论(8):84-89.

刘旭旺,汪定伟,2015.分组评标专家行为的演化博弈分析[J].管理科学学报(1):50-61.

刘章发,2016.大数据背景下跨境电子商务信用评价体系构建[J].中国流通经济(6):58-64.

龙勇,付建伟,2011.资源依赖性、关系风险与联盟绩效的关系:基于非对称竞争性战略联盟的实证研究[J].科研管理(9):91-99.

龙勇,游博,2016.目标企业学习意图对联盟知识转移的影响机制研究[J].研究与发展管理(2):82-91.

龙跃,顾新,2017.基于知识投入和转移演化的产业技术创新博弈研究[J].软科学(1):24-28,43.

龙跃,顾新,张莉,2016.产业技术创新联盟知识交互的生态关系及演化分析[J].科学学研究(10):1583-1592.

卢方元,李小鸽,2014.基于SVAR模型的自主创新投入产出动态效应分析:以我国大中型工业企业为例[J].科研管理(1):25-32.

陆克斌,王永凯,2015.基于知识协同的应用型本科院校教师教学创新研究与实践[J].淮南师范学院学报(2):118-121.

罗琳,魏奇锋,顾新,2017.产学研协同创新的知识协同影响因素实证研究[J].科学学研究(10):1567-1577.

吕一博,蓝清,韩少杰,2015.开放式创新生态系统的成长基因:基于iOS、Android和Symbian的多案例研究[J].中国工业经济(5):150-162.

马淑文,2006.企业研发外部化的知识活动影响因素研究[J].科技进步与对策(12):113-115.

孟庆松,韩文秀,2000.复合系统协调度模型研究[J].天津大学学报(自然科学与工程技术版)(4):444-446.

倪渊,张健,2015.协同知识管理实践的影响因素及作用效果[J].科学学研究(11):1687-1699.

欧忠辉,朱祖平,夏敏,等,2017.创新生态系统共生演化模型及仿真研究[J].科研管理(12):49-57.

芮正云,罗瑾琏,2019.捆绑还是协同:创新联盟粘性对企业间合作绩效的影响——表达型与工具型关系契约的作用差异视角[J].系统管理学报(1):1-9.

商淑秀,张再生,2015.虚拟企业知识共享演化博弈分析[J].中国软科学(3):150-157.

邵祖峰,胡斌,张金隆,2009.人岗匹配动态过程定性模拟研究[J].管理科学(1):35-41.

申亮,王玉燕,2017.公共服务外包中的协作机制研究:一个演化博弈分析[J].管理评论(3):219-230.

沈丽宁,2007.企业协同知识管理框架构建与策略研究[J].情报理论与实践(6):833-836.

盛莹,蒋忠中,樊治平,2011.电子中介中具有模糊信息的多属性商品交易匹配方法研究[J].运筹与管理(6):73-81.

盛永祥,胡俊,吴洁,等,2020.技术因素影响产学研合作创新意愿的演化博弈研究[J].管理工程学报(2):172-179.

石乘齐,党兴华,2012.创新网络中组织间依赖的维度和构面研究[J].经济管理(12):120-128.

孙丹,2011.物流联盟知识转移的博弈分析[J].物流技术(23):56-58.

孙卫,王彩华,刘民婷,2012.产学研联盟中知识转移绩效的影响因素研究[J].科学学与科学技术管理(8):58-65.

唐洪婷,李志宏,张沙清,2021.融合知识特征与协同属性的创新用户群发现研究[J].情报学报(5):534-546.

田真真,王新华,孙江永,2020.创新网络结构、知识转移与企业合作创新绩效[J].软科学(11):77-83.

万树平,李登峰,2014.具有不同类型信息的风险投资商与投资企业多指标双边匹配决策方法[J].中国管理科学(2):40-47.

王便芳,王新庆,张省,2021.知识溢出、企业创新与组织协同研发行为[J].企业经济(4):153-160.

王斌,郭清琳,2020.焦点企业知识存量对联盟组合分裂断层的影响:知识转移效率的中介作用[J].科技进步与对策(5):151-160.

王发明,刘丹,2016.产业技术创新联盟中焦点企业合作共生伙伴选择研究[J].科学学研究(2):246-252.

王芳镜,夏维力,2009.基于熵权 TOPSIS 法的企业自主创新能力评价及其行业差异分析[J].研究与发展管理(6):68-74.

王宏起,汪英华,武建龙,等,2016.新能源汽车创新生态系统演进机理:基于比亚迪新能源汽车的案例研究[J].中国软科学(4):81-94.

王辉,常阳,2017.组织创新氛围、工作动机对员工创新行为的影响[J].管理科学(3):51-62.

王嘉杰,孙建军,石静,等,2021.技术人员流动视角下的知识转移影响因素分析:技术距离与技术多元化的作用[J].信息资源管理学报(5):114-123.

王建刚,吴洁,2018.企业知识搜索行为的权衡:一个多因素模型的检验[J].南大商学评论(1):133-156.

王建刚,吴洁,张青,等,2011.基于知识演化的企业知识流研究[J].情报理论与实践(3):30-34.

王进富,魏珍,刘江南,等,2013.以企业为主体的产学研战略联盟研发伙伴选择影响因素研究:基于3C理论视角[J].预测(4):70-74,80.

王鹏,陈向东,张国兴,2011.物流联盟中隐性知识转移的博弈分析[J].科技进步与对策(24):183-186.

王庆金,李如玮,2019.众创空间网络嵌入与商业模式创新:共生行为的中介作用[J].广东财经大学学报(3):34-42.

王庆金,许秀瑞,袁壮,2018.协同创新网络关系强度、共生行为与人才创新创业能力[J].软科学(4):7-11.

王涛,陈金亮,沈孟如,2019.外部知识获取与内部知识创造的融合:组织交互嵌入情境下的跨界团队[J].经济与管理研究(7):90-101.

王欣,刘蔚,李款款,2016.基于动态能力理论的产学研协同创新知识转移影响因素研究[J].情报科学(7):36-40.

王兴鹏,吕淑然,2016.基于知识协同的跨区域突发事件应急协作体系研究[J].科技管理研究(8):216-221.

王学东,赵文军,2008.基于知识转移的客户知识网络管理研究[J].情报科学(10):1471-1476.

王玉峰,郑海燕,王树进,2021.大数据能力对员工创新绩效的影响:知识转移与工作自主性的作用[J].科技管理研究(9):122-130.

卫武,彭鹏,李金凯,2016.小微企业的网络嵌入性、外部学习与企业绩效[J].科学决策(3):38-55.

魏奇锋,顾新,2013.基于知识流动的产学研协同创新过程研究[J].科技进步与对策(15):133-137.

魏想明,舒曼,2012.影响研发联盟的知识协同效应因素探究[J].科技创业月刊(6):14-16.

吴凤平,朱玮,程铁军,2016.互联网金融背景下风险投资双边匹配选择问题研究[J].科技进步与对策(4):25-30.

吴洁,王建刚,张运华,等,2014.技术创新联盟中知识转移价值增值影响因素的实证研究[J].中国管理科学(S1):531-538.

吴洁,吴小桔,车晓静,等,2018.中介机构参与下联盟企业知识转移的三方利益博弈分析[J].中国管理科学(10):176-186.

吴结兵,徐梦周,2008.网络密度与集群竞争优势:集聚经济与集体学习的中介作用:2001—2004年浙江纺织业集群的实证分析[J].管理世界(8):69-76.

吴蓉,汪志强,于娱,等,2021.考虑企业规模的产学研合作知识转移多情景仿真分析[J].科技进步与对策(14):116-124.

吴绍波,顾新,2008.知识链组织之间合作的关系强度研究[J].科学学与科学技术管理(2):113-118.

吴小桔,吴洁,李鹏,等,2017.产业联盟企业知识转移博弈分析[J].统计与决策(4):180-183.

吴颖,肖源,苏洪,等,2021.基于参照点的产学研知识产权冲突协调契约设计[J].中国管理科学(1):168-177.

武艳君,2015.高校协同创新合作伙伴选择的特征[J].学术交流(3):164-167.

夏恩君,张明,朱怀佳,2013.开放式创新社区网络的系统动力学模型[J].科技进步与对策(8):14-19.

向纯洁,王萍萍,2021.知识付费用户的行为转移意愿及影响因素:基于推拉锚定模型[J].科技管理研究(8):193-200.

肖丁丁,朱桂龙,2013.产学研合作创新效率及其影响因素的实证研究[J].科研管理(1):11-18.

谢洪明,任艳艳,陈盈,等,2014.网络互惠程度与企业管理创新关系研究:基于学习能力和成员集聚度的视角[J].科研管理(1):90-97.

谢洪明,张霞蓉,程聪,等,2012.网络互惠程度对企业技术创新绩效的影响:外部社会资本的中介作用[J].研究与发展管理(3):49-55.

谢洪明,赵华锋,张霞蓉,2012.网络关系嵌入与管理创新绩效之间的关系:

基于知识流入的视角[J].技术经济(5):18-23.

熊化峰,孙英华,李建波,等,2019.共享经济背景下多属性双边匹配问题求解[J].计算机工程与应用(24):222-228.

徐国东,郭鹏,于明洁,2011.产学研合作中的网络能力对知识转移影响的实证研究[J].情报杂志(7):99-103.

徐少同,2015.科技体制改革背景下的科研管理知识协同框架研究[J].情报科学(1):25-29.

徐小三,赵顺龙,2010.知识基础互补性对技术联盟的形成和伙伴选择的影响[J].科学学与科学技术管理(3):101-106.

薛伟贤,张娟,2010.高技术企业技术联盟互惠共生的合作伙伴选择研究[J].研究与发展管理(1):82-89,113.

闫瑞华,杨梅英,2019.创新生态系统背景下移动互联网企业颠覆式创新运行机制研究[J].统计与信息论坛(9):103-110.

阎亮,张治河,2017.组织创新氛围对员工创新行为的混合影响机制[J].科研管理(9):97-105.

杨斌,万田力,2010.高校战略联盟伙伴选择指标体系研究[J].教育与现代化(4):11-15.

杨玉国,余庆泽,袁泽沛,2019.科技型企业隐性知识共享演化博弈及联盟管理分析[J].科技管理研究(7):190-196.

杨震宁,李东红,范黎波,2013.身陷"盘丝洞":社会网络关系嵌入过度影响了创业过程吗?[J].管理世界(12):101-116.

殷群,李丹,2014.产业技术创新联盟合作伙伴选择研究[J].河海大学学报(哲学社会科学版)(2):62-66,82,92.

余维新,顾新,熊文明,2017.产学研知识分工协同理论与实证研究[J].科学学研究(5):737-745.

余维新,熊文明,黄卫东,等,2020.创新网络关系治理对知识流动的影响机理研究[J].科学学研究(2):373-384.

喻金田,胡春华,2015.技术联盟协同创新的合作伙伴选择研究[J].科学管理研究(1):13-16.

袁文榜,2012.高校战略联盟动因、分类及问题分析[J].高校教育管理(2):46-50.

原长弘,孙会娟,王涛,2012.存在双元:政府支持与高校知识创造转移效率[J].科学学研究(9):1397-1404.

詹雯婷,2016.产学研合作与企业技术能力结构二元互动演化路径研究[D].广州:华南理工大学.

张宝生,王天琳,王晓红,2021.产学研合作对我国省域高校科研效率的影响研究:基于门槛回归的经验证据[J].科技管理研究(5):29-36.

张根明,张曼宁,2020.基于演化博弈模型的产学研创新联盟稳定性分析[J].运筹与管理(12):67-73.

张贵,刘雪芹,2016.创新生态系统作用机理及演化研究:基于生态场视角的解释[J].软科学(12):16-19.

张国兴,高晚霞,管欣,2015.基于第三方监督的食品安全监管演化博弈模型[J].系统工程学报(2):153-164.

张红兵,2015.知识转移对联盟企业创新绩效的作用机理:以战略柔性为中介[J].科研管理(7):1-9.

张红兵,张素平,2013.技术联盟知识转移有效性影响因素的实证研究[J].科学学研究(7):1041-1049.

张华,顾新,王涛,2022.知识链视角下开放式创新主体的联盟策略研究[J].中国管理科学(1):263-274.

张睿,于渤,2011.组织公民行为对技术联盟知识转移效果的影响研究[J].情报杂志(1):136-140,145.

张少杰,马蔷,郭洪福,等,2013.面向知识联盟的网络化协同研发工作平台构建与知识协同管理[J].情报科学(8):32-36.

张淑惠,庞笛,祝丹枫,2021.会计师事务所与客户的双边匹配[J].南京审计大学学报(4):12-21.

张向先,李昆,郭顺利,等,2016.知识生态视角下企业员工隐性知识转移过程及影响因素研究[J].情报科学(10):134-140.

张悦,梁巧转,范培华,2016.网络嵌入性与创新绩效的 Meta 分析[J].科研管理(11):80-88.

张振华,汪定伟,2008.电子中介中的交易匹配研究[J].控制与决策(8):17-20.

赵红梅,2021.科创板上市公司与高校产学研合作的问题及模式研究[J].金融发展研究(5):39-43.

赵炎,王琦,郑向杰,2016.网络邻近性、地理邻近性对知识转移绩效的影响[J].科研管理(1):128-136.

郑景丽,龙勇,2016.知识保护能力对联盟伙伴关系选择的影响:基于不同联盟动机的分析[J].科研管理(4):102-109.

郑彤彤,2017.产学研协同创新的内涵、模式与运行机制研究[J].湖北社会科学(5):169-173.

周杰,2014.联盟能力、关系质量与战略联盟企业间知识转移关系研究[J].情报科学(12):123-128.

周朋程,2019.知识依赖、关系嵌入对中小企业创新绩效的影响研究[J].商业经济研究(20):131-134.

朱镇,李霞,2016.传统企业电子商务战略启动:阶段特征与决策行为差异[J].管理科学(6):39-51.

邹波,田金信,张庆普,2009.面向企业技术创新的校企知识转移绩效提升策略分析[J].学术交流(7):116-118.

邹树梁,武良鹏,2016.基于区间 Vague 集的人—岗动态匹配模型[J].统计与决策(19):37-41.

Afuah A,2013. Are network effects really all about size? The role of structure and conduct[J]. Strategic Management Journal,34(3):257-273.

Alexeev A,Good D H,Krutilla K,2016. Environmental taxation and the double dividend in decentralized jurisdictions [J]. Ecological Economics,122:90-100.

Al-Laham A,Tzabbar D,Amburgey T L,2011. The dynamics of knowledge stocks and knowledge flows:Innovation consequences of recruitment and collaboration in biotech[J]. Industrial and Corporate Change,20(2):555-583.

Amara N,Landry R,Traoré N,2008. Managing the protection of innovations in knowledge-intensive business services[J]. Research Policy,37(9):1530-1547.

Anand J,2011. Permeability to inter-and intrafirm knowledge flows:The role of coordination and hierarchy in MNEs[J]. Global Strategy Journal,1(3-4):283-300.

Andrew T,2011. Exploring the relationship between organizational learning capability,trust and politics:An empirical study[D]. Ottawa Ontario:University of Ottawa.

Anklam P,2002. Knowledge management:The collaboration thread [J].

Bulletin of the Association for Information Science & Technology, 28 (6): 8-11.

Appleyard M M, 1996. How does knowledge flow? Interfirm patterns in the semiconductor industry[J]. Strategic Management Journal, 17 (S2): 137-154.

Armanios D E, Eesley C E, Li J, et al., 2017. How entrepreneurs leverage institutional intermediaries in emerging economies to acquire public resources [J]. Strategic Management Journal, 38 (7): 1373-1390.

Babu S, Mohan U, 2018. An integrated approach to evaluating sustainability in supply chains using evolutionary game theory[J]. Computers & Operations Research, 89: 269-283.

Baralou E, Tsoukas H, 2015. How is new organizational knowledge created in a virtual context? An ethnographic study[J]. Organization Studies, 36(5): 593-620.

Berchicci L, de Jong J P J, Freel M, 2015. Remote collaboration and innovative performance: The moderating role of R&D intensity[J]. Industrial and Corporate Change, 25(3): 429-446.

Boh W F, Evaristo R, Ouderkirk A, 2014. Balancing breadth and depth of expertise for innovation: A 3M story[J]. Research Policy, 43(2): 349-366.

Bond III E U, Houston M B, Tang Y, 2008. Establishing a high-technology knowledge transfer network: The practical and symbolic roles of identification[J]. Industrial Marketing Management, 37 (6): 641-652.

Bontis N, 1999. Managing organisational knowledge by diagnosing intellectual capital: Framing and advancing the state of the field[J]. International Journal of Technology Management, 18(5-8): 433-462.

Boschma R, Eriksson R, Lindgren U, 2009. How does labour mobility affect the performance of plants? The importance of relatedness and geographical proximity[J]. Journal of Economic Geography, 9 (2): 169-190.

Bouncken R B, Pesch R, Kraus S, 2015. SME innovativeness in buyer-seller alliances: Effects of entry timing strategies and inter-organizational learning[J]. Review of Managerial Science, 9(2): 361-384.

Boyd B, 1990. Corporate linkages and organizational environment: A test of the resource dependence model[J]. Strategic Management Journal, 11(6): 419-430.

Bradley S W, Shepherd D A, Wiklund J, 2011. The importance of slack for new organizations facing "tough" environments[J]. Journal of Management Studies, 48(5): 1071-1097.

Buchmann T, Pyka A, 2013. The evolution of innovation networks: The case of the German Automotive Industry [Z]. FZID Discussion Papers.

Buskens V, Van de Rijt A, 2008. Dynamics of networks if everyone strives for structural holes[J]. American Journal of Sociology, 114 (2): 371-407.

Camisón C, Forés B, 2010. Knowledge absorptive capacity: New insights for its conceptualization and measurement [J]. Journal of Business Research, 63(7): 707-715.

Cao Q, Gedajlovic E, Zhang H, 2009. Unpacking organizational ambidexterity: Dimensions, contingencies, and synergistic effects[J]. Organization Science, 20(4): 781-796.

Capaldo A, 2007. Network structure and innovation: The leveraging of a dual network as a distinctive relational capability [J]. Strategic Management Journal, 28(6): 585-608.

Carayannopoulos, 2010. External knowledge sourcing in biotechnology through acquisition versus alliance: A KBV approach[J]. Original Research Article ,39(2): 254-267.

Casciaro T, Piskorski M J, 2005. Power imbalance, mutual dependence, and constraint absorption: A closer look at resource dependence theory[J]. Administrative Science Quarterly, 50(2): 167-199.

Celis S, Kim J, 2018. The making of homophilic networks in international research collaborations: A global perspective from Chilean and Korean engineering[J]. Research Policy, 47(3): 573-582.

Chen W R, Miller K D, 2007. Situational and institutional determinants of firms' R&D search intensity[J]. Strategic Management Journal, 28 (4): 369-381.

Chen Y, Rong K, Xue L, et al., 2014. Evolution of collaborative innovation network in China's wind turbine manufacturing industry [J]. International Journal of Technology Management, 65(1/2/3/4): 262-299.

Child J, Faulkner D, 1998. Strategies of Cooperation: Managing Alliances, Networks and Joint Ventures [M]. Oxford: Oxford University Press.

Cimon Y, 2004. Knowledge-related asymmetries in strategic alliances[J]. Journal of Knowledge Management, 8(3):17-30.

Clauß T, Kesting T, 2016. How businesses should govern knowledge-intensive collaborations with universities: An empirical investigation of university professors[J]. Industrial Marketing Management, 62: 185-198.

Cohen M C, Lobel R, Perakis G, 2016. The impact of demand uncertainty on consumer subsidies for green technology adoption [J]. Social Science Electronic Publishing, 62(4): 868-878.

Cohen W M, Levinthal D A, 1990. Absorptive capacity: A new perspective on learning and innovation[J]. Administrative Science Quarterly, 35(1): 128-152.

Corredoira R A, Rosenkopf L, 2010. Should auld acquaintance be forgot? The reverse transfer of knowledge through mobility ties[J]. Strategic Management Journal, 31(2): 159-181.

Cummings J L, Teng B, 2003. Transferring R&D knowledge: The key factors affecting knowledge transfer success [J]. Journal of Engineering and Technology Management, 20(1-2): 39-68.

Davenport T H, Prusak L, 1998. Working Knowledge: How Organizations Manage What They Know [M]. Boston: Harvard Business School Press.

De Noni I, Ganzaroli A, Orsi L, 2017. The impact of intra-and inter-regional knowledge collaboration and technological variety on the knowledge productivity of European regions [J]. Technological Forecasting & Social Change, 117: 108-118.

De Silva M, Rossi F, 2018. The effect of firms' relational capabilities on knowledge acquisition and co-creation with universities [J]. Technological Forecasting & Social Change, 133: 72-84.

Decarolis D M, Deeds D L, 1999. The impact of stocks and flows of organizational knowledge on firm performance: An empirical investigation of the biotechnology industry[J]. Strategic Management Journal, 20(10): 953-968.

Duanmu J, Fai F M, 2007. A processual analysis of knowledge transfer from foreign MNEs to Chinese suppliers[J]. International Business Review, 16(4): 448-472.

Duncan R, 1976. The ambidextrous organization: Designing dual structures for innovation[J]. The Management of Organization, 1: 167-188.

Emerson R M, 1962. Power-dependence relations [J]. American Sociological Review, 27(1): 31-41.

Erden Z, Klang D, Sydler R, et al., 2014. Knowledge-flows and firm performance[J]. Journal of Business Research, 67(1): 2777-2785.

Fabrizio K R, 2017. Absorptive capacity and the search for innovation[J]. Research Policy, 38(2): 255-267.

Fang E, Palmatier R W, Grewal R, 2011. Effects of customer and innovation asset configuration strategies on firm performance[J]. Journal of Marketing Research, 48(3): 587-602.

Faraj S, Jarvenpaa S L, Majchrzak A, 2017. Knowledge collaboration in online communities[J]. Social Science Electronic Publishing, 22(5): 1224-1239.

Frankort H T W, Hagedoorn J, Letterie W, 2012. R&D partnership portfolios and the inflow of technological knowledge[J]. Industrial and Corporate Change, 21(2): 507-537.

Fukuda K, Watanabe C, 2008. Japanese and US perspectives on the National Innovation Ecosystem[J]. Technology in Society, 30(1): 49-63.

Gale D, Shapley L S, 1962. College admission and the stability of marriage[J]. American Mathematical Monthly, 69: 9-14.

Gao S, Guo Y, Chen J, et al., 2016. Factors affecting the performance of knowledge collaboration in virtual team based on capital appreciation [J]. Information Technology & Management, 17(2): 119-131.

Gersick C, Hackman J, 1990. Habitual routines in task performing groups [J]. Organizational Behavior and Human Decision Processes(47): 65-79.

Goodman S A, Svyantek D J, 2009. Person-Organization fit and contextual performance: Do shared values matter[J]. Journal of Vocational Behavior, 55(2): 54-75.

Granovetter M S, 1973. The strength of weak ties[J]. American Journal of Sociology, 78(6): 1360-1380.

Granovetter M S, 1992. Problems of explanation in economic sociology [M]// Nohria N, Eccles R G. Networks and Organizations. Boston: Harvard Business School Press: 25-56.

Grant R M, 1996. Toward a knowledge-based theory of the firm[J]. Strategic Management Journal, 17(S2): 109-122.

Griliches Z, 1979. Issues in assessing the contribution of R&D to productivity[J]. Bell Journal of Economics, 10(1): 92-116.

Griliches Z, 1990. Patent statistics as economic indicators: A survey[J]. Journal of Economic Literature, 28(4): 1661-1707.

Gu Q, Lu J, 2011. Effects of inward investment on outward investment: The venture capital industry worldwide 1985-2007 [J]. Journal of International Business Studies, 42(2): 263-284.

Gulati R, Gargiulo M, 1999. Where do interorganizational networks come from? [J]. American Journal of Sociology, 104(5): 1439-1493.

Gulati R, Nohria N, Zaheer A, 2000. Strategic networks[J]. Strategic Management Journal, 21(3): 203-215.

Gulati R, Sytch M, 2007. Dependence asymmetry and joint dependence in interorganizational relationships: Effects of embeddedness on a manufacturer's performance in procurement relationships [J]. Administrative Science Quarterly, 52(1): 32-69.

Gupta A K, Govindarajan V, 1991. Knowledge flows and the structure of control within multinational corporations [J]. Academy of Management Review, 16(4): 768-792.

Gupta A K, Govindarajan V, 2000. Knowledge flows within multinational corporations[J]. Strategic Management Journal, 21(4): 473-496.

Guthrie D, 1998. The declining significance of guanxi in China's economic transition[J]. The China Quarterly, 154: 254-282.

Haeussler C, Patzelt H, Zahra S A, 2012. Strategic alliances and product development in high technology new firms: The moderating effect of technological capabilities[J]. Journal of Business Venturing, 27(2): 217-233.

Hansen M T, 1999. The search-transfer problem: The role of weak ties in sharing knowledge across organization subunits[J]. Administrative Science Quarterly, 44(1): 82-111.

He V F, von Krogh G, Sirén C, et al., 2021. Asymmetries between partners and the success of university-industry research collaborations [J]. Research Policy, 50(10): 104356.

He Z L, Wong P K, 2004. Exploration vs. exploitation: An empirical test of the ambidexterity hypothesis[J]. Organization Science, 15(4): 481-494.

Henkel J, 2006. Selective revealing in open innovation processes: The case of embedded Linux[J]. Research Policy, 35(7): 953-969.

Ireland R D, Webb J W, 2007. A multi-theoretic perspective on trust and power in strategic supply chains [J]. Journal of Operations Management, 25(2): 482-497.

Ivascu L, Cirjaliu B, Draghici A, 2016. Business model for the university-industry collaboration in open innovation[J]. Procedia Economics & Finance, 39: 674-678.

Jaffe A B, 1989. Real effects of academic research[J]. American Economic Review, 79(5): 957-970.

Jansen J J P, Van Den Bosch F A J, Volberda H W, 2005. Managing potential and realized absorptive capacity: How do organizational antecedents matter? [J]. Academy of Management Journal, 48(6): 999-1015.

Janssen M, Verbraeck A, 2011. Comparing the mechanisms for the transport market strengths and weaknesses of Internet-based matching[J]. Transportation Research Part E, 44(3): 75-90.

Jarvenpaa S L, Staples D S, 2001. Exploring perceptions of organizational ownership of information and expertise[J]. Journal of Management Information Systems, 18(1): 151-183.

Jensen P H, Webster E, 2009. Knowledge management: Does capture impede creation? [J]. Industrial and Corporate Change, 18(4): 701-727.

John M, Melster R, 2004. Knowledge Networks—Managing Collaborative Knowledge Spaces[M]. Berlin: Springer-Verlag Berlin Heidelberg.

Junni P, Sarala R M, Taras V, et al., 2013. Organizational ambidexterity and performance: A meta-analysis [J]. Academy of Management Perspectives, 27(4): 299-312.

Kale P, Dyer J H, Singh H, 2002. Alliance capability, stock market response, and long-term alliance success: The role of the alliance function[J]. Strategic Management Journal, 23(8): 747-767.

Kankanhalli A, Tan B C, Wei K K, 2005. Contributing knowledge to electronic knowledge repositories: An empirical investigation[J]. MIS Quarterly, 29(1): 113-145.

Kapoor R, 2013. Collaborating with complementors: What do firms do? [J]. Advances in Strategic Management, 30:3-25.

Karlenzig W, Patrick J, 2002. Tap into the power of knowledge collaboration[J]. Customer Interaction Solutions, 20(11): 22-23.

Katila R, Ahuja G, 2002. Something old, something new: A longitudinal study of search behavior and new product introduction[J]. Academy of Management Journal, 45(6): 1183-1194.

Keith J E, Jackson D W, Crosby L A, 1998. Effects of alternative types of influence strategies under different channel dependence structures [J]. Journal of Marketing, 54(3): 30-41.

Khan Z, Lew Y K, Marinova S, 2018. Exploitative and exploratory innovations in emerging economies: The role of realized absorptive capacity and learning intent[J]. International Business Review, 28

(3): 499-512.

Kibbeling M, der Bij H, Weele A, 2013. Market orientation and innovativeness in supply chains: Supplier's impact on customer satisfaction[J]. Journal of Product Innovation Management, 30(3): 500-515.

Kilduff M, Tsai W, Hanke R, 2006. A paradigm too far? A dynamic stability reconsideration of the social network research program[J]. Academy of Management Review, 31(4): 1031-1048.

Kim T Y, Oh H, Swaminathan A, 2006. Framing interorganizational network change: A network inertia perspective[J]. Academy of Management Review, 31(3): 704-720.

Klueter T, Monteiro F, 2015. In harsh and slack times: How does prior performance affect knowledge seeking boundary spanning? [C]. Academy of Management Proceedings.

Korkmaz İ, Gökçen H, Çetinyokuş T, 2008. An analytic hierarchy process and two-sided matching based decision support system for military personnel assignment[J]. Information Sciences, 178(14): 2915-2927.

Landis R S, Dunlap W P, 2000. Moderated multiple regression tests are criterion specific [J]. Organizational Research Methods, 3(3): 254-266.

Lane P J, Koka B R, Pathak S, 2006. The reification of absorptive capacity: A critical review and rejuvenation of the construct[J]. Academy of Management Review, 31(4): 833-863.

Lane P J, Salk J E, Lyles M A, 2001. Absorptive capacity, learning, and performance in international joint ventures[J]. Strategic Management Journal, 22(12): 1139-1161.

Lavie D, Rosenkopf L, 2006. Balancing exploration and exploitation in alliance formation[J]. Academy of Management Journal, 49(4): 797-818.

Lee S C, Liang H, Liu C Y, 2010. The effects of absorptive capacity, knowledge sourcing strategy, and alliance forms on firm performance [J]. The Service Industries Journal, 30(14): 2421-2440.

Levin D Z, Barnard H, 2013. Connections to distant knowledge: Interpersonal ties between more-and less-developed countries [J]. Journal of International Business Studies, 44(7): 676-698.

Levin D Z, Cross R, 2004. The strength of weak ties you can trust: The mediating role of trust in effective knowledge transfer [J]. Management Science, 50(11): 1477-1490.

Lewin A Y, Massini S, Peeters C, 2011. Microfoundations of internal and external absorptive capacity routines [J]. Organization Science, 22 (1): 81-98.

Li J J, Poppo L, Zhou K Z, 2008. Do managerial ties in China always produce value? Competition, uncertainty, and domestic vs. foreign firms[J]. Strategic Management Journal, 29(4): 383-400.

Li J, Chen D, Shapiro D M, 2010. Product innovations in emerging economies: The role of foreign knowledge access channels and internal efforts in Chinese firms[J]. Management and Organization Review, 6 (2): 243-266.

Li S S, Fitzgerald L, Morys-Carter M M, et al., 2018. Knowledge translation in tri-sectoral collaborations: An exploration of perceptions of academia, industry and healthcare collaborations in innovation adoption[J]. Health Policy, 122(2): 175-183.

Li Y, Xu L, Liu B, 2018. Evolutionary game analysis on e-commerce personalization and privacy protection[J]. Wuhan University Journal of Natural Sciences, 23(1): 17-24.

Liew M S, Tengku Shahdan T N, Lim E S, 2012. Strategic and tactical approaches on university-industry collaboration [J]. Procedia-Social and Behavioral Sciences, 56(3): 405-409.

Lin Z, Yang H, Demirkan I, 2007. The performance consequences of ambidexterity in strategic alliance formations: Empirical investigation and computational theorizing [J]. Management Science, 53 (10): 1645-1658.

Luo X, Rindfleisch A, Tse D K, 2007. Working with rivals: The impact of competitor alliances on financial performance [J]. Journal of Marketing Research, 44(1): 73-83.

Luo Y, 2002. Partnering with foreign businesses: Perspectives from Chinese firms[J]. Journal of Business Research, 55(6): 481-493.

Luo Y, Rui H, 2009. An ambidexterity perspective toward multinational enterprises from emerging economies [J]. The Academy of Management Perspectives, 23(4): 49-70.

Mahmoudi R, Rasti-Barzoki M, 2018. Sustainable supply chains under government intervention with a real-world case study: An evolutionary game theoretic approach[J]. Computers & Industrial Engineering, 116: 130-143.

Majchrzak A, More P H B, Faraj S, 2012. Transcending knowledge differences in cross-functional teams[J]. Organization Science, 23 (4): 951-970.

Manev I M, Stevenson W B, 2001. Nationality, culture distance, and expatriate status: Effects on the managerial network in a multinational enterprise[J]. Journal of International Business Studies, 32(2): 285-302.

March J G, 1991. Exploration and exploitation in organizational learning [J]. Organization Science, 2(1): 71-87.

Marks M A, Zaccaro S J, Mathieu J E, 2000. Performance implications of leader briefings and team-interaction training for team adaptation to novel environments [J]. Journal of Applied Psychology, 85 (6): 971-986.

McEvily B, Marcus A, 2005. Embedded ties and the acquisition of competitive capabilities[J]. Strategic Management Journal, 26(11): 1033-1055.

Mckelvey M, Alm H, Riccaboni M, 2003. Does co-location matter for formal knowledge collaboration in the Swedish biotechnology-pharmaceutical sector? [J]. Research Policy, 32(3): 483-501.

Mom T J M, Van Den Bosch F A J, Volberda H W, 2007. Investigating managers' exploration and exploitation activities: The influence of top-down, bottom-up, and horizontal knowledge inflows[J]. Journal of Management Studies, 44(6): 910-931.

Moore J F, 1993. Predators and prey: A new ecology of competition[J].

Harvard Business Review, 71(3): 75-86.

Mudambi S M, Tallman S, 2010. Make, buy or ally? Theoretical perspectives on knowledge process outsourcing through alliances[J]. Journal of Management Studies, 47(8): 1434-1456.

Nagurney A, Qiang Q, 2010. A knowledge collaboration network model across disciplines[C]. International Conference on Social Computing, Behavioral Modeling, and Prediction.

Narasimhan R, Talluri S, 2009. Perspectives on risk management in supply chains [J]. Journal of Operations Management, 27 (2): 114-118.

Newbert S L, Tornikoski E T, 2013. Resource acquisition in the emergence phase: Considering the effects of embeddedness and resource dependence[J]. Entrepreneurship Theory and Practice, 37 (2): 249-280.

Nielsen B B, 2005. The role of knowledge embeddedness in the creation of synergies in strategic alliances [J]. Journal of Business Research, 58 (9): 1194-1204.

Nonaka I, 1991. The kowledge-creating company[J]. Harvard Business Review, 69(10-11): 69-104.

Nonaka I, Konno N, 1998. The concept of "ba": Building a foundation for knowledge creation [J]. California Management Review, 40 (3): 40-55.

Nonaka I, Takeuchi H, 1995. The Knowledge-Creating Company: How Japanese Companies Create the Dynamics of Innovation[M]. New York: Oxford University Press.

Nonaka I, Von Krogh G, 2009. Tacit knowledge and knowledge conversion: Controversy and advancement in organizational knowledge creation theory[J]. Organization Science, 20(3): 635-652.

Nonaka I, Von Krogh G, Voelpel S, 2006. Organizational knowledge creation theory: Evolutionary paths and future advances [J]. Organization Studies, 27(8): 1179-1208.

Ohira M, Ohsugi N, Ohoka T, et al., 2005. Accelerating cross-project knowledge collaboration using collaborative filtering and social networks[J]. ACM SIGSOFT Software Engineering Notes, 30(4): 1-5.

Peng M W, Li Y, Xie E, et al., 2010. CEO duality, organizational slack, and firm performance in China [J]. Asia Pacific Journal of Management, 27(4): 611-624.

Peng M W, Zhang S, Li X, 2007. CEO duality and firm performance during China's institutional transitions [J]. Management and Organization Review, 3(2): 205-225.

Perri A, Andersson U, 2014. Knowledge outflows from foreign subsidiaries and the tension between knowledge creation and knowledge protection: Evidence from the semiconductor industry[J]. International Business Review, 23(1): 63-75.

Pfeffer J, 1972. Size and composition of corporate boards of directors: The organization and its environment [J]. Administrative Science Quarterly, 17(2): 218-228.

Pfeffer J, Nowak P, 1976. Joint ventures and interorganizational interdependence [J]. Administrative Science Quarterly, 21 (3): 398-418.

Phelps C C, 2010. A longitudinal study of the influence of alliance network structure and composition on firm exploratory innovation[J]. Academy of Management Journal, 53(4): 890-913.

Podsakoff P M, Mackenzie S B, Jeong-Yeon L, et al., 2003. Common method biases in behavioral research: A critical review of the literature and recommended remedies [J]. Journal of Applied Psychology, 88(5): 879-903.

Powell W, 1990. Neither market nor hierarchy: Network forms of organization[J]. Research in Organizational Behavior, 12: 295-336.

Qiu S, Liu X, Gao T, 2017. Do emerging countries prefer local knowledge or distant knowledge? Spillover effect of university collaborations on local firms[J]. Research Policy, 46(7): 1299-1311.

Reagans R, McEvily B, 2003. Network structure and knowledge transfer: The effects of cohesion and range [J]. Administrative Science Quarterly, 48(2): 240-267.

Reinholt M, Pedersen T, Foss N J, 2011. Why a central network position isn't enough: The role of motivation and ability for knowledge sharing in employee networks[J]. Academy of Management Journal, 54(6): 1277-1297.

Reuer J J, Tong T W, Tyler B B, et al., 2013. Executive preferences for governance modes and exchange partners: An information economics perspective[J]. Strategic Management Journal, 34(9): 1104-1122.

Rosenkopf L, Padula G, 2008. Investigating the microstructure of network evolution: Alliance formation in the mobile communications industry[J]. Organization Science, 19(5): 669-687.

Roth A E, 1985. Common and conflicting interests in two-sided matching markets[J]. European Economic Review, 27(1): 75-96.

Rowley T J, Greve H R, Rao H, et al., 2005. Time to break up: Social and instrumental antecedents of firm exits from exchange cliques[J]. Academy of Management Journal, 48(3): 499-520.

Rubart J, Wang W, Haake J M, 2002. A meta-modeling environment for cooperative knowledge management [C] // Nürnberg P J. Metainformatics. Esbjerg: International Symposium, MIS 2002: 18-28.

Salge T O, Bohné T M, Farchi T et al., 2012. Harnessing the value of open innovation: The moderating role of innovation management[J]. International Journal of Innovation Management, 16(3): 1-26.

Samaddar S, Kadiyala S S, 2006. An analysis of interorganizational resource sharing decisions in collaborative knowledge creation[J]. European Journal of Operational Research, 170(1): 192-210.

Santini M A F, Faccin K, Balestrin A, et al., 2021. How the relational structure of universities influences research and development results [J]. Journal of Business Research, 125: 155-163.

Santoro M D, Chakrabarti A K, 2002. Firm size and technology centrality in industry-university interactions [J]. Research Policy, 31 (7): 1163-1180.

Sarne D, Kraus S, 2008. Managing parallel inquiries in agents' two-sided search[J]. Artificial Intelligence, 172(4): 541-569.

Schneider B, Goldstiein H W, Smith D B, 1995. The ASA framework: An update[J]. Personnel Psychology, 48(4): 747-773.

Schulz M, 2001. The uncertain relevance of newness: Organizational learning and knowledge flows[J]. Academy of Management Journal, 44(4): 661-681.

Schuster T, Holtbrügge D, 2014. Resource dependency, innovative strategies, and firm performance in BOP markets[J]. Journal of Product Innovation Management, 31: 43-59.

Sheng S, Zhou K Z, Li J J, 2011. The effects of business and political ties on firm performance: Evidence from China[J]. Journal of Marketing, 75(1): 1-15.

Simonin B L, 1999. Ambiguity and the process of knowledge transfer in strategic alliance[J]. Strategic Management Journal, 20(7): 595-623.

Singh P J, Power D, Chuong S C, 2011. A resource dependence theory perspective of ISO 9000 in managing organizational environment[J]. Journal of Operations Management, 29(1): 49-64.

Song J, Almeida P, Wu G, 2003. Learning-by-hiring: When is mobility more likely to facilitate interfirm knowledge transfer? [J]. Management Science, 49(4): 351-365.

Sørensen J B, Stuart T E, 2000. Aging, obsolescence, and organizational innovation[J]. Administrative Science Quarterly, 45(1): 81-112.

Sorensen M, 2009. How smart is smart money? A two-sided matching model of venture capital[J]. Journal of Finance, 62(6): 25-62.

Spencer J W, 2008. The impact of multinational enterprise strategy on indigenous enterprises: Horizontal spillovers and crowding out in developing countries[J]. Academy of Management Review, 33(2): 341-361.

Stuart T E, Yim S, 2010. Board interlocks and the propensity to be targeted in private equity transactions[J]. Journal of Financial Economics, 97(1): 174-189.

Su Y S, Tsang E W K, Peng M W, 2009. How do internal capabilities and external partnerships affect innovativeness? [J]. Asia Pacific Journal of Management, 26(2): 309-331.

Suh Y, Kim M S, 2015. Dynamic change of manufacturing and service industries network in mobile ecosystems: The case of Korea[J]. Telematics and Informatics, 32(4): 613-628.

Szulanski G, 2000. The process of knowledge transfer: A diachronic analysis of stickness[J]. Organizational Behavior and Human Decision Processes, 82(1): 9-27.

Teece D, 1977. Technology transfer by multinational firms: The resource cost of transferring technological know-how [J]. The Economic Journal, 87(1): 242-261.

Thompson J D, 1967. Organizations in Action: Social Science Bases of Administrative Theory [M]. New Brunswick and London: Transaction Publishers.

Todorova G, Durisin B, 2007. Absorptive capacity: Valuing a reconceptualization[J]. Academy of Management Review, 32(3): 774-786.

Tolbert P S, 1985. Institutional environments and resource dependence: Sources of administrative structure in institutions of higher education [J]. Administrative Science Quarterly, 30(1): 1-13.

Tsai W, 2001. Knowledge transfer in intraorganizational networks: Effects of network position and absorptive capacity on business unit innovation and performance[J]. Academy of Management Journal, 44 (5): 996-1004.

Tsui A S, Nifadkar S S, Ou A Y, 2007. Cross-national, cross-cultural organizational behavior research: Advances, gaps, and recommendations[J]. Journal of Management, 33(3): 426-478.

Van Wijk R, Jansen J J P, Lyles M A, 2008. Inter-and intra-organizational knowledge transfer: A meta-analytic review and assessment of its antecedents and consequences [J]. Journal of Management Studies, 45(4): 830-853.

Vanhaverbeke W, Gilsing V, Duysters G, 2012. Competence and governance in strategic collaboration: The differential effect of network structure on the creation of core and noncore technology[J]. Journal of Product Innovation Management, 29(5): 784-802.

Venkatraman N, Lee C H, 2004. Preferential linkage and network evolution: A conceptual model and empirical test in the U. S. video game sector[J]. Academy of Management Journal, 47(6): 876-892.

Volberda H W, Foss N J, Lyles M A, 2010. Absorbing the concept of absorptive capacity: How to realize its potential in the organization field[J]. Organization Science, 21(4): 931-951.

Von Krogh G, Nonaka I, Rechsteiner L, 2012. Leadership in organizational knowledge creation: A review and framework [J]. Journal of Management Studies, 49(1): 240-277.

Wassmer U, Dussauge P, 2012. Network resource stocks and flows: How do alliance portfolios affect the value of new alliance Formations? [J] Strategic Management Journal, 33(7): 871-883.

Weber B, Weber C, 2007. Corporate venture capital as a means of radical innovation: Relational fit, social capital and knowledge transfer[J]. Engineering Technology Management, 24:11-35.

Wei W, Wang J, Chen X, et al. , 2018. Psychological contract model for knowledge collaboration in virtual community of practice: An analysis based on the game theory[J]. Applied Mathematics and Computation, 329: 175-187.

Weidenfeld A, Willians A M, Butler R W, 2010. Knowledge transfer and innovation among attractions[J]. Annals of Tourism Research, 37 (3): 604-626.

White S, 2000. Competition, capabilities, and the make, buy, or ally decisions of Chinese state-owned firms[J]. Academy of Management Journal, 43(3): 324-341.

Whittington K B, Owen-Smith J, Powell W W, 2009. Networks, propinquity, and innovation in knowledge-intensive industries [J]. Administrative Science Quarterly, 54(1): 90-122.

Wu A, Wei J, 2013. Effects of geographic search on product innovation in industrial cluster firms in China[J]. Management and Organization Review, 9(3): 465-487.

Wu B, Liu P, Xu X, 2017. An evolutionary analysis of low-carbon strategies based on the government-enterprise game in the complex network context[J]. Journal of Cleaner Production, 141: 168-179.

Wu C, Barnes D, 2010. Formulating partner selection criteria for agile supply chains: A Dempster-Shafer belief acceptability optimization approach[J]. International Journal of Production Economics, 125(6): 284-293.

Wu J, 2011. Asymmetric roles of business ties and political ties in product innovation[J]. Journal of Business Research, 64(11): 1151-1156.

Xiao J, 2018. Bargaining orders in a multi-person bargaining game[J]. Games and Economic Behavior, 107: 364-379.

Yang H, Lin Z, Lin Y, 2010. A multilevel framework of firm boundaries: Firm characteristics, dyadic differences, and network or attributes [J]. Strategic Management Journal, 31(3): 237-261.

Yang Y, Chen J, 2017. Do slack resources matter in Chinese firms' collaborative innovation? [J]. International Journal of Innovation Studies, 1(4): 207-218.

Yashiv E, 2012. Labor search and matching in macroeconomics[J]. European Economic Review, 51(8): 159-195.

Zaheer A, Bell G G, 2005. Benefiting from network position: Firm capabilities, structural holes, and performance [J]. Strategic Management Journal, 26(9): 809-825.

Zahra S A, George G, 2002. Absorptive capacity: A review, reconceptualization, and extension [J]. Academy of Management Review, 27(2): 185-203.

Zhang Y, Li H, 2010. Innovation search of new ventures in a technology cluster: The role of ties with service intermediaries[J]. Strategic Management Journal, 31(1): 88-109.

Zhuge H, 2002. A knowledge flow model for peer-to-peer team knowledge sharing and management[J]. Expert Systems with Applications, 23 (1): 23-30.